똑똑한 독해
똑똑
중학 국어
어휘
3
실전편

STAFF

발행인 김형중

퍼블리싱 총괄 남형주

기획·개발 김한길 유병범 신영한 김성준

디자인 김정인 강윤정 | **마케팅** 윤경선

제작 박종택 | **유통** 서준성

똑독 중학 국어 어휘 3 실전편 202201 제1판 1쇄

펴낸곳 이투스교육(주) 서울시 서초구 남부순환로 2547

전화 1599-3225

등록번호 제2007-000035호

ISBN 979-11-389-0141-3 [53700]

· 이 책은 저작권법에 따라 보호받는 저작물이므로 무단전재와 무단복제를 금합니다.

· 잘못 만들어진 책은 구입처에서 교환해 드립니다.

수능 국어 독해의 기본이 되는
어휘력 향상 훈련서입니다.

1

『똑독 중학 국어 어휘 3 실전편』으로 중학교 주요 교과목의 필수 어휘를 익힐 수 있습니다.

중학교 주요 교과에 자주 등장하는 필수 어휘들을 일차별 프로그램에 따라 학습할 수 있는 도서입니다. 꾸준한 어휘 학습으로 중학교 주요 교과 수업에 대한 이해력을 높일 수 있습니다.

2

『똑독 중학 국어 어휘 3 실전편』으로 수능 국어 독서의 영역별 빈출 어휘를 학습할 수 있습니다.

수능 국어 독서 과목에서 자주 출제되는 어휘들을 영역별로 학습할 수 있는 도서입니다. 수능 국어 독서 지문의 빈출 어휘들을 학습함으로써 국어 독해에 대한 자신감을 기를 수 있습니다.

3

『똑독 중학 국어 어휘 3 실전편』으로 수능 국어 독서의 영역별 대표 지문을 독해해 볼 수 있습니다.

수능 국어 독서의 영역별 대표 지문들을 독해해 볼 수 있는 도서입니다. 앞서 학습한 어휘들을 바탕으로 영역별 대표 지문들을 독해해 보고, 문제 풀이를 통해 독해 실력을 확인할 수 있습니다.

4

『똑독 중학 국어 어휘 3 실전편』으로 사실적·추론적 사고 등의 언어적 사고력을 향상시킬 수 있습니다.

내신 및 수능, 각종 언어 시험에서 출제되고 있는 실전형 어휘 문제들로 구성된 도서입니다. 언어적 이해를 바탕으로 한 다양한 유형의 어휘 문제들을 통해 언어에 대한 이해력과 사고력을 증진시킬 수 있습니다.

이 책의 구성과 특징

수능 국어 독해력 향상을 위한 심화 어휘 학습, 똑똑 중학 국어 어휘력

실전형 문제 풀이로 어휘 학습

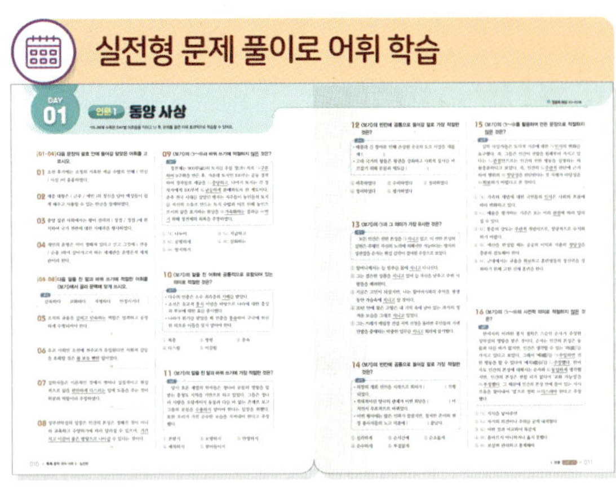

》 영역별·주제별 빈출 어휘 학습

수능 국어 비문학 독서의 인문, 사회, 과학, 기술, 예술 영역의 주제별 빈출 어휘들로 문제를 구성하였습니다.

》 다양한 유형의 실전형 문제 풀이

단답형, 내신형, 수능형 문제 풀이를 통해 어휘를 학습할 수 있도록 하였습니다. 특히 독해력을 바탕으로 문제를 해결해야 하는 〈보기〉형 문항들을 다수 수록하여 내신과 수능 및 각종 언어 시험에 대비할 수 있도록 하였습니다.

수능 도전 문제로 독해 훈련

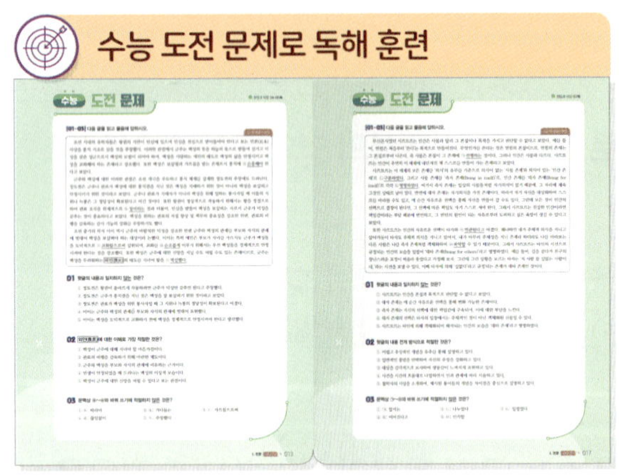

》 주제별 대표 지문 독해

앞에서 학습한 주제별 어휘들을 바탕으로 수능 국어 기출 변형 지문을 독해해 볼 수 있도록 하였습니다.

》 수능 국어 독서의 기본 유형 학습

지문을 독해한 내용을 토대로 수능 국어 독서에서 가장 기본적인 유형에 속하는 내용 일치 문제, 추론 문제, 어휘 문제들을 통해 수능 국어 독서 문제의 출제 유형을 체험·학습할 수 있도록 하였습니다.

단원 종합 문제로 어휘력 점검

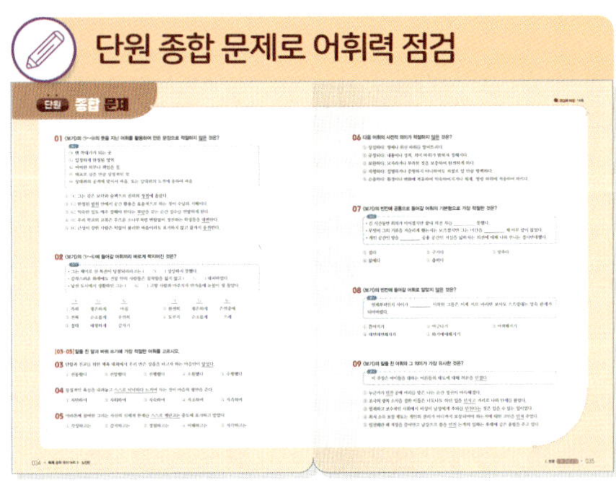

》 단원별 종합 문제

한 주의 마지막 학습으로 단원 내에서 주요 어휘들을 종합적으로 점검할 수 있도록 하였습니다. 주로 오지선다 문제들로 구성하여 학습 어휘에 대한 종합적인 이해와 점검을 할 수 있도록 하였습니다.

재미있는 퀴즈로 속담 학습

>> 속담 퀴즈

퀴즈 형식의 문제 풀이를 통해 중학생이 꼭 알아야 할 속담들
을 완성하고, 그 뜻을 숙지할 수 있도록 하였습니다.

테스트 문제로 어휘력 평가

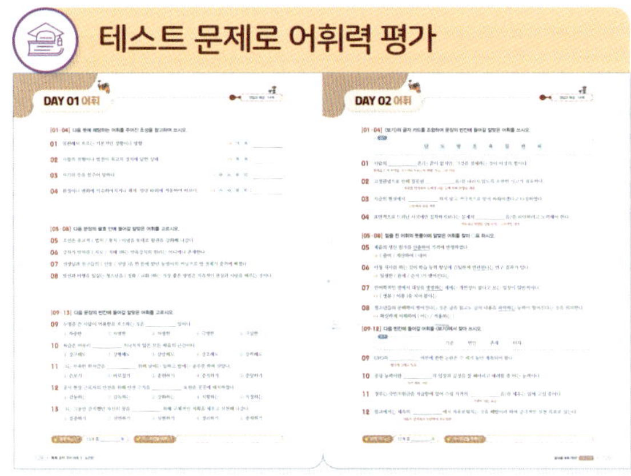

>> 일차별 어휘 TEST

일차별로 학습한 어휘를 쪽지 시험과 같은 형태로 테스트하고
앞에서 익힌 어휘의 이해 정도를 확인할 수 있도록 하였습니다.

정답과 해설

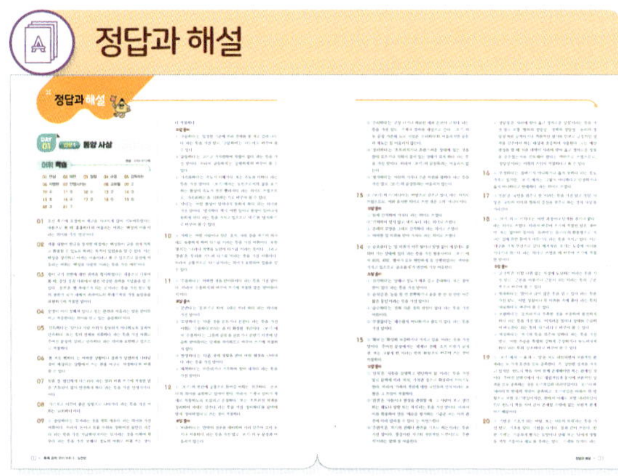

>> 친절하고 상세한 문제 해설

친절하고 상세한 해설을 통해 문제와 어휘의 의미에 대해 더욱
쉽고 명확하게 이해할 수 있도록 하였습니다.

이 책의 차례와 학습 계획표

I 인문

1주차

[01-04] 다음 문장의 괄호 안에 들어갈 알맞은 어휘를 고르시오.

01 조선 후기에는 조정의 가혹한 세금 수탈로 인해 (민심 / 사심)이 흉흉하였다.

02 세종 대왕은 (군주 / 애민)의 정신을 담아 백성들이 쉽게 배우고 사용할 수 있는 한글을 창제하였다.

03 중앙 집권 사회에서는 왕이 권력의 (장점 / 정점)에 위치하여 국가 전반에 대한 지배력을 행사하였다.

04 개인의 운명은 이미 정해져 있다고 믿고 그것에 (반응 / 순응)하며 살아가고자 하는 세계관을 운명론적 세계관이라 한다.

[05-08] 다음 밑줄 친 말과 바꿔 쓰기에 적절한 어휘를 〈보기〉에서 골라 문맥에 맞게 쓰시오.

> **보기**
>
> 감독하다   교화하다   자명하다   안정시키다

05 조직의 규율을 <u>살피고 단속하는</u> 역할은 엄격하고 공정하게 수행되어야 한다.

→ _________

06 유교 사회인 조선에 천주교가 유입된다면 사회적 갈등을 초래할 것은 <u>불 보듯 뻔한</u> 일이었다.

→ _________

07 실학자들은 이론적인 것에서 벗어나 실질적이고 현실적으로 삶을 <u>편안하게 다스리는</u> 일에 도움을 주는 것이 학문의 역할이라 주장하였다.

→ _________

08 성무선악설의 입장은 인간의 본성은 정해진 것이 아니라 교육하고 수양하기에 따라 달라질 수 있으며, <u>가르치고 이끌어</u> 좋은 방향으로 나아갈 수 있다는 것이다.

→ _________

09 〈보기〉의 ㉠~㉤과 바꿔 쓰기에 적절하지 <u>않은</u> 것은?

> **보기**
>
> 정전제는 900무(畝)의 토지를 우물 정(井) 자로 ㉠<u>구분</u>하여 9구획을 만든 후, 가운데 토지인 100무는 공동 경작하여 경작물로 세금을 ㉡<u>충당하고</u>, 나머지 토지는 각 경작자에게 100무씩 ㉢<u>균등하게</u> 분배하도록 한 제도이다. 춘추 전국 시대를 살았던 맹자는 지주들의 토지 수탈이 농민으로 하여금 삶을 포기하게 하는 현상을 ㉣<u>가속화하</u>는 것을 ㉤<u>막기</u> 위해 정전제의 회복을 주장하였다.

① ㉠: 나누어　　　　② ㉡: 지급하고
③ ㉢: 공평하게　　　④ ㉣: 심화하는
⑤ ㉤: 방지하기

10 〈보기〉의 밑줄 친 어휘에 공통적으로 포함되어 있는 의미로 적절한 것은?

> **보기**
>
> • 다수의 민중은 소수 귀족층의 <u>지배</u>를 받았다.
> • 조선은 유교적 <u>통치</u> 이념을 바탕으로 나라에 대한 충성과 부모에 대한 효를 중시했다.
> • 나라가 위기를 맞았을 때 민중을 <u>통솔</u>하여 구국에 헌신한 의로운 이들을 잊지 말아야 한다.

① 복종　　　　② 명령　　　　③ 종속
④ 다스림　　　⑤ 이끌림

11 〈보기〉의 밑줄 친 말과 바꿔 쓰기에 가장 적절한 것은?

> **보기**
>
> 당시 호론 계열의 학자들은 청나라 문물의 영향을 덜 받는 충청도 지역을 기반으로 하고 있었다. 그들은 청나라 사람을 오랑캐이자 동물과 다를 바 없는 존재로 보고 그들의 문물을 <u>수용하지</u> 말아야 한다는 입장을 취했다. 또한 우리가 가진 순수한 모습을 지켜내야 한다고 주장했다.

① 본받지　　　② 모방하지　　　③ 반영하지
④ 배척하지　　⑤ 받아들이지

12 〈보기〉의 빈칸에 공통으로 들어갈 말로 가장 적절한 것은?

보기

• 태풍과 긴 장마로 인해 손상된 곳곳의 도로 시설을 새롭게 (   ).
• 고대 국가의 왕들은 왕권을 강화하고 사회적 질서를 바로잡기 위해 문물과 제도를 (   ).

① 비축하였다　　② 수리하였다　　③ 정리하였다
④ 정비하였다　　⑤ 평가하였다

13 〈보기〉의 ㉠과 그 의미가 가장 유사한 것은?

보기

　모든 인간은 선한 본성을 ㉠지니고 있고, 이 선한 본성의 실현은 주체인 자신의 노력에 의해서만 가능하다는 맹자의 성선설을 순자는 현실 감각이 결여된 주장으로 보았다.

① 할머니께서는 늘 염주를 몸에 지니고 다니신다.
② 그는 겸손한 성품을 지니고 있어 늘 자신을 낮추고 주변 사람들을 배려한다.
③ 지금은 고인이 되셨지만, 나는 할아버지와의 추억을 평생 동안 가슴속에 지니고 살 것이다.
④ 30년 만에 찾은 고향은 내 기억 속에 남아 있는 과거의 정겨운 모습을 그대로 지니고 있었다.
⑤ 그는 쓰레기 매립장 건설 지역 선정을 둘러싼 주민들의 거센 반발을 중재하는 막중한 임무를 지니고 회의에 참석했다.

14 〈보기〉의 빈칸에 공통으로 들어갈 말로 가장 적절한 것은?

보기

• 의장의 개회 선언을 시작으로 회의가 (   ) 진행되었다.
• 적대적이던 양국의 관계가 이번 회담을 (   ) 마치면서 우호적으로 바뀌었다.
• 이번 행사에는 많은 인파가 몰렸지만, 철저한 준비와 현장 봉사자들의 노고 덕분에 (   ) 끝났다.

① 심각하게　　② 순식간에　　③ 순조롭게
④ 순수하게　　⑤ 부질없게

15 〈보기〉의 ㉠~㉢을 활용하여 만든 문장으로 적절하지 않은 것은?

보기

　실학 사상가들은 도덕적 기준에 대한 ㉠인식의 변화를 요구했다. 즉, 그들은 인간이 선함을 원래부터 가지고 있다는 ㉡관점만으로는 인간의 선한 행동을 설명하는 데 불충분하다고 보았다. 즉, 인간의 ㉢주관적 판단에 근거하여 행위의 ㉣정당성을 판단한다는 것 자체가 타당성을 ㉤확보하기 어렵다고 본 것이다.

① ㉠: 가족의 개념에 대한 국민들의 인식은 사회의 흐름에 따라 변화하고 있다.
② ㉡: 예술을 평가하는 기준은 보는 이의 관점에 따라 달라질 수 있다.
③ ㉢: 통증의 강도는 주관적 개념이므로, 정량적으로 수치화하기 어렵다.
④ ㉣: 예산을 편성할 때는 공공의 이익과 지출의 정당성을 충분히 검토해야 한다.
⑤ ㉤: 군대에서는 규율을 확보하고 훈련병들의 정신력을 강화하기 위해 고된 신체 훈련을 한다.

16 〈보기〉의 ㉠~㉤의 사전적 의미로 적절하지 않은 것은?

보기

　한비자의 이러한 통치 철학은 스승인 순자가 주장한 성악설의 영향을 받은 것이다. 순자는 인간의 본성은 동물과 다를 바가 없지만, 인간은 생각할 수 있는 '려(慮)'를 가지고 있다고 보았다. 그래서 '예(禮)'를 ㉠주입하면 선한 행동을 할 수 있다며 '예치(禮治)'를 ㉡주장했다. 한비자도 인간의 본성에 대해서는 순자와 ㉢동일하게 생각했지만, 인간의 본성은 변할 리가 없다며 '교화 가능성'을 ㉣부정했다. 그 때문에 인간의 본성 안에 들어 있는 사사로움을 찾아내어 '법'으로 엄히 ㉤다스려야 한다고 주장했다.

① ㉠: 지식을 넣어 주면
② ㉡: 자기의 의견이나 주의를 굳게 내세웠다
③ ㉢: 어떤 것과 비교하여 똑같게
④ ㉣: 올바르지 아니하거나 옳지 못했다
⑤ ㉤: 보살펴 관리하고 통제해야

17 〈보기〉의 ㉠~㉤에 들어갈 어휘와 그 의미의 연결이 올바르지 <u>않은</u> 것은?

> **보기**
>
> • 그는 타고난 (㉠)이 섬세하고 내성적이라 혼자 시간을 보내는 것을 좋아한다.
> • 샤머니즘을 기반으로 한 사회에서는 무당이 두터운 (㉡)을 받으며 막강한 권력을 지닌다.
> • 맹자는 백성이 나라의 근본이니 이것이 견고하면 나라가 안녕하다며 (㉢) 사상을 주창하였다.
> • 광종은 (㉣)을 강화하기 위해 국가의 재정 기반을 튼튼히 하고 지방 세력을 견제하는 정책을 펼쳤다.
> • 고대 국가에서는 가뭄이 들면 군주의 (㉤)이 부족하다고 생각하여 국가적으로 기우제를 올리기도 하였다.

① ㉠: 자질 – 타고난 성품이나 소질
② ㉡: 신망 – 믿고 기대함. 또는 그런 믿음과 덕망
③ ㉢: 민본 – 국민이 직접 정치에 참여함.
④ ㉣: 왕권 – 임금이 지닌 권력이나 권리
⑤ ㉤: 덕성 – 어질고 너그러운 성질

18 〈보기〉의 ㉠~㉤과 바꿔 쓰기에 적절하지 <u>않은</u> 것은?

> **보기**
>
> 「계사전」에서는 역(易)을 사용하는 이유를 과거에 대한 인식을 바탕으로 미래를 예비하기 위함이라고 설명한다. 이는 주역의 ㉠궁극적 목적이 인간사의 길흉화복을 예측하는 것만이 아니라 인간을 가르쳐 도덕적 인격을 실천하도록 하는 것에 있다는 의미를 ㉡함축하고 있다. 우주 만물이 음양의 조화를 이루는 것이 중요한 것처럼 도덕적 인격의 형성을 위해서는 허물을 잘 ㉢보완하여 지나침도 모자람도 없는 '중정(中正)'을 취해야 한다고 ㉣역설한다. 또한 음양의 조화가 깨져 그릇됨이 만들어질 때는 이를 즉시 뉘우치고 그것을 고쳐 나가는 '선보과(善補過)'의 과정을 ㉤거쳐야 한다고 말한다.

① ㉠: 최종적
② ㉡: 내포하고
③ ㉢: 다스려서
④ ㉣: 강조한다
⑤ ㉤: 들러야

19 〈보기〉의 ㉠과 ㉡의 관계와 가장 유사한 것은?

> **보기**
>
> 태극에서 분화된 '양의'는 우주 만물의 시시각각 변하는 작용을 말하며 보통 '음양(陰陽)'이라고 한다. ㉠음과 ㉡양은 '서로 대립하면서도 서로 의존하는 관계', '서로 반대되는 상대가 존재해야 비로소 자신이 존재할 수 있는 관계' 등으로 이해할 수 있다. 예를 들어 음이 그늘짐을 뜻한다면 양은 햇볕이 비쳐 볕듦을 말함이니, 한쪽에 볕이 들면 반대편에 그늘지는 현상이 서로 대립인 동시에 서로의 존재를 보완하는 관계를 유지하여 마치 동전의 양면처럼 작용하는 것이다.

① 산 : 바다
② 과일 : 사과
③ 쇠고기 : 돼지고기
④ 계단 : 엘리베이터
⑤ 오르막길 : 내리막길

20 문맥에 맞는 어휘를 바르게 선택하지 <u>못한</u> 것은?

① 동양에서는 유교 사상을 학문과 정치의 ((기조)/ 가풍)(으)로 삼는 나라들이 많다.
② 자신에게 주어진 ((책무)/ 책망)을/를 성실히 이행하는 것은 슬기로운 자의 근본이다.
③ 왕권이 바뀌고 새로운 나라를 세울 때 (기반 / (기세))을/를 잘 다지는 것은 매우 중요하다.
④ 조선 시대 유학자들은 백성의 마음을 ((천심)/ 천성)으로 삼는 왕을 덕이 있는 통치자라 여겼다.
⑤ 안으로는 백성의 삶을 풍요롭게 하고 밖으로는 평화로운 외교 관계를 유지하는 것이 진정한 ((성군)/ 폭군)이라 할 수 있다.

21 밑줄 친 어휘의 쓰임이 적절하지 <u>않은</u> 것은?

① 우려했던 상황이 <u>실현되고</u> 나서 후회해도 소용없다.
② 보수적인 집단일수록 <u>위계적이고</u>, 자유분방한 집단일수록 수평적인 경향이 있다.
③ 지나친 줄임말의 사용을 <u>지양하고</u> 우리말 어휘를 순화하여 사용하는 것이 바람직하다.
④ 유교적인 이념이 강한 국가에서는 부모님을 <u>받들어</u> 모시는 것이 중요한 덕목 중 하나이다.
⑤ 기존의 체제를 반박하는 새로운 이데올로기의 등장과 이에 동조하는 세력이 혁신을 <u>주도하고</u> 있다.

[01-03] 다음 글을 읽고 물음에 답하시오.

고1 학력평가 변형

조선 시대의 유학자들은 왕권의 기반이 민심에 있으며 민심을 천심으로 받아들여야 한다고 보는 민본(民本) 사상을 통치 기조로 삼을 것을 주장했다. 이러한 관점에서 군주는 백성의 뜻을 하늘의 뜻으로 받들며 섬기고 덕성을 갖춘 성군으로서 백성의 모범이 되어야 하며, 백성을 사랑하는 애민의 태도로 백성의 삶을 안정시키고 백성을 교화해야 하는 존재라고 강조했다. 또한 백성은 보살핌과 가르침을 받는 존재로서 통치에 ⓐ순응해야 한다고 보았다.

군주와 백성에 대한 이러한 관점은 조선 개국을 주도하고 통치 체제를 설계한 정도전의 주장에도 드러난다. 정도전은 군주나 관료가 백성에 대한 통치권을 지닌 것은 백성을 지배하기 위한 것이 아니라 백성을 보살피고 안정시키기 위한 것이라고 보았다. 군주나 관료가 지배자가 아니라 백성을 위해 일하는 봉사자일 때 이들의 지위나 녹봉은 그 정당성이 확보된다고 여긴 것이다. 또한 왕권이 정상적으로 작동하기 위해서는 왕을 정점으로 하여 관료 조직을 위계적으로 ⓑ정비하는 것과 더불어, 민심을 받들어 백성을 보살피는 자로서 군주가 덕성을 갖추는 것이 중요하다고 보았다. 백성을 위하는 관료의 자질 향상 및 책무의 중요성을 강조한 한편, 관료의 비행을 감독하는 감사 기능의 강화를 주장하기도 했다.

조선 중기의 학자 이이 역시 군주의 바람직한 덕성을 강조한 한편 군주와 백성의 관계를 부모와 자식의 관계에 빗대어 백성을 보살펴야 하는 대상이라 논했다. 이이는 특히 애민은 부모가 자녀를 가르치듯 군주가 백성들을 도덕적으로 ⓒ교화함으로써 실현되며, 교화를 ⓓ순조롭게 이루기 위해서는 우선 백성들을 경제적으로 안정시켜야 한다는 점을 강조했다. 또한 백성은 군주에 대한 신망을 지닐 수도 버릴 수도 있는 존재이므로, 군주는 백성을 두려워하는 외민(畏民)의 태도를 지녀야 함을 ⓔ역설했다.

01 윗글의 내용과 일치하지 않는 것은?

① 정도전은 왕권이 올바르게 작동하려면 군주가 덕성만 갖추면 된다고 주장했다.
② 정도전은 군주가 통치권을 지닌 것은 백성을 잘 보살피기 위한 것이라고 보았다.
③ 정도전은 관료가 백성을 위한 봉사자일 때 그 지위나 녹봉의 정당성이 확보된다고 여겼다.
④ 이이는 군주와 백성의 관계를 부모와 자식의 관계에 빗대어 표현했다.
⑤ 이이는 백성을 도덕적으로 교화하기 전에 백성을 경제적으로 안정시켜야 한다고 생각했다.

02 외민(畏民)에 대한 이해로 가장 적절한 것은?

① 백성이 군주에 대해 지녀야 할 마음가짐이다.
② 관료의 비행을 감독하기 위해 마련한 제도이다.
③ 군주와 백성을 부모와 자식의 관계에 비유하는 근거이다.
④ 민생이 안정되었을 때 드러나는 백성의 이상적 모습이다.
⑤ 백성이 군주에 대한 신망을 버릴 수 있다고 보는 관점이다.

03 문맥상 ⓐ~ⓔ와 바꿔 쓰기에 적절하지 않은 것은?

① ⓐ: 따라야   ② ⓑ: 가다듬는   ③ ⓒ: 가르침으로써
④ ⓓ: 끊임없이   ⑤ ⓔ: 주장했다

인문 2 서양 사상

*미니북에 수록된 DAY별 어휘들을 익히고 난 후, 문제를 풀면 더욱 효과적으로 학습할 수 있어요.

[01-04] 주어진 초성의 뜻에 알맞은 어휘를 빈칸에 넣어 문장을 완성하시오.

01 ㅈ ㅈ : 현실에 실제로 있음. 또는 그런 대상
→ 그녀는 자신의 일에 몰두한 나머지 찾아온 불청객의 __________를 알아차리지 못했다.

02 ㅂ ㅁ : 마음이 번거롭고 답답하여 괴로워함.
→ 종교는 여러 가지 삶의 __________으로부터 자유로워질 수 있는 정신적인 버팀목이 되기도 한다.

03 ㅁ ㅈ : 실현하려고 하는 일이나 나아가는 방향
→ 어떠한 __________을 달성하기 위해서는 전략적인 계획의 수립과 지속적인 노력이 동반되어야 한다.

04 ㅍ ㄷ : 사물을 인식하여 논리나 기준 등에 따라 판정을 내림.
→ 위험이 닥쳤을 때 신속하게 상황 __________을 하고 해결 방법을 모색할 수 있는 능력은 다양한 경험에서 나온다.

[05-08] 다음 문장의 괄호 안에 들어갈 알맞은 어휘를 고르시오.

05 개인의 성격 형성에 있어서 유전적인 요소와 환경적인 요소는 긴밀하게 (연속 / 연관)되어 있다.

06 스피노자는 대자연을 신으로 여기고, 우리 눈에 보이는 세상의 만물을 '생산된 자연' 즉 '소산적 자연'이라고 (명명 / 명확)하였다.

07 김 위원은 봉사 활동을 할 때 어려운 사람을 돕고자 하는 마음보다 남의 시선을 의식하는 마음이 늘 (선망 / 선행)하였다.

08 자신의 주관적인 감정과 욕망을 (대상화 / 대립화)하여 객관적으로 바라보는 것은 우울감과 무력감을 극복할 수 있는 좋은 방법 중 하나이다.

09 〈보기 1〉에서 밑줄 친 어휘의 의미와 유사한 것을 〈보기 2〉에서 찾아 올바르게 짝지은 것은?

보기1
• 그녀는 어려운 글을 읽을 때에는 핵심 내용을 정확하게 <u>파악하기</u> 위해 밑줄을 친다.
• 청소년의 미디어 중독 실태를 <u>파악하기</u> 위해서 일일 평균 미디어 사용 시간을 측정하기로 하였다.

보기2
㉠ 산출하다 ㉡ 알아내다 ㉢ 암기하다
㉣ 이해하다 ㉤ 짐작하다

① ㉠, ㉡ ② ㉠, ㉤ ③ ㉡, ㉣
④ ㉢, ㉣ ⑤ ㉣, ㉤

10 〈보기〉의 ㉠~㉤을 활용하여 만든 문장으로 적절하지 <u>않은</u> 것은?

보기
사르트르(J. P. Sartre)는 20세기 초의 실존주의를 대표하는 철학자로, 이전의 철학자들이 인간의 ㉠본질이 무엇이냐는 ㉡근원적 물음을 탐구했다면, 사르트르는 개개인의 실존을 문제 삼았다. 그의 ㉢사상은 '실존은 본질에 선행한다.'로 정리할 수 있는데, 여기서 '본질'은 어떤 존재에 관해 '그 무엇'이라고 정의될 수 있는 성질을 뜻하고, '실존'은 자기의 존재를 ㉣자각하면서 존재하는 ㉤주체적인 상태를 뜻한다.

① ㉠: 김 박사는 사물의 본질을 꿰뚫어 볼 줄 아는 뛰어난 통찰력을 가진 사람이다.
② ㉡: 인간은 왜 살아가는가에 대한 <u>근원적</u> 질문에 대해 철학자들은 각기 다른 주장을 한다.
③ ㉢: 인류의 역사를 살펴보면, 불순한 <u>사상</u>과 잘못된 가치관을 가진 비뚤어진 천재들이 대재앙을 일으켰던 경우가 종종 있다.
④ ㉣: 꾸준한 자아 성찰과 <u>자각</u>은 인간의 내면을 성숙하게 한다.
⑤ ㉤: 공식적인 문서에 <u>주체적</u> 해석에 따라 혼동을 일으킬 수 있는 모호한 표현은 지양해야 한다.

11 〈보기〉의 ㉠~㉤의 사전적 의미로 적절하지 <u>않은</u> 것은?

보기

밀(J. S. Mill)이 추구한 ㉠쾌락은 초기의 공리주의자 벤담과는 달리 단순한 양적 쾌락이 아니라 높은 가치를 지닌 질적인 쾌락이었다. 밀은 공리주의의 쾌락 추구가 동물적인 ㉡욕망의 추구라고 비난하는 사람들에게, 공리주의는 그런 ㉢저급한 쾌락을 추구하는 것이 아니라고 역설한다. 밀이 질적으로 높은 쾌락으로 간주하는 것은 ㉣지성의 쾌락, 감정과 상상력의 쾌락, 도덕적 ㉤정서의 쾌락 등이다.

① ㉠: 감성의 만족, 욕망의 충족에서 오는 유쾌하고 즐거운 감정
② ㉡: 부족을 느껴 무엇을 가지거나 누리고자 탐하는 마음
③ ㉢: 내용, 성질, 품질 따위의 정도가 낮은
④ ㉣: 학문, 지식, 사회생활을 바탕으로 이루어지는 품위
⑤ ㉤: 사람의 마음에 일어나는 여러 가지 감정

12 〈보기〉의 ㉠과 의미가 가장 유사한 것은?

보기

연필은 처음부터 '쓴다'는 목적으로 만들어진다. 무엇인가를 ㉠쓴다는 것은 연필의 본질이므로, 연필의 존재는 그 본질로부터 나온다.

① 서양에서는 모자를 <u>쓰는</u> 것이 예의를 갖춘 복식으로 중요시되어 왔다.
② 나는 마음의 안정을 찾고 건전한 취미 생활을 도모하기 위해 붓글씨를 <u>쓰기</u>로 마음먹었다.
③ "입에 <u>쓴</u> 약이 몸에는 달다."라는 말처럼 건강을 위한다면, 달콤한 음식의 유혹을 뿌리칠 줄 알아야 한다.
④ 누명을 <u>쓰고</u> 억울하게 해고된 사람이 본사 앞에서 일인 시위를 이어가면서 해당 사건에 대한 재조사가 시작되었다.
⑤ 편리하다는 이유로 사람들이 일회용품을 너무 많이 <u>쓰는</u> 바람에 각 지자체에서는 쓰레기 처리에 고충을 겪고 있다.

13 〈보기〉의 ㉠~㉤과 바꿔 쓰기에 적절하지 <u>않은</u> 것은?

보기

칸트는 도덕 법칙의 대상이자 ㉠보편적이며 변하지 않는 윤리인 최고선은 최상의 선과 완성된 선, 두 가지 요소로 구성되어 있다고 ㉡보았다. 여기서 최상의 선이란 우리가 무조건적으로 ㉢추구해야 하며 그 어떤 것에도 ㉣앞서는 덕을 의미한다. 이러한 덕은 그 자체만으로 최고선이 되지 못하고 완성된 선을 필요로 한다. 여기서 완성된 선이란 덕을 ㉤수행하는 과정에서 얻을 수 있는 행복을 말하는 것으로, 이 두 가지가 합쳐져 최고선이 되는 것이다.

① ㉠: 일반적　　　　② ㉡: 생각했다
③ ㉢: 지양해야　　　④ ㉣: 우선하는
⑤ ㉤: 실천하는

14 〈보기〉의 빈칸에 공통으로 들어갈 말로 적절한 것은?

보기

• 지구의 종말을 예언한 그는 기독교 단체에 의해 이단으로 (　　　　)되었다.
• 헌법에 (　　　　)되어 있는 것처럼, 사람은 누구나 행복을 추구할 권리가 있다.

① 구속　　　　② 규정　　　　③ 보정
④ 인용　　　　⑤ 책정

15 〈보기〉의 밑줄 친 어휘와 바꿔 쓰기에 적절하지 <u>않은</u> 것은?

보기

인간은 자신의 의사와 관계없이 하나의 개체로 <u>존재하다가</u> 어디로 향하는지도 모르는 채 소멸되어 버리는 운명에 처해 있다.

① 있다가　　　　② 살다가
③ 공존하다가　　④ 실재하다가
⑤ 실존하다가

16 〈보기〉의 ㉠~㉤에 들어갈 어휘와 그 의미의 연결이 올바르지 <u>않은</u> 것은?

> **보기**
>
> • 상대방의 (㉠)을 덜어주기 위해서 한 행동이 오해를 불러일으킬 수도 있다.
>
> • 평가를 할 때에는 명확한 평가 (㉡)이 있어야 공정하고 변별력 있는 결과가 나온다.
>
> • 나이가 들어감에 따라 신체의 건강뿐만 아니라 정신의 건강 (㉢)를 잘 살피고 단련하는 것이 중요하다.
>
> • 세대 갈등이 나타난 근본적인 (㉣)을 명확하게 파악하는 것이 합리적인 해결 방안을 도출하는 지름길이다.
>
> • 거짓말을 하는 사람들에게는 공통적인 신체 반응이 나타나는데 그중 하나가 상대의 (㉤)을 피하는 것이다.

① ㉠: 부담 – 어떠한 의무나 책임을 짐.

② ㉡: 기준 – 기본이 되는 표준

③ ㉢: 상태 – 사물 · 현상이 놓여 있는 모양이나 형편

④ ㉣: 원인 – 어떤 사물이나 상태를 변화시키거나 일으키게 하는 근본이 된 일이나 사건

⑤ ㉤: 시선 – 눈을 움직여서 상대편에게 어떤 뜻을 전달하거나 암시하는 동작

17 〈보기〉의 ㉠과 ㉡의 관계와 가장 유사한 것은?

> **보기**
>
> 중세 철학자인 아우구스티누스(Augustinus)는 시간을 시계로 잴 수 있는 물리적 시간과 마음으로 알 수 있는 ㉠마음의 시간으로 구분했다. 그가 말하는 물리적 시간에서는 과거는 이미 사라져 버렸고, 미래는 아직 오지 않아서 없으므로 오직 현재만이 존재한다. 반면 마음의 시간에서는 ㉡과거와 미래가 언제나 현재 속에서 함께한다. 과거는 기억으로 현재 안에 있고, 미래는 미래에 대한 기대로서 현재 안에 있기 때문이다.

① 운명 : 팔자　　　　　② 주동 : 수동

③ 일생 : 유년　　　　　④ 남자 : 여자

⑤ 명예 : 권력

18 문맥에 맞는 어휘를 바르게 선택하지 <u>못한</u> 것은?

① 그는 (책임감 / 압박감)이 강해서 맡은 일을 스스로 알아서 한다.

② 건축은 수학과 과학과 미술의 (총체적 / 전체적) 산물이라 할 수 있다.

③ 횡령과 탈세를 위해 해외로 (도피 / 도포)했던 일당을 인터폴을 통해 검거하였다.

④ (자유 / 자제)라는 명분으로 타인에게 피해를 주거나 사회적 규범을 어기는 것은 바람직하지 않다.

⑤ 개인주의가 심화될수록 (타자 / 자신)에 대한 무관심이 도를 지나쳐 공공장소에서 어려움을 겪어도 아무런 도움을 받지 못한 사연이 공분을 샀다.

19 〈보기〉의 밑줄 친 어휘와 반의 관계에 있는 어휘로 적절한 것은?

> **보기**
>
> 랑케(L. V. Ranke)는 역사를 미화하고 낭만적으로 꾸미는 태도를 비판하며 역사에서 사실을 중시하고 이를 <u>객관적</u>으로 기록하려는 실재주의적 태도를 강조한다. 그는 역사가가 과거에 '일어난 역사'를 하나의 지식 체계로 구성해야 한다는 인식을 바탕으로 역사의 객관성을 중시하고 이를 근대 역사학의 과제로 삼았던 것이다.

① 구체적　　　　② 개별적　　　　③ 이상적

④ 통합적　　　　⑤ 주관적

20 〈보기〉의 ㉠과 바꿔 쓰기에 가장 적절한 것은?

> **보기**
>
> 회의주의자들은 진리를 판단할 수 없는 판단 중지 상태를 에포케(epoche)라고 ㉠일컬었다. 에포케는 어떤 명제에 대해 긍정도 부정도 하지 않는 마음의 상태로, 그들은 진리에 대해 판단을 중지하면 진리를 얻기 위한 고뇌에서 벗어나 마음의 평정 상태인 아타락시아(ataraxia)가 오게 된다고 생각했다.

① 불렀다　　　　② 분류했다　　　　③ 사고했다

④ 상징했다　　　　⑤ 일렀다

[01-03] 다음 글을 읽고 물음에 답하시오.

고2 학력평가 변형

　무신론자였던 사르트르는 인간은 사물과 달리 그 본질이나 목적을 가지고 판단할 수 없다고 보았다. 예를 들어, 연필은 처음부터 '쓴다'는 목적으로 만들어진다. 무엇인가를 쓴다는 것은 연필의 본질이므로, 연필의 존재는 그 본질로부터 나온다. 즉 사물은 본질이 그 존재에 ㉠선행하는 것이다. 그러나 인간은 사물과 다르다. 사르트르는 인간이 우연히 이 세계에 내던져진 채 스스로를 만들어 가는 존재라고 보았다.

　사르트르는 이 세계의 모든 존재를 '의식'의 유무를 기준으로 의식이 없는 '사물 존재'와 의식이 있는 '인간 존재'로 ㉡구분하였다. 그리고 사물 존재를 '즉자 존재(Being in itself)'로, 인간 존재를 '대자 존재(Being for itself)'로 각각 ㉢명명하였다. 여기서 즉자 존재는 일상의 사물들처럼 자기의식이 없기 때문에, 그 자리에 계속 그것인 상태로 남아 있다. 반면에 대자 존재는 자기의식을 가진 존재이다. 따라서 자기 자신을 대상화하여 스스로를 바라볼 수도 있고, 매 순간 자유로운 선택을 통해 자신을 만들어 갈 수도 있다. 그런데 모든 것이 인간의 선택으로 결정이 된다면, 그 선택에 따른 책임도 자기 스스로 져야 한다. 그래서 사르트르는 진실한 인간이라면 책임감이라는 부담 때문에 번민하고, 그 번민의 원인이 되는 자유로부터 도피하고 싶은 욕망이 생길 수 있다고 보았다.

　또한 사르트르는 인간의 자유로운 선택이 타자와 ㉣연관된다고 여겼다. 왜냐하면 내가 주체적 의식을 지니고 살아가듯이 타자도 주체적 의식을 지니고 있어서, 내가 아무리 주체성을 지닌 존재라 하더라도 나를 바라보는 다른 사람은 나를 즉자 존재처럼 객체화하여 ㉤파악할 수 있기 때문이다. 그래서 사르트르는 타인의 시선으로 규정되는 인간의 모습을 일컬어 '대타 존재(Being for others)'라고 명명하였다. 예를 들어, 길을 걷다가 친구의 장난스러운 표정이 떠올라 웃었다고 가정해 보자. 그런데 그런 상황을 모르는 타자는 '저 사람 참 실없는 사람이네.'라는 시선을 보낼 수 있다. 이때 타자에 의해 '실없다'라고 규정되는 존재가 대타 존재인 것이다.

01 윗글의 내용과 일치하지 <u>않는</u> 것은?

① 사르트르는 인간을 본질과 목적으로 판단할 수 없다고 보았다.

② 대자 존재는 매 순간 자유로운 선택을 통해 변화 가능한 존재이다.

③ 즉자 존재는 자신의 선택에 대한 책임감에 구속되며, 이에 대한 부담을 느낀다.

④ 대자 존재의 선택은 타자의 입장에서는 주체적인 것이 아닌 객체화된 산물일 수 있다.

⑤ 사르트르는 타인에 의해 객체화되어 해석되는 인간의 모습을 '대타 존재'라고 명명하였다.

02 윗글의 내용 전개 방식으로 적절한 것은?

① 어렵고 추상적인 개념을 유추를 통해 설명하고 있다.

② 일반적인 통념을 반박하며 자신의 주장을 강화하고 있다.

③ 대상을 감각적으로 묘사하여 생동감이 느껴지게 표현하고 있다.

④ 사건을 시간의 흐름대로 나열하면서 인과 관계에 따라 서술하고 있다.

⑤ 철학자의 사상을 소개하며, 제시된 용어들의 개념을 차이점을 중심으로 설명하고 있다.

03 문맥상 ㉠~㉤과 바꿔 쓰기에 적절하지 <u>않은</u> 것은?

① ㉠: 앞서는　　　　② ㉡: 나누었다　　　　③ ㉢: 일컬었다

④ ㉣: 이어진다고　　⑤ ㉤: 인식할

*미니북에 수록된 DAY별 어휘들을 익히고 난 후, 문제를 풀면 더욱 효과적으로 학습할 수 있어요.

[01-04] 다음 밑줄 친 어휘의 뜻을 〈보기〉에서 찾아 그 기호를 쓰시오.

> 보기
> ㉠ 그러함과 그러하지 아니함.
> ㉡ 일정한 사물에만 있는 특수한 성질
> ㉢ 어떤 일의 상대 또는 목표나 목적이 되는 것
> ㉣ 어떤 일이 어려움 없이 이루어지도록 조건을 마련하여 보증하거나 보호함.

01 그의 주장은 사실을 왜곡했다는 이유로 논란의 대상이 되었다.　(　)

02 사실 여부를 판단할 때에는 감정적인 요소를 최대한 배제하는 것이 좋다.　(　)

03 인권위원회는 사회적 약자의 인권이 보장되도록 관련 법안의 개선을 요구하였다.　(　)

04 어떤 민족의 특성을 이해하려면 역사적인 배경과 문화적인 측면은 물론 환경적인 요소도 고려해야 한다.　(　)

[05-08] 다음 밑줄 친 말과 바꿔 쓰기에 알맞은 어휘를 〈보기〉에서 골라 문맥에 맞게 쓰시오.

> 보기
> 선정하다　어긋나다　확정하다　정당화하다

05 어제 합창단의 공연 일정을 확실하게 정하였다.
→ ________

06 학생의 두발 탈색이나 염색은 교칙에 벗어나는 행동이다.
→ ________

07 여러 음악가들이 심사를 하여 수상작을 뽑아 정하였다.
→ ________

08 이유를 막론하고 폭력은 둘러대어 정당한 것으로 만들 수 없다.
→ ________

09 〈보기〉의 ㉠~㉤에 들어갈 어휘와 그 의미의 연결이 올바르지 <u>않은</u> 것은?

> 보기
> • 냉방 효율은 냉방기가 작용하는 (　㉠　)가 넓어질수록 떨어진다.
> • 두 대상 사이의 (　㉡　)을 발견하는 것은 관찰에서부터 시작된다.
> • 타인과의 지나친 비교는 (　㉢　)을 낮추는 부정적인 결과를 초래할 수 있다.
> • 미디어가 교육에 미치는 영향을 '긍정적'이나 '부정적'으로 단순하게 (　㉣　)짓기는 어렵다.
> • (　㉤　)이 희박한 일에 도전하는 것을 용기라고 한다면, (　㉤　)이 높은 일에 도전하는 것은 전략이라고 할 수 있다.

① ㉠: 범위 – 갈라놓은 지역
② ㉡: 유사점 – 서로 비슷한 점
③ ㉢: 자존감 – 스스로 품위를 지키고 자기를 존중하는 마음
④ ㉣: 결론 – 최종적으로 판단을 내림. 또는 그 판단
⑤ ㉤: 가능성 – 앞으로 실현될 수 있는 성질이나 정도

10 〈보기〉의 ㉠~㉢에 들어갈 어휘끼리 바르게 짝지은 것은?

> 보기
> ___㉠___ 란 어떤 사물이나 현상의 ___㉡___ 을 그와 비슷한 다른 사물이나 현상에 기초하여 미루어 ___㉢___ 하는 것을 말한다. "인생은 마라톤과 같다."라는 것이 그 예이다. 이는 학문 또는 예술 활동에서뿐만 아니라 일상생활에서도 흔히 행하고 있는 사고법이다.

	㉠	㉡	㉢
①	유추	성능	대조
②	유추	성질	짐작
③	유추	특성	대조
④	비교	특성	짐작
⑤	비교	성질	확장

11 〈보기〉의 밑줄 친 어휘의 의미와 가장 유사한 것은?

> 보기
>
> 형사는 범인이 현장에서 멀지 않은 곳에 있을 것이라고 단정을 <u>내렸다</u>.

① 올해 여름에는 유난히 비가 많이 <u>내려서</u> 피해를 입은 농가가 많이 있다.

② 손가락을 따서 체증을 <u>내리는</u> 것은 대표적인 우리나라의 민간요법이다.

③ 외신은 한국 문화 콘텐츠의 감각적인 독창성과 참신함에 높은 평가를 <u>내렸다</u>.

④ 주택 공급량을 대폭 늘려 주택 가격을 <u>내리겠다</u>는 공약을 내세운 후보가 유권자들의 전폭적인 지지를 얻었다.

⑤ 정보통신위원회에서는 출처가 분명하지 않은 사이트의 이용을 자제하고 본인이 올렸던 게시글도 <u>내리기</u>를 권고하였다.

12 〈보기〉의 ㉠~㉤을 활용하여 만든 문장으로 적절하지 않은 것은?

> 보기
>
> 도덕 실재론에서는 '약자를 돕는 것은 옳다.'에 덧붙여 '사람들은 약자가 어려운 ㉠처지에 빠지지 않기를 바란다.'와 같이 인간의 ㉡욕망과 감정에 대한 법칙을 추가해야 한다. 그래야만 약자를 돕는 윤리적 행위를 해야겠다는 ㉢동기 부여에 대해 설명할 수 있다. 인간의 욕망과 감정에 대한 법칙을 쉽게 확보할 수 있는 것은 아니기에 그것 없이도 윤리적 행위의 동기 ㉣부여를 설명할 수 있는 정서주의는 도덕 실재론에 비해 높이 ㉤평가된다.

① ㉠: 그는 자신이 받은 부당한 처지에 대해 정식으로 항의하였다.

② ㉡: 유교에서는 쾌락을 추구하고자 하는 욕망을 속된 것으로 여겼다.

③ ㉢: 충동적인 범죄의 가장 큰 동기는 자신이 무시당했다는 열등감과 피해 의식이다.

④ ㉣: 특정한 임무를 부여받은 사람은 그렇지 않은 사람에 비해 책임감이 강하다는 연구 결과가 있다.

⑤ ㉤: 다이아몬드는 보석 가공 기술이 발달한 이후부터 가장 가치 있는 최고의 보석으로 평가되어 왔다.

13 〈보기〉의 ㉠~㉤의 사전적 의미로 적절하지 않은 것은?

> 보기
>
> 우선 행위는 성품과는 별개의 것이므로 태생적 운의 존재가 ㉠부정된다. 또한 나쁜 상황에서 나쁜 행위를 할 것이라는 추측만으로 어떤 사람을 ㉡폄하하는 일은 ㉢정당하지 못하므로 상황적 운의 존재도 부정된다. 끝으로 어떤 화가가 결과적으로 성공을 했든 안 했든 무책임함에 대해서는 똑같이 비난받아야 하므로 결과적 운의 존재도 부정된다. 실패한 화가를 더 비난하는 '상식'이 ㉣통용되는 것은 화가의 무책임한 행위가 그가 실패했을 때보다 성공했을 때 덜 ㉤부각되기 때문이다.

① ㉠: 그렇지 아니하다고 단정되거나 옳지 아니하다고 반대된다

② ㉡: 트집을 잡아 거북할 만큼 따지고 드는

③ ㉢: 이치에 맞아 올바르고 마땅하지

④ ㉣: 일반적으로 두루 쓰이는

⑤ ㉤: 어떤 사물이 특징지어져 두드러지게 되기

14 〈보기〉의 ㉠~㉤과 바꾸어 쓰기에 적절하지 않은 것은?

> 보기
>
> 우리는 일상생활에서 무수히 많은 문제 상황에 ㉠직면하게 되고, 이를 해결하기 위한 사고를 한다. 문제 해결을 위한 사고를 하기 위해서는 먼저 문제 해결의 목표를 ㉡파악해야 하고, 그다음에는 문제 해결을 ㉢가로막는 제약을 확인해야 한다. 또 목표 달성을 위해 필요한 도구를 찾은 후, 도구를 활용해 문제 해결을 위한 여러 차례의 조작을 해야 한다.
> 이런 점에서 문제 해결 과정은 주어진 문제 상황과 목표 상황의 차이를 ㉣줄이기 위해 여러 가지 시도를 하는 과정 혹은 ㉤탐색하는 과정이라고 할 수 있다.

① ㉠: 맞닥뜨리게

② ㉡: 알아내야

③ ㉢: 방해하는

④ ㉣: 수정하기

⑤ ㉤: 고찰하는

15 〈보기〉의 빈칸에 공통으로 들어갈 말로 그 의미가 나머지와 <u>다른</u> 것은?

> **보기**
> • 수상하게 큰 목소리로 떠들며 횡설수설하는 그가 범인임이 (　　　　).
> • 이번 경선에서는 청년층의 두터운 신임을 받고 있는 후보가 당선될 것이 (　　　　).

① 틀림없다　　② 영락없다　　③ 확고하다
④ 확실하다　　⑤ 자명하다

16 〈보기〉의 ㉠~㉤의 사전적 의미로 적절하지 <u>않은</u> 것은?

> **보기**
> • 약속은 쌍방의 믿음을 전제로 ㉠성립한다.
> • 그의 설명이 설득력을 지니려면 몇 가지 조건을 ㉡충족해야 한다.
> • 지나치게 서두르는 것은 일을 ㉢그르칠 수 있으므로 경계해야 한다.
> • 각계각층의 유명 인사들로 ㉣이루어진 평화사절단은 세계에 우리나라를 알리는 데 크게 기여하였다.
> • 여행 계획을 세울 때는 날씨가 맑을 때와 흐릴 때의 상황을 각각 ㉤가정하여 유동적인 일정을 짜는 것이 좋다.

① ㉠: 일의 관계 따위가 제대로 이루어진다
② ㉡: 일정한 분량을 채워 모자람이 없게 해야
③ ㉢: 잘못하여 일을 그릇되게 할
④ ㉣: 어떤 대상에 의하여 일정한 상태나 결과가 생기거나 만들어진
⑤ ㉤: 사실이 아니거나 또는 사실인지 아닌지 분명하지 않은 것을 임시로 인정하여

17 〈보기〉의 밑줄 친 어휘에 공통적으로 포함되어 있는 의미로 적절한 것은?

> **보기**
> • 심사숙고 끝에 최종 시안을 <u>선택</u>하였다.
> • 우리 학교가 세계 시민 교육 우수 학교로 <u>선정</u>되었다.
> • 대표팀에 <u>선발</u>된 선수들은 3주 동안 합숙 훈련에 들어간다.

① 뽑다　　② 앞서다　　③ 의논하다
④ 우수하다　　⑤ 향상되다

18 〈보기〉의 ㉠~㉤과 바꾸어 쓰기에 적절하지 <u>않은</u> 것은?

> **보기**
> 　　18세기 독일의 대표적 철학자인 칸트(Kant)의 윤리론은 의무주의의 ㉠전형이라고 할 수 있다. 의무주의는 옳음은 다른 것과 비교하여 유추되거나 추론되거나 ㉡증명되는 것이 아니라 그 자체로 절대 가치를 갖는 것이라고 생각하는 것이므로 ㉢직관에 ㉣의존하는 면이 크다고 할 수 있다. 그 덕분에 윤리적 결정을 내림에 있어서 확고한 ㉤신념이나 원칙을 제시할 수 있다는 장점이 있다.

① ㉠: 본보기　　　　② ㉡: 입증되는
③ ㉢: 논증　　　　④ ㉣: 의지하는
⑤ ㉤: 확신

수능 도전 문제

[01-03] 다음 글을 읽고 물음에 답하시오.

고1 학력평가 변형

ㄱ유추는 '알고자 하는 특성의 확정 – 알고 있는 대상과의 비교 – 결론 내리기'의 과정을 통해 이루어진다.

동물원에 가서 '백조'를 처음 본 어린아이가 그것이 날 수 있는가의 ㄴ여부를 판단하는 과정을 생각해 보자. 이 경우 '알고자 하는 대상'과 그 '알고자 하는 특성'을 ㄷ확정하면 '백조가 날 수 있는가?'가 된다. 그런데 그 아이가 자신이 이미 알고 있는 '비둘기'를 떠올리고는 백조와 비둘기 사이에 '깃털이 있다', '다리가 둘이다', '날개가 있다' 등의 공통점을 발견하였다. 이렇게 공통점을 발견하는 것이 바로 비교이다. 그 다음에 '비둘기는 난다'는 특성을 다시 확인한 후 '백조가 날 것이다'라고 결론을 내리면 유추가 끝난다.

많은 논리학자들은 유추가 판단을 그르치게 한다고 ㄹ폄하한다. 유추를 통해 알아낸 것이 옳다는 보장이 없기 때문이다. 위의 경우 '백조가 난다'는 것은 옳다. 그런데 똑같은 방법으로 '타조'에 대해 '타조가 난다'라는 결론을 내렸다면, 이는 사실에 어긋난다. 이는 공통점이 가장 많은 대상을 비교 대상으로 선택하지 못했기 때문이다. 이렇게 유추를 통해 알아낸 것은 옳을 가능성이 있다고는 할 수 있어도 틀림없다고는 할 수 없다.

결국 유추를 통해 옳은 결론을 내릴 가능성을 높이는 것이 중요한데, 범위 좁히기 과정을 통해 비교할 대상을 선정함으로써 그 ㅁ가능성을 높일 수 있다. 만약 어린아이가 수많은 새 중에서 비둘기 말고, 타조와 더 많은 공통점을 갖고 있는 것, 예를 들면 '몸통에 비해 날개 크기가 작다'는 공통점을 하나 더 갖고 있는 '닭'을 가지고 유추를 했다면 '타조는 날지 못할 것이다'라는 결론을 내렸을 것이다.

01 윗글의 내용과 일치하는 것은?

① 비교는 유추의 과정에서 첫 번째에 이루어진다.

② 많은 논리학자들은 유추가 옳은 판단을 위해 반드시 필요하다고 주장한다.

③ 타조의 특성을 파악하기 위하여 비둘기를 비교 대상으로 선정하는 것은 적절하다.

④ 어떠한 판단을 내리기에 앞서 유추의 사고 과정이 선행되면 판단의 신뢰도가 상승한다.

⑤ 유추를 통해 옳은 결론을 내리고자 할 때 비교하는 대상 간의 공통점이 많을수록 그 가능성이 높다.

02 범위 좁히기에 대한 이해로 가장 적절한 것은?

① 유추를 판단에서 배제하는 것

② 가설에서 결론까지의 과정을 간소화하는 것

③ 유추를 통해 옳은 결론을 내릴 가능성을 높이는 것

④ 공통점이 더 많은 대상을 비교 대상으로 선정하는 것

⑤ 유추를 통해 알아낸 것이 항상 옳지 않다는 것을 인정하는 것

03 ㄱ~ㅁ의 사전적 의미로 적절하지 <u>않은</u> 것은?

① ㄱ: 같은 종류의 것 또는 비슷한 것에 기초하여 다른 사물을 미루어 추측하는 일

② ㄴ: 그러함과 그러하지 아니함.

③ ㄷ: 필요한 것을 조사하여 찾아내거나 얻어 내면

④ ㄹ: 가치를 깎아내린다

⑤ ㅁ: 앞으로 실현될 수 있는 성질이나 정도

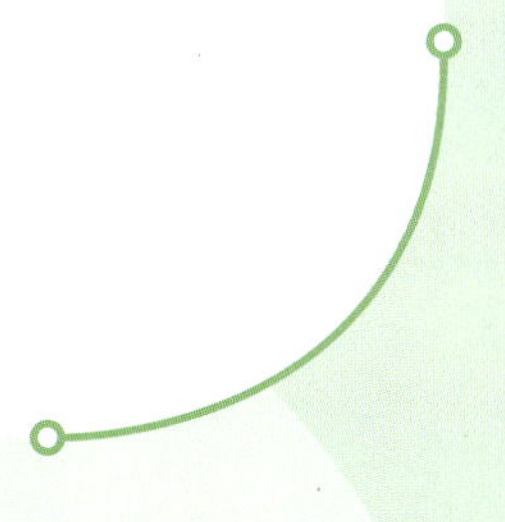

인문 4 · 지식과 명제

＊미니북에 수록된 DAY별 어휘들을 익히고 난 후, 문제를 풀면 더욱 효과적으로 학습할 수 있어요.

[01-04] 〈보기〉의 글자 카드를 조합하여 빈칸에 들어갈 알맞은 어휘를 쓰시오.

보기

| 감 | 각 | 계 | 리 | 상 | 진 | 표 | 체 |

01 노화로 인해 신체의 _________이 둔화될 수 있다.
눈, 코, 귀, 혀, 살갗을 통하여 바깥의 어떤 자극을 알아차림.

02 인생은 배움을 통해 _________를 터득해 나가는 여정이다.
참된 이치. 또는 참된 도리

03 대한민국은 예로부터 호랑이를 나라의 _________으로 삼아 왔다.
대표로 삼을 만큼 상징적인 것

04 일을 처리할 때는 _________를 세우고 진행하는 것이 효율적이다. 일정한 원리에 따라서 짜임새 있게 조직되어 통일된 전체

[05-08] 다음 밑줄 친 말과 바꿔 쓰기에 적절한 어휘를 〈보기〉에서 골라 문맥에 맞게 쓰시오.

보기

| 무관하다 | 일치하다 | 지각하다 | 포괄하다 |

05 이 일은 나와는 <u>관계나 상관이 없다.</u>
→ _____________

06 동물은 길짐승, 날짐승, 물짐승 따위를 <u>어떤 범위 안에 모두 끌어 넣는</u> 개념이다.
→ _____________

07 어떠한 일에 몰두하다 보면, 다른 일들에 대해서는 <u>알아서 깨닫지 못하는</u> 경우가 있을 수 있다.
→ _____________

08 사람은 상대가 자신과 가치관이 얼마나 <u>같거나 들어맞는지</u>에 따라 호감을 느끼는 정도가 달라진다.
→ _____________

09 다음 중 문맥에 맞는 어휘를 바르게 선택하지 <u>못한</u> 것은?

① 그의 주장은 (검역 / (검증))을 거친 것이므로 신뢰할 만하다.

② 낯선 타국을 홀로 여행할 때 같은 나라 사람을 우연히 만나면 (무난한 / (특별한)) 유대감과 친근감을 느끼게 된다.

③ 사람들은 자신이 아는 것과 눈에 보이는 것만을 무턱대고 (기대는 / (믿는)) 경향이 강하므로, 이를 악용한 범죄 사례가 늘고 있다.

④ ((가설) / 진리)은/는 그로부터 나온 결과가 관찰과 실험 등을 통해 맞는 것으로 증명되면 지식으로 인정된다.

⑤ 어린이 보호 구역에서의 신호 위반이나 과속에 대해서는 특례법이 (적용 / (적응))되어 다른 구역에서보다 엄격한 처벌을 받는다.

10 〈보기〉의 ㉠~㉢에 들어갈 어휘끼리 바르게 짝지어진 것은?

보기

노력은 선천적인 재능을 뛰어넘는 능력이다. 우리가 어린 시절 읽은 우화, 「토끼와 거북이」의 거북이는 노력의 중요성을 보여 주는 ㉠ 동물이다. ㉡ 이러한 사례는 우리 주위에서도 찾아볼 수 있다. 하체 마비의 상태로 올림픽에 출전해 메달을 획득한 선수의 이야기나, 손가락이 4개뿐인 피아니스트의 이야기 등이 그것이다. 끈기와 노력으로 ㉢ 을/를 극복하고 자신의 분야에서 명성을 날린 사람들의 수많은 일화는 노력을 게을리하고 주변 환경을 탓하는 나약함과 태만함을 경계하게 해 준다.

	㉠	㉡	㉢
①	대표적	반면에	재능
②	대표적	반면에	재주
③	대표적	실제로	장애
④	상징적	실제로	장점
⑤	상징적	그대로	편견

11 〈보기〉의 ㉠~㉲의 사전적 의미로 적절하지 않은 것은?

> **보기**
>
> 헴펠(C. G. Hempel)의 설명 ㉠이론은 설명에 대한 우리의 일상적 직관, 즉 경험적으로 파악할 수 없는 추상적 문제에 대해 대부분의 사람들이 ㉡공유하는 상식적 판단과 ㉢충돌하기도 하는 문제가 있다. 먼저 ㉣일상적 직관에 따르면 설명으로 인정되지만, 헴펠에 따르면 설명이 아니라고 판단해야 하는 경우가 있다. 또 일상적 직관에 따르면 설명이 되지 못하지만, 헴펠에 따르면 설명으로 ㉲분류해야 하는 경우가 있다.

① ㉠: 사물의 이치나 지식 따위를 해명하기 위하여 논리적으로 정연하게 일반화한 명제의 체계
② ㉡: 두 사람 이상이 한 물건을 공동으로 소유하는
③ ㉢: 서로 맞부딪치거나 맞서기도
④ ㉣: 누구에게나 쓰일 만큼 평범한
⑤ ㉲: 종류에 따라서 갈라야

12 다음의 밑줄 친 어휘 중 그 의미가 다른 하나는?

① 그는 우리나라가 낳은 세계적인 스타이다.
② 성실함과 끈기가 합격이라는 좋은 결과를 낳았다.
③ 소문이 소문을 낳는 것을 방지하려면 정보를 투명하게 공개해야 한다.
④ 눈앞에 닥친 위기만을 모면하려는 태도는 상대방의 불신을 낳을 수 있다.
⑤ 기업이 성장하려면 높은 수익을 낳는 것에만 치중하기보다는 내실을 다지는 것이 중요하다.

13 〈보기〉의 ㉠~㉲을 활용하여 만든 문장으로 적절하지 않은 것은?

> **보기**
>
> 논리 실증주의자들은 ㉠명제를 분석 명제와 종합 명제로 구분하였다. 분석 명제는 명제가 맺어 주는 두 ㉡개념의 관계를 통해서 그것이 참임을 알 수 있는 명제이다. 반면 종합 명제는 주어의 내용에 술어의 의미가 들어 있지 않은 명제로, 명제의 ㉢진위를 알기 위해서는 사실과의 일치 여부를 확인해야 하는 명제이다. 따라서 분석 명제는 ㉣필연적 지식에, 종합 명제는 ㉲우연적 지식에 해당한다.

① ㉠: 어떤 명제가 참이라고 해서 그 역이 참이 되는 것은 아니다.
② ㉡: 내용과 형식은 상반된 개념이 아니라 상호 보완적인 개념이다.
③ ㉢: 수줍은 성격의 그는 모두의 예상을 뒤엎고 연극 무대 위에서 진위를 발휘하였다.
④ ㉣: 고대 위인 설화에서는 주인공과 조력자의 필연적 만남이 반드시 등장한다.
⑤ ㉲: "까마귀 날자 배 떨어진다."라는 속담은 우연적 사건이 인과 관계가 있는 것처럼 의심되는 상황에서 쓰인다.

14 〈보기〉의 밑줄 친 ㉠~㉲을 바꾸어 쓰기에 적절하지 않은 것은?

> **보기**
>
> 사람들은 일반적으로 놀이는 즐거운 것이며 노동, 즉 일은 고통스러운 것이라고 ㉠인식한다. 하지만 인간은 살아가면서 필요한 것을 얻기 위해서 일을 해야만 한다. 이런 논리를 ㉡따르면 인간은 고통에서 ㉢벗어날 수 없다. 고통스러운 일을 계속해야만 하기 때문이다. 그렇다면 인간은 고통 속에서 살 수밖에 없는 것일까? 만약 인간이 본성에 ㉣맞는 일을 한다면 고통이 아니라 즐거움을 느낄 것이다. 본성은 존재의 ㉲고유한 성질이기 때문에 존재의 행위가 본성에 맞다면 고통을 느끼지 않을 것이기 때문이다.

① ㉠: 여긴다   ② ㉡: 쫓으면
③ ㉢: 해방될   ④ ㉣: 어울리는
⑤ ㉲: 특유한

15 〈보기〉의 ㉠~㉤에 들어갈 어휘와 그 의미의 연결이 올바르지 <u>않은</u> 것은?

보기

• 변화를 두려워하는 사람은 (㉠) 체제에 안주하려는 경향이 강하다.
• 식재료는 구성 성분의 (㉡)에 따라 각기 다른 방법으로 보관하고 저장해야 한다.
• 일반적으로 소설은 허구를 (㉢)으로 하지만, 일부 장르는 사실에 근거한 실화를 바탕으로 재구성되기도 한다.
• 자신의 신념에 대해 지나치게 강한 (㉣)을 가지고 있는 사람일수록 고정 관념의 오류에 빠질 가능성이 높다.
• 뉴턴은 관성의 법칙, 가속도의 법칙, 작용 – 반작용의 법칙을 통해 만유인력을 설명하고 (㉤)의 체계를 구축하였다.

① ㉠: 기존 – 이미 존재함.
② ㉡: 성질 – 사물이나 현상이 가지고 있는 고유의 특성
③ ㉢: 바탕 – 사물이나 현상의 근본을 이루는 것
④ ㉣: 확약 – 굳게 믿음. 또는 그런 마음
⑤ ㉤: 역학 – 물체의 운동에 관한 법칙을 연구하는 학문

16 〈보기〉의 밑줄 친 어휘에 공통적으로 포함되어 있는 의미로 적절한 것은?

보기

• 그의 주장은 지금까지 밝혀진 사실과 <u>부합</u>한다.
• 행사장에 모인 사람들은 인종과 종교, 연령과 성별이 모두 달랐지만 우승이라는 목표만은 <u>일치</u>하였다.

① 차이　　　　② 맞음　　　　③ 귀속
④ 포함　　　　⑤ 옳음

17 〈보기〉의 빈칸에 공통으로 들어갈 말로 가장 적절한 것은?

보기

• 도서에 청구 기호를 부여하는 것은 열람하려는 책을 손쉽게 찾는 ( ) 방법이다.
• 시 의원이 시의 예산을 개인적으로 ( ) 혐의를 받아 관련 기관이 조사에 착수하였다.

① 유별난　　　② 유리한　　　③ 유용한
④ 유려한　　　⑤ 유명한

18 다음 중 밑줄 친 어휘의 쓰임이 적절하지 <u>않은</u> 것은?

① 그의 이론은 무수한 증명을 통해 <u>도출된</u> 것이다.
② 그는 정지선에 멈추라는 신호를 <u>인지했지만</u> 무시하고 계속 앞으로 내달렸다.
③ 실수를 경험하고 극복할 수 있는 방법을 스스로 <u>터득해</u> 봐야 독립심을 기를 수 있다.
④ 상황을 신속하고 정확하게 <u>판별할</u> 수 있는 능력은 위기가 닥쳤을 때 더욱 빛이 난다.
⑤ 감염병에 대한 방역 조치로 공중 화장실을 <u>사유하는</u> 것을 제한한다는 방침은 시민들의 반발을 샀다.

19 〈보기〉의 ㉠과 바꾸어 쓰기에 가장 적절한 것은?

보기

　추론을 할 때 선입견에 사로잡히면 판단하는 과정에서 오류를 ㉠<u>범할</u> 가능성이 높아진다.

① 생각할　　　　　　② 발견할
③ 연발할　　　　　　④ 저지를
⑤ 침범할

[01-02] 다음 글을 읽고 물음에 답하시오.

고3 모의평가 변형

우리는 무엇을 '진리'라고 하는가? 이 문제에 대한 대표적인 이론에는 대응설, 정합설, 실용설이 있다. 대응설은 어떤 판단이 사실과 일치할 때 그 판단을 진리라고 본다. '내 말을 믿지 못하겠거든 가서 보라.'라는 말에는 이러한 대응설의 관점이 잘 나타나 있다. 감각을 사용하여 확인했을 때 그 말이 사실과 일치하면 참이고, 그렇지 않으면 거짓이라는 것이다. 우리는 특별한 장애가 없는 한 대상을 있는 그대로 정확하게 지각한다고 생각한다. 예를 들어 책상이 네모 모양이라고 할 때 감각을 통해 지각된 '네모 모양'이라는 표상은 책상이 지니고 있는 객관적 성질을 그대로 반영한 것이라고 생각한다. 그래서 '그 책상은 네모이다.'라는 판단이 지각 내용과 일치하면 그 판단은 참이 된다.

정합설은 어떤 판단이 기존의 지식 체계에 부합할 때 그 판단을 진리라고 본다. 진리로 간주하는 지식 체계가 이미 존재하며, 그것에 판단이나 주장이 들어맞으면 참이고 그렇지 않으면 거짓이라는 것이다. 예를 들어 어떤 사람이 '물체의 운동에 관한 그 주장은 뉴턴의 역학의 법칙에 어긋나니까 거짓이다.'라고 말했다면, 그 사람은 뉴턴의 역학의 법칙을 진리로 받아들여 그것을 기준으로 삼아 진위를 판별한 것이다.

실용설은 어떤 판단이 유용한 결과를 낳을 때 그 판단을 진리라고 본다. 어떤 판단을 실제 행동으로 ㉠옮겨 보고 그 결과가 만족스럽거나 유용하다면 그 판단은 참이고 그렇지 않다면 거짓이라는 것이다. 예를 들어 어떤 사람이 '자기 주도적 학습 방법은 창의력을 기른다.'라고 판단하여 그러한 학습 방법을 실제로 적용해 보았다고 하자. 만약 그러한 학습 방법이 실제로 창의력을 기르는 등 만족스러운 결과를 낳았다면 그 판단은 참이 되고, 그렇지 않다면 거짓이 된다.

01 윗글을 통해 알 수 있는 내용으로 적절하지 <u>않은</u> 것은?

① 진리를 판단하는 기준에 관한 여러 가지 학설이 존재한다.
② 대응설의 입장은 진리를 판단할 때 지각한 내용을 근거로 한다.
③ 정합설의 입장에서는 기존의 지식 체계가 진리 판단의 기준이 된다.
④ 실용설의 입장에서 진리를 판단한다면, 사람에 따라 다르게 판단할 수 있다.
⑤ 대응설과 정합설, 실용설은 모두 진리를 판단하는 공통적인 기준을 가지고 있다.

02 밑줄 친 어휘 중 ㉠의 뜻으로 쓰인 것은?

① 그는 계획한 바를 틀림없이 실천에 <u>옮기는</u> 추진력이 강한 사람이다.
② 중환자실에 계시던 할머니가 일반 병실로 <u>옮기신</u>다는 소식에 가족들은 반색했다.
③ 타인에 대한 평판을 함부로 <u>옮기는</u> 것은 오해를 살 수 있으므로 자제하는 것이 좋다.
④ 유년 시절의 대부분을 보낸 동네 어귀에서 그녀는 추억에 젖어 들뜬 발걸음을 <u>옮겼다</u>.
⑤ 심리적으로 불안한 사람들이 자신의 내면을 예술 장르로 <u>옮겨</u> 표현하는 치료법이 각광받고 있다.

인문 5 **도덕성과 윤리**

＊미니북에 수록된 DAY별 어휘들을 익히고 난 후, 문제를 풀면 더욱 효과적으로 학습할 수 있어요.

[01-04] 다음 문장의 괄호 안에 들어갈 알맞은 어휘를 고르시오.

01 새 휴대 전화가 시장에서 뜨거운 반응을 얻어 (도처 / 거처)에서 주문이 밀려들고 있다.

02 이번 행사는 인근 여러 학교와 (연대 / 연장)하여 준비한 만큼 볼거리와 즐길 거리가 다양하다.

03 흡연은 개인의 건강뿐만 아니라 (간접 / 직접) 흡연의 형태로 주위 사람들의 건강까지 해칠 수 있다.

04 수적으로 우위에 있는 (다수 / 소수)의 의견만을 중시하다 보면 상대적으로 소외되는 사람이 발생하기 쉽다.

[05-08] 다음 밑줄 친 어휘와 관계된 뜻을 〈보기〉에서 찾아 그 기호를 쓰시오.

> **보기**
> ㉠ 스스로 넉넉함을 느끼다.
> ㉡ 틈이나 간격이 매우 좁거나 작다.
> ㉢ 장차 일어날 일의 기미가 다른 사물 속에 숨어 있다.
> ㉣ 감정, 생각, 감각 따위가 갑작스럽게 들이닥치거나 덮치다.

05 친구의 불행을 보고 있자니 자신도 그의 처지와 무관하지 않다는 불안감이 <u>엄습해</u> 왔다. →＿＿＿＿＿

06 선비들은 청렴결백함을 중요시했기 때문에 <u>자족하며</u> 검소하게 사는 것을 미덕으로 여겼다.
→＿＿＿＿＿

07 강당에 놓인 의자들의 간격이 <u>촘촘하여</u> 우리는 옆 사람과 어깨가 닿을 듯이 가까이 붙어 앉아야만 했다.
→＿＿＿＿＿

08 공사 현장은 언제나 사고가 발생할 위험이 <u>도사리고</u> 있으므로 안전 수칙을 잘 지키는 것이 무엇보다 중요하다.
→＿＿＿＿＿

09 〈보기〉의 ㉠～㉤의 사전적 의미로 적절하지 <u>않은</u> 것은?

> **보기**
> 　목적론적 윤리설은 만약 어떤 사람의 ㉠행위가 좋은 결과를 낳는다면 그 행동은 도덕적으로 옳다고 주장하는 학설이다. 목적론적 윤리설에서 옳고 그른 행동의 ㉡척도는 가치의 ㉢표준을 행동의 결과에 적용하는 데에 있다. 만약 한 사람이 어떤 ㉣개별적 행동을 한 결과, 또는 모든 사람이 어떤 ㉤유형의 행동을 한 결과가 그러한 가치의 표준을 만족시킨다면 좋은 결과로 볼 수 있고 그러한 유형의 행동은 옳은 것이다.

① ㉠: 사람이 의지를 가지고 하는 짓
② ㉡: 평가하거나 측정할 때 근거가 될 기준
③ ㉢: 여러 대상의 질이나 양 따위의 중간
④ ㉣: 여럿 중에서 하나씩 따로 나뉘어 있는
⑤ ㉤: 성질이나 특징 따위가 공통적인 것끼리 묶은 하나의 틀

10 〈보기〉의 ㉠～㉢에 들어갈 어휘를 순서대로 바르게 짝지은 것은?

> **보기**
> • 이웃의 딱한 사정을 들은 그는 (　㉠　)을 느끼게 되었다.
> • 참다운 권위와 강력한 지도력은 지도자의 솔선수범과 (　㉡　)에서 나온다.
> • 전쟁이 일어나면서 무수히 많은 젊은이들이 전쟁터에서 죽음을 맞이하게 되는 (　㉢　)이 시작되었다.

① 연정, 인성, 비극　　　　② 연정, 인성, 희극
③ 연민, 도덕성, 비극　　　④ 연민, 도덕성, 희극
⑤ 고통, 도덕성, 희극

11 다음 중 밑줄 친 어휘와 바꿔 쓰기에 적절하지 <u>않은</u> 것은?

① 맨홀에 빠진 학생을 그 근처를 지나던 시민이 <u>우연히</u> 발견하여 구조할 수 있었다. → 마침
② 당당하고 자신감 넘치는 그녀의 모습에 그는 <u>은연중에</u> 호감을 느끼고 있었다. → 갑작스레
③ 꾸준한 운동은 신체의 건강은 <u>물론이고</u>, 정신의 건강까지 챙길 수 있는 가장 좋은 방법이다. → 당연하고
④ 세계 소방관 대회에서 우승을 거머쥔 그는 만족하지 않고 더욱 정진하기 위하여 훈련의 강도를 <u>높였다</u>. → 한층
⑤ 아침 식사를 하지 않는 사람들은 <u>대부분</u> 점심에 과식을 하거나 칼로리가 높은 음식을 먹는 경향이 있다. → 대개

12 〈보기〉의 ㉠~㉤을 활용하여 문장을 만들었다고 할 때 그 의미가 유사하지 <u>않은</u> 것은?

> **보기**
>
> 자신이 낳은 아이의 ㉠<u>적성</u>을 알고 싶으면, 훈계나 명령을 내리지 않고 아이가 어떤 일을 할 때 가장 즐거워하는지, 혹은 어떤 일을 할 때 시간이 가는 줄 모르고 ㉡<u>몰입</u>하는지 관찰하기만 하면 된다. 물론 잊지 말아야 할 것이 하나 있다. 하위징아(J. Huizinga)는 외부로부터 어떤 명령이나 의무가 이미 ㉢<u>각인</u>되었다면, 그 일이 충분히 즐거울 수 있는 일이라고 할지라도 사람들은 결코 그것을 놀이로 경험하지 못한다고 지적한다. 오늘날에는 ㉣<u>불행</u>하게도 많은 사람들이 자신이 즐거워하는 것을 포기하고, 주위의 평판이나 ㉤<u>경제적</u> 이득 때문에 노동의 길로 들어서고 있다는 것이다.

① ㉠: 자신의 <u>적성</u>에 맞고 즐기며 할 수 있는 일을 찾은 것은 행운이다.
② ㉡: 노인은 자신의 일에 완전히 <u>몰입</u>하여 문밖의 인기척도 느끼지 못했다.
③ ㉢: 지지리도 가난했던 어린 시절의 기억은 지금까지도 뼛속 깊이 <u>각인</u>되어 있다.
④ ㉣: 공공시설물을 이용할 때 준수해야 할 원칙을 <u>불행</u>하는 것은 이기적인 행동이다.
⑤ ㉤: 근로 소득이 없이도 여유로운 생활을 누릴 수 있는 토대를 마련하여 자유로운 삶을 살아가는 것을 '<u>경제적</u> 자유'라고 한다.

13 〈보기〉의 ㉠~㉤의 뜻을 지닌 어휘를 활용하여 만든 문장으로 알맞지 <u>않은</u> 것은?

> **보기**
>
> ㉠: 처음 시작하다.
> ㉡: 서로 얼굴을 마주 보고 대하다.
> ㉢: 다른 것과의 관계나 접촉을 막거나 끊다.
> ㉣: 물건 또는 생각이나 말 따위가 마구 섞이다.
> ㉤: 느끼고 깨닫는 힘이나 표현하는 힘이 부족하고 둔하게 되다.

① ㉠: 잠시 후에 <u>출발하는</u> 기차는 부산행이다.
② ㉡: 그들의 주장은 너무나 달랐기에 직접 <u>대면하여</u> 서로의 이야기를 들어보기로 하였다.
③ ㉢: 인간은 사회적 동물이라는 가설은 사회와의 교류를 <u>차단한</u> 아이의 사회성 실험을 통해 여러 차례 입증되었다.
④ ㉣: 운동장은 이미 각반 아이들의 함성과 커다란 응원 소리가 한데 <u>뒤섞여</u> 열기로 가득했다.
⑤ ㉤: 거짓말을 반복적으로 하다 보면 양심의 가책이나 죄책감이 <u>무뎌지게</u> 된다.

14 〈보기〉의 ㉠~㉤과 바꿔 쓰기에 적절하지 <u>않은</u> 것은?

> **보기**
>
> 이런 가운데 18세기 실학자 이익은 ㉠<u>주목할</u> 만한 인물이다. 그는 「서국의(西國醫)」라는 글에서 아담 샬이 쓴 『주제군징(主制群徵)』의 일부를 ㉡<u>채록하면서</u> 자신의 생각을 제시하였다. 『주제군징』에는 당대 서양 의학의 대변동을 이끈 근대 해부학 및 생리학의 성과나 그에 따른 기계론적 인체관은 ㉢<u>담기지</u> 않았다. 대신 기독교를 ㉣<u>효과적으로</u> 전파하기 위해 신의 존재를 증명하려 했던 로마 시대의 생리설, 중세의 해부 지식 등이 실려 있었다. 한정된 서양 의학 지식이었지만 이익은 그 우수성을 ㉤<u>인정하고</u> 내용을 부분적으로 수용하였다.

① ㉠: 눈여겨볼   ② ㉡: 발췌하면서
③ ㉢: 인용되지   ④ ㉣: 효율적으로
⑤ ㉤: 용인하고

15 〈보기〉의 ㉠~㉤ 중에서 그 의미가 같은 것끼리 알맞게 짝지어진 것은?

> **보기**
> ㉠ 물가가 계속 상승함에 <u>따라</u> 사람들의 소비 활동이 위축되고 있다.
> ㉡ 청소년기에서는 또래 집단의 문화를 맹목적으로 흡수하여 <u>따르는</u> 경향이 강하다.
> ㉢ 해안가를 <u>따라</u> 쭉 걷다 보면 끝없이 넓게 펼쳐진 수평선에 온갖 시름을 날려 보내는 듯하다.
> ㉣ 건강 증진이라는 새해 계획에 <u>따라</u> 매일 자전거를 타고 출퇴근을 하면서 심신을 단련하였다.
> ㉤ 물건을 정리할 때 사용 빈도를 참고해야 한다는 충고에 <u>따라</u> 자주 쓰는 것을 손이 잘 닿는 곳에 배치하였다.

① ㉠, ㉡   ② ㉠, ㉤   ③ ㉡, ㉢
④ ㉢, ㉣   ⑤ ㉣, ㉤

16 〈보기〉의 ㉠과 바꿔 쓰기에 적절하지 <u>않은</u> 것은?

> **보기**
> 남과 북을 가로막고 있던 장벽을 ㉠<u>무너뜨리자</u> 단절되었던 민족의 혼이 마침내 하나가 되어 대화합을 이루었다.

① 허물자   ② 없애자   ③ 부수자
④ 낮추자   ⑤ 제거하자

17 〈보기〉의 ㉠~㉤과 바꿔 쓰기에 적절하지 <u>않은</u> 것은?

> **보기**
> 우리는 다수결의 원칙이 과연 올바른 선택인가에 대한 근본적인 의문을 ㉠<u>던지게</u> 된다. 예를 들어 운행 중인 기차가 선로를 ㉡<u>변경하여</u> 다수의 생명을 구할 수 있는 대신, 소수가 희생되는 결과를 ㉢<u>가져온다고</u> 가정하였을 때 선로를 변경할지 말지를 선택해야 하는 딜레마에 빠지게 된다. 다수결이 옳다고 생각하는 입장에서는 선로를 변경하여 다수의 목숨을 구하는 것이 정의에 ㉣<u>들어맞는</u>다고 판단하겠지만, 이러한 판단은 인류가 보편타당하게 ㉤<u>지니고</u> 있는 "모든 생명은 존엄하다."라는 인식에 반하는 것이다.

① 제기하게   ② 바꾸어   ③ 초래한다고
④ 해당한다고   ⑤ 소지하고

18 〈보기〉의 빈칸에 공통으로 들어갈 어휘의 기본형으로 적절한 것은?

> **보기**
> • 연주가 끝나자 공연장 안은 관객들이 (   ) 박수 소리로 가득했다.
> • 수업 종이 (   ) 학생들은 일사불란하게 각자의 교실로 흩어졌다.
> • 개가 꼬리를 (   ) 것은 반가움과 친밀함 등 긍정적인 감정의 표현이다.

① 치다   ② 하다   ③ 만들다
④ 울리다   ⑤ 흔들다

19 〈보기〉의 ㉠~㉤을 활용하여 문장을 만들었다고 할 때 그 의미가 유사하지 <u>않은</u> 것은?

> **보기**
> • 갑작스럽게 비행기가 연착되는 바람에 여행 계획에 지장이 ㉠<u>생겼다.</u>
> • 회복 탄력성이란 어떠한 시련이 ㉡<u>닥쳤을</u> 때, 그것을 극복할 수 있는 힘을 의미한다.
> • 산불은 생태계를 파괴하는 등 큰 피해를 가져오므로 철저하게 ㉢<u>예방하는</u> 것이 중요하다.
> • 사람들은 담장을 ㉣<u>쌓아</u> 자신의 재산을 보호하기 시작했고, 담장이 높아지는 만큼 이웃 간의 소통과 교류는 줄어들었다.
> • 젊은이들에게 꿈과 이상을 ㉤<u>가지라고</u> 하는 것은 실패를 경험해도 다시 도전할 수 있는 '청춘'이라는 값진 시간이 있기 때문이다.

① ㉠: 낡은 하수관 교체를 둘러싸고 주민들 간에 갈등이 <u>생겼다.</u>
② ㉡: 시험이 코앞으로 <u>닥치자</u> 미리 준비를 하지 못한 응시생들은 조급함을 느꼈다.
③ ㉢: CCTV 설치를 둘러싸고 범죄를 <u>예방하는</u> 조치라는 의견과 개인 정보의 침해라는 의견이 팽팽하게 맞섰다.
④ ㉣: 부와 명성을 <u>쌓기</u> 시작한 그는 겸손함과 친절함을 잃고 권력을 탐하는 인물로 변모되었다.
⑤ ㉤: 상대방에게 호감을 <u>가지고</u> 있다면 그러한 감정은 다양한 비언어적 표현을 통해 나타날 수 있다.

수능 도전 문제

[01-02] 다음 글을 읽고 물음에 답하시오.

고3 모의평가 변형

　다수의 학자들에 따르면 ㉠연민은 두 가지 조건이 충족될 때 생긴다. 먼저 타인의 고통이 그 자신의 잘못에서 비롯된 것이 아니라 우연히 닥친 ㉡비극이어야 한다. 다음으로 그 비극이 언제든 나를 엄습할 수도 있다고 생각해야 한다. 이런 조건에 비추어 볼 때 현대 사회에서 연민의 감정은 무뎌질 가능성이 높다. 현대인은 타인의 고통을 대부분 그 사람의 잘못된 행위에서 비롯된 ㉢필연적 결과로 보며, 자신은 그러한 불행을 예방할 수 있다고 생각하기 때문이다.

　그러나 현대 사회에서도 연민은 생길 수 있으며 연민의 가치 또한 커질 수 있다. 그 이유를 세 가지로 제시할 수 있다. 첫째, 현대 사회는 도처에 위험이 도사리고 있다. 둘째, 행복과 불행이 과거보다 사람들의 관계에 더욱 의존하고 있다. 친밀성은 줄었지만 사회·경제적 관계가 훨씬 촘촘해졌기 때문이다. 셋째, 교통과 통신이 발달하면서 현대인은 이전에 몰랐던 사람들의 불행까지도 의식할 수 있게 되었다. 물론 간접 경험에서 연민을 갖기는 어렵다고 치더라도 고통을 대면하는 경우가 많아진 만큼 연민의 필요성이 커져 가고 있다.

　진정한 연민은 대부분 연대로 나아간다. 연대는 고통의 원인을 없애기 위해 함께 행동하는 것이다. ㉣연대는 멀리하면서 감성적 연민만 외치는 사람들은 은연중에 자신과 고통받는 사람들이 뒤섞이지 않도록 두 집단을 분리하는 벽을 쌓는다. 이 벽은 자신의 불행을 막으려는 ㉤방화벽이면서, 고통받는 타인들의 진입을 차단하는 성벽이다. 이처럼 안전지대인 성 안에서 가진 것의 일부를 성벽 너머로 던져 주며 자족하는 동정도 가치 있는 연민이다. 그러나 진정한 연민은 벽을 무너뜨리며 연대하는 것이다.

01 윗글을 통해 알 수 있는 내용으로 적절하지 <u>않은</u> 것은?

① 사람들은 우연성과 불예측성을 가진 불행을 볼 때 연민을 느낀다.

② 현대인은 타인의 고통을 보며, 자신에게도 그러한 불행이 닥칠 수 있다고 경계한다.

③ 현대 사회는 사회·경제적으로 타인과 긴밀히 연관되어 있어 연민의 필요성이 커졌다.

④ 감성적 연민에 의존하는 사람들은 은연중에 고통 받는 타인을 자신과 단절시키려 한다.

⑤ 자신이 가진 것의 일부를 나눠주는 것이 동정이라면, 진정한 연민은 타인의 고통을 공유하며 연대하는 것이다.

02 ㉠~㉤의 뜻으로 적절하지 <u>않은</u> 것은?

① ㉠: 불쌍하고 가련하게 여김.

② ㉡: 인생의 슬프고 애달픈 일을 당하여 불행한 경우를 이르는 말

③ ㉢: 사물의 관련이나 일의 결과가 반드시 그렇게 될 수밖에 없는

④ ㉣: 특정한 목적을 이루기 위해 여러 개체를 모아 이룬 집단

⑤ ㉤: 불이 번지는 것을 막기 위해 세운 벽

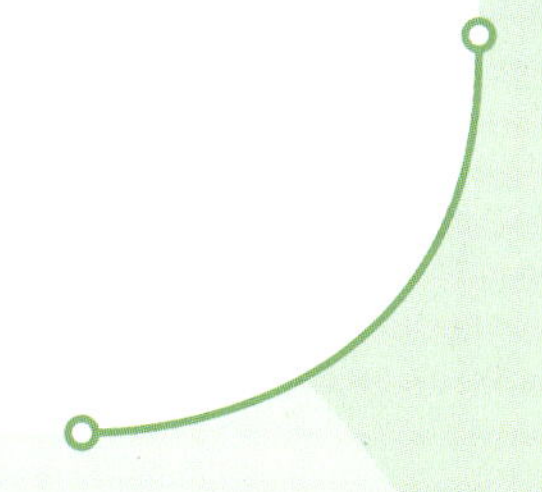

인문 6 역사와 문명

*미니북에 수록된 DAY별 어휘들을 익히고 난 후, 문제를 풀면 더욱 효과적으로 학습할 수 있어요.

[01-04] 주어진 초성의 뜻에 알맞은 어휘를 빈칸에 넣어 문장을 완성하시오.

01 ㅁ ㅂ : 다른 것을 본뜨거나 본받음.
→ 무분별한 __________으로부터 예술가의 지적 재산권을 보호하기 위하여 저작권에 관한 법률이 강화되었다.

02 ㅇ ㅅ : 이전부터 전하여 내려오는 습관
→ 시대에 맞지 않는 낡은 __________을 타파하고 과감하고 혁신적인 개혁을 할 시기가 되었다.

03 ㅇ ㄹ : 어떤 일을 해낼 수 있는 힘
→ 그는 충분한 __________을 갖추고 있음에도 불구하고 자신감이 부족하여 대중 앞에 나서지 못했다.

04 ㅇ ㅈ : 상대편의 공격에 맞서서 싸움. 또는 상대편의 도전에 응하여 싸움.
→ 곧 들이닥칠 적군에 맞서기 위해 __________ 태세를 갖춘 전쟁터는 긴장감으로 적막만이 감돌았다.

[05-08] 다음 빈칸에 들어갈 어휘를 〈보기〉에서 찾아 쓰시오.

> 보기
>
> 결집   발휘   보완   비례

05 자주독립을 향한 간절한 염원은 삼천만 우리 동포를 하나로 강하게 (   )하게 만들었다.

06 인간관계의 깊이는 함께하는 시간에 (   )하는 것이 아니라, 서로를 향한 믿음의 크기에 달려 있다.

07 집단 생활이 생존에 유리하다는 것을 알게 된 인류는 서로의 부족한 점을 협력을 통해 (   )하는 형태로 진화해 왔다.

08 예로부터 한민족은 위기를 극복하는 데 탁월한 능력을 보였으며, 이러한 국력은 국제 금융 위기 상황에서도 유감없이 (   )되었다.

09 〈보기〉의 ㉠~㉤의 뜻을 지닌 어휘를 활용하여 만든 문장으로 알맞지 <u>않은</u> 것은?

> 보기
>
> ㉠ 수많은 사람의 무리
> ㉡ 있는 힘을 다하여 싸우거나 노력하다.
> ㉢ 기세나 상태가 쇠하여 전보다 못하여 가다.
> ㉣ 처음 시작된 그대로 있어 발달하지 아니한 상태
> ㉤ 성질, 양식, 사상 따위가 다르던 것이 서로 같게 되다.

① ㉠: 정권 교체를 부르짖는 <u>대중</u>에게 새로운 대권 후보의 등장은 강력한 반향을 일으켰다.

② ㉡: 마지막까지 사력을 다해 <u>분투하는</u> 대표팀의 모습에 사람들은 박수를 아끼지 않았다.

③ ㉢: 왕실과 귀족이 향락만을 쫓고 백성에게 가혹한 수탈을 일삼을수록 국력은 <u>쇠퇴한다</u>.

④ ㉣: 선사 시대에는 애니미즘, 토테미즘, 샤머니즘과 같은 <u>원시</u> 신앙들이 사람들에게 많은 영향력을 끼쳤다.

⑤ ㉤: 식민 지배가 심화될수록 일본에 <u>동요되는</u> 세력이 증가하였다.

10 〈보기〉의 ㉠~㉤과 바꿔 쓰기에 적절하지 <u>않은</u> 것은?

> 보기
>
> 동물에 대한 종(種)의 차별적 태도는 중세의 기독교적 세계관 속에 잘 드러난다. 당시의 대표적 신학 사상가인 아퀴나스(T. Aquinas)는 성경의 내용을 ㉠토대로 인간이 다른 동물을 ㉡지배하고 이용할 수 있다고 보았다. 그는 동물은 이성이 없기 때문에 인간이 동물을 ㉢학대하거나 죽이는 것을 죄라고 보지 않았다. 르네상스 시대에 이르러 중세적 가치관이 ㉣붕괴되고 인본주의가 ㉤등장하였으나 이 역시 인간 중심 사상이었으므로, 동물에 대한 인간의 종 차별적인 태도에 변화를 주지 못하였다.

① ㉠: 근거로   ② ㉡: 다스리고

③ ㉢: 무시하거나   ④ ㉣: 무너지고

⑤ ㉤: 나타났으나

11 〈보기〉의 ㉠~㉤의 사전적 의미로 적절하지 <u>않은</u> 것은?

> **보기**
>
> 니체(F. W. Nietzsche)는 특유의 격한 어조를 통해 비인간적인 ㉠권위를 가차 없이 비판하면서 진정한 인간의 모습을 ㉡되찾고자 하였다. 그가 활동하던 시기는 물질문명의 발달로 인간 ㉢소외의 문제가 ㉣대두되던 때였으며, 급속한 변화의 물결과 기존의 가치관이 교차하던 때였다. 그 속에서 니체는 평균화되고 자아를 ㉤상실해 가는 인간을 구하려 하였던 것이다.

① ㉠: 남을 지휘하거나 통솔하여 따르게 하는 힘
② ㉡: 다시 찾거나 도로 찾고자
③ ㉢: 인간이 자기의 본질을 상실하여 비인간적 상태에 놓이는 일
④ ㉣: 가볍게 여길 수 없을 만큼 매우 크고 중요하게 여겨지던
⑤ ㉤: 어떤 것을 아주 잃거나 사라져

12 다음 중 밑줄 친 어휘의 쓰임이 <u>다른</u> 하나는?

① 외교적 전략을 통해 다른 나라와의 정상 회담에서 대화를 우리나라에 유리한 쪽으로 <u>이끌어야</u> 한다.
② 그는 개인적인 기량이 뛰어난 선수는 아니지만, 뛰어난 리더십으로 팀을 우승으로 <u>이끈</u> 일등 공신이다.
③ 일제의 탄압 속에서도 우리말과 글을 지켜야 한다는 신념 하나로 그는 동지들을 <u>이끌고</u> 야학을 찾아갔다.
④ 젊은 당대표가 <u>이끄는</u> 정당은 사회적 관심을 끌며 기존 세대의 잘못된 관습을 바꾸려는 도전을 계속하였다.
⑤ 그녀는 차갑고 도도해 보이는 외모와는 달리 편안한 분위기를 주도하며 상대를 자신의 편으로 <u>이끄는</u> 탁월한 능력을 가지고 있다.

13 〈보기〉의 ㉠과 바꿔 쓰기에 가장 적절한 것은?

> **보기**
>
> ㉠지나친 것은 모자란 것보다 못하다는 말이 있다.

① 과소한　　　② 심각한　　　③ 소소한
④ 무심한　　　⑤ 넘치는

14 〈보기〉의 ㉠~㉤을 활용하여 문장을 만든다고 할 때 그 쓰임이 적절하지 <u>않은</u> 것은?

> **보기**
>
> 인간이 ㉠성장하는 과정을 살펴보면 여러 가지 ㉡요인들이 영향을 끼치는데, 그중에서도 ㉢환경이 주는 영향은 매우 절대적이다. 인간은 혼자서는 살아갈 수 없는 존재로, 다양한 집단에 소속되어 살아간다. 사회 구성원들은 다양한 ㉣매개체를 통해 교류하며 ㉤상호 협력하는 동시에 경쟁하기도 한다.

① ㉠: 청소년기는 성장이 매우 급속도로 이루어지는 시기로, 정서적 불안감을 겪을 수 있다.
② ㉡: 어린이 보호 구역에서 일어나는 교통사고의 가장 큰 요인으로는 과속 운전을 꼽을 수 있다.
③ ㉢: 우리나라는 대륙과 연결되어 있으면서 삼면이 바다라는 지리적 환경으로 인해 외구의 침략을 많이 받아 왔다.
④ ㉣: 사람들은 언어를 매개체로 하여 서로 간의 생각을 주고받는다.
⑤ ㉤: 상호의 동의를 구하지 않고 개인 정보를 수집하는 것은 법적인 처벌의 대상이 된다.

15 〈보기〉의 ㉠~㉢에 공통으로 들어갈 어휘의 기본형으로 적절한 것은?

> **보기**
>
> • 국제회의장에 모여든 모든 사람들의 이목이 그에게로 (　㉠　).
> • 조국의 자주독립을 (　㉡　) 사람들의 염원이 한데 모여 전국적인 만세 운동이 벌어졌다.
> • 우리의 전통 풍수지리에서는 '배산임수'라 하여 뒤로는 산이 있고 앞으로는 물이 흐르고, 가옥의 창문이 남쪽을 (　㉢　) 곳을 명당이라 여겼다.

① 기울다　　　② 쏠리다　　　③ 원하다
④ 향하다　　　⑤ 바라보다

16 다음 밑줄 친 어휘의 쓰임이 알맞지 <u>않은</u> 것은?

① 그는 쓸모가 없으면 버려지는 <u>냉혹한</u> 현실을 마주하고 눈앞이 캄캄해졌다.

② 당시 조선 민중들은 식민 지배에서 벗어나고자 하는 <u>열망</u>으로 가득차 있었다.

③ 강자가 약자를 폭력으로 <u>지탱한</u> 무력의 역사는 더 이상 반복되어서는 안 된다.

④ 전염병의 대유행이 시작되면서 국가적 <u>차원</u>에서 사람들의 이동을 통제하기 시작했다.

⑤ 정치적 진보와 보수를 대표하는 두 정당은 <u>이념</u>의 차이로 인해 쉽게 의견을 좁히지 못했다.

17 〈보기〉의 ㉠～㉢에 해당되는 예로 적절하지 <u>않은</u> 것은?

> **보기**
> • 수행하다 「동사」
> ㉠ 수행(修行)하다¹: 행실, 학문, 기예 따위를 닦다.
> ㉡ 수행(遂行)하다²: 생각하거나 계획한 대로 일을 해내다.
> ㉢ 수행(隨行)하다³: 일정한 임무를 띠고 가는 사람을 따라가다.

① ㉠: 왕세자는 유교적 덕목을 <u>수행하여</u> 왕이 될 자질을 키우고 심신을 단련해야 했다.

② ㉠: 과거 시험에서 합격하기 위해서는 긴 시간을 <u>수행하며</u> 학문적 소양을 쌓아야 했다.

③ ㉡: 맡은 바 임무를 충실히 <u>수행하는</u> 사람은 어디서나 신뢰를 얻을 수 있다.

④ ㉡: 아무리 거창한 계획일지라도 <u>수행할</u> 수 없는 것이라면 쓸모가 없다.

⑤ ㉢: 그는 보좌관이라는 임무를 <u>수행하기</u> 위하여 관련 업무를 미리 숙지했다.

18 〈보기〉의 ㉠～㉤을 활용하여 문장을 만들었다고 할 때 그 의미가 유사하지 <u>않은</u> 것은?

> **보기**
> 오늘날 윤리학 분야에서 새로운 영역의 윤리로 등장한 생태 윤리는 기존의 윤리학과는 다른 실천 규정을 ㉠요구하고 있다. 기존의 윤리학이 인간을 중심으로 한 제도와 관습의 재구성에 초점을 ㉡두었다면, 생태 윤리는 오늘날 생태계 및 환경의 위기가 ㉢닥쳐온 근본적인 원인이 인간의 잘못된 사고에 있다고 진단하고 이를 위한 윤리관의 필요성을 강조한다. 따라서 인류에게 닥쳐온 생태학적 위기를 ㉣극복하기 위해서는 자연에 대해 올바르게 이해하고 미래 사회에 대한 전망을 바탕으로 자연과 인간에 대한 새로운 관점을 ㉤세우자고 주장하는 것이다.

① ㉠: 노동자들은 처우 개선을 <u>요구하는</u> 시위를 했다.

② ㉡: 전통적인 유교 국가인 조선에서는 임금에 대한 충과 부모에 대한 효를 최고의 덕목으로 <u>두었다</u>.

③ ㉢: 성급한 문호 개방으로 자국민들에게 정체성의 위기가 <u>닥쳐왔다</u>.

④ ㉣: 인류는 급격한 환경의 변화와 자연 재해 등을 <u>극복하고</u> 끊임없이 진화해 왔다.

⑤ ㉤: 사람들은 황폐해진 마을에 학교와 병원을 <u>세우고</u> 재건을 위해 힘썼다.

19 〈보기〉의 빈칸에 들어갈 말로 적절하지 <u>않은</u> 것은?

> **보기**
> 과거에 여성은 정치 참여와는 (   ) 무관한 사람이라는 인식 때문에 여성 정치인에 대한 편견과 차별이 많았지만, 요즘은 여성의 인권이 신장되고 정치 참여가 늘어나며 다양한 연령대의 여성 정치인이 등장하였다.

① 아주　　　　② 일절　　　　③ 전혀
④ 특히　　　　⑤ 완전히

[01-03] 다음 글을 읽고 물음에 답하시오.

고3 대수능 변형

토인비는 문명의 발생과 성장 그리고 쇠퇴 요인들을 규명하려 하였다. 토인비가 세운 가설들의 중심축은 '도전과 응전' 및 '창조적 소수와 대중의 모방' 개념이다. 그에 의하면 환경의 도전에 대해 성공적으로 응전하는 인간 집단이 문명을 발생시키고 성장시킨다. 여기서 중요한 것은 그 환경이 역경이라는 점이다. 인간의 창의적 행동은 역경을 당해 이를 이겨 내려는 분투 과정에서 발생하기 때문이다.

토인비는 이 가설이 단순하게 도전이 강력할수록 그 도전이 주는 자극의 강도가 커지고 응전의 효력도 이에 ㉠비례한다는 식으로 해석되는 것을 막기 위해, 소위 '세 가지 상호 관계의 비교'를 제시하여 이 가설을 보완하고 있다. 즉 도전의 강도가 ㉡지나치게 크면 응전이 성공적일 수 없게 되며, 반대로 너무 작을 경우에는 전혀 반응이 나타나지 않고, 최적의 도전 강도에서만 성공적인 응전이 나타난다는 것이다.

이렇게 성공적인 응전을 통해 나타난 문명이 성장하기 위해서는 그 후에도 지속적으로 나타나는 문제, 즉 새로운 도전들을 해결해야만 한다. 토인비에 따르면 이를 해결하기 위해서는 그 사회의 창조적 인물들이 역량을 ㉢발휘해야 한다. 그러나 이들은 소수이기 때문에 응전을 성공적으로 이끌기 위해서는 다수의 대중까지 힘을 ㉣결집해야 한다. 이때 대중은 일종의 사회적 훈련인 '모방'을 통해 그들의 역할을 수행한다. 여기서 토인비는 모방의 작용 방향이 중요하다고 설명한다. 문명을 발생시키지 못한 원시 사회에서 모방은 선조들과 구세대를 향한다. 이 사회는 인습이 지배하게 되고 발전적 변화가 나타나지 않는다. 반대로 모방이 창조적 소수에게로 ㉤향하는 사회에서는 인습의 권위를 인정하지 않으므로 문명이 지속적으로 성장한다.

01 윗글의 내용과 일치하지 <u>않는</u> 것은?

① 역경에 성공적으로 맞서는 인간에 의해 문명은 발전해 왔다.

② 소수의 창조적 집단은 역경이 강력할수록 도전이 주는 자극을 강력하게 받아들인다.

③ 토인비는 인간 집단에게 주어지는 도전의 강도와 응전의 성공 여부에 관한 가설을 보완하였다.

④ 토인비의 주장에 따르면 소수의 역량 있는 인물들과 대중까지 힘을 결집해야 성공적인 응전이 가능하다.

⑤ 대중은 모방의 작용 방향이 창조적 소수에게 향할 때 그들의 역할을 제대로 수행할 수 있고 문명 또한 지속적으로 성장한다.

02 윗글의 제목으로 가장 적절한 것은?

① 인습과 권위의 폐해

② 인류가 나아가야 할 방향과 과제

③ 문명의 지속적인 성장을 위한 전제 조건

④ 인류의 발전을 통해 본 창조적 인물들의 활약상

⑤ 역경을 통해 성장하고 모방을 통해 발전하는 대중

03 문맥상 ㉠~㉤과 바꿔 쓰기에 적절하지 <u>않은</u> 것은?

① ㉠: 대응한다는   ② ㉡: 너무   ③ ㉢: 보여 줘야

④ ㉣: 모아야   ⑤ ㉤: 수렴하는

01 〈보기〉의 ㉠~㉤의 뜻을 지닌 어휘를 활용하여 만든 문장으로 적절하지 <u>않은</u> 것은?

> **보기**
>
> ㉠ 맨 꼭대기가 되는 곳
> ㉡ 일정하게 한정된 영역
> ㉢ 어떠한 의무나 책임을 짐.
> ㉣ 대표로 삼을 만큼 상징적인 것
> ㉤ 상대편의 공격에 맞서서 싸움. 또는 상대편의 도전에 응하여 싸움.

① ㉠: 그는 갖은 모략과 술책으로 권력의 <u>정점</u>에 올랐다.
② ㉡: 한정된 <u>범위</u> 안에서 공간 활용을 효율적으로 하는 것이 수납의 지혜이다.
③ ㉢: 익숙한 일도 매우 잘해야 한다는 <u>부담</u>을 갖는 순간 실수를 연발하게 된다.
④ ㉣: 우리 학교의 교목은 푸르른 소나무처럼 변함없이 정진하는 학생들을 <u>대변</u>한다.
⑤ ㉤: 근성이 강한 사람은 턱없이 불리한 싸움이라도 포기하지 않고 끝까지 <u>응전</u>한다.

02 〈보기〉의 ㉠~㉢에 들어갈 어휘끼리 바르게 짝지어진 것은?

> **보기**
>
> • 그는 재미로 산 복권이 당첨되리라고는 (　　㉠　　) 상상하지 못했다.
> • 갑작스러운 화재에도 건물 안의 사람들은 침착함을 잃지 않고 (　　㉡　　) 대피하였다.
> • 낯선 도시에서 생활하던 그는 (　　㉢　　) 고향 사람과 마주치자 반가움에 눈물이 핑 돌았다.

	㉠	㉡	㉢		㉠	㉡	㉢
①	특히	평온하게	마침	②	완전히	평온하게	은연중에
③	전혀	순조롭게	우연히	④	도무지	순조롭게	으레
⑤	절대	태평하게	갑자기				

[03-05] 밑줄 친 말과 바꿔 쓰기에 가장 적절한 어휘를 고르시오.

03 단합과 친교를 위한 체육 대회에서 우리 반은 상품을 타고자 하는 마음만이 <u>앞섰다</u>.

① 선동했다　　② 선망했다　　③ 선행했다　　④ 소원했다　　⑤ 수행했다

04 물질적인 욕심을 내려놓고 <u>스스로 넉넉하다 느끼며</u> 사는 것이 마음의 평안을 준다.

① 자만하며　　② 자위하며　　③ 자숙하며　　④ 자조하며　　⑤ 자족하며

05 마라톤에 참여한 그녀는 자신의 신체적 한계를 <u>스스로 깨닫고는</u> 중도에 포기하고 말았다.

① 각성하고는　　② 감지하고는　　③ 경험하고는　　④ 이해하고는　　⑤ 자각하고는

06 다음 어휘의 사전적 의미가 적절하지 <u>않은</u> 것은?

① 상실하다: 명예나 위신 따위를 떨어뜨리다.

② 규정되다: 내용이나 성격, 의미 따위가 밝혀져 정해지다.

③ 보완하다: 모자라거나 부족한 것을 보충하여 완전하게 하다.

④ 자명하다: 설명하거나 증명하지 아니하여도 저절로 알 만큼 명백하다.

⑤ 순응하다: 환경이나 변화에 적응하여 익숙하여지거나 체계, 명령 따위에 적응하여 따르다.

07 〈보기〉의 빈칸에 공통으로 들어갈 어휘의 기본형으로 가장 적절한 것은?

> **보기**
> • 긴 시간 동안 회의가 이어졌지만 끝내 의견 차를 _________ 못했다.
> • 무엇이 그의 기분을 거슬리게 했는지는 모르겠지만 그는 미간을 _________ 채 아무 말이 없었다.
> • 개인 공간인 방을 _________ 공용 공간인 거실을 넓히자는 의견에 대해 나와 언니는 결사반대했다.

① 접다 ② 구기다 ③ 맞추다

④ 없애다 ⑤ 좁히다

08 〈보기〉의 빈칸에 들어갈 어휘로 알맞지 <u>않은</u> 것은?

> **보기**
> 언제부터인지 사이가 _________ 시작한 그들은 이제 서로 바라만 보아도 으르렁대는 앙숙 관계가 되어버렸다.

① 틀어지기 ② 어긋나기 ③ 어색해지기

④ 데면데면해지기 ⑤ 화기애애해지기

09 〈보기〉의 밑줄 친 어휘와 그 의미가 가장 유사한 것은?

> **보기**
> 이 주장은 아이들을 대하는 어른들의 태도에 대해 의문을 <u>던졌다</u>.

① 누군가가 <u>던진</u> 공에 머리를 맞은 나는 순간 정신이 아득해졌다.

② 조국의 광복 소식을 접한 이들은 너도나도 하던 일을 <u>던지고</u> 거리로 나와 만세를 불렀다.

③ 엄격하고 보수적인 사회에서 여성이 남성에게 추파를 <u>던진다</u>는 것은 있을 수 없는 일이었다.

④ 최저 소득 보장 제도는 개인의 권리가 어디까지 보장되어야 하는지에 대한 고민을 <u>던져</u> 주었다.

⑤ 임진왜란 때 적장을 끌어안고 남강으로 몸을 <u>던진</u> 논개의 일화는 후대에 깊은 울림을 주고 있다.

10 〈보기〉의 빈칸에 공통으로 들어갈 어휘로 가장 적절한 것은?

> **보기**
> • 현장에서 나온 증거물들은 그가 범인임을 입증하는 데 (   )하는 것이었다.
> • 조세 감면은 경제 불황으로 어려움을 겪고 있는 국민들의 요구에 (   )하는 것이다.
> • 언어적 감각이 뛰어나고 과학적 사고방식을 가진 그는 창의융합형 인재의 조건에 (   )하는 사람이다.

① 보존　　　② 보충　　　③ 부연　　　④ 부정　　　⑤ 부합

11 다음 어휘의 사전적 의미가 적절하지 <u>않은</u> 것은?

① 확정하다: 일을 확실하게 정하다.
② 충당하다: 모자람이 없이 넉넉하다.
③ 반영하다: 다른 것에 영향을 받아 어떤 현상을 나타내다.
④ 명명하다: 사람, 사물, 사건 따위의 대상에 이름을 지어 붙이다.
⑤ 지배하다: 어떤 사람이나 집단, 조직, 사물 등을 자기의 의사대로 복종하게 하여 다스리다.

12 〈보기〉의 ㉠~㉤에 들어갈 어휘와 그 의미의 연결이 올바르지 <u>않은</u> 것은?

> **보기**
> • 상대방을 비방하고 (　㉠　)하는 것은 곧 나 자신의 허물이 되어 돌아온다.
> • 무조건 (　㉡　)을 따르기보다는 현실에 맞는지를 비판적으로 따져 봐야 한다.
> • 자신의 삶을 (　㉢　)으로 계획하는 능력은 수많은 시행착오를 겪으며 향상된다.
> • 평범한 물건들이라도 (　㉣　)을 달리해서 바라보면 예술적인 요소를 발견할 수 있다.
> • 학교에서 학생의 복장을 (　㉤　)하는 이유는 소속감과 일체감을 형성하기 위한 것이다.

① ㉠: 폄하 – 가치를 깎아내림.
② ㉡: 인습 – 명인들이 실천해 오던 습관
③ ㉢: 주체적 – 어떤 일을 실천하는 데 자유롭고 자주적인 성질이 있는 것
④ ㉣: 관점 – 사물이나 현상을 관찰할 때, 그 사람이 보고 생각하는 태도나 방향 또는 처지
⑤ ㉤: 감독 – 일이나 사람 따위가 잘못되지 아니하도록 살피어 단속함.

13 문맥적 의미가 〈보기〉의 ㉠과 가장 유사한 것은?

> **보기**
> 그 책은 글자들의 간격이 너무나 ㉠<u>촘촘하여</u> 5분만 보고 있어도 눈이 피로해진다.

① 세밀하다　　　② 반듯하다　　　③ 간결하다　　　④ 빽빽하다　　　⑤ 삐뚤거리다

14 다음 중 밑줄 친 어휘의 쓰임이 적절하지 <u>않은</u> 것은?

① 김소월로 대표되는 우리나라 서정 문학의 <u>기조</u>는 여성적 한(恨)의 정서이다.

② 햇빛은 생물의 <u>성장</u>에 있어서 필수적으로 요구되는 비타민 D의 합성을 돕는다.

③ 두 개의 심장이라 불리던 그 국가 대표 축구 선수는 성실함의 <u>표현</u>으로 인정받는다.

④ 김 영감에게 불어 닥친 <u>비극</u>은 거부할 수 없는 운명처럼 야속하고 끈질긴 것이었다.

⑤ 법률적인 갈등이 생겼을 때 사건의 <u>진위</u>를 정확하게 판단하는 것이 사법부의 역할이다.

15 밑줄 친 어휘와 바꿔 쓰기에 알맞지 <u>않은</u> 것은?

① 그는 인상적인 경험을 글로 <u>옮기는</u> 작업을 하고 있다. → 표현하는

② 이번 사고는 관리자의 안일한 태도가 <u>낳은</u> 최악의 결과물이었다. → 가져온

③ 그는 자신이 희생하더라도 아이들이 화를 <u>당하는</u> 것만은 피하고 싶었다. → 입는

④ 유족들은 고인의 뜻에 <u>따라</u> 모든 재산을 사회에 환원하기로 결정하였다. → 의거하여

⑤ 이번 명절에는 차례를 성묘 대신으로 <u>간주하고</u> 귀향을 자제할 것을 당부하였다. → 생략하고

16 〈보기〉의 ㉠~㉢에 들어갈 어휘를 순서대로 짝지은 것은?

> **보기**
> • 세상의 모든 것이 변한다는 것은 부정할 수 없는 _____㉠_____ 이다.
> • 백성들이 풍족하게 먹고 전쟁 없이 편안하게 산다면 그 나라의 왕이 바로 _____㉡_____ 이다.
> • 먹는다는 것의 _____㉢_____ 은 내 몸에 필요한 요소는 채우고 불필요한 요소는 비우는 것이다.

① 지혜, 폭군, 특징   ② 지혜, 폭군, 본질   ③ 진리, 성군, 본질

④ 전략, 성군, 목적   ⑤ 진리, 성인, 본분

17 〈보기〉의 ㉠~㉤에 들어갈 어휘와 그 의미의 연결이 올바르지 <u>않은</u> 것은?

> **보기**
> • 고조선은 8조법을 통해 엄격한 (㉠) 체제를 유지하였다.
> • 우리나라는 사회 (㉡) 제도를 통해 복지 국가의 기틀을 마련하였다.
> • 그의 어두운 표정을 통해 (㉢)에 빠져 있는 그의 상황을 짐작할 수 있었다.
> • 적당한 긴장감과 경쟁심은 새로운 동기를 부여할 수 있는 (㉣)이 되기도 한다.
> • (㉤)의 관심과 사랑으로 평가를 받는 연예인은 사람들의 무관심을 가장 두려워한다.

① ㉠: 통치 – 나라나 지역을 도맡아 다스림.

② ㉡: 보장 – 조건을 마련하여 보증하거나 보호함.

③ ㉢: 번민 – 마음이 번거롭고 답답하여 괴로워함.

④ ㉣: 자극 – 어떠한 작용을 주어 감각이나 마음에 반응이 일어나게 함.

⑤ ㉤: 대중 – 사회를 구성하는 구성원 전체

» 다음 말 상자에서 알맞은 어휘를 찾아 빈칸을 채워 속담을 완성하세요.

끝	떡	말	알	고개	구멍
구슬	버릇	사공	서울	수레	친구

1 ☐ 본 김에 제사 지낸다

우연히 좋은 기회에, 하려던 일을 해치우는 경우를 이르는 말

2 꿩 먹고 ☐ 먹는다

한 가지 일을 하여 두 가지 이상의 이익을 보는 것을 이르는 말

3 ☐☐이 많으면 배가 산으로 올라간다

주관하는 사람 없이 여러 사람이 자기주장만 내세우면 일이 제대로 되기 어려움을 이르는 말

4 발 없는 ☐이 천 리 간다

이것은 비록 발이 없지만 천 리 밖까지도 순식간에 퍼진다는 뜻으로, 이것을 삼가야 함을 비유적으로 이르는 말

5 벼 이삭은 익을수록 ☐☐를 숙인다

교양이 있고 수양을 쌓은 사람일수록 교만하지 않고 겸손하다는 말

6 하늘이 무너져도 솟아날 ☐☐이 있다

아무리 어려운 경우에 처하더라도 살아 나갈 방도가 생긴다는 말

7 고생 ☐에 낙이 온다

어려운 일이나 고된 일을 겪은 후에는 반드시 즐겁고 좋은 일이 생긴다는 말

8 세 살 적 ☐☐이 여든까지 간다

어릴 때 몸에 밴 이것은 늙어 죽을 때까지 고치기 힘들다는 말

9 ☐☐이 서 말이라도 꿰어야 보배다

아무리 훌륭하고 좋은 것이라도 다듬고 정리하여 쓸모 있게 만들어 놓아야만 가치가 있다는 말

10 빈 ☐☐가 더 요란하다

지식이 없고 교양이 부족한 사람이 더 아는 체하고 떠든다는 말

11 모로 가도 ☐☐만 가면 된다

수단이나 방법은 어찌 되었든 간에 목적만 이루면 된다는 말

12 ☐☐ 따라 강남 간다

하고 싶지도 않은 일을 남에게 끌려서 덩달아 같이 하는 경우를 이르는 말

정답 1 떡 2 꿩 3 사공 4 말 5 고개 6 구멍 7 끝 8 버릇 9 구슬 10 수레 11 서울 12 친구

Ⅱ 사회

금융과 통화

*미니북에 수록된 DAY별 어휘들을 익히고 난 후, 문제를 풀면 더욱 효과적으로 학습할 수 있어요.

[01-04] 다음 문장의 괄호 안에 들어갈 알맞은 어휘를 고르시오.

01 정부는 벤처 기업 육성을 위해 적극적으로 (자금 / 수금)을 투자하였다.

02 해당 예금 상품은 연 1회 가입자에게 원금의 2%에 해당하는 이자를 (지급 / 수취)합니다.

03 은행은 고객들이 맡긴 (예금 / 출금)을 다른 주체에게 다시 빌려주어 수익을 창출한다.

04 정부는 자금 사정이 어려운 소상공인들이 정부 재원으로 (대출 / 송금)을 갚을 수 있도록 지원하였다.

[05-08] 다음 밑줄 친 말과 바꿔 쓰기에 적절한 어휘를 〈보기〉에서 골라 문맥에 맞게 쓰시오.

> **보기**
>
> 보유하다   수행하다   유도하다   조정하다

05 홍보팀은 광고 제작 업무를 <u>계획한 대로 해내서</u> 판매 성과를 높였다.

→ ___________

06 대학의 정원을 정부의 기준에 따라 <u>실정에 맞게 정돈하는</u> 작업을 진행해야 합니다.

→ ___________

07 세계적인 불황으로 환율이 떨어지자, 금을 구매하여 <u>가지고 있거나 간직하고 있으려는</u> 사람이 늘고 있다.

→ ___________

08 금융 상담 창구에서는 개인의 성향에 맞는 투자 상품을 소개하고 안전한 투자를 <u>목적한 방향으로 이끌어</u> 고객의 자산을 보호한다.

→ ___________

09 문맥에 맞는 어휘를 바르게 선택하지 <u>못한</u> 것은?

① 환전 수요가 ((일시)/ 차시)에 몰려서 혼란이 발생했다.

② 은행에서 환전할 때는 ((수수료)/ 급료)를 지급해야 한다.

③ 은행들은 경제 위기로 인해 가진 자금에 ((여유)/ 여지)가 없었다.

④ 대출을 시행하기에 앞서 우량한 담보물을 가려내는 (안목 /(시선))이 필요하다.

⑤ 우량했던 국가라도 경제적 상황이 급변한다면 환율과 관련한 국가의 (연고 /(사정))도 달라진다.

10 〈보기〉의 ㉠~㉤과 바꿔 쓸 수 없는 말은?

> **보기**
>
> 계속된 적자로 운영에 어려움을 겪고 있는 항공 업계의 구조 조정이 시작됐습니다. 시중 은행들이 직접 돈을 마련하여 ㉠운용하는 기금을 조성하여 1, 2위 항공사의 지분을 인수한 후 합병을 ㉡진행할 계획입니다. 투입된 ㉢자금은 회사 운영이 정상화되어 운송 ㉣기능을 제대로 수행할 수 있을 때 ㉤이윤을 극대화하여 회수한다는 계획입니다.

① ㉠: 운영하는 　　　　　② ㉡: 추진할

③ ㉢: 자본 　　　　　　　④ ㉣: 성능

⑤ ㉤: 이익

11 〈보기〉의 밑줄 친 어휘에 공통으로 포함되어 있는 의미로 적절한 것은?

> **보기**
>
> • 은행은 이자를 통해 <u>수익</u>을 창출한다.
> • 한 국가의 국민들이 거두는 <u>소득</u>은 환율에 따라 상대적 가치가 달라진다.
> • 소비자에게 약관을 제대로 공시하지 않아 부당한 <u>이득</u>을 챙긴 금융 기관이 비판의 대상이 되고 있다.

① 물질 　　　　② 이익 　　　　③ 수확

④ 대가 　　　　⑤ 경제 활동

12 〈보기〉의 빈칸에 공통으로 들어갈 말로 가장 적절한 것은?

보기

- 비용을 줄이기 위한 (   ) 생산을 권장한다.
- 생산성을 높이기 위한 (   ) 방안을 제시하였다.
- 한정된 자원의 (   ) 이용을 위해 아껴 쓰는 습관이 필요하다.

① 개략적   ② 계량적   ③ 대체적
④ 수용적   ⑤ 효율적

13 〈보기〉의 ㉠과 그 의미가 가장 유사한 것은?

보기

국내 수출 동향은 환율에 큰 영향을 미치게 된다. 수출이 수입에 비해 크게 증가할 경우 앞으로 국내의 경제 환경이 개선될 것이라는 기대감을 ㉠조성하여 원화(貨)의 가치 상승을 이끌게 된다.

① 강변에는 시민 공원을 조성해야 합니다.
② 철쭉 군락지를 조성하여 축제를 진행했다.
③ 그들이 부정적인 여론을 조성하고 있습니다.
④ 여기에 농지를 조성해서 식량을 조달하려고 합니다.
⑤ 지역 경제를 위해서 산업 공단을 조속히 조성합시다.

14 〈보기〉의 ㉠과 바꿔 쓸 수 있는 말로 가장 적절한 것은?

보기

국가의 중앙은행은 시장에서 ㉠유통되는 화폐를 직접 발행하는 기관이다. 화폐의 발행은 경제 상황에 따라 달라지는데 경제가 호황일 때는 시장의 과열을 막기 위해 화폐의 양을 줄이지만 불황일 때는 활성화를 위해 화폐의 양을 늘리게 된다.

① 통용되는   ② 발행되는   ③ 처리되는
④ 배포되는   ⑤ 지급되는

15 〈보기〉의 ㉠~㉤을 활용하여 만든 문장으로 적절하지 않은 것은?

보기

- 금을 ㉠세공하여 화폐로 사용하였다.
- 은행은 어려운 기업들의 자금 ㉡융통을 도와준다.
- 중앙은행은 ㉢통화를 발행할 수 있는 권한을 가지고 있다.
- 가계의 부채 ㉣비율이 급격히 높아질 경우 상환에 어려움이 발생할 수 있다.
- 수출 대금은 환율을 고려한 ㉤산출이 필요하기에 시기에 따라 달라진다.

① ㉠: 그는 유리를 세공하여 조각상을 만들었다.
② ㉡: 정부가 수해로 어려움을 겪는 사람들에게 나눠줄 생필품의 융통을 돕기 위해 나섰다.
③ ㉢: 통화가 급격하게 증가할 경우 물가가 상승하는 부작용을 불러올 수 있다.
④ ㉣: 환율은 자기 나라 돈과 다른 나라 돈의 교환 비율이다.
⑤ ㉤: 올해는 작물의 산출이 많아 시장 가격의 하락이 예상된다.

16 〈보기〉의 ㉠~㉤의 사전적 의미로 적절하지 않은 것은?

보기

은행은 고객들에게 ㉠대출 상품을 판매하여 수익을 추구한다. ㉡일정 금액을 고객에게 빌려주는 대신 정해진 이자율에 따른 이자금을 원금과 함께 정해진 기간 안에 받는 ㉢거래를 통해 수익을 얻게 되는 것이다. 물론 은행도 빌려줄 돈을 구해야 하기에 ㉣비용이 발생한다. 따라서 은행은 이윤을 추구하기 위해 싼 비용에 자금을 구하고 이 비용을 ㉤초과하는 이자로 빌려주는 것이 필요한 것이다.

① ㉠: 돈이나 물건 따위를 빌려주거나 빌림.
② ㉡: 일정한 기간 동안 해야 할 일의 계획을 날짜별로 짜 놓은 것. 또는 그 계획
③ ㉢: 주고받음. 또는 사고팖.
④ ㉣: 어떤 일을 하는 데 드는 돈
⑤ ㉤: 일정한 수나 한도 따위를 넘는

17 〈보기〉의 빈칸에 공통으로 들어갈 말로 가장 적절한 것은?

> **보기**
> • 새로운 산업이 성장하는 시대가 오면서 관련 일자리를 (   )하려는 정부의 노력도 활발해졌다.
> • 우수한 회사는 꾸준하게 제품을 생산하고 판매하기 때문에 현금을 (   )하는 능력이 우수하다.

① 교환　　　② 창출　　　③ 연합
④ 선행　　　⑤ 설정

18 문맥을 고려할 때 〈보기〉의 ㉠에 들어갈 가장 적절한 말은?

> **보기**
> 금융 당국의 강한 규제로 인해 모든 금융 기관들의 가계 대출 중단 사태가 점차 현실화되고 있다. 3분기에 이미 금융 당국이 권고하는 수준에 근접한 가계 대출 증가율을 기록한 은행권은 각종 대출 제한 조치의 일환으로 상환 능력에 따라 대출 문턱을 높이고 있어 실수요자들의 근심이 커지고 있다. 더욱이 금융 당국이 추가 규제안까지 예고하고 있어 (㉠)이 부족하지만 자금이 절실한 서민들이 불법 사금융 시장으로 빠질 것이라는 우려마저 나오고 있다.

① 신용　　　② 회생　　　③ 명성
④ 신망　　　⑤ 신임

19 〈보기〉의 ㉠과 ㉡의 의미 관계와 가장 유사한 것은?

> **보기**
> 사고파는 물건이 달라도, 장소가 물리적으로 실재하거나 그렇지 않아도 재화가 거래되는 곳은 모두 시장이라고 부른다. 경제학에서 시장은 수요와 공급이 만나는 곳을 의미한다. 한정되거나 광범위한 것은 물론 온라인이든 오프라인이든 상관없이 거래를 위한 목적물이 있고, 그것을 사려는 ㉠수요자와 팔려는 ㉡공급자가 존재하면 시장이 형성됐다고 한다.

① 키 : 신장　　　② 사망 : 서거　　　③ 자음 : 모음
④ 가축 : 돼지　　　⑤ 옥수수 : 강냉이

20 〈보기〉의 밑줄 친 말의 뜻으로 가장 적절한 것은?

> **보기**
> 농사는 풍년과 흉년에 따라 농작물의 가격 변동이 심해서 농민들과 소비자들이 안정적인 생산과 소비 활동을 이어가는 데에 어려움이 있다. 따라서 이에 대한 대책으로 정부는 조합을 결성해 풍년일 때 농민들에게 농작물을 사들여 보관하고 흉년일 때 소비자들에게 방출하는 <u>중개</u> 기능을 수행하게 하였다.

① 따라서 실행함.
② 일이 되어가는 형편
③ 일이 잘되도록 여러 가지 방법으로 힘씀.
④ 제삼자로서 두 당사자 사이에 서서 일을 주선함.
⑤ 앞으로 일어날지도 모르는 어떠한 일에 대응하기 위하여 미리 준비함.

21 〈보기〉의 ㉠~㉤에 들어갈 어휘와 그 의미의 연결이 바르지 않은 것은?

> **보기**
> • 통화량을 조절하는 것은 물가 안정의 (㉠)을 한다.
> • 과도한 인플레이션을 억제하기 위해서는 (㉡)을 긴축적으로 운영해야 한다.
> • 많은 부채는 가계의 (㉢)한 소비문화를 저하시켜 경기를 악화시킬 수 있다.
> • 기업들은 환율을 고려해 벌어들인 외화의 (㉣) 가치를 극대화하기 위해 노력한다.
> • 경제 상황의 악화는 환율 급등의 (㉤)이 될 수 있다.

① ㉠: 기능 – 하는 구실이나 작용을 함. 또는 그런 것
② ㉡: 금융 – 금전을 융통하는 일
③ ㉢: 건전 – 병이나 탈이 없이 건강하고 온전함.
④ ㉣: 활용 – 충분히 잘 이용함.
⑤ ㉤: 유인 – 사람이나 물건을 목적한 장소나 방향으로 이끎.

수능 도전 문제

[01-03] 다음 글을 읽고 물음에 답하시오.

고1 학력평가 변형

역사적으로 은행의 첫 장을 연 것은 금세공업자들이었다. 금을 스스로 보관하기 어렵다고 생각한 사람들은 금고를 가진 금세공업자에게 금을 맡기고 보관증을 받았다. 금세공업자들은 금을 맡긴 사람들이 일시에 몰려와 금을 찾아가지 않는다는 것을 알고, 보관된 금의 일정 부분만 남기고 나머지를 원하는 사람에게 빌려 주며 수수료를 받아 ㉠이윤을 얻었다. 금세공업자가 했던 일은 결국 오늘날의 은행이 하는 일과 크게 다르지 않다.

여기서 우리는 은행의 두 가지 기능을 알 수 있다. 첫째, 돈의 여유가 있는 사람으로부터 자금을 ㉡조성하여 이를 필요로 하는 사람에게 ㉢융통해 주는 금융 중개 기능이다. 은행은 금융 중개 기능을 통해 금융 시장의 거래 비용을 낮추고, 조성된 자금이 효율적으로 활용되도록 자금의 흐름을 조정하는 역할을 수행한다. 은행은 자금 수요자의 수익성과 안전성을 정확하게 평가할 수 있는 ㉣안목과 정보를 가지고 있어서, 조성된 자금이 한층 더 건전하고 수익성 높은 곳으로 투자되도록 유도하기도 한다.

둘째, 화폐를 ㉤창출하는 예금 창조 기능으로, 예금 창조는 신용 창조라고도 한다. 다시 금세공업자의 경우를 살펴보자. 만일 금세공업자가 맡아 놓은 금 전체를 그냥 가지고만 있다면 그 경제의 통화량은 변하지 않는다. 그러나 맡아 놓은 금의 일부만 지급 준비용으로 보유하고 나머지를 다른 사람에게 대출해 줄 경우 사정은 달라진다. 이는 유통되는 금의 양, 즉 통화량이 그만큼 더 늘어난 것을 뜻한다. 만약 금을 대출 받은 사람이 그것을 다른 금세공업자에게 맡기고 보관증을 받는다면 통화량은 한층 더 늘어난다. 그 금세공업자가 다시 30%만 남겨 놓고 나머지를 또 다른 사람에게 대출해 줄 것이기 때문이다.

01 윗글의 내용과 일치하지 **않는** 것은?

① 금세공업자들은 금을 맡기는 사람들에게 보관증을 발급하였다.
② 금세공업자들은 사람들이 맡긴 금을 이용하여 이윤을 창출하였다.
③ 은행은 자금의 공급자가 지정한 수요자에게 안전하게 자금이 전달되도록 유도한다.
④ 은행은 돈의 여유가 있는 사람과 돈을 필요로 하는 사람을 중개하는 역할을 수행한다.
⑤ 금세공업자가 맡은 금을 다른 사람에게 빌려줄 경우에 경제의 통화량이 변화할 수 있다.

02 예금 창조 에 대한 이해로 가장 적절한 것은?

① 예금과 대출이 반복되면서 최초 예금액보다 더 많은 예금액이 만들어진다.
② 최초 예금으로 맡겨진 통화는 지급 준비용으로 은행에 고정적으로 보관된다.
③ 예금으로 맡겨진 통화를 모두 대출에 사용하여 예금액이 극적으로 증가한다.
④ 예금을 맡긴 사람은 대출을 이용한 사람과 달리 지속적으로 통화를 창출한다.
⑤ 예금 통화가 대출을 통해 소유자가 바뀌면서 물리적인 통화의 양도 증가한다.

03 문맥상 ㉠~㉤과 바꿔 쓰기에 적절하지 **않은** 것은?

① ㉠: 이익   ② ㉡: 만들어   ③ ㉢: 빌려
④ ㉣: 식견   ⑤ ㉤: 활용하는

*미니북에 수록된 DAY별 어휘들을 익히고 난 후, 문제를 풀면 더욱 효과적으로 학습할 수 있어요.

[01-03] 〈보기〉의 글자 카드를 조합하여 문장의 빈칸에 들어갈 알맞은 어휘를 쓰시오.

보기

01 그는 사고가 자신의 _________에 의한 것이 아님을 주장했다.
일부러 하는 생각이나 태도

02 부모의 애정 _________이 아동 범죄의 원인이 될 수 있다.
있어야 할 것이 없어지거나 모자람.

03 법으로 명시된 사항은 예외 없이 _________으로 지켜져야 한다.
아무런 조건이나 제약이 붙지 않는 것

[04-07] 다음 밑줄 친 말과 바꿔 쓰기에 적절한 어휘를 〈보기〉에서 골라 문맥에 맞게 쓰시오.

보기

동의하다   발휘되다   실현하다   중시하다

04 다수의 주주들이 <u>의견을 같이한</u> 내용이므로 그대로 실행할 것이다. →

05 법의 효력이 <u>떨쳐서 나타나는</u> 시간이 지나가면 사건은 해결이 어려워진다. →

06 시장에서 우리가 세운 목표를 <u>실제로 이루려면</u> 의회에서 관련 법안이 통과되어야 한다. →

07 준법을 덕목으로 <u>크고 중요하게 여기는</u> 사회 분위기에서 책임은 더욱 강조된다. →

08 문맥에 맞는 어휘를 바르게 선택하지 <u>못한</u> 것은?

① 법치주의는 소수의 집단이 (권력 / 알력)을 남용하는 것을 막아 준다.
② 사회마다 (특징 / 상징)이 다르기에 이를 반영하는 법의 성격도 달라진다.
③ 다른 사회 규범과 달리 법은 반드시 지켜야 하는 (강제성 / 공정성)을 지닌다.
④ 아버지의 유언에 따라 아무도 불만이 없도록 (공공 / 공평)을 기하여 유산을 분배하였다.
⑤ 갈등 당사자들 간에 원만한 (합병 / 합의)을/를 이루기 위해선 서로의 입장을 이해하는 것이 필요하다.

09 〈보기〉의 ㉠~㉤과 바꿔 쓰기에 적절하지 <u>않은</u> 것은?

보기

미디어의 발전으로 언론의 형태가 다양해지며 정보 접근이 한층 용이해졌다. 이는 표현의 자유를 높이는 장점이 있지만 ㉠근거가 부족한 기사도 여과 없이 ㉡양산하는 문제가 있다. 이를 ㉢감독할 수 있는 ㉣기관을 만들고, 관련 언론사를 제재할 수 있는 ㉤법률도 필요한데 이것이 지나칠 경우에는 오히려 언론의 활동을 위축시킬 수 있기에 관련 논쟁이 끊이질 않고 있다.

① ㉠: 이유   ② ㉡: 생산하는   ③ ㉢: 감시할
④ ㉣: 기금   ⑤ ㉤: 법규

10 〈보기〉의 밑줄 친 어휘에 공통으로 포함되어 있는 의미로 적절한 것은?

보기

• 대회의 <u>규정</u>을 어긴 선수는 성적에 관계없이 실격될 수 있다.
• 시설 규모를 고려해 하루에 관람할 수 있는 <u>한정</u> 인원을 정해 운영하고 있다.
• 소비자의 권리를 침해할 수 있는 판매자의 행위는 소비자 보호법에 의해 <u>규제</u>의 대상이 된다.

① 약속   ② 규칙   ③ 제한
④ 한계   ⑤ 강제

11 〈보기〉의 빈칸에 공통으로 들어갈 말로 가장 적절한 것은?

> **보기**
> • 공공 기관이 개발 사업으로 사유 재산권을 침해했을 경우 해당 기관은 (　　　　) 자세로 피해자와 협상하여 보상해야 한다.
> • 청소년의 범법 행위에 대해 처벌도 중요하지만 행동의 원인을 (　　　　) 태도로 경청하고 공감해 주는 것이 재범의 가능성을 줄이는 데 효과적이다.
> • 다문화 사회로 진입하면서 다른 문화에 대한 차별적 인식이 아닌 (　　　　) 마음이 중요해졌다.

① 수용적　　　　② 일방적　　　　③ 즉각적
④ 지속적　　　　⑤ 제한적

12 〈보기〉의 ㉠과 그 의미가 가장 유사한 것은?

> **보기**
> 　천부 인권은 인간이 태어날 때부터 가지는 권리로 자연권(自然權)이라고도 한다. 천부 인권은 초국가적·전법률적 불가침의 권리이므로 국가 권력도 침해할 수 없으며 국가가 이를 침해한 경우 권력자에 대한 저항권이 인정된다. 천부 인권은 18세기 유럽에서 시민 계급의 대두를 배경으로 등장하였는데, 오늘날까지 그 영향을 ㉠미쳐 우리 헌법에도 등장한다.

① 열차가 역에 못 미쳐 고장이 발생했다.
② 새로 마련된 법안은 국민들의 기대에 미치지 못했다.
③ 그는 능력이 미치는 범위 이상의 일을 하고 있다고 생각했다.
④ 나의 실수에서 비롯된 파장이 우리 집단에게까지 미치고 있다.
⑤ 홀로 계신 어머니에게까지 생각이 미치자 눈물이 왈칵 쏟아졌다.

13 〈보기〉의 밑줄 친 ㉠과 바꿔 쓸 수 있는 말로 가장 적절한 것은?

> **보기**
> 　국회의 가장 전통적이고 중요한 기능은 입법 기능이다. 입법 활동을 통해 국가의 정책을 결정하게 되는데, 국민은 이 역할 수행에 ㉠적합한 것으로 판단하여 선출한 대표에게 이 역할을 맡기는 것이다.

① 간주한　　　　② 도달한　　　　③ 상통한
④ 정당한　　　　⑤ 적절한

14 〈보기〉의 ㉠~㉢을 활용하여 만든 문장으로 적절하지 않은 것은?

> **보기**
> • 대통령제에서는 대통령이 최고 ㉠권력자이다.
> • 우리나라 사람은 누구나 교육을 받을 ㉡권리가 있다.
> • 사회 ㉢구성원들의 행위는 법에 의해 제약될 수 있다.
> • 지은 죄에 비해 ㉣형벌이 무겁다고 여길 경우 이의를 제기할 수 있다.
> • 각국 정부는 탄소 배출을 ㉤허용하는 기준을 순차적으로 높이기로 결정하였다.

① ㉠: 아무리 막강한 권력자라고 할지라도 법률에 의거하지 않는 한 국민의 자유를 제한할 수 없다.
② ㉡: 국민의 자유와 권리는 민주주의 국가 안에서 보장된다.
③ ㉢: 국민은 국가를 구성하는 구성원이다.
④ ㉣: 국민들은 음주 운전에 대해 더 무거운 형벌을 요구하였다.
⑤ ㉤: 통지자가 자신에게 주어진 권한을 지나치게 허용하면 국민의 불만을 살 수 있다.

15 〈보기〉의 빈칸에 공통으로 들어갈 말로 가장 적절한 것은?

> **보기**
> • 노동자를 위한 법률이 사회적 약자를 위협하는 수단으로 (　　　　)되는 경우도 있다.
> • 민생 법안이 국회에서 무더기로 방치되는 것은 정치인의 직무에 관한 권한이 (　　　　)되는 사례이다.

① 결정　　　　② 구현　　　　③ 변경
④ 악용　　　　⑤ 생성

16 〈보기〉의 ㉠~㉢의 사전적 의미로 적절하지 <u>않은</u> 것은?

> **보기**
>
> ㉠사유(私有) 재산은 개인이나 법인의 소유권, 토지, 자본 등의 재산을 이르는 말이다. 사유 재산은 사회로부터 ㉡형성된 것이어서 공공적 이익을 위해 제한되기도 한다. 우리 헌법에서도 ㉢재산권 행사는 공공복리에 적합하게 하여야 하는 것으로 나타난다. ㉣구체적으로 국가는 재산권 행사를 하는 개인이 사회적 ㉤존재로서 공공복리에 반하는 재산권 행사를 하지 않도록 의무를 부과하며, 법률에 의해 이를 제한할 수 있도록 하였다.

① ㉠: 물품 따위를 물려받음.
② ㉡: 어떤 형상이 이루어진
③ ㉢: 경제적 이익을 목적으로 하는 법적인 권리
④ ㉣: 실제적이고 세밀한 부분까지 담고 있는 것
⑤ ㉤: 현실에 실제로 있음. 또는 그런 대상

17 〈보기〉의 ㉠에 들어갈 말로 가장 적절한 것은?

> **보기**
>
> 법원은 어떤 문제에 대해 법을 적용하여 적법성이나 위법성을 따진다. 이것은 국가에서 부여한 권력이기에 사법권이라고 부른다. 따라서 법원은 사법권을 (㉠) 국가의 기관으로 볼 수 있다. 사법권을 담당하는 법원은 입법권을 담당하는 '국회', 행정권을 담당하는 '정부'와 함께 국가의 통치 기관으로 기능한다.

① 강제하는   ② 결합하는   ③ 도모하는
④ 신망하는   ⑤ 행사하는

18 〈보기〉의 ㉠과 ㉡의 의미 관계와 가장 유사한 것은?

> **보기**
>
> 법원의 판결은 사건을 구성하는 행위들이 ㉠적법인지 아닌지를 판단하여 내려진다. 가해자의 행위가 ㉡위법이라면 그 정도는 물론 얼마나 다양한 위법 행위가 일어났는지도 판결에 영향을 주게 된다. 가해자의 지난 범죄 이력과 판결 과정에서 나타나는 반성적인 태도도 최종 판결에 영향을 주게 된다.

① 긴장 : 이완   ② 개혁 : 변혁   ③ 도피 : 도망
④ 미진 : 미흡   ⑤ 감각 : 후각

19 〈보기〉의 밑줄 친 말의 뜻으로 가장 적절한 것은?

> **보기**
>
> 제조물 책임법 개정안은 제조업자가 제조물의 결함을 인지했음에도 불구하고 적절한 조치를 취하지 않아 소비자의 생명이나 신체에 중대한 손해가 발생한 경우 손해액의 최대 3배까지 배상 책임을 <u>지도록</u> 하는 것이다. 이번 개정은 기업의 반사회적 영리 행위를 막기 위한 조치로 볼 수 있다.

① 무엇을 뒤쪽에 두도록
② 신세나 은혜를 입도록
③ 책임이나 의무를 맡도록
④ 물건을 짊어서 등에 얹도록
⑤ 빌린 돈을 갚아야 할 의무가 있도록

20 〈보기〉의 ㉠~㉤에 들어갈 어휘와 그 의미의 연결이 올바르지 <u>않은</u> 것은?

> **보기**
>
> • 진실을 알지 못한 채 심정적인 (㉠)에 의해 범죄를 판단할 수는 없다.
> • 법정 최고형인 사형 제도의 폐지에 관한 (㉡)을 주제로 회의가 열렸다.
> • 사건 (㉢)의 충격으로 피해자가 상황을 제대로 인지하지 못하는 경우가 있다.
> • 이번에 개정한 법령을 개정 이전에 발생한 사건에도 (㉣) 적용하여 판결 및 배상 문제를 해결하였다.
> • 특정 단체의 활동에 대해 (㉤)과 관련한 판단을 내릴 때 관련 단체들의 유사한 판결 사례를 참고하기도 한다.

① ㉠: 유추 – 같은 종류의 것 또는 비슷한 것에 기초하여 다른 사물을 미루어 추측하는 일
② ㉡: 안건 – 토의하거나 조사하여야 할 사실
③ ㉢: 당시 – 일이 있는 바로 그 시대
④ ㉣: 소급 – 과거에까지 거슬러 올라가서 미치게 함.
⑤ ㉤: 위법 – 법률이나 명령 따위를 어김.

[01-03] 다음 글을 읽고 물음에 답하시오.

고1 학력평가 변형

　사회 구성원들의 합의에 따라 만들어지고 강제성을 가진 ㉠규칙을 법이라고 한다. 이때 강제성은 공공의 이익을 실현하기 위해 사회 구성원들이 ㉡동의할 때만 ㉢발휘될 수 있다. 이러한 법은 몇 가지 특징이 있는데 먼저 법은 행동의 결과를 중시한다. 그리고 법은 국민의 자유와 권리를 보호한다. 만약 법이 없다면 권력자나 국가 기관이 멋대로 권력을 휘두를 수 있을 것이다. 마지막으로 법은 최소한의 간섭만 한다. 개인이 처리해도 되는 일까지 법이 간섭한다면 사람들은 숨이 막혀 ㉣평온하게 살기 힘들 것이다.

　대표적인 법에는 민법과 형법이 있다. 민법은 국가 기관이 아닌, 사람들 간의 권리관계를 다루는 법률로서 재산 관계와 가족 관계로 ㉤구성되어 있다. 근대 사회에서 형성된 민법의 중요 원칙 중 하나는 개인의 사유 재산에 대해 절대적 지배를 인정하고 국가를 비롯한 단체나 개인은 다른 사람의 사유 재산 행사에 간섭하지 못한다는 것이다. 그리고 다른 사람에게 끼친 손해는 그 행위가 위법이고 동시에 고의나 과실에 의한 경우에만 책임을 진다는 원칙도 있다. 그런데 이 원칙들은 경제적 강자가 경제적 약자를 지배하는 수단으로 악용되기도 하여 공공복리에 적합하도록 행사해야 한다는 것과 같은 수정된 원칙들이 적용되고 있다.

　반면, 형법은 범죄와 형벌을 규정하는 법률로서 '죄형 법정주의'라는 기본 원칙이 있다. 죄형 법정주의는 범죄의 행위와 그 범죄에 대한 처벌을 미리 법률로 정해 두어야 한다는 것이다. 그래서 범죄 발생 당시에는 없었던 법이 나중에 생겨도 그것을 소급해서 적용할 수 없다. 또한 민법과 달리 어떤 사항을 직접 규정한 법규가 없을 때, 그와 비슷한 사항을 규정한 법규를 유추하여 적용할 수도 없다.

01 윗글의 내용과 일치하지 <u>않는</u> 것은?

① 법은 사회 구성원들이 합의한 규칙이다.

② 기존 법으로 처벌할 수 없는 범죄는 유사한 법규를 적용하여 처벌한다.

③ 법의 강제성은 공공의 이익을 위해 사회 구성원들이 동의하여 발휘된다.

④ 민법은 국가가 개인의 사유 재산 행사에 간섭하지 못하는 것을 원칙으로 한다.

⑤ 민법은 공공복리를 위해 경제적 약자를 보호하는 수정된 원칙들을 적용하고 있다.

02 소급의 개념을 적용하여 형법에 의한 처벌을 이해한 것으로 가장 적절한 것은?

① 범죄 발생으로 공공복리에 해를 끼치지 않았다면 처벌할 수 없다.

② 범죄 발생 당시 범죄가 아닌 행동도 국민들의 합의에 의해 처벌할 수 있다.

③ 범죄 발생 이전에 미리 법률로 정해 두지 않은 행위들은 추후에 처벌할 수 있다.

④ 범죄 발생 당시 범죄를 처벌할 수 있는 법이 없다면 새롭게 법률을 만들어 처벌할 수 있다.

⑤ 범죄 발생 당시 없었던 법이 새로 생겨서 범죄가 성립되어도 새로 생긴 법에 따라 처벌할 수 없다.

03 문맥상 ㉠~㉤의 뜻으로 적절하지 <u>않은</u> 것은?

① ㉠: 여러 사람이 다 같이 지키기로 작정한 법칙. 또는 제정된 질서

② ㉡: 다른 사람의 행위를 승인하거나 시인할

③ ㉢: 재능, 능력 따위가 떨쳐져 나타날

④ ㉣: 조용하고 평안하게

⑤ ㉤: 몇 가지 부분이나 요소들이 모여 일정한 전체가 짜여 이루어져

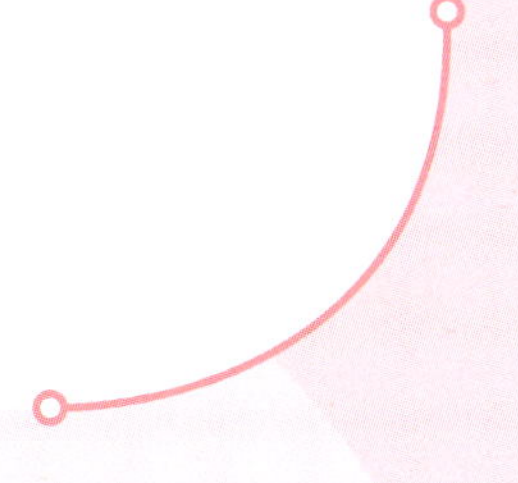

*미니북에 수록된 DAY별 어휘들을 익히고 난 후, 문제를 풀면 더욱 효과적으로 학습할 수 있어요.

[01-04] 다음 밑줄 친 어휘의 뜻을 〈보기〉에서 찾아 그 기호를 쓰시오.

> **보기**
> ㉠ 자기 일을 스스로 다스림.
> ㉡ 사물을 형성하는 근원이 많아짐.
> ㉢ 여럿 가운데서 어떤 것을 뽑아 정함.
> ㉣ 현상이나 사상, 행동 따위가 어떤 방향으로 기울어짐.

01 주민들의 <u>자치</u> 시설을 확대하여 운영비를 절감하는 것이 중요하다. 　　　　　(　　)

02 <u>다원화</u>의 흐름에 발맞추어 다양한 전공의 인력을 채용하는 것이 필요하다. 　　　　　(　　)

03 입찰에 참여한 사업자들 중에서 공지한 기준에 따라 공정하게 한 업체만 <u>선정</u>된다. 　　　　　(　　)

04 평균 혼인 연령이 높아지는 <u>경향</u>을 보이면서 난임에 대한 지원 정책이 더 절실해졌다. 　　　　　(　　)

[05-08] 다음 밑줄 친 말과 바꿔 쓰기에 적절한 어휘를 〈보기〉에서 골라 문맥에 맞게 쓰시오.

> **보기**
> 관여하다　　극복하다　　담당하다　　빈번하다

05 정책의 <u>잦은</u> 수정으로 처음의 좋은 취지들이 무색해졌다. 　→ ＿＿＿＿＿

06 국토 교통부는 국토의 체계적인 개발과 발전에 관한 업무를 <u>맡는다</u>. 　→ ＿＿＿＿＿

07 지역 사회의 한계를 <u>뛰어넘기</u> 위해 시민들이 다양한 의견을 내었다. 　→ ＿＿＿＿＿

08 기존 제도의 부족했던 부분을 보충하기 위해 담당자가 초안 제작 과정에 <u>참여했다</u>. 　→ ＿＿＿＿＿

09 문맥에 맞는 어휘를 바르게 선택하지 <u>못한</u> 것은?

① 새로운 회계 시스템의 (도식 / (도입))으로 투명한 세무 체계를 확립하고자 하였다.
② 산림 ((자체) / 주체)의 복원력을 회복하기 위해 국립 공원을 1년간 폐쇄하기로 결정하였다.
③ 국책 연구 기관은 정부의 ((주도) / 주최) 아래 국가적인 연구 과제를 수행하기 위해 설립되었다.
④ 시민 단체의 (요건 / (요구))에 따라 정부는 기업들의 탈탄소 활동 현황을 주기적으로 확인하기로 하였다.
⑤ 획일적인 입시 제도에 대한 ((개악) / 개선)의 목소리가 높아지자 교육부는 공청회를 개최하여 의견을 수렴하였다.

10 〈보기〉의 ㉠~㉢과 바꿔 쓰기에 적절하지 <u>않은</u> 것은?

> **보기**
> 　국제 사회는 힘의 ㉠<u>원리</u>가 지배하는 곳으로 불합리한 무역 제도가 ㉡<u>관행</u>처럼 여겨지기도 한다. 무역 또는 정치적으로 ㉢<u>견제</u>의 대상이 되는 국가의 상품에 관세를 부과하는 것이 대표적이다. 각국 정부는 이러한 ㉣<u>경향</u>을 파악하여 외교적으로 해결하기 위해 노력하는데 이런 움직임들이 기업의 이익에 ㉤<u>영향</u>을 미치게 된다.

① ㉠: 논리　　　　　　② ㉡: 관습
③ ㉢: 강요　　　　　　④ ㉣: 동향
⑤ ㉤: 작용

11 〈보기〉의 밑줄 친 어휘에 공통적으로 포함되어 있는 의미로 적절한 것은?

> **보기**
> • 정부가 재정을 푼 <u>효과</u>가 소비의 증가를 통해 나타나고 있다.
> • 바이러스 억제에 <u>효험</u>이 있는 백신을 구하기 위해 각국 정부들이 분주하게 움직이고 있다.
> • 진정한 복지란 <u>효용</u> 가치가 있는 재화나 서비스를 꼭 필요한 대상에게 적절하게 제공하는 것이다.

① 결과　　　　② 노력　　　　③ 비율
④ 보람　　　　⑤ 여파

12 〈보기〉의 빈칸에 공통으로 들어갈 말로 가장 적절한 것은?

> 보기
>
> • 선거가 임박한 기간에는 (   ) 기관에서 실시한 신뢰성 높은 여론 조사 결과라도 언론에 노출될 수 없다.
> • 다른 나라와 특정 분야의 무역과 관련한 회담을 진행할 때 참석자는 상대 나라와 해당 분야에 대한 (   ) 지식을 필요로 한다.
> • 공공 기관들이 일률적인 시험이 아닌 해당 분야에서의 오랜 경력을 바탕으로 한 (   ) 능력을 보유한 인재들을 수시로 채용하는 사례가 증가하고 있다.

① 전문적   ② 고정적
③ 급진적   ④ 시사적
⑤ 유기적

13 〈보기〉의 ㉠과 그 의미가 가장 유사한 것은?

> 보기
>
> 행정은 공익 및 국가의 존립 목적을 달성하기 위해 예산을 거두어들여 집행하는 적극적 국가 작용이다. 이러한 과정이 원활하게 진행되기 위해선 과세와 징세 활동이 필수적이며 핵심적이기에 세금과 관련한 공무원들의 비리는 본연의 핵심적인 임무에 ㉠배치되는 것으로 강한 처벌의 대상이 된다.

① 정부는 추가로 편성된 예산이 배치될 때까지 시간이 더 필요하다는 것을 공지하였다.
② 복지 사각지대에 놓여 있는 취약 계층을 구제하기 위해 새롭게 인원이 배치되었다.
③ 기존 정책과 배치되는 새로운 정책의 실행을 위해서 많은 홍보를 통한 전환 기간이 필요하다.
④ 산업 현장에 배치된 인력들이 장시간 고된 노동에 시달리지 않도록 감독하는 기구를 설치했다.
⑤ 기업들은 물류난으로 선박이 부족해지자 여객기가 배치될 수 있도록 협조해 달라고 정부를 설득했다.

14 〈보기〉의 ㉠과 바꿔 쓸 수 있는 말로 가장 적절한 것은?

> 보기
>
> 저출산 기조가 심화됨에 따라 관련 정책을 ㉠보완해야 한다는 목소리가 높아지고 있다. 기존에는 단순한 지원금 형식으로 출산을 장려했는데, 물질적 지원과 함께 육아와 직장을 병행할 수 있도록 보육에 대한 지원이 확대되어야 한다는 의견이 주를 이룬다.

① 개혁해야   ② 수사해야   ③ 검정해야
④ 탈피해야   ⑤ 확립해야

15 〈보기〉의 ㉠~㉤을 활용하여 만든 문장으로 적절하지 않은 것은?

> 보기
>
> • 공공 기관은 어떤 사유로도 ㉠특정 개인 정보를 임의로 이용할 수 없다.
> • 시간의 ㉡경과에 따라 공공 서비스에 대한 시민들의 눈높이도 높아지고 있다.
> • 지방 자치 단체의 기관장은 지역 사회 공공 조직의 ㉢운영에 관한 책임을 지고 있다.
> • 새로운 철도 건설이 교통 환경 개선에 얼마나 영향을 주는지 그 ㉣효과성을 검토하는 용역을 맡겼다.
> • 정부는 약속한 기간 안에 정책을 실행할 수 있다는 믿음을 국민들에게 심어줄 수 있도록 ㉤능률성을 높여야 한다.

① ㉠: 특정 지역의 재정 사업 실행이 필수적일 경우 정부에 도움을 요청할 수 있다.
② ㉡: 도시 철도의 공사 경과가 어떠한지 주기적으로 확인하는 절차가 생략되었다.
③ ㉢: 관공서의 운영은 모두 법령에 따라 행해져야 한다.
④ ㉣: 식약처에서 정식 의약품으로 등록되기 위해선 투약했을 때 질병에 도움이 된다는 효과성을 입증할 수 있어야 한다.
⑤ ㉤: 행정 시스템에 전산을 도입하면서 민원 처리 시간이 짧아지고 능률성이 향상되었다는 평가를 받고 있다.

16 〈보기〉의 ㉠~㉤의 사전적 의미로 적절하지 <u>않은</u> 것은?

> **보기**
>
> 　행정을 ㉠관리적 측면에서 살펴보면 국가의 목적을 실현하기 위해 사람과 물자의 관리를 ㉡담당하는 것이다. 통치적 측면에서 행정은 정책의 ㉢실행 과정으로 볼 수 있고, 또 정책이나 제도를 더 나은 방향으로 ㉣개정하고 발전을 이끄는 통치 ㉤기능으로 볼 수도 있다.

① ㉠: 어떤 일과 관련된 업무를 맡아 처리하는

② ㉡: 어떤 일을 맡는

③ ㉢: 실제로 행함.

④ ㉣: 글자나 글의 틀린 곳을 고쳐 바로잡고

⑤ ㉤: 하는 구실이나 작용을 함.

17 〈보기〉의 빈칸에 공통으로 들어갈 말로 적절한 것은?

> **보기**
>
> • 군청은 홍수로 피해를 입은 이재민들에게 위로금을 지급하는 등의 (　　　　) 방안을 고민하고 있다.
> • 국제적 금융 위기로 인해 고용이 불안정해지자 정부는 적극적인 실업자 (　　　　) 정책을 펴기로 하였다.

① 구명　　　　② 구제　　　　③ 면책

④ 면제　　　　⑤ 중재

18 〈보기〉의 ㉠에 들어갈 말로 가장 적절한 것은?

> **보기**
>
> 　광역 단체들의 경우 많은 구성원들로 이루어진 지역 사회의 특성으로 인해 업무도 점점 더 복잡해지고 있다. 따라서 기관 내 인력으로 모든 것을 처리하기에는 한계가 있기에 복잡한 업무는 전문 업체를 통해 (　㉠　) (으)로 운영하는 사례가 늘고 있다. 물론 업무를 맡길 때에는 공정한 절차가 필요하기에 업체 모집 공고를 통해 공지한 과정을 따르게 된다.

① 검증　　　　② 자체　　　　③ 견제

④ 위탁　　　　⑤ 중복

19 〈보기〉의 ㉠과 ㉡의 의미 관계와 가장 유사한 것은?

> **보기**
>
> 　최근 다양한 행정 기관에서는 업무 처리에 대해 행정이라는 말 대신 행정 서비스라는 용어를 사용한다. 이는 행정 기관의 업무가 그만큼 시민들과 더 밀착된 형태로 변화하고 있음을 알려 준다. 각종 교육 행사를 계획하여 제공하는 것도 이러한 서비스에 대한 시민들의 요구 ㉠충족과 관련이 있다. 예를 들어 지방 자치 단체에서 입시 설명회를 개최하거나 교육 강좌를 개설하는 것은 모두 시민들의 ㉡만족을 이끌어 내고자 하는 것이다.

① 개관 : 개괄　　　② 간섭 : 방임　　　③ 당선 : 낙선

④ 분할 : 합병　　　⑤ 품사 : 부사

20 〈보기〉의 ㉠~㉤에 들어갈 어휘와 그 의미의 연결이 올바르지 <u>않은</u> 것은?

> **보기**
>
> • 의회에서 다루는 민생 (　㉠　)들은 의원들의 투표를 통해 공정하게 처리된다.
> • 시민들의 삶을 질적으로 향상시키기 위해 생활 환경의 정비와 소득 증대 사업을 (　㉡　)하여 실시하기로 결정하였다.
> • 전국 체육 대회는 대한 체육회에서 주최하는 경기를 통해 선수들의 실력 (　㉢　)를 도모하는 행사이다.
> • 소도시들은 대학이나 대형 병원과 같은 대형 시설이 부족하여 (　㉣　) 도시의 시설을 이용하는 경우가 많다.
> • 최근 각 도시의 전통적인 문화나 풍습을 체험하기를 원하는 관광객이 늘자 지역마다 (　㉤　)의 문화유산을 발굴하기 위한 노력이 늘고 있다.

① ㉠: 사안 – 개인이 사사로이 만든 안

② ㉡: 병행 – 둘 이상의 일을 한꺼번에 행함.

③ ㉢: 발휘 – 재능, 능력 따위를 떨치어 나타냄.

④ ㉣: 근접 – 가까이 접근함.

⑤ ㉤: 무형 – 형상이나 형체가 없음.

[01-03] 다음 글을 읽고 물음에 답하시오.

고3 모의평가 변형

현대 사회가 다원화되고 복잡해지면서 중앙 정부는 물론, 지방 자치 단체 또한 정책 결정 과정에서 능률성과 효과성을 우선시하는 경향이 커져 왔다. 이로 인해 전문적인 행정 담당자를 중심으로 한 정책 결정이 빈번해지고 있다. 그러나 지방 자치 단체의 정책 결정은 지역 주민의 ㉠의사와 ㉡무관하거나 배치되어서는 안 된다는 점에서 이러한 정책 결정은 지역 주민의 의사에 보다 ㉢부합하는 방향으로 보완될 필요가 있다.

행정 담당자 주도로 이루어지는 정책 결정의 문제점을 극복하기 위해 그동안 지방 자치 단체 자체의 개선 노력이 없었던 것은 아니다. 지역 주민의 요구를 수용하기 위해 도입한 '민간화'와 '경영화'가 대표적인 사례이다. 이 둘은 모두 행정 담당자 주도의 정책 결정을 보완하기 위해 시장 경제의 원리를 부분적으로 받아들였다는 점에서는 공통되지만, 운영 방식에는 차이가 있다. 민간화는 지방 자치 단체가 담당하는 특정 업무의 운영권을 민간 기업에 위탁하는 것으로, 기업 선정을 위한 공청회에 주민들이 참여하는 등의 방식으로 주민들의 요구를 반영하는 것이다. 하지만 민간화를 통해 수용되는 주민들의 요구는 제한적이므로 전체 주민의 이익이 ㉣반영되지 못하는 경우가 많고, 민간 기업의 특성상 공익의 추구보다는 기업의 이익을 ㉤우선한다는 한계가 있다. 경영화는 민간화와는 달리, 지방 자치 단체가 자체적으로 민간 기업의 운영 방식을 도입하는 것을 말한다. 주민들을 고객으로 대하며 주민들의 요구를 충족하고자 하는 것이다. 그러나 주민 감시나 주민 자치 위원회 등을 통한 외부의 적극적인 견제가 없으면 행정 담당자들이 기존의 관행에 따라 업무를 처리하는 경향이 나타나기도 한다.

01 윗글의 내용과 일치하지 <u>않는</u> 것은?

① 민간화와 경영화는 운영 방식에서 차이점을 보인다.
② 민간화를 통해 주민들의 요구를 반영하기 위한 방안이 부분적으로 도입되었다.
③ 경영화는 민간 기업의 운영 방식을 도입해 주민들의 요구를 충족하려는 방식이다.
④ 민간화와 경영화의 공통점은 시장 경제의 원리를 부분적으로 받아들였다는 것이다.
⑤ 지방 자치 단체와는 달리 중앙 정부는 전문적인 행정 담당자의 정책 결정이 빈번해지고 있다.

02 민간화를 통한 주민들의 요구 수용이 제한적인 이유로 가장 적절한 것은?

① 주민들이 기업 선정에 참여할 수 없어서
② 주민들이 공익보다는 사익을 우선시하여서
③ 주민들이 기업에 요구 사항을 전달할 수 없어서
④ 주민들이 특정 업무의 운영에 직접 관여하지 못해서
⑤ 주민들이 기업이 운영하는 특정 업무에 대해 알 수 없어서

03 문맥상 ㉠~㉤과 바꿔 쓰기에 적절하지 <u>않은</u> 것은?

① ㉠: 의지　　　② ㉡: 관계없거나　　　③ ㉢: 상응하는
④ ㉣: 비치지　　　⑤ ㉤: 중시한다는

사회 4 · 기업과 경영

*미니북에 수록된 DAY별 어휘들을 익히고 난 후, 문제를 풀면 더욱 효과적으로 학습할 수 있어요.

[01-04] 다음 밑줄 친 말과 바꿔 쓰기에 알맞은 어휘를 〈보기〉에서 골라 쓰시오.

보기

공동   대가   조직   탈퇴

01 공유 경제는 특정 재화를 <u>사용료</u>를 지불하고 여럿이 공유하여 사용하는 것이다. →

02 선박이 부족하여 물동량이 줄어들자 각국이 <u>합동</u>으로 대응 방안을 모색하고 있다. →

03 회사에서 새롭게 추진하는 사업의 효율적인 전개를 위해 회사 내 소규모 <u>집단</u>을 개편할 것이다. →

04 특정 기업들이 자신들이 속한 환경 모임의 규율을 이행하지 않자 모임에서 <u>이탈</u>하는 기업이 늘고 있다. →

[05-08] 다음 밑줄 친 어휘의 뜻을 〈보기〉에서 찾아 그 기호를 쓰시오.

보기

㉠ 조합에 가입한 사람
㉡ 공동생활에서 개인들끼리 서로 돕는 일
㉢ 힘을 합하여 서로 돕는 관계에 있는 조직체
㉣ 한 회사의 주식 가운데 많은 몫을 가지고 있는 주주

05 사업장을 확장하는 의견에 대해 다수의 <u>조합원</u>들이 반대하여 계획이 무산되었다. →

06 많은 국가들이 경제 <u>협력체</u>를 구성하여 국가 간의 무역 활성화를 위해 노력하고 있다. →

07 최근 총회에서 수요가 늘고 있는 전기차 사업에 진출하기 위한 제안이 나왔으나 <u>대주주</u>의 반대로 받아들여지지 않았다. →

08 거래처 주인들이 경제적으로 어려움에 빠진 영세 상인들에게 결제 대금을 미리 지급한 것은 <u>상호 부조</u>의 정신을 떠올리게 한다. →

09 문맥에 맞는 어휘를 바르게 선택하지 <u>못한</u> 것은?

① 회사 ((소유)/ 지참)의 토지에 건물을 지을 경우 큰 비용이 발생하지 않는다.
② 기업은 물건을 생산하고 이를 판매하는 과정에서 이윤을 ((추구)/ 추종)한다.
③ 새로운 상품 서비스에 ((가입)/ 가맹)한 고객이 증가하여 기업의 매출이 큰 폭으로 늘었다.
④ 소비자의 권익을 보호하고 정직한 기업의 이미지를 확립하기 위해 ((자발적)/ 자연적)으로 생산 원가를 공개하였다.
⑤ 탈세를 일삼던 기업을 상대로 검찰의 (공정한 /(정대한))수사가 진행됨에 따라 시민들의 지지와 응원이 계속되고 있다.

10 〈보기〉의 ㉠~㉤과 바꿔 쓸 수 <u>없는</u> 말은?

보기

최근 한정적으로 ㉠공급되는 제품들의 인기가 치솟고 있다. 관련 제품을 ㉡보유하기 위해 제품의 출시일에 많은 사람들이 매장으로 몰리면서 이익을 ㉢증진하려는 기업들의 관심이 늘고 있다. 소비자들은 이러한 제품들이 한정된 수량으로 향후 ㉣가치가 증가할 것이라는 ㉤전망이 많아지자 더욱 높은 관심을 보이고 있다.

① ㉠: 배급되는   ② ㉡: 소지하기   ③ ㉢: 늘리려는
④ ㉣: 값어치   ⑤ ㉤: 예상

11 〈보기〉의 밑줄 친 어휘에 공통으로 포함되어 있는 의미로 적절한 것은?

보기

• 새롭게 <u>창출</u>한 산업은 고용을 유발하여 사회에 긍정적인 영향을 준다.
• 가상으로 <u>창조</u>된 네트워크 세상에서 사람들은 현실에서 불가능했던 경험도 충족할 수 있게 되었다.
• 선박은 친환경 흐름에 발맞추어 천연가스를 연료로 사용하도록 <u>제조</u>되는 비율이 증가하고 있다.

① 규모   ② 처음   ③ 짓다
④ 만들다   ⑤ 새로움

12 〈보기〉의 빈칸에 공통으로 들어갈 말로 알맞은 것은?

> **보기**
> - 감염병으로 (　　　　) 활동이 제한되자 집안에서 혼자서 시청할 수 있는 콘텐츠들이 인기이다.
> - 청결하지 않은 환경에서 제조된 식료품들이 언론에 보도되자 (　　　　)인 비난이 커지고 있다.
> - 효율성을 극대화한 기업 경영으로 실업률이 지나치게 높아지자 (　　　　)으로 커다란 문제가 되고 있다.

① 개혁적　　　② 계획적　　　③ 기능적
④ 사회적　　　⑤ 의도적

13 〈보기〉의 ㉠과 그 의미가 가장 유사한 것은?

> **보기**
> 　회사와 사원은 임금에 대해 협상할 경우 자유롭게 이에 대해 의견을 주고받을 수 있다. 여기서 정해진 임금은 추후 회사가 지급액과 날짜를 지켜 지급해야 하며 약속을 ㉠이행하지 않을 경우 사원은 이의를 제기하거나 정부 기관에 도움을 요청할 수 있다.

① 많은 나라들이 무형 자산을 중요시하는 사회로 이행하고 있다는 것을 명심해야 한다.
② 소수 주주들의 목소리가 대변되는 사회로 이행하게 되면서 자본 시장 참여가 확산되었다.
③ 원자재 가격이 상승하는 시장으로 이행하고 있음을 고려하여 향후 예산을 더 편성해야 할 것이다.
④ 기존 자본들이 데이터가 중요한 산업으로 옮겨 가자 주축 산업이 이행하고 있음을 실감하게 되었다.
⑤ 탄소 배출을 억제하는 협약이 체결되었으므로 기업들은 이를 이행하지 않을 경우 불이익을 받을 수 있다.

14 〈보기〉의 ㉠과 바꿔 쓸 수 있는 말로 가장 적절한 것은?

> **보기**
> 　기업은 신규 투자에 필요한 자금이 부족할 경우 채권을 발행하여 자금을 조달할 수 있다. 정해진 날짜에 정해진 이자금을 돈을 빌려준 이들에게 ㉠지불하는 조건으로 자금을 빌리는 것이다.

① 개방하는　　　② 논의하는　　　③ 지급하는
④ 반박하는　　　⑤ 소유하는

15 〈보기〉의 ㉠~㉤을 활용하여 만든 문장으로 적절하지 않은 것은?

> **보기**
> - 기업의 이익은 제품의 판매 가격에서 생산에 사용된 ㉠비용을 뺀 것이다.
> - 원재료의 ㉡유통이 원활하지 않은 탓에 제품 가격이 올라 소비자의 부담이 가중되고 있다.
> - 소비자들이 선호하는 제품을 만들기 위해서는 시장에 대한 ㉢지력과 통찰력이 필요하다.
> - 건설 업체들은 비용 상승의 ㉣요인으로 원자재 가격이 가장 큰 비중을 차지한다고 보았다.
> - 유럽 시장 진출을 위해 설비 투자를 늘려야 하지만 회사는 ㉤출자금 마련에 큰 어려움을 겪고 있다.

① ㉠: 생산에 필요한 비용은 원재료의 가격뿐만 아니라 인건비와 설비 투자 비용까지 포함한다.
② ㉡: 물류 센터를 확충하는 것은 유통 과정을 획기적으로 줄여 비용 절감 효과를 가져올 수 있다.
③ ㉢: 제조업체들은 빠르게 변화하는 기술의 동향에 대해 뛰어난 지력을 가진 인재를 선호한다.
④ ㉣: 이번 달 상품 판매의 실적이 부진한 것은 갑자기 날씨가 추워진 계절적 요인이 크다.
⑤ ㉤: 이 상품을 만드는 데 들어간 출자금은 상품의 가격에 고스란히 반영되어 있다.

16 〈보기〉의 ㉠과 ㉡의 의미 관계와 가장 유사한 것은?

> **보기**
> 　최근 연예 기획사들은 획일적인 공연 방식에서 벗어나 가상의 공간에서 수요자들과 다양한 방식의 소통을 ㉠지향하고 있다. 기존 방송이나 공연처럼 배우나 가수가 춤이나 노래를 통해 일방적으로 메시지를 전달하던 방식을 지양하고, 가상의 공간에서 실시간으로 대화를 진행하며 공연을 선보이는가 하면 가상의 캐릭터로 동등하게 만나 일상의 대화를 진행하는 등 이전과는 다른 방식으로 기업의 영역 확장이라는 목표를 ㉡향해 나아가고 있다.

① 판매 : 구입　　　② 책방 : 서점　　　③ 문학 : 소설
④ 나무 : 뿌리　　　⑤ 갈등 : 다툼

17 〈보기〉의 빈칸에 공통으로 들어갈 말로 적절한 것은?

> **보기**
> • 수소 경제 사회로의 진입을 예상하고 선제적인 투자를 위해 일부 기업들이 수소 동맹을 (　　　　)하여 각자가 강점을 보이는 분야에 집중하기로 하였다.
> • 다양한 국가들의 관세 부과로 무역 장벽이 높아지자 철강 업체들은 대응 단체를 (　　　　)하여 변화하는 정책들에 대응하는 방안을 함께 강구하기로 하였다.

① 개정　　　　② 개화　　　　③ 결성
④ 시행　　　　⑤ 의존

18 문맥을 고려할 때 〈보기〉의 ㉠에 들어갈 말로 가장 적절한 것은?

> **보기**
> 친환경 에너지는 생산하는 장소가 이것을 사용하는 곳에서 멀리 떨어진 바다나 사막인 경우가 많고 특정 시기에 생산력이 급감할 수 있기에 손실 없이 이동하고 보관하는 것이 중요해졌다. 이러한 흐름은 기업들의 (　㉠　) 와/과 관계없이 사회의 변화와 관계된 것으로 향후 기업들의 방향성을 결정 짓는 중요한 과제가 될 전망이다.

① 내면　　　　② 보급　　　　③ 사고
④ 수행　　　　⑤ 의사

19 〈보기〉의 ㉠~㉤의 사전적 의미로 적절하지 <u>않은</u> 것은?

> **보기**
> 정부는 주주의 ㉠권익 향상을 위해 기업 활동을 감시하는 외부 인사의 영입을 권장했다. 대주주가 ㉡일정 비율 이상의 지분을 가질 경우 소액 주주의 의견이 전혀 반영될 수 없는 문제가 ㉢발생하고 대주주의 이익만 중시하는 분위기를 ㉣조성할 수 있어 정부가 나선 것이다. 일각에선 이를 정착시키기 위해 관련 내용이 ㉤준수될 경우 기업들에게 혜택을 주는 것도 검토되어야 함을 주장했다.

① ㉠: 권리와 그에 따르는 이익
② ㉡: 어떤 것의 크기, 모양, 범위, 시간 따위가 하나로 정하여져 있음.
③ ㉢: 어떤 일이나 사물이 생겨나고
④ ㉣: 무엇을 만들어서 이룸
⑤ ㉤: 전례나 규칙, 명령 따위가 그대로 좇아져서 지켜질

20 〈보기〉의 밑줄 친 말의 뜻으로 가장 적절한 것은?

> **보기**
> 특정 기업이 특정 제품에 대한 독점적인 생산권을 가져 시장 가격을 결정할 수 있는 권한이 <u>부여</u>가 되면 시장 가격에 문제가 발생할 수 있다. 경쟁자가 없어 최대한 많은 이익을 거두기 위해 가격을 계속 올릴 수 있기 때문이다. 이러한 문제를 예방하기 위해 특정 업종에서 독과점 기업을 견제하기 위한 법안이 존재한다.

① 나뉘어 주어짐.
② 물품 따위가 선물로 주어짐.
③ 증서, 상장, 훈장 따위가 주어짐.
④ 사물이 어떤 근원으로부터 갈려 나와 생기게 됨.
⑤ 권리·명예·임무 따위를 지니도록 해 주거나, 사물이나 일에 가치·의의 따위를 붙여 줌.

21 〈보기〉의 ㉠~㉤에 들어갈 어휘와 그 의미의 연결이 올바르지 <u>않은</u> 것은?

> **보기**
> • 자동차 산업의 동향은 철강과 화학 업종을 (　㉠　) 하여 두루 영향을 주게 된다.
> • 건설 업체 감독관은 현장에서 직원들이 안전 수칙을 (　㉡　)하도록 감시해야 한다.
> • 스마트폰 산업은 새로운 모델이 등장하는 간격이 짧아 급변하는 산업의 (　㉢　)으로 불린다.
> • 원유 가격의 상승은 관련되는 상품들의 연쇄 가격 상승을 (　㉣　)해 물가를 불안정하게 만든다.
> • 기업의 세부 재고를 (　㉤　)으로 관리하여야 원재료와 완제품의 흐름을 제대로 파악할 수 있다.

① ㉠: 포괄 – 일정한 대상이나 현상 따위를 어떤 범위나 한계 안에 모두 끌어 넣음.
② ㉡: 준수 – 죽음을 무릅쓰고 지킴.
③ ㉢: 전형 – 같은 부류의 특징을 가장 잘 나타내고 있는 본보기
④ ㉣: 유발 – 어떤 것이 다른 일을 일어나게 함.
⑤ ㉤: 총괄적 – 개별적인 여러 가지를 한데 모아서 묶은 것

[01-03] 다음 글을 읽고 물음에 답하시오.

고1 학력평가 변형

　　안전한 농산물을 농민들로부터 직접 공급받고 싶었던 K씨는 자신과 뜻이 같은 사람들이 주위에 있음을 알게 되었다. K씨는 이들과 함께 일정 금액의 출자금을 내어 ㉠단체를 만들었다. K씨는 이 단체를 통해 안전한 농산물을 농민들로부터 직접 ㉡구매할 수 있었고, 농민들은 중간의 유통 비용 없이 ㉢적절한 대가를 받고 농산물을 공급할 수 있었다. 이 단체에서는 출자금의 일부를 미리 농민에게 지불하여 농민들이 더욱 안정적으로 농산물을 생산할 수 있도록 도왔다. 이 사례와 같이 뜻을 ㉣같이하는 사람들이 일정 금액을 모아 공동의 경제, 사회, 문화적 수요와 요구를 충족시키기 위해 자발적으로 결성한 조직을 '협동조합'이라고 한다.

　　협동조합은 5인 이상의 사람들이 모여 출자금을 내면 누구나 만들 수 있으며, 가입과 탈퇴도 자유롭다. 협동조합은 평등한 협력체이기 때문에 사업의 ㉤목적이 이윤의 추구가 아니라 조합원 간의 상호 부조에 있다. 그래서 모든 조합원이 협동조합을 공동으로 소유하고, 출자금을 통해 협동조합에 필요한 자본을 조성하는 데 공정하게 참여한다. 그리고 조합 내에서 발생한 수익은 협동조합의 발전과 조합원의 권익 증진을 위해 사용한다.

　　이윤 추구를 목적으로 하는 주식회사와 달리 협동조합은 '조합원'을 중심으로 운영된다. 주식회사는 주식을 가진 비율에 따라 의사 결정권이 부여되므로 주식을 많이 가진 대주주가 의사를 결정하는 경우가 많다. 반면 협동조합에서는 대체로 조합원 한 사람에게 한 표의 의사 결정권이 부여되므로, 조합원의 의사가 존중된다. 따라서 이런 구조로 인해 조합원이 추구하는 공동의 가치인 일자리 창출이나 사회적 약자 보호, 그리고 지역 사회 발전과 같은 사회적 가치를 실현하는 데 유리하다.

01 윗글의 내용과 일치하지 <u>않는</u> 것은?

① 협동조합을 통해 농민들은 농산물의 유통 비용을 절약할 수 있다.
② 협동조합은 출자금을 많이 낸 사람에게 더 많은 의사 결정권을 부여한다.
③ 협동조합은 이윤 추구보다 조합원들의 공동의 가치를 추구하는 데 유리하다.
④ 협동조합은 뜻과 목적이 같은 사람들끼리 일정 금액의 출자금을 내어 만들 수 있다.
⑤ 협동조합은 농민들의 안정적인 농산물 생산을 돕기 위해 출자금의 일부를 미리 지급할 수 있다.

02 출자금에 대한 이해로 가장 적절한 것은?

① 출자금은 협동조합 조성에 필요한 자본이다.
② 출자금은 가입과 탈퇴를 제약하기 위한 것이다.
③ 출자금은 협동조합의 유지를 위해 일정 규모 이상이 필요하다.
④ 출자금은 협동조합에서 발생한 수익을 통해 계속 증가하게 된다.
⑤ 출자금은 협동조합이 평등한 협력체이기에 조합원 모두 동등하게 부담한다.

03 문맥상 ㉠~㉤과 바꿔 쓰기에 적절하지 <u>않은</u> 것은?

① ㉠: 집단　　　　② ㉡: 구비　　　　③ ㉢: 적합한
④ ㉣: 함께하는　　⑤ ㉤: 목표

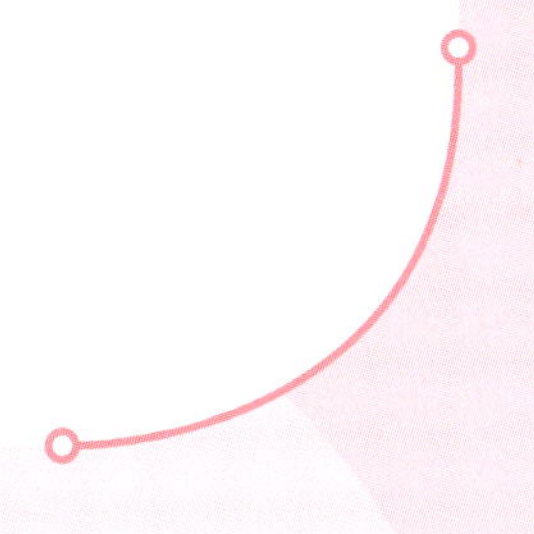

사회 5 사회 변화와 흐름

*미니북에 수록된 DAY별 어휘들을 익히고 난 후, 문제를 풀면 더욱 효과적으로 학습할 수 있어요.

[01-04] 다음 문장의 괄호 안에 들어갈 알맞은 어휘를 고르시오.

01 의식주를 해결하기 위한 (생계 / 지능)형 범죄가 늘어나고 있다는 점은 빈부의 격차가 심해지고 있다는 것을 보여 준다.

02 의무 교육 기간의 증가는 복지의 (구역 / 영역)이 더 넓어지고 있음을 의미한다.

03 사회가 발전하면서 (가설 / 진리)로 받아들여지던 사실들도 사실이 아닌 것으로 변화하기도 한다.

04 초고속 인터넷의 발전은 더 많은 정보를 더 넓은 세계에 더 빠르게 전송할 수 있는 (개각 / 혁명)을 불러왔다.

[05-08] 다음 밑줄 친 말과 바꿔 쓰기에 적절한 어휘를 〈보기〉에서 골라 문맥에 맞게 쓰시오.

> **보기**
>
> 기초하다   접어들다   중시되다   확립되다

05 차세대 바이오 기술 시대에 <u>이르면서</u> 백신 개발에 걸리는 시간도 획기적으로 줄어들었다.

→ ___________

06 부품 공급 체계가 <u>굳게 서지</u> 않은 산업은 무역 분쟁으로 부품의 공급이 멈출 경우 큰 타격을 입게 된다.

→ ___________

07 정의에 <u>근거를 둔</u> 국가 운영이 당연하게 받아들여지면서 이전에 비해 많은 정보가 국민에게 공개되고 있다.

→ ___________

08 제조업 쇠퇴로 일자리가 부족해지자 학생들의 진로 선택에서 취업 현황이 <u>매우 크고 중요하게 여겨지고</u> 있다.

→ ___________

09 문맥에 맞는 어휘를 바르게 선택하지 <u>못한</u> 것은?

① 전기차의 (등장 / 등판)은 친환경 산업에 큰 변화를 안겨 주는 계기가 되었다.

② 기술이 진보하여도 (근면 / 태만)으로 맡은 바 직분을 다하는 태도는 여전히 중시된다.

③ 운송 선박의 부족이 원자재가 급등하는 (계기 / 적기)가 되어 기업들이 어려움을 겪고 있다.

④ 대를 이어 자본을 (선적 / 축적)한 사람들이 많아지면서 빈부 격차가 사회적 문제로 떠오르고 있다.

⑤ 환경 오염에 대한 경각심이 높아지면서 오래된 물건의 가치도 다시 찾아보는 (검정 / 검약)의 자세가 강조되고 있다.

10 〈보기〉의 ㉠~㉤과 바꿔 쓸 수 <u>없는</u> 말은?

> **보기**
>
> '깨진 유리창 이론'은 유리창이 깨진 차를 거리에 ㉠<u>방치하는</u> 실험을 통해 사회 ㉡<u>질서</u>의 유지가 되고 있지 않다는 메시지를 던질 경우 범죄가 더 늘어날 수 있음을 밝힌 이론이다. 실제로 이러한 인간 행동의 ㉢<u>원리</u>를 고려하여 동네를 깨끗하게 ㉣<u>정비하는</u> 등의 노력을 기울인 몇몇 도시에서는 범죄율이 낮아지는 효과를 거두기도 하였다. 이 이론은 질서를 무너뜨리는 ㉤<u>사소한</u> 행동들이 커다란 파장을 불러올 수 있음을 잘 보여 준다고 할 수 있다.

① ㉠: 배치하는   ② ㉡: 규칙   ③ ㉢: 이치

④ ㉣: 손질하는   ⑤ ㉤: 미미한

11 〈보기〉의 밑줄 친 어휘에 공통으로 포함되어 있는 의미로 적절한 것은?

> **보기**
>
> • 도로 교통에서 안전이 강조되면서 운전면허 시험의 <u>연수</u> 내용도 점점 엄격해지고 있다.
>
> • 실험의 성공을 위해 <u>궁리</u>를 거듭했지만 일부 물질의 성질을 밝혀내지 못해 어려움을 겪고 있다.
>
> • 언어 발전 과정을 <u>탐구</u>해 보면 당대 언중들의 생활 양식이나 보편적인 사고를 파악할 수 있게 된다.

① 사물   ② 연구   ③ 학문

④ 진리   ⑤ 이치

12 〈보기〉의 빈칸에 공통으로 들어갈 말로 가장 적절한 것은?

> **보기**
>
> • 인간의 감성을 자극하는 기술이 인기를 끌면서 연구자들 역시 인문학적 소양을 탐구하는 (　　　)인 면모를 중요시하게 되었다.
> • 물질적인 것을 추구하는 풍토가 심해지면서 인간 본연의 가치에 대해 생각하는 (　　　)인 분위기의 문학 작품이 연이어 출시되었다.
> • 최근의 미술 작품은 사물을 세밀하게 묘사하기보다 인간의 복잡한 감정을 깊이 있게 탐색하는 (　　　)인 내용을 표현하는 경우가 많다.

① 객관적　　　② 극단적　　　③ 모순적
④ 사색적　　　⑤ 상징적

13 〈보기〉의 ㉠과 그 의미가 가장 유사한 것은?

> **보기**
>
> 　지금까지 세계는 주요 에너지원으로 화석 연료를 사용하였다. 석탄이나 석유, 천연가스와 같은 연료들이 대표적인데 이들이 연소하면서 배출하는 이물질들이 환경 오염의 주범으로 ㉠부각되면서 친환경 에너지원을 찾으려는 노력이 활발해졌다.

① 석탄은 특유의 짙은 색이 부각되는 화석 연료이다.
② 창문을 통해 햇빛이 들어오자 입체감이 부각되었다.
③ 기본 소득은 정치권의 핵심 쟁점으로 부각되고 있다.
④ 건물의 웅장한 크기가 사람들에게 확연하게 부각되었다.
⑤ 이 작품의 조각가는 조각상의 야윈 모습이 부각되도록 대조의 기법을 활용하였다.

14 〈보기〉의 ㉠과 바꿔 쓸 수 있는 말로 가장 적절한 것은?

> **보기**
>
> 　가계 대출의 가파른 상승세로 정부는 대출을 제한하려는 움직임을 보이고 있다. 대표적으로 대출에 ㉠요구되는 조건을 까다롭게 하여 신규 대출을 줄이고자 하는 것으로 알려졌다.

① 필요한　　　② 요청한　　　③ 지급되는
④ 추측되는　　　⑤ 파악되는

15 〈보기〉의 ㉠~㉤을 활용하여 만든 문장으로 적절하지 않은 것은?

> **보기**
>
> • 이 지역을 대표하는 ㉠산물은 고구마이다.
> • 방위 ㉡산업체는 국가의 통제를 받으며 물건을 생산한다.
> • 금융 사기는 현대 사회에 팽배한 물질 만능주의의 ㉢단적인 사례이다.
> • 집을 설계할 때는 최소한의 ㉣동선으로 주거를 누릴 수 있도록 해야 한다.
> • 공과 대학에 대한 선호도가 증가하는 모습은 ㉤실용 학문의 인기를 실감하게 한다.

① ㉠: 온돌을 활용한 난방법은 추위를 극복하기 위한 우리 선조가 가진 지혜의 산물이다.
② ㉡: 경기도에는 반도체 관련 산업체가 밀집되어 있다.
③ ㉢: 아파트가 증가하는 것은 주거 양식의 변화를 보여 주는 단적인 증거이다.
④ ㉣: 도시 계획은 사람들의 동선을 고려하여 효율적으로 만들어진다.
⑤ ㉤: 로봇이 일상생활에서 실용 가능해지려면 시간이 더 필요하다.

16 〈보기〉의 ㉠~㉤의 사전적 의미로 적절하지 않은 것은?

> **보기**
>
> 　르네상스 시대 이전의 사람들은 종교를 현실의 갖은 고통에서 ㉠구원을 받을 수 있는 ㉡통로로 인식했다. 이러한 믿음은 그림이나 음악, 조각 등의 예술적인 ㉢징표를 통해서도 표출되었는데, 르네상스 이후 인간성 해방을 위한 움직임이 일면서 종교적 색채는 상대적으로 약화되었다. 현대에 이르러서는 종교의 ㉣본질 자체에 대해 의문을 제기하는 ㉤경향은 더욱 짙어졌다.

① ㉠: 인류를 죽음과 고통과 죄악에서 건져 내는 일
② ㉡: 통하여 다니는 길
③ ㉢: 어떤 것과 다른 것을 드러내 보이는 뚜렷한 점
④ ㉣: 본디부터 가지고 있는 사물 자체의 성질이나 모습
⑤ ㉤: 현상이나 사상, 행동 따위가 어떤 방향으로 기울어짐.

17 〈보기〉의 빈칸에 공통으로 들어갈 말로 가장 적절한 것은?

> **보기**
> • 사회 곳곳의 차별적인 의식을 (　　　　)하지 않고서
> 는 선진 문화로 발돋움하기 쉽지 않다.
> • 한국은 개발 도상국의 한계로 성장하기 어려울 것이라
> 는 우려를 (　　　　)하고 높은 경제와 문화의 성장을
> 이루었다.

① 내재　　　　② 대체　　　　③ 방지
④ 불식　　　　⑤ 분화

18 문맥을 고려할 때 〈보기〉의 ㉠에 들어갈 말로 가장 적절한 것은?

> **보기**
> 우리나라가 경제 침체기에 들어서며, 청년들의 취업
> 걱정 또한 날로 늘어나고 있다. 일부 청년들은 적성에 맞
> 는 (　㉠　)을/를 찾아 해외로 눈을 돌리기도 하는
> 데, 이는 일에 대한 만족도가 높아야 능률이 오르고 임금
> 을 올릴 수 있는 기회도 자연스럽게 많아진다고 생각하기
> 때문인 것으로 보인다.

① 각오　　　　② 기반　　　　③ 발전
④ 사안　　　　⑤ 자리

19 〈보기〉의 ㉠과 ㉡의 의미 관계와 가장 유사한 것은?

> **보기**
> 현재 건물의 위치는 도로명 주소를 통해 ㉠구분하여
> 표기한다. 예전에는 지번 주소가 쓰였는데, 그 기준이 모
> 호하여 지도가 없으면 집을 찾는 것이 매우 어려웠다. 이
> 에 반해 도로명 주소는 도로 이름과 건물 번호를 통해 장
> 소를 쉽게 ㉡구별할 수 있으므로 집을 찾는 일이 한결 수
> 월해졌다고 할 수 있다.

① 공용 : 전용　　② 대담 : 소심　　③ 재해 : 수해
④ 악기 : 드럼　　⑤ 활용 : 응용

20 〈보기〉의 밑줄 친 말의 뜻으로 가장 적절한 것은?

> **보기**
> 1900년대 초중반에 일어난 전쟁들은 이념 대립에 의한
> 것이 많았다. 특정 이념을 새롭게 선택하거나 상대 진영
> 으로 포섭되는 나라가 생겨나면서 각각의 우월성을 증명
> 하기 위한 경쟁이 격화되었다.

① 감싸져 끌어들여지는
② 정신을 빼앗겨 하여야 할 바를 잊어버리는
③ 행동이나 의사의 자유가 제한되거나 속박되는
④ 자기의 뜻대로 자유로이 행동하지 못하도록 억지로 억눌리는
⑤ 어떤 행위나 권리의 행사가 자유로이 되지 못하도록 강압
　 적으로 얽매이거나 제한되는

21 〈보기〉의 ㉠～㉢에 들어갈 어휘와 그 의미의 연결이 올바르지 <u>않은</u> 것은?

> **보기**
> • 사회의 질서 유지를 위해 엄격한 (　㉠　)이 필요할
> 　수 있다.
> • 산업화가 (　㉡　)으로 시작되면서 많은 인구가 도
> 　시로 이동하였다.
> • 기후 현상을 (　㉢　)하기 위해 국가적으로 고가의
> 　장비를 지원하였다.
> • 자본주의에 의해 사회가 합리성이 아닌 자본의 흐름에
> 　따라 (　㉣　)되었다.
> • 다양한 산업의 발전은 다양한 (　㉤　)을 존중하고
> 　연구하는 문화에서 비롯되었다.

① ㉠: 규율 – 질서나 제도를 유지하기 위하여 정하여 놓은,
　 행동의 준칙이 되는 본보기
② ㉡: 본격적 – 갑작스럽게 들이닥치는 것
③ ㉢: 탐구 – 진리, 학문 따위를 파고들어 깊이 연구함.
④ ㉣: 재조직 – 한 번 이루었던 집단이나 체계 따위를 다시
　 조직함.
⑤ ㉤: 학문 – 어떤 분야를 체계적으로 배워서 익힘. 또는 그
　 런 지식

[01-03] 다음 글을 읽고 물음에 답하시오.

고3 모의평가 변형

최초로 인간의 삶을 사색적 삶과 활동적 삶으로 ㉠구분한 사람은 아리스토텔레스이다. 그는 진리, 즐거움, 고귀함을 추구하는 사색적 삶의 영역이 생계를 위한 활동적 삶의 영역보다 상위에 있다고 보았다. 이러한 ㉡인식은 근대 이전의 오랜 역사 속에서 사회 질서의 ㉢기본 원리로 자리 잡아 왔다.

근대에 접어들어 과학 혁명과 청교도 윤리의 등장으로 활동적 삶과 사색적 삶에 대한 인식은 달라지기 시작했다. 16, 17세기 과학 혁명으로 실험 정신과 경험적 ㉣지식이 중시되면서 사색적 삶의 영역에 속한 과학적 탐구와 활동적 삶의 영역에 속한 기술 사이의 ㉤거리가 좁혀졌다. 또한 직업을 신의 소명으로 이해하고, 근면과 검약에 의한 개인의 성공을 구원의 징표로 본 청교도 윤리는 생산 활동과 부의 축적에 대한 부정적 인식을 불식하는 계기가 되었다. 이로써 활동적 삶과 사색적 삶이 대등한 위상을 갖게 된 것이다.

18, 19세기 산업 혁명을 계기로 활동적 삶은 사색적 삶보다 중요성이 더 커지게 되었다. 기계의 사용이 본격화되면서 기계의 속도에 기초하여 노동 규율이 확립되었고, 인간의 삶은 시간적 규칙성을 따르도록 재조직되었다. 나아가 시간이 관리의 대상으로 부각되면서 가장 효율적인 작업 동선(動線)을 모색했던 테일러의 과학적 관리론은 20세기 초부터 생산 활동을 합리적으로 조직하는 중요한 원리로 자리 잡았다. 이로써 인간의 육체노동이 기계화되는 결과가 초래되었다. 또한 과학을 기술 개발에 활용하기 위한 시스템이 요구되어 공학, 경영학 등의 실용 학문과 산업체 연구소들이 출현하였다. 이는 전통적으로 사색적 삶의 영역에 속했던 진리 탐구마저 활동적 삶의 영역에 속하는 생산 활동의 논리에 포섭되었음을 단적으로 보여 준다.

01 윗글의 내용과 일치하지 <u>않는</u> 것은?

① 과학적 관리론은 인간의 육체노동이 기계화되는 결과를 초래했다.
② 아리스토텔레스는 인간의 삶을 사색적 삶과 활동적 삶으로 구분했다.
③ 아리스토텔레스는 사색적 삶이 활동적 삶보다 우위에 있다고 보았다.
④ 산업 혁명 이후로 활동적 삶이 사색적 삶보다 더 중요한 것으로 인식되었다.
⑤ 실용 학문의 출현은 생산 활동의 논리와 진리 탐구가 동등한 지위로 변모했음을 보여 준다.

02 청교도 윤리에 따른 직업에 대한 인식으로 가장 적절한 것은?

① 직업은 신의 소명에 따른 것이기에 함부로 바꿀 수 없다.
② 실험 정신과 경험적 지식만이 직업의 가치를 결정할 수 있다.
③ 각자의 직업을 통한 생산 활동으로 부를 축적하는 것은 바람직하다.
④ 직업의 가치는 생계보다 진리와 고귀함을 추구할 때 더욱 높아진다.
⑤ 근면과 검약의 자세로 직업을 구해야 개인의 성공을 보장할 수 있다.

03 문맥상 ㉠~㉤과 바꿔 쓰기에 적절하지 <u>않은</u> 것은?

① ㉠: 나눈   ② ㉡: 판단   ③ ㉢: 근본
④ ㉣: 식견   ⑤ ㉤: 편차

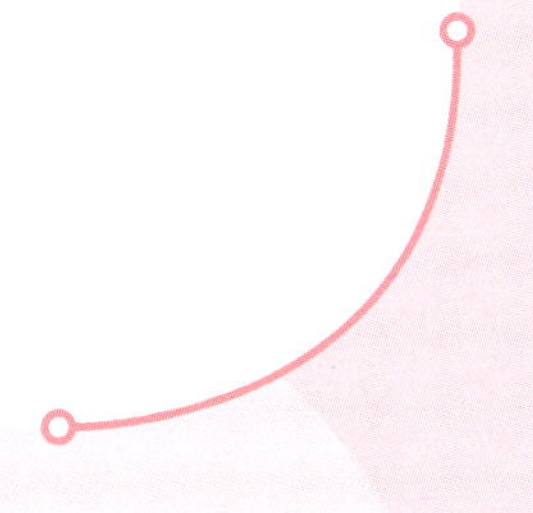

[01-05] 다음 문장의 괄호 안에 들어갈 알맞은 어휘를 고르시오.

01 신제품의 출시 소식이 소비자들의 (구매 / 판매) 욕구를 자극하였다.

02 과장 광고의 (재해 / 폐해)로 인해 소비자들의 관련 소송이 증가하고 있다.

03 최근 광고 (수단 / 수순)이 다양해지면서 텔레비전은 물론 온라인에 특화된 콘텐츠들이 등장했다.

04 광고를 통해 지속적으로 상품을 노출한 결과 상품에 대한 (인지도 / 지명도)가 매우 상승하였다.

05 통신 장비의 (성능 / 자질)이 급격히 향상되면서 고화질의 영상을 빠르게 전송할 수 있는 길이 열렸다.

[06-08] 다음 문장의 빈칸에 들어갈 알맞은 어휘를 〈보기〉에서 찾아 그 기호를 쓰시오.

> 보기
> ㉠ 내재 ㉡ 입증 ㉢ 통념

06 민주주의는 신분이나 계급적 차별에 대한 ________을/를 극복하면서 발전해 왔다. →________

07 최근 신설된 벤처 중소 기업부는 ________ 가치가 높은 소규모 기업들을 발굴해 지원하고 있다. →________

08 의료 사고가 발생한 경우 의료진 과실의 ________ 의무를 누가 지어야 하는지에 대해 논란이 끊이지 않고 있다. →________

09 〈보기〉의 ㉠~㉤과 바꿔 쓸 수 <u>없는</u> 말은?

> 보기
> 정부에서는 데이터의 중요성이 커지면서 정부 자료가 일관된 ㉠양식(으)로 장기간 보존되어야 한다는 ㉡구상에 대해 공감하는 기관들이 많다고 보았다. 특히 디지털 전환을 ㉢계기로 작업의 진행 속도가 빨라질 수 있어 하위 기관들이 ㉣선정한 자료들부터 ㉤문헌으로 제작한다는 계획을 세웠다.

① ㉠: 체제 ② ㉡: 계획 ③ ㉢: 동기
④ ㉣: 선점한 ⑤ ㉤: 서적

10 〈보기〉의 밑줄 친 어휘에 공통으로 포함되어 있는 의미로 가장 적절한 것은?

> 보기
> • 언론사들의 허위 광고는 그 <u>실체</u>가 없음에도 사실처럼 퍼져 대중들의 피해를 양산하는 경우가 많다.
> • 이번 공익 광고는 전염병 확산에 따라 '사회적 거리 두기'를 <u>실천</u>에 옮길 것을 시민들에게 촉구하는 내용이다.
> • 공정한 채용을 <u>실현</u>하기 위해 관련 서류에 학력이나 가족 관계 등의 인적 사항 기재를 제한하는 경우가 많아지고 있다.

① 생각 ② 행함 ③ 이룸
④ 외형 ⑤ 실제

11 〈보기〉의 빈칸에 공통으로 들어갈 말로 가장 적절한 것은?

> 보기
> • 청소년을 대상으로 하는 광고는 더욱 철저한 심의와 검증이 필요하다는 의견이 (________)을/를 이루고 있다.
> • 교육부는 토론 수업의 중요성에 대한 (________)을/를 넓히기 위해 여러 학교에서 시범 수업을 진행하고 있다.
> • 학생들의 학업 향상뿐만 아니라 진로 교육의 필요성에 대한 (________)이/가 형성되면서 매체와 관련한 수업 시간이 증가하고 있다.

① 공감대 ② 동질성 ③ 변별성
④ 실체화 ⑤ 영향력

12 〈보기〉의 ㉠과 그 의미가 가장 유사한 것은?

> **보기**
>
> 　백화점이나 마트와 같이 많은 사람들이 이용하는 시설 근처를 지나갈 때 대형 광고판을 쉽게 볼 수 있다. 도심 한복판의 교통 체증은 이러한 광고의 경제적 가치를 더욱 높여주곤 한다. 물론 운전 중에 광고판에 시선을 빼앗겨 안전에 방해가 될 수 있으므로 이러한 위험성에 대한 책임을 광고주가 ㉠<u>지도록</u> 해야 한다는 목소리도 있다.

① 민주주의에서 국민들은 의무를 <u>진</u> 만큼 주어진 권리도 행사할 수 있다.

② 금리가 오를 경우 빚을 <u>지고</u> 정해진 기간 안에 상환을 못하는 가계가 늘 수 있다.

③ 취사를 금지하는 산이 늘어나면서 배낭을 등에 <u>지고</u> 가는 관광객을 검사하는 일도 많아졌다.

④ 하급 법원의 재판에서 <u>지더라도</u> 항소를 통해 상급 법원에서 판결을 새롭게 받을 수 있는 기회가 있다.

⑤ 죄질이 무거운 범죄자의 얼굴을 공개하기로 하면서 결박을 <u>진</u> 채 서 있는 흉악범의 모습이 언론을 통해 공개되었다.

13 〈보기〉의 ㉠~㉤의 사전적 의미로 적절하지 <u>않은</u> 것은?

> **보기**
>
> 　광고는 상품 판매 증가의 ㉠<u>기인</u>을 제품 홍보로 보고 제작하는 것이기에 제품이 가진 장점을 ㉡<u>명시</u>하여 그 효과를 높이고자 한다. 또한 광고를 보는 도중 시선이 ㉢<u>분산</u>될 경우 효과를 기대할 수 없다는 것을 ㉣<u>고려</u>하여 광고의 도입부에 궁금증을 자아낼 만한 요소를 ㉤<u>삽입</u>하기도 한다.

① ㉠: 일이 일어나게 된 까닭

② ㉡: 분명하게 드러내 보여

③ ㉢: 갈라져 흩어질

④ ㉣: 힘을 내도록 격려하여 용기를 북돋아

⑤ ㉤: 다른 내용을 끼워 넣기도

14 〈보기〉의 ㉠~㉤을 활용하여 만든 문장으로 적절하지 <u>않은</u> 것은?

> **보기**
>
> - 허위 광고의 ㉠<u>범람</u>으로 피해를 입는 소비자가 속출하고 있다.
> - 선거 당선자의 공약에 따라 이곳에는 대규모 관광 단지가 ㉡<u>조성</u>될 것이다.
> - 인터넷을 통한 ㉢<u>마케팅</u> 활동이 증가하면서 광고 산업의 시장성이 더욱 커졌다.
> - 경쟁 기업이 존재하지 않거나 소수의 경쟁 기업만이 존재할 때 ㉣<u>독과점</u>의 문제가 발생할 수 있다.
> - 공정 거래 위원회는 두 기업의 시장 점유율을 최대 50%로 제한하는 것을 ㉤<u>전제</u>로 합병을 허가하였다.

① ㉠: <u>범람</u>하는 외래문화에 밀려 전통적인 우리 문화가 사라져 가고 있다.

② ㉡: 그는 물질이 화학적 <u>조성</u>을 밝히기 위해 실험을 하였다.

③ ㉢: 경제가 어려워지자 많은 기업들은 <u>마케팅</u> 비용을 줄이며 비용을 절약하고자 하였다.

④ ㉣: 미국은 석유 시장에서 <u>독과점</u>으로 인한 소비자들의 피해가 커지자 규제 법안을 마련하였다.

⑤ ㉤: 시 의회는 추가적인 공원 부지 조성을 <u>전제</u>로 주택의 추가 건설을 허용하였다.

15 〈보기〉의 밑줄 친 ㉠과 바꿔 쓸 수 있는 말로 가장 적절한 것은?

> **보기**
>
> 　상업 광고의 목적은 제품의 특성을 홍보하여 소비자로 하여금 구매 욕구를 불러일으키는 것이다. 이러한 상업 광고의 특징은 특히 홈 쇼핑 광고에서 잘 드러나는데, 해당 상품이 실생활에서 얼마나 ㉠<u>요긴하게</u> 쓰이는지를 보여 줌으로써 소비자의 지갑을 열게 만든다.

① 간편하게　　② 긴밀하게　　③ 깔끔하게

④ 중요하게　　⑤ 친근하게

16 〈보기〉의 빈칸에 공통으로 들어갈 말로 가장 적절한
것은?

> **보기**
>
> • 이번 인수 합병이 성사되면 ○○ 회사는 단번에 광고 업
> 계의 거물로 (　　　　　)하게 된다.
> • 가상 현실과 관련한 산업이 새롭게 (　　　　　)하면서
> 광고 시장도 상품 경험의 폭을 넓히는 방향으로 발전할
> 것으로 예상된다.

① 고수　　　　② 대처　　　　③ 부상
④ 상정　　　　⑤ 실현

17 문맥을 고려할 때 〈보기〉의 ㉠에 들어갈 말로 가장 적
절한 것은?

> **보기**
>
> 우리나라의 공익 광고는 상업적인 목적이 아닌, 공공
> 의 이익에 부합하는 내용이어야 한다는 (　㉠　)을/
> 를 바탕으로 1981년에 처음으로 제작되었다.

① 가설　　　　② 당위　　　　③ 비약
④ 수행　　　　⑤ 실정

18 〈보기〉의 ㉠과 ㉡의 관계와 가장 유사한 것은?

> **보기**
>
> 청소년의 게임 과몰입을 방지하기 위해 오전 0시부터
> 6시까지 게임 접속을 금지한 셧다운제가 폐지된다. 청소
> 년이 게임을 하는 시간이 ㉠자유화된 것이다. 그간 셧다
> 운제는 국내 게임 산업을 위축시킨 대표적인 ㉡규제로
> 손꼽혀 왔으며, 오락 문화를 즐길 청소년의 선택권과 자
> 유를 침해한다는 비판을 받아 왔다.

① 간섭 : 관여　　② 누적 : 누진　　③ 단계적 : 순차적
④ 임대 : 임차　　⑤ 풍성 : 풍부

19 〈보기〉의 밑줄 친 말의 뜻으로 가장 적절한 것은?

> **보기**
>
> 최근 온라인 구매 사이트를 통한 상품 소비가 급증했
> 다. 온라인 거래는 게재된 광고나 판매자가 올리는 이미
> 지만을 믿고 구매를 결정하다 보니 소비자가 피해를 입을
> 가능성이 존재한다. 다수의 사이트 운영 업체들은 소비자
> 가 피해를 입는 최악의 경우를 <u>상정하여</u> 보상 제도를 실
> 시하고 있다.

① 계획하여
② 깊이 생각하고 연구하여
③ 특별히 가려서 좋아하여
④ 그림이나 양식으로 만들어
⑤ 가정적으로 생각하고 단정하여

20 〈보기〉의 ㉠~㉤의 사전적 의미로 적절하지 <u>않은</u> 것
은?

> **보기**
>
> • 양쪽 단체의 의견이 ㉠상충되어 갈등이 격화되고 있다.
> • 식물 종자에 대한 과학적 지식이 품종 개량에 ㉡응용되
> 고 있다.
> • 원활한 거래를 위해서는 판매자와 소비자 간의 신뢰를
> ㉢구축하는 방안을 마련해야 한다.
> • 물류 공급이 원활하지 않자 ㉣주요한 제조 시설을 자국
> 으로 옮기는 움직임이 나타나고 있다.
> • 전통적인 제조업은 공급 과잉으로 획기적인 방법을 ㉤모
> 색하지 않으면 불황 탈출이 쉽지 않을 것이다.

① ㉠: 맞지 아니하고 서로 어긋나게 되어
② ㉡: 어떤 이론이나 이미 얻은 지식이 구체적인 개개의 사
　　례나 다른 분야의 일에 적용되어 이용되고
③ ㉢: 마음을 결합하여 서로 의탁하는
④ ㉣: 주되고 중요한
⑤ ㉤: 일이나 사건 따위를 해결할 수 있는 방법이나 실마리
　　를 더듬어 찾지

[01-03] 다음 글을 읽고 물음에 답하시오.

고3 모의평가 변형

　상업 광고는 기업은 물론이고 소비자에게도 요긴하다. 기업은 마케팅 활동의 주요한 수단으로 광고를 ⊙적극적으로 이용하여 기업과 상품의 인지도를 높이려 한다. 소비자는 소비 생활에 필요한 상품의 성능, 가격, 판매 조건 등의 정보를 광고에서 얻으려 한다. 광고를 통해 기업과 소비자가 모두 이익을 얻는다면 이를 규제할 필요는 없을 것이다. 그러나 광고에서 기업과 소비자의 이익이 상충되는 ⓛ경우도 있고 광고가 사회 전체에 폐해를 낳는 경우도 있어, 다양한 규제 ⓒ방식이 모색되었다.

　이때 문제가 된 것은 과연 광고로 인한 피해를 책임질 당사자로서 누구를 상정할 것인가였다. 초기에는 소비자 책임 부담 원칙에 따라 광고 정보를 활용한 소비자의 구매 행위에 대해 소비자가 책임을 져야 한다고 보았다. 여기에는 광고 정보가 정직한 것인지와는 상관없이 소비자는 이성적으로 이를 판단하여 구매할 수 있어야 한다는 전제가 있었다. 그래서 기업은 광고에 의존하여 물건을 구매한 소비자가 입은 피해에 대하여 책임을 지지 않았고, 광고의 기만성에 대한 입증 책임도 소비자에게 있었다.

　책임 주체로 기업을 상정하여 '기업 책임 부담 원칙'이 부상하게 된 배경은 ⓔ복합적이다. 시장의 독과점 상황이 광범위해지면서 소비자의 자유로운 선택이 어려워졌고, 상품에 응용된 과학 기술이 복잡해지고 첨단화되면서 상품 정보에 대한 소비자의 정확한 이해도 기대하기 어려워졌다. 또한 다른 상품 광고와의 ⓜ차별화를 위해 통념에 어긋나는 표현이나 장면도 자주 활용되었다. 그리하여 경제적, 사회·문화적 측면에서 허위 광고로부터 소비자를 보호해야 한다는 당위를 바탕으로 기업이 광고에 대해 책임을 져야 한다는 공감대가 확산되었다.

01　윗글의 내용과 일치하지 <u>않는</u> 것은?

① 기업은 기업과 상품의 인지도를 높이기 위해 광고를 활용한다.
② 소비자는 광고를 통해 소비 활동에 필요한 다양한 정보를 얻는다.
③ 독과점 상황이 광범위해지면서 소비자들의 자유로운 광고 접근이 제약되었다.
④ 광고에 대한 규제가 모색된 이유는 기업과 소비자의 이익이 상충되기 때문이다.
⑤ 광고에 대한 기업의 책임이 부각된 것은 기술이 복잡해지고 첨단화되었기 때문이다.

02　소비자 책임 부담 원칙에 대한 이해로 가장 적절한 것은?

① 광고의 허위 정보에 대한 입증 책임은 광고의 제작자에게 있다고 본다.
② 광고에 의존하여 소비한 소비자가 피해를 입을 경우 기업이 책임 주체가 된다.
③ 광고 정보와 상관없이 소비자는 이성적으로 제품을 구매한다는 것을 전제로 한다.
④ 광고 정보를 활용하여 구매 행위를 한 사람은 행위에 대해 책임이 없는 것으로 본다.
⑤ 광고 정보의 진위 여부는 기업이 미리 판별하여 소비자에게 공지하는 것을 의무로 본다.

03　문맥상 ⊙~ⓜ의 뜻으로 적절하지 <u>않은</u> 것은?

① ⊙: 대상에 대한 태도가 긍정적이고 능동적인 것
② ⓛ: 놓여 있는 조건이나 놓이게 된 형편이나 사정
③ ⓒ: 앞으로 일을 치러 나갈 방향과 계획
④ ⓔ: 두 가지 이상이 합쳐 있는 것
⑤ ⓜ: 둘 이상의 대상을 각각 등급이나 수준 따위의 차이를 두어 구별된 상태가 되게 함.

01 다음 어휘의 사전적 의미가 적절하지 <u>않은</u> 것은?

① 권익: 권리와 그에 따르는 이익

② 위법: 법률이나 명령 따위를 어김.

③ 자금: 사업을 경영하는 데에 쓰는 돈

④ 전문적: 어떤 분야에 상당한 지식과 경험을 가지고 그 일을 잘하는 것

⑤ 효과성: 일정한 시간 내에 할 수 있는 일의 비율을 높이는 능력이나 성질

02 다음 중 밑줄 친 어휘의 쓰임이 적절하지 <u>않은</u> 것은?

① 다른 은행으로 자금을 이체할 때에는 <u>수수료</u>가 발생한다.

② 직원들의 휴가 허용은 관련된 <u>규정</u>에 따라 결정해야 한다.

③ 정책이 시대의 변화를 반영하지 못하고 있다면 <u>개정</u>을 고민해야 한다.

④ <u>유통</u> 단계를 줄여 가격을 낮추자 제품의 판매량이 눈에 띄게 늘어났다.

⑤ 기업들의 무분별한 개발을 막기 위해서는 모든 사업을 <u>수용적</u> 자세로 대해야 한다.

03 〈보기〉의 ㉠~㉣의 뜻을 지닌 어휘를 활용하여 만든 문장으로 적절하지 <u>않은</u> 것은?

> **보기**
> ㉠ 토의하거나 조사하여야 할 사실
> ㉡ 기계 따위가 지닌 성질이나 기능
> ㉢ 돈이나 물건 따위를 빌려주거나 빌림.
> ㉣ 어떤 조직이나 단체를 이루고 있는 사람
> ㉤ 어떤 현상이 일정한 방향으로 나아가는 경향

① ㉠: 사회 소외 계층을 지원하기 위한 <u>안건</u>이 국회를 통과하였다.

② ㉡: 전기 자동차는 뛰어난 <u>성능</u>으로 사람들의 주목을 받고 있다.

③ ㉢: 우리 기업은 제품의 생산 비용이 부족하여 은행에 <u>대출</u>을 신청하였다.

④ ㉣: 새로운 사명과 사훈을 결정하기 위해 <u>구성원</u>들의 투표가 진행되었다.

⑤ ㉤: 사건의 자세한 <u>경과</u>는 검찰 조사가 끝난 후에 대중에게 공개될 예정이다.

04 〈보기〉의 ㉠~㉢에 들어갈 어휘를 순서대로 짝지은 것은?

> **보기**
> • 제품의 수요가 많아질수록 가격이 오르는 ＿＿㉠＿＿ 이 있다.
> • 정부 기관이 가진 권한 ＿＿㉡＿＿ 를 통해 지역 주민들의 갈등을 막고자 하였다.
> • 각 지역이 가진 고유의 ＿＿㉢＿＿을 파악하여 관광 상품으로 개발하고자 하였다.

① 경향, 행사, 특징   ② 경향, 요구, 특징   ③ 경향, 행사, 선정

④ 특징, 요구, 사항   ⑤ 특징, 요구, 선정

[05-07] 다음 밑줄 친 말과 바꿔 쓰기에 가장 알맞은 어휘를 고르시오.

05 모든 사람들에게 꼭 <u>알맞는</u> 정책을 만드는 것은 사실상 불가능하다.

① 구분된　　② 적합한　　③ 증진된　　④ 탐색한　　⑤ 확보한

06 개인 정보가 본래 목적에 맞지 않게 <u>나쁜 일에 쓰이는</u> 사례가 늘고 있다.

① 결정되는　　② 구현되는　　③ 악용되는　　④ 상통하는　　⑤ 도달하는

07 전기차의 배터리에 쓰이는 전해액은 전해질과 첨가제로 <u>전체가 짜여 이루어진다.</u>

① 관리된다　　② 구별된다　　③ 구성된다　　④ 발휘된다　　⑤ 생성되다

08 밑줄 친 어휘의 의미로 적절하지 <u>않은</u> 것은?

① 법안을 <u>수정</u>하여 사람들의 불만이 가라앉았다. → 바로잡아 고치어
② 후일을 <u>도모</u>하기 위해 시민들의 항쟁은 멈추었다. → 어떤 일을 이루기 위하여 대책과 방법을 세우기
③ 전쟁 유적지는 <u>당시</u>의 치열했던 상황을 떠올리게 한다. → 일이 있는 바로 그 시대
④ 그는 가난한 환경에서 일과 공부를 <u>병행</u>하기 위해 노력했다. → 둘 이상의 일을 한꺼번에 행하기
⑤ 예전에 받지 못했던 임금을 <u>소급</u> 적용하여 추가로 지급하였다. → 과거에까지 거슬러 올라가서 미치게 함.

09 〈보기〉의 빈칸에 공통으로 들어갈 어휘로 가장 적절한 것은?

> **보기**
> • 자격증은 __________ 지식을 평가한 후 기준을 충족한 사람에게 지급한다.
> • 정부 부처들은 업무가 다양해짐에 따라 __________ 인력을 충원하여 대응하고자 한다.

① 공개적　　② 전문적　　③ 고정적　　④ 유기적　　⑤ 이론적

10 〈보기 1〉의 어휘와 〈보기 2〉의 뜻풀이가 바르게 연결된 것은?

> **보기 1**
> ㉠ 관여하다　　㉡ 극복하다　　㉢ 담당하다　　㉣ 배치되다　　㉤ 빈번하다

> **보기 2**
> ⓐ 어떤 일을 맡다.　　　　　　　　ⓑ 어떤 일이나 현상이 일어나는 횟수가 잦다.
> ⓒ 악조건이나 고생 따위를 이겨 내다.　　ⓓ 어떤 일에 관계하여 참여하다.
> ⓔ 서로 반대로 되어 어그러지거나 어긋나게 되다.

① ㉠ - ⓑ　　② ㉡ - ⓓ　　③ ㉢ - ⓒ　　④ ㉣ - ⓔ　　⑤ ㉤ - ⓐ

11 〈보기〉의 설명에 해당하는 어휘로 적절한 것은?

> 보기
> • 사회 규범의 한 종류
> • 어떤 사회에서 오랫동안 지켜 내려온 것
> • 그 사회 성원들이 널리 인정하는 질서나 풍습

① 관습   ② 논리   ③ 성향   ④ 동향   ⑤ 사안

12 〈보기〉의 ㉠~㉤에 들어갈 어휘와 그 의미의 연결이 적절하지 <u>않은</u> 것은?

> 보기
> • 디스플레이의 (㉠   )이 향상되어 최근에는 휘거나 접는 것도 가능해졌다.
> • 주민들의 복지 향상을 위해 주민 센터는 다양한 프로그램을 (㉡   )한다.
> • 공교육은 국민 누구나 잠재적 능력을 (㉢   )할 수 있도록 돕는 것을 목표로 한다.
> • 많은 기업과 공공 기관은 급식 사업을 다른 기업에 (㉣   )하여 운영하기도 한다.
> • 정부는 국제기구의 회의를 국내에서 (㉤   )하여 국가의 위상을 높이고자 하였다.

① ㉠: 기능 – 하는 구실이나 작용을 함. 또는 그런 것
② ㉡: 운영 – 조직이나 기구, 사업체 따위를 운용하고 경영함.
③ ㉢: 발휘 – 재능, 능력 따위를 떨치어 나타냄.
④ ㉣: 위탁 – 남에게 사물이나 사람의 책임을 맡김.
⑤ ㉤: 주최 – 주동적인 처지가 되어 이끎.

13 밑줄 친 어휘와 바꿔 쓰기에 적절하지 <u>않은</u> 것은?

① 교통 법규를 강화하는 것보다 <u>질서</u> 준수를 하려는 의식 개선이 중요하다. → 규칙
② 정부는 외교 협상이 잘못될 최악의 경우를 <u>상정하여</u> 차선책을 마련하였다. → 가정하여
③ 중학생이 꼭 읽어야 할 책으로 <u>선정된</u> 도서에는 대체로 고전 작품이 많았다. → 선고된
④ 도심에 항공 택시를 운행하려는 <u>구상</u>은 안전과 관련하여 고려되어야 할 사항이 많다. → 계획
⑤ 계약이 이루어지면 구매자는 판매자에게 구입한 제품에 대한 값을 <u>지불해야</u> 한다. → 지급해야

14 문맥적 의미가 〈보기〉의 ㉠과 가장 유사한 것은?

> 보기
> 기업은 사업 확장에 ㉠<u>요구되는</u> 자금을 주주들을 통해 얻을 수 있다.

① 필요한   ② 교환하는   ③ 구현되는   ④ 선행하는   ⑤ 추측되는

15 〈보기〉의 ㉠~㉤의 뜻을 지닌 어휘를 활용하여 만든 문장으로 적절하지 <u>않은</u> 것은?

> **보기**
> ㉠ 통하여 다니는 길
> ㉡ 체계나 견해, 조직 따위가 굳게 섬.
> ㉢ 본디부터 가지고 있는 사물 자체의 성질이나 모습
> ㉣ 활동, 기능, 효과, 관심 따위가 미치는 일정한 범위
> ㉤ 가볍게 여길 수 없을 만큼 매우 크고 중요하게 여김.

① ㉠: 정부는 정책 방향에 대한 국민과의 소통의 통로로 새 부처를 신설했다.
② ㉡: 신설 회사는 회사의 운영 체계가 확립되지 않아 혼란스러운 경우가 많다.
③ ㉢: 척박한 땅에서도 뿌리를 내리는 나무의 모습은 생명의 본질을 생각하게 한다.
④ ㉣: 학자들은 전공은 같아도 각자가 연구하는 세부 영역이 모두 다를 수 있다.
⑤ ㉤: 각 사회마다 중시되는 가치관이 다르기에 정책의 우선순위도 모두 다르다.

16 〈보기〉의 빈칸에 들어갈 어휘로 가장 적절한 것은?

> **보기**
> 　최근 재활용에 대한 인식이 커지면서 중고 거래 사이트가 큰 인기를 누리고 있다. 나에게는 필요 없는 물건이지만 다른 사람에게는 당장 ________ 물건일 수 있어 갈수록 거래가 많아지고 있다. 최근에는 해당 앱이 온라인 쇼핑과 관련한 플랫폼 순위에서 2위에까지 오르며 기존 업체들을 긴장하게 했다.

① 요긴한　　　② 소유한　　　③ 의존한　　　④ 이행한　　　⑤ 조성한

17 다음 밑줄 친 어휘 중 〈보기〉의 뜻으로 쓰인 것은?

> **보기**
> 책임이나 의무를 맡다.

① 바람을 <u>지고</u> 달리면 바람에 맞서서 달리는 것보다 힘이 덜 든다.
② 그는 허위 광고와 사재기 논란에 대해 책임을 <u>지고</u> 대표직에서 물러났다.
③ 청년들은 학자금 대출로 인해 사회에 첫발을 내딛는 순간부터 빚을 <u>지기</u> 시작한다.
④ 취업난으로 고통받는 구직자들은 주변에 신세를 <u>지고</u> 있다는 정신적 압박에 시달린다.
⑤ 등에 <u>지는</u> 배낭 중에는 수백만 원이 넘는 고가의 제품들도 많다.

18 〈보기〉의 밑줄 친 어휘와 바꿔 쓰기에 적절한 것은?

> **보기**
> 대중들이 단체로 행동하게 된 <u>계기</u>를 연구하여 보고서로 작성했다.

① 계통　　　② 실기　　　③ 반기　　　④ 동기　　　⑤ 후기

▸▸ 다음 말 상자에서 알맞은 어휘를 찾아 속담을 완성하세요.

감	독	배	범	코	다리
도끼	밤중	사람	장날	김칫국	웅덩이

1 ☐ 안에 든 쥐

아무리 애써도 궁지에서 벗어나지 못하고 꼼짝할 수 없게 된 처지를 이르는 말

2 내 ☐가 석 자다

자신이 궁지에 몰렸기 때문에 남을 도와줄 여유를 가지고 있지 않다는 말

3 떡 줄 사람은 꿈도 안 꾸는데 ☐☐☐부터 마신다

해 줄 사람은 생각지도 않는데 미리부터 다 된 일로 알고 행동한다는 말

4 열 길 물속은 알아도 한 길 ☐☐의 속은 모른다

이것의 속마음을 알기란 매우 힘든 일임을 이르는 말

5 하룻강아지 ☐ 무서운 줄 모른다

철없이 함부로 덤비는 것을 이르는 말

6 아닌 ☐☐에 홍두깨

별안간 엉뚱한 말이나 행동을 한다는 말

7 뱁새가 황새를 따라가면 ☐☐가 찢어진다

분수에 넘치는 짓을 하면 도리어 해만 입는다는 말

8 못 먹는 ☐ 찔러나 본다

제 것으로 만들지 못할 바에야 남도 갖지 못하게 못쓰게 만들자는 뒤틀린 마음을 이르는 말

9 미꾸라지 한 마리가 온 ☐☐☐를 흐려 놓는다

한 사람의 좋지 않은 행동이 그 집단 전체나 여러 사람에게 나쁜 영향을 미친다는 말

10 믿는 ☐☐에 발등 찍힌다

잘 되리라고 믿고 있던 일이 어긋나거나 믿고 있던 사람이 배반하여 오히려 해를 입은 경우를 이르는 말

11 가는 날이 ☐☐

어떤 일을 하려고 하는데 뜻하지 않은 일을 공교롭게 당하게 된다는 말

12 까마귀 날자 ☐ 떨어진다

아무 관계없이 한 일이 공교롭게도 때가 같아 어떤 관계가 있는 것처럼 의심을 받게 된다는 말

정답 1 독 2 코 3 김칫국 4 사람 5 범 6 밤중 7 다리 8 감 9 웅덩이 10 도끼 11 장날 12 배

Ⅲ 과학

3주차

물체의 운동과 에너지

*미니북에 수록된 DAY별 어휘들을 익히고 난 후, 문제를 풀면 더욱 효과적으로 학습할 수 있어요.

[01-04] 다음 문장의 괄호 안에 들어갈 알맞은 어휘를 고르시오.

01 탄성력은 물체에 가해진 힘의 방향과 반대 방향으로 (작동 / 작용)한다.

02 음식을 조리할 때에는 단위 시간 동안 열이 전달되는 비율을 (고려 / 분류)해야 한다.

03 고체에서 곧바로 기체가 될 때에는 주변의 열을 (흡수 / 흡착)하고 그 반대의 경우에는 열을 방출한다.

04 이 원리를 이해하려면 행성이 정지한 채로 있는 것이 아니라, 태양 주위를 (공전 / 자전)한다는 점을 떠올려야 한다.

[05-08] 다음 밑줄 친 말과 바꿔 쓰기에 적절한 어휘를 〈보기〉에서 골라 문맥에 맞게 쓰시오.

> **보기**
> 간명하다   낙하하다   미미하다   확증하다

05 뉴턴은 만유인력을 수학적 표현으로 <u>간단하고 분명하게</u> 설명하였다.
→ _______

06 정전기는 그 열량이 <u>보잘것없이 아주 작아서</u> 인체에 치명적이지는 않다.
→ _______

07 무중력 공간에서는 물체가 <u>높은 데서 낮은 데로 떨어지는</u> 현상은 일어나지 않는다.
→ _______

08 줄(Joule)은 열이 일로 바뀔 때 그 에너지의 총량이 보존된다는 에너지 보존 법칙을 <u>확실히 증명하였다.</u>
→ _______

09 문맥에 맞는 어휘를 바르게 선택하지 <u>못한</u> 것은?

① 기체의 온도를 일정하게 (유도 / 유지)하고 부피를 줄이면 압력은 높아진다.

② 물체의 운동 상태는 관찰자의 운동 상태에 따라 다르게 (인식 / 인정)된다.

③ 대류는 분자들이 직접 움직여 열을 전달하기 때문에 분자들의 (이동 / 이전)이 일어난다.

④ 관성의 크고 작음의 (척도 / 축척)은/는 곧 질량의 차이이며 둘은 정확히 비례 관계에 있다.

⑤ 분자의 평균 운동 에너지가 높아지면 분자 사이의 인력의 영향이 (비교적 / 비판적) 줄어든다.

10 〈보기〉의 ㉠과 바꾸어 쓸 수 있는 말로 가장 적절한 것은?

> **보기**
> '계(system)'는 주위와 에너지나 물질의 교환이 모두 일어나지 않는 '고립계', 주위와 물질 교환 없이 에너지 교환만 일어나는 '닫힌계', 주위와 물질 및 에너지 교환이 모두 일어나는 '열린계'로 나눌 수 있다. 계의 에너지는 온도, 압력, 부피 등의 열역학적 변수들에 의해 결정되므로, 열역학적 변수들이 ㉠<u>같은</u> 계들은 같은 '상태'에 있다고 할 수 있다.

① 균일한   ② 동반한   ③ 동일한
④ 동화한   ⑤ 유일한

11 〈보기〉의 빈칸에 들어갈 말로 가장 적절한 것은?

> **보기**
> 아인슈타인은 빛의 속도가 진공에서 항상 일정하다는 사실을 기초로 하여 상대성 이론을 (   )하였다.

① 선포   ② 작용   ③ 정립
④ 정찰   ⑤ 직립

12 〈보기 1〉의 ㉠에 포함된 의미를 〈보기 2〉에서 모두 고르면?

> **보기1**
>
> 지레는 가운데에 어떤 점이 놓이느냐에 따라 1종, 2종, 3종 지레로 ㉠분류한다.

> **보기2**
>
> ⓐ 놓다　　ⓑ 가르다　　ⓒ 나누다　　ⓓ 바꾸다

① ⓐ, ⓑ　　　　　　　② ⓐ, ⓒ
③ ⓑ, ⓒ　　　　　　　④ ⓑ, ⓓ
⑤ ⓐ, ⓑ, ⓓ

13 〈보기〉의 밑줄 친 말은 두 단어 중 하나가 다른 하나를 꾸며 주는 구조로 이루어져 있다. 다음 중 이와 같은 구조로 이루어진 것은?

> **보기**
>
> 모래시계는 위쪽과 아래쪽으로 용기가 나누어져 있고, 두 용기 사이는 좁은 구멍으로 연결되어 있다. 모래를 용기 윗부분에 위치하도록 모래시계를 뒤집어 놓으면 중력에 의해 윗부분에 있던 모래가 아래로 떨어진다.

① 눈물　　　　② 물불　　　　③ 밤낮
④ 춘추　　　　⑤ 오르내리다

14 〈보기〉의 ㉠과 바꾸어 쓰기에 적절하지 <u>않은</u> 것은?

> **보기**
>
> 마찰력은 일상생활과 밀접하게 관련된 힘이다. 마찰력이 운동을 방해하기 때문에 대부분의 사람들은 마찰력을 성가신 힘으로 ㉠인식하고 있다. 따라서 마찰력을 없애거나 줄이기 위해 여러 방법을 사용하고 있다.

① 알고　　　　② 여기고　　　　③ 정하고
④ 생각하고　　⑤ 판단하고

15 〈보기〉의 ⓐ와 문맥적 의미가 가장 유사한 것은?

> **보기**
>
> 물질의 종류가 다르면 열전달률도 다르게 나타난다. 이는 물질이 전도에 의해 열을 전달할 수 있는 능력의 척도, 즉 열전도도가 물질마다 다르기 때문이다. 따라서 푸리에의 열전도 법칙에 ⓐ따르면 다른 조건이 같더라도 열전도도가 높은 경우 열전달률도 높게 나타난다.

① 방향을 확인한 후 우리는 물길을 <u>따라</u> 올라갔다.
② 어젯밤 꿈속에서처럼 나는 친구를 <u>따라</u> 건넛마을에 갔다.
③ 학생들은 모두 선생님의 동작을 <u>따라</u> 우아하게 춤을 추기 시작했다.
④ 작년과는 다르게 수출이 증가함에 <u>따라</u> 경제도 서서히 회복되어 갔다.
⑤ 세상이 완전히 뒤바뀌자 그들은 자율적으로 정한 규칙에 <u>따라</u> 일을 진행했다.

16 〈보기〉의 ㉠~㉣의 사전적 의미로 적절하지 <u>않은</u> 것은?

> **보기**
>
> • 무거운 물체를 ㉠선반에 올려 두었다.
> • 중력은 물체의 ㉡무게에 비례하여 작용한다.
> • 물은 높은 곳에서 낮은 ㉢지점으로 흐르게 된다.
> • 마찰력은 물체가 어떤 면과 접촉하여 운동할 때, 이에 ㉣저항하는 힘을 말한다.
> • 고무줄을 당겼다 놓으면 제자리로 돌아가는데, 이는 고무줄의 ㉤탄성력 때문이다.

① ㉠: 물건을 얹어 두기 위하여 까치발을 받쳐서 벽에 달아 놓은 긴 널빤지
② ㉡: 넓이와 높이를 가진 물건이 공간에서 차지하는 크기
③ ㉢: 땅 위의 일정한 점
④ ㉣: 어떤 힘이나 조건에 굽히지 아니하고 거역하거나 버티는
⑤ ㉤: 물체의 변형으로 생기는 힘

17 〈보기〉의 ⓐ와 문맥적 의미가 가장 유사한 것은?

> **보기**
>
> 　헬리콥터도 양력을 얻어야 공중에 뜰 수 있지만, 비행기가 앞으로 빠르게 전진하면서 유선형 날개에 양력을 얻는 것과는 다르다. 헬리콥터의 회전하는 날개는 윗면과 아랫면이 똑같이 ⓐ생겼다. 그렇다면 어떻게 양력을 만들까? 헬리콥터는 회전 날개의 각도를 달리하여 양력을 만든다. 헬리콥터는 중앙 프로펠러의 날개 각도를 기울여 회전함으로써 프로펠러 위와 아래의 압력차로 양력을 만들어낸다.

① 바닥에 얼룩이 생겼다.
② 이제는 굶어 죽게 생겼다.
③ 우리 계획에 차질이 생겼다.
④ 저 사람은 조각상처럼 생겼다.
⑤ 놀랍게도 그에게 새로운 집이 생겼다.

18 〈보기〉의 빈칸에 공통으로 들어갈 말로 가장 적절한 것은?

> **보기**
>
> 　온도가 다른 물체들이 서로 접촉하면 '열평형'을 이루려고 한다. '열평형'은 접촉한 물체들의 열이 똑같아져 서로 어떠한 영향도 주거나 받지 않는 상태이다. 예를 들어 내부의 온도가 3℃인 냉장고 속에 얼음이 든 냉수를 오랜 시간 동안 두면, 얼음은 모두 녹아 버리고 3℃의 냉수만 남을 것이다. 열에너지는 두 물체 사이의 접촉 면을 통해서만 (　　　　)되며, 접촉 면이 클수록 (　　　　)되는 열에너지의 양은 커진다. 앞서 말한 상황에서는 열에너지가 냉수와 얼음이 맞닿는 면을 통해 (　　　)되므로, 얼음이 냉수와 더 많이 맞닿을수록 (　　　)되는 열에너지도 커진다. 따라서 열적 평형을 이루기 전까지 두 물체 간 (　　　　)되는 열에너지의 양은 둘 사이의 온도 차, 접촉 시간, 접촉 면의 면적과 비례함을 알 수 있다.

① 보강　　　　② 보전　　　　③ 상쇄
④ 전달　　　　⑤ 존재

19 〈보기〉의 빈칸에 들어갈 어휘가 쓰인 문장으로 가장 적절한 것은?

> **보기**
>
> 　숨이 턱턱 막히는 여름. 햇볕을 받아 뜨거워진 마당에 물을 뿌리면 한결 시원해진다. 물이 증발하면서 주변의 열을 빼앗기 때문이다. 이 같은 현상에 (　　　　)하여, 한국과학기술원 연구팀은 지름이 약 8 cm인 유리병에 물을 약간 채우고 병 안을 진공으로 만들었다. 그리고 병 입구를 습기 제거제가 든 용기로 막고 온도 변화를 측정했다. 그랬더니 처음에는 22℃였던 유리병 안의 온도가 놀랍게도 10초도 안 되어 0℃로 떨어졌다. 연구팀은 이를 응용해서 습기 제거 장치와 물만 있으면 냉방이 가능한 신개념의 에어컨을 만들었다. 이것이 물 에어컨이다.

① 우리는 그에게 함께 가자고 제안하였다.
② 연구팀이 자동차의 새로운 엔진을 고안하였다.
③ 그는 구체적인 복안을 가지고 회의장으로 향했다.
④ 그는 눈의 구조에 착안하여 사진기를 발명하였다.
⑤ 그는 앞으로 발생할 상황을 내다보는 혜안을 지니고 있다.

20 〈보기〉의 ㉠을 대체할 수 있는 한자어 표현으로 가장 적절한 것은?

> **보기**
>
> 　지구 궤도를 도는 인공위성은 그 본연의 임무를 위해 자세를 바꿔야 한다. 인공위성에는 추력기처럼 세 방향으로 설치된 3개의 반작용 휠이 있어 회전수를 조절하면 위성의 자세를 원하는 방향으로 ㉠맞출 수 있다. 이들 휠이 매우 빠른 속도로 회전하면 휠을 지지하고 있는 물체는 휠이 도는 반대 방향으로 돌려고 한다.

① 수리할　　　　② 장만할　　　　③ 제작할
④ 조종할　　　　⑤ 지휘할

[01-03] 다음 글을 읽고 물음에 답하시오.

고2 학력평가 변형

선반에 고정된 스프링 끝에 추를 매달면 추의 무게와 스프링이 추를 당기는 힘이 같아지는 지점에서 추는 멈추게 된다. 이 상태에서 추를 아래로 잡아당길수록 더 큰 힘이 필요하다. 이는 추를 당기는 힘에 ⓐ대항하는 스프링의 탄성력 때문이다. 탄성력이란 탄성을 가진 물체가 원래의 모양으로 되돌아가려는 힘이며, 길이를 늘이거나 줄이는 방향의 반대 방향으로 작용한다. 당겼던 추를 놓으면 탄성력에 의해 추는 상하로 ⓑ진동하다가 추를 당기기 전과 동일한 지점에서 멈추게 된다. 이 지점을 평형점이라고 한다.

㉠이러한 추의 진동 과정은 에너지의 전환 과정으로도 설명될 수 있다. 추를 잡아당길 때, 추를 잡아당기는 데에 사용한 에너지가 스프링에 저장되었다고 할 수 있는데 이때 저장된 에너지를 탄성력에 의한 '퍼텐셜 에너지'라고 한다. 당겼던 추를 놓으면 스프링은 탄성력에 의해 스프링에 저장된 퍼텐셜 에너지만큼 추를 수직 방향으로 상향, 가속시키는 일을 한다. 즉 스프링에 저장된 퍼텐셜 에너지가 추의 운동 에너지로 ⓒ전환되는 것이다.

수직 상향하던 추는 평형점을 지날 때에 속력이 가장 빠르고 운동 에너지는 최대가 된다. 이후 추는 계속 상향하면서 스프링을 누르는 일을 하여 결국 속도가 0인 최고점에 ⓓ도달하게 된다. 즉 평형점을 지나면서 추의 운동 에너지는 스프링의 퍼텐셜 에너지로 전환되는 것이다. 이후 스프링에 저장된 퍼텐셜 에너지는 상향으로 운동할 때와 방향이 반대일 뿐, 같은 과정을 거쳐 운동 에너지로 전환되어 추를 수직 하향하게 한다. 만약 추의 운동을 방해하는 힘이 없고 공기 저항 등으로 인한 손실이 전혀 없다고 ⓔ가정한다면 이러한 에너지 전환 과정이 반복되면서 스프링과 추는 계속 진동하게 될 것이다. 즉, [㉡].

01 ㉠에 대한 이해로 적절한 것은?

① 스프링 대신 고무줄을 사용하면 유사한 현상이 발생하지 않을 것이다.
② 추를 수직 상향으로 당기면 스프링의 탄성력은 수직 상향으로 작용한다.
③ 추를 당겨서 스프링을 늘이려면 스프링의 탄성력보다 작은 힘이 필요하다.
④ 추를 당겼다 놓은 후 추가 진동하다 멈추는 것은 탄성력이 작용했기 때문이다.
⑤ 추를 잡아당겼다 놓으면 스프링의 진동은 추를 당기기 전보다 높은 지점에서 멈추게 될 것이다.

02 ㉡에 들어갈 내용으로 가장 적절한 것은?

① 퍼텐셜 에너지와 운동 에너지의 크기는 항상 고정되는 것이다.
② 퍼텐셜 에너지는 운동 에너지보다 항상 큰 상태가 되는 것이다.
③ 퍼텐셜 에너지는 운동 에너지보다 항상 작은 상태가 되는 것이다.
④ 퍼텐셜 에너지와 운동 에너지의 합은 항상 변화하게 되는 것이다.
⑤ 퍼텐셜 에너지와 운동 에너지의 합은 항상 일정한 상태로 유지되는 것이다.

03 문맥상 ⓐ~ⓔ와 바꿔 쓰기에 적절하지 않은 것은?

① ⓐ: 맞서는　　② ⓑ: 흔들리다가　　③ ⓒ: 바뀌는
④ ⓓ: 다다르게　　⑤ ⓔ: 덧붙인다면

*미니북에 수록된 DAY별 어휘들을 익히고 난 후, 문제를 풀면 더욱 효과적으로 학습할 수 있어요.

[01-04] 다음 문장의 괄호 안에 들어갈 알맞은 어휘를 고르시오.

01 갈레노스는 동물 해부와 실험을 통해 의학적 지식을 얻는 방법론을 (세웠다 / 키웠다).

02 실어증이란 후천적인 뇌 손상 때문에 언어의 표현과 이해에 (손해 / 장애)가 발생하는 것이다.

03 '아포토시스'는 개체를 보호하기 위해 비정상 세포가 스스로 (불멸 / 사멸)하여 없어지는 과정이다.

04 우리 몸에는 외부의 환경이나 미생물로부터 스스로를 지키기 위한 자기 (방어 / 방출) 시스템이 있다.

[05-08] 다음 밑줄 친 말과 바꿔 쓰기에 적절한 어휘를 〈보기〉에서 골라 문맥에 맞게 쓰시오.

> 보기
>
> 결합하다   동반되다   전달하다   증명하다

05 그는 자신이 제시한 의학 이론을 해부와 실험을 통해 증거를 들어서 밝히려 했다. →

06 상처가 났을 때 피가 멈춘 후에도 다친 부위에 열이 나며 통증이 함께 생기기도 한다. →

07 바이러스성 벡터는 세포막과 잘 어울려 하나가 되므로 유전자의 발현 효율이 높다. →

08 유전자 치료의 핵심은 치료용 유전자를 세포핵까지 안전하게 이르게 하는 것이다. →

09 문맥에 맞는 어휘를 바르게 선택하지 <u>못한</u> 것은?

① RNA 바이러스는 유전자 복제 오류를 스스로 (교정 / 수선)할 능력이 없다.
② 우리 몸에 염증 반응이 (과도 / 과밀)하게 일어나면 쇼크가 올 수도 있다.
③ 그 생명체가 진화해 왔는지의 (가부 / 여부)는 어느 학자들도 장담할 수 없었다.
④ 인체의 면역 체계는 새롭게 만들어진 바이러스를 위험 인자로 (인식 / 포식)하지 못한다.
⑤ 백혈구의 일종인 단핵구는 혈관 벽을 통과하여 병원체가 있는 (감염 / 청정) 부위로 들어오게 된다.

10 〈보기〉의 ㉠~㉢과 바꿔 쓸 수 <u>없는</u> 말은?

> 보기
>
> 모든 생명체는 바이러스에 감염될 수 있다. 바이러스는 물질 대사에 필요한 단백질을 스스로 ㉠합성하지 못하기 때문에 생존에 ㉡필요한 모든 물질을 숙주 세포에서 ㉢획득한다. 그런데 모든 생명체들은 그들의 주위 환경의 변화에 따라서 ㉣지속적으로 변화하고 있다. 그렇기 때문에 바이러스는 숙주의 변화 속도보다 더 빠른 속도로 변하지 않으면 생존 경쟁에서 ㉤도태될 위험에 빠지게 된다.

① ㉠: 만들지
② ㉡: 요구되는
③ ㉢: 얻는다
④ ㉣: 계속해서
⑤ ㉤: 점점 늘어날

11 〈보기〉의 밑줄 친 어휘에 공통으로 포함되어 있는 의미로 가장 적절한 것은?

> 보기
>
> • 산소 호흡기로 근근이 생명을 <u>지탱</u>하고 있다.
> • 생명체는 삶을 <u>존속</u>하기 위해 에너지를 얻는다.
> • 다람쥐는 식량을 <u>보존</u>하기 위해 먹이를 땅에 묻는다.

① 복제
② 수용
③ 유지
④ 이용
⑤ 조성

12 〈보기〉의 빈칸에 공통으로 들어갈 말로 가장 적절한 것은?

보기
• 호르몬의 (   ) 성분을 분석하였다.
• 서로 다른 단백질로 (   )된 생체 기관이다.
• 인체는 탄수화물, 단백질, 지방으로 (   )된다.

① 각성 ② 구성 ③ 산화
④ 양성 ⑤ 융화

13 〈보기〉의 ㉠과 그 의미가 가장 유사한 것은?

보기
유전자를 구성하는 기본 단위인 뉴클레오티드의 배열에 변화가 일어남으로써 유전 정보가 바뀌는 것을 돌연변이라고 ㉠부른다.

① 오늘에야 그는 마음속으로 쾌재를 불렀다.
② 그녀는 자신을 부르는 소리에 뒤를 돌아보았다.
③ 그는 책상 위의 시계를 '째깍째깍'이라고 불렀다.
④ 선생님은 참여 학생들의 명단을 보며 하나씩 이름을 불렀다.
⑤ 가게 주인이 값을 너무 비싸게 불러서 그것을 사지 않았다.

14 〈보기〉의 ㉠과 바꿔 쓰기에 가장 적절한 것은?

보기
인체는 끊임없이 세균이나 바이러스 등과 같은 외부 물질의 공격을 받는다. 이들은 주로 감염이나 질병의 원인이 되므로 인체는 이와 같은 외부 물질의 ㉠침입에 저항하고 방어하는 작용을 하게 되는데, 이를 면역 반응이라고 한다. 따라서 건강하다는 것은 면역 반응이 활발하여 외부 물질들을 제거하는 상태를 의미하는 것으로 이해하기 쉽다.

① 침범 ② 침수 ③ 침잠
④ 침착 ⑤ 침통

15 〈보기〉의 ⓐ~ⓔ를 활용하여 만든 문장으로 적절하지 않은 것은?

보기
• 새로운 기술은 세균을 ⓐ이용한 배양 방식이다.
• 인체는 면역 반응을 일으키도록 ⓑ진화해 왔다.
• 이렇게 만들어진 유전 물질은 결국 세균의 내부로 ⓒ이동하게 되는 것이다.
• 그 병원은 코로나 바이러스 감염증-19 예방 ⓓ활동을 철저히 수행하고 있다.
• 바이러스는 살아 있는 숙주 세포에 기생하고, 그 안에서 ⓔ증식함으로써 살아간다.

① ⓐ: 그는 부모님의 차를 타지 않고 항상 대중교통을 이용했다.
② ⓑ: 이번 사건에 대한 들끓는 여론을 진화하기 위해서는 현명한 대책이 필요하다.
③ ⓒ: 계절이 바뀌면 우리는 각종 철새가 이동하는 것을 보게 된다.
④ ⓓ: 그동안 잠잠했던 세력들이 드디어 활동을 개시했다.
⑤ ⓔ: 일반적으로 정상 세포가 증식하기 위한 조건으로 세 가지를 꼽는다.

16 〈보기〉의 ㉠~㉤의 사전적 의미로 적절하지 않은 것은?

보기
바이러스는 세균보다 크기가 훨씬 작아 보통의 광학 현미경으로는 볼 수 없다. 바이러스는 완전한 세포 ㉠구조를 이루지 않고, 핵산과 그것을 ㉡포위한 단백질 껍질의 ㉢형태로 존재한다. 따라서 바이러스는 세균과 달리 스스로 물질대사를 할 수 없어 반드시 숙주 세포 안으로 침입하여 ㉣기생할 수밖에 없다. 그러나 모든 종류의 세포를 침입하지는 않으며, 바이러스에 따라 숙주 세포의 종류가 ㉤상이하다.

① ㉠: 부분이나 요소가 어떤 전체를 짜 이룸.
② ㉡: 주위를 에워싼
③ ㉢: 사물의 생김새나 모양
④ ㉣: 점차 조금씩 침략하여 먹어 들어갈
⑤ ㉤: 서로 다르다

17 〈보기〉의 빈칸에 공통으로 들어갈 말로 가장 적절한 것은?

> **보기**
> • 우리 주변에는 인류의 (   )을/를 위협하는 많은 바이러스가 있다.
> • 바이러스가 변이를 통해서 추구하는 유전적 다양성은 바이러스의 (   ) 전략이다.

① 생기　　　② 생물　　　③ 생산
④ 생성　　　⑤ 생존

18 〈보기〉의 ㉠에 들어갈 말로 가장 적절한 것은?

> **보기**
> 우리 몸은 바이러스에 의해 지속 감염이 일어나기도 하고 급성 감염이 일어나기도 한다. 급성 감염은 일반적으로 짧은 기간 안에 일어나는데, 바이러스는 증식 과정에서 감염된 숙주 세포를 죽이고 또 다른 숙주 세포에서 증식하며 질병을 일으킨다. 시간이 흐르면서 체내의 방어 체계에 의해 바이러스가 (㉠)되면 체내에는 더 이상 바이러스가 남아 있지 않게 된다.

① 반복　　　② 발전　　　③ 제거
④ 제보　　　⑤ 회복

19 밑줄 친 어휘들 간의 관계가 〈보기〉의 ㉠, ㉡과 가장 유사한 것은?

> **보기**
> ㉠바이러스의 종류는 숙주 세포에 따라 ㉡동물 바이러스, 식물 바이러스, 세균 바이러스로 구분한다. 또, 바이러스는 DNA나 RNA 중 한 종류의 핵산을 가지고 있어, 이를 기준으로 DNA 바이러스와 RNA 바이러스로 구분하기도 한다.

① 비가 내리자 사람들은 우산을 펼쳐 들었다.
② 시계는 초침, 분침, 시침으로 이루어져 있다.
③ 그 노인은 최고의 나무로 단풍나무를 꼽았다.
④ 모두 숨죽이는 가운데 드디어 판사가 판결을 내렸다.
⑤ 아이들은 작은 자동차와 큰 자동차를 번갈아 쳐다보았다.

20 〈보기〉의 밑줄 친 말의 뜻으로 가장 적절한 것은?

> **보기**
> 우리 몸은 이상이 생겼을 때 자기 진단과 자기 수정을 통해 이를 정상적으로 회복하기 위해 노력한다. 인체의 자연 치유력 중 하나인 '오토파지'는 세포 안에 쌓인 불필요한 단백질과 망가진 세포 소기관을 분해해 세포의 에너지원으로 사용하는 현상이다.

① 종류에 따라서 갈라
② 마음과 힘을 다하여 떨쳐 일어나
③ 있는 힘을 다하여 싸우거나 노력해
④ 액체나 기체 상태의 물질이 솟구쳐서 뿜어져 나와
⑤ 한 종류의 화합물이 두 가지 이상의 간단한 화합물로 변화해

21 〈보기〉의 ㉠~㉤에 들어갈 어휘와 그 의미의 연결이 올바르지 않은 것은?

> **보기**
> • 동물과 식물을 (㉠)해 생물이라고 한다.
> • 기온이 매우 낮은 북극에서도 생명체를 (㉡)할 수 있다.
> • 이번 연구를 통해 박테리아의 (㉢) 과정을 이해할 수 있다.
> • 유전 물질과 단백질을 (㉣)하면 새로운 박테리오파지를 똑같이 만들어 낼 수 있다.
> • 인간 (㉤)는 유전자 이식이나 조작을 통해 새로운 인간을 만드는 것으로 윤리적 논란의 대상이 되고 있다.

① ㉠: 포함 – 어떤 사물이나 현상 가운데 함께 들어 있거나 함께 넣음.
② ㉡: 발견 – 미처 찾아내지 못하였거나 아직 알려지지 아니한 사물이나 현상, 사실 따위를 찾아냄.
③ ㉢: 형성 – 어떤 현상을 이룸.
④ ㉣: 조합 – 여럿을 한데 모아 한 덩어리로 짬.
⑤ ㉤: 복제 – 깎아서 없애거나 지워 버림.

[01-03] 다음 글을 읽고 물음에 답하시오.

고1 학력평가 변형

바이러스란 스스로는 증식할 수 없고 숙주 세포에 기생해야만 ⓐ증식할 수 있는 감염성 병원체를 일컫는다. 바이러스는 자신의 ⓑ존속을 위한 최소한의 물질만을 가지고 있기 때문에 거의 모든 생명 활동에서 숙주 세포를 이용한다. 바이러스를 구성하는 기본 물질은 유전 정보를 담은 유전 물질과 이를 둘러싼 단백질 껍질이다.

1915년 영국의 세균학자 트워트는 포도상 구균을 연구하던 중, 세균 덩어리가 녹는 것처럼 투명하게 변하는 현상을 ⓒ관찰했다. 뒤이어 1917년 프랑스에서 활동하던 데렐은 이질을 연구하던 중 환자의 분변에 이질균을 녹이는 물질이 포함되어 있다는 것을 발견하고, 이 미지의 존재를 '박테리오파지'라고 불렀다.

[A] 박테리오파지는 머리와 꼬리, 꼬리 섬유로 구성되어 있다. 머리는 다면체로 되어 있고, 그 밑에는 길쭉한 꼬리가, 꼬리 밑에는 갈고리 모양의 꼬리 섬유가 붙어 있다. 머리에는 박테리오파지의 핵심이라 할 수 있는 유전 물질이 있다. 꼬리는 머릿속의 유전 물질이 세균으로 이동하는 통로 역할을 하며, 꼬리 섬유는 세균에 단단히 달라붙는 기능을 한다.

[B] 박테리오파지는 증식을 위해 세균을 이용한다. 박테리오파지가 세균을 만나면 우선 꼬리 섬유가 복제를 위해 이용할 수 있는 세균인지의 여부를 ⓓ확인한다. 그리고 이용이 가능한 세균일 경우 세균의 표면에 단단히 달라붙는다. 그리고 나서 머리에 들어 있는 유전 물질만을 세균 내부로 침투시킨다. 세균 내부로 침투한 박테리오파지의 유전 물질은 세균 내부의 DNA를 ⓔ분해한다. 그리고 세균의 내부 물질과 여러 효소 등을 이용하여 새로운 박테리오파지를 형성할 유전 물질과 단백질을 만들어 낸다. 유전 물질과 단백질이 조립되면 새로운 박테리오파지가 복제되는 것이다.

01 윗글의 '박테리오파지'에 대한 설명으로 적절하지 <u>않은</u> 것은?

① 세균을 숙주 세포로 삼아서 기생한다.
② 단백질 껍질로 유전 물질을 보호한다.
③ 이질균을 녹이는 물질을 발견한 데렐이 이름을 붙였다.
④ 세포막 표면에 존재하는 특정 단백질을 복제하여 증식한다.
⑤ 세균의 표면에 단단히 달라붙는 기능을 하는 것은 꼬리 섬유이다.

02 [A]와 [B]에서 사용된 설명 방식을 바르게 짝지은 것은?

	[A]	[B]			[A]	[B]
①	대조	과정		②	분석	과정
③	분석	정의		④	정의	분류
⑤	정의	분석				

03 ⓐ~ⓔ 중에서 '사물이나 현상을 주의하여 자세히 살펴봄.'이라는 사전적 의미를 갖는 것은?

① ⓐ ② ⓑ ③ ⓒ
④ ⓓ ⑤ ⓔ

생명체의 특성

과학 3

*미니북에 수록된 DAY별 어휘들을 익히고 난 후, 문제를 풀면 더욱 효과적으로 학습할 수 있어요.

[01-04] 다음 문장의 괄호 안에 들어갈 알맞은 어휘를 고르시오.

01 생물체는 생체 시계로 하루의 시간을 (인식 / 인정)할 수 있다.

02 이온 채널 단백질이 통증을 느끼는 데 (관여 / 증여)한다는 사실을 알아냈다.

03 쓸개는 음식물이 소장으로 들어오면 쓸개즙을 (분비 / 분해)하여 지방이 잘 소화되도록 돕는다.

04 연구팀은 생쥐 유전체를 분석하여 그 결과 박쥐와 비슷한 유전자가 몇 개 더 있음을 (대체 / 확인)했다.

[05-08] 다음 밑줄 친 말과 바꿔 쓰기에 적절한 어휘를 〈보기〉에서 골라 문맥에 맞게 쓰시오.

> **보기**
>
> 서식하다   성립하다   억제하다   응고하다

05 바다속에는 다양한 동식물들이 <u>자리를 잡고</u> 살고 있다.
→ __________

06 혈관 밖으로 나온 피가 <u>굳으면</u> 우리 몸에서 더 이상 출혈은 생기지 않는다.
→ __________

07 효소에 의해 화학 반응이 <u>이루어지면</u> 이는 촉매 작용으로 볼 수 있다.
→ __________

08 인체에서 어떤 물질의 생산을 <u>억누른다면</u> 체내에 그 물질이 과도한 경우일 때가 많다.
→ __________

09 문맥에 맞는 어휘를 바르게 선택하지 <u>못한</u> 것은?

① 최종 산물의 양이 많아지면 초기에 (상용 / 작용)하는 효소가 억제된다.
② 어떤 환경에서 개개의 종이 (주둔 / 차지)하는 위치를 생태적 지위라고 한다.
③ 먹이가 부족한 환경을 (극복 / 처치)하지 못한다면 야생에서 살아가기 어렵다.
④ 다른 생물종과 (비교 / 판단)함으로써 어느 것이 더 진화한 종인지 알 수 있다.
⑤ 광합성의 원리를 (남용 / 적용)하면 이산화 탄소의 이동 경로를 파악할 수 있다.

10 〈보기〉의 ㉠~㉤ 중 문맥에 맞게 쓰인 어휘가 <u>아닌</u> 것은?

> **보기**
>
> 캘러한과 포프의 연구를 비롯한 여러 연구에서, 생명 현상이 화학 ㉠반응에 의해서만 일어나는 것은 아니라는 점이 밝혀졌다. 이 세계의 모든 생물체가 전자파를 이용하여 ㉡교신하고 있다고 ㉢가정해 보자. 만일 자연계에 존재하는 모든 생물들의 전자파가 인간에 의해 만들어지는 전자파 잡음에 의해 ㉣교란된다면 그 영향은 치명적일 것으로 ㉤추산된다.

① ㉠   ② ㉡   ③ ㉢
④ ㉣   ⑤ ㉤

11 〈보기〉의 밑줄 친 어휘를 공통적으로 대체할 수 있는 말로 가장 적절한 것은?

> **보기**
>
> • 그는 연구의 부족한 점을 <u>보완하였다</u>.
> • 최상위 포식자가 결국 식욕을 <u>충족하였다</u>.
> • 부족한 에너지를 외부에서 <u>보충하여</u> 살아간다.

① 잡다   ② 늘리다   ③ 살리다
④ 세우다   ⑤ 채우다

12 〈보기〉의 빈칸에 공통으로 들어갈 말로 가장 적절한 것은?

> 보기
> • 생물 종 사이의 (　　　)를 확정할 수 있었다.
> • 세포막은 세포와 그 안의 기관들의 (　　　)를 구분한다.
> • 여우는 결코 늑대 서식지와의 (　　　)를 침범하지 않는다.

① 거리　　　　　　② 경계
③ 경지　　　　　　④ 둘레
⑤ 차이

13 〈보기〉의 밑줄 친 말과 그 의미가 가장 유사하게 쓰인 것은?

> 보기
> 　생태계에서 개체군이란 동일한 지역에 살고 있는 한 종에 속하는 개체들의 집단을 말하는 것이다. 생태학자들은 이러한 개체군의 성장 과정을 연구하기 위해서 기하급수적 성장 모델을 활용한다.

① 나의 느낌을 말한다면, 그건 달콤함이다.
② 드디어 그가 시험 합격 소식을 말해 주었다.
③ 친구는 선배에게 일자리를 하나 말해 두었다.
④ 그녀에게 거짓말하지 말라고 아무리 말해도 듣지 않는다.
⑤ 국보인 숭례문은 조선 시대의 전통적인 건축미를 말해 준다.

14 〈보기〉의 밑줄 친 ㉠과 바꿔 쓰기에 가장 적절한 것은?

> 보기
> 　장기 기억에는 자신이 기억하고 있음을 의식하느냐에 따라 '의미 기억'과 '일화 기억'이 있다. 다양한 학술 용어들을 기억하는 것은 '의미 기억'에 해당한다. '일화 기억'은 특정 시공간이나 사건에 관한 기억으로, 종종 여러 가지 심상이 동반되기도 한다. 부모가 자식의 결혼식 날에 자식의 성장 과정을 회상하다가 갓 태어난 아이를 처음 품에 안던 순간을 떠올렸을 때 이는 '일화 기억'에 ㉠속한 것이라고 볼 수 있다.

① 딸린다　　　② 매인　　　③ 물린
④ 이른　　　　⑤ 드러난

15 〈보기〉의 ⓐ~ⓔ를 활용하여 만든 문장으로 적절하지 않은 것은?

> 보기
> • 유전자 분석은 질병의 조기 발견과 예방에 ⓐ유용하다.
> • 그 연구 결과가 모든 유전자의 유전적 특성을 ⓑ대변할 수 없다.
> • 다윈은 생물을 분류하는 가장 기본적인 ⓒ기준을 세우게 되었다.
> • 자신의 유전자 정보를 ⓓ제공하면, 예상되는 질병 요인을 발견할 수 있다.
> • 세포벽과 세포벽 사이의 경계가 ⓔ확정되면 세포벽들 사이에 물질이 이동하기 시작한다.

① ⓐ: 그는 자신의 이익을 위해 공금을 유용했기 때문에 경찰서에서 조사를 받고 있다.
② ⓑ: 졸업장이나 학위 증명서가 그 사람의 능력을 대변해 주지는 못한다.
③ ⓒ: 우리 학교는 이번 시험에 새로운 평가 기준을 적용하였다.
④ ⓓ: 이번 산학 협력을 통해 우리는 현장 실습의 기회를 제공받는다.
⑤ ⓔ: 그 기업은 새롭게 진출할 분야를 자동차 산업으로 확정했다.

16 〈보기〉의 ㉠~㉤의 사전적 의미로 적절하지 않은 것은?

> 보기
> 　무리 안에서 각 ㉠개체들은 에너지 ㉡소비를 최소한으로 줄일 수 있다. 동료들이 사용한 에너지를 ㉢효율적으로 이용할 수 있는 지혜 덕택이다. 물고기들은 개체마다 중앙 부분이 굵고 머리 끝과 꼬리 끝으로 가면서 차츰 가늘어지는 ㉣체형을 이용하여 자기 뒤로 물의 소용돌이를 만든다. 물고기들은 그것을 이용하여 별로 힘들이지 않고도 단거리를 이동해 갈 수 있다. 여기에는 바로 유체역학적 ㉤원리가 숨어 있다.

① ㉠: 하나의 독립된 생물체
② ㉡: 물질이 산소와 화합할 때, 빛과 열을 내는 현상
③ ㉢: 들인 노력에 비하여 얻는 결과가 큰
④ ㉣: 생물이 지닌 몸의 모양
⑤ ㉤: 사물의 근본이 되는 이치

17 〈보기〉의 빈칸에 공통으로 들어갈 말로 가장 적절한 것은?

> **보기**
>
> 시각을 통해 (　　　　)되는 빛이나 청각을 통해 (　　　　)되는 소리는 파장으로 나타낼 수 있다. 빛과 소리는 물리적으로 표현될 수 있는 실체이기 때문에 신호의 변환과 송신이 비교적 자유롭다. 그리고 신호의 강약 변화만 파악하면 감각적으로 (　　　　)할 수 있다. 반면에 후각의 대상이 되는 냄새는 화학적인 결합을 통해 만들어지는 것이기 때문에 변환과 송신이 어렵고, 감각으로 (　　　　)하는 과정도 시각이나 청각에 비해 복잡하다.

① 고려　　　　② 배양　　　　③ 인지
④ 정지　　　　⑤ 판정

18 〈보기〉의 ⓐ에 들어갈 말로 적절하지 <u>않은</u> 것은?

> **보기**
>
> 설렁탕 전문점 30여 곳에서 사용하는 뼈와 육수를 수거해 그것들이 어떤 동물 종인지 (　ⓐ　) 유전자 검사를 의뢰했더니, 놀랍게도 18개 시료 중 11개에서 돼지의 유전자가 검출되었다. 이런 결과가 어떻게 나오게 되었을까? 유전자를 검출하는 과정을 살펴보도록 하자.

① 구별하는　　　② 구분하는　　　③ 분별하는
④ 판결하는　　　⑤ 판별하는

19 〈보기〉의 ㉠과 ㉡의 관계와 가장 유사한 것은?

> **보기**
>
> 폐를 통해 산소를 받아들이는 어른과 달리 태아는 태반과 연결된 탯줄을 통해 산소를 받아들인다. 태반의 산소 농도가 낮은데도 태아가 산소를 얻을 수 있는 것은 '태아형 적혈구' 때문이다. '태아형 적혈구'는 산소 농도가 낮은 곳에서도 산소를 받아들이기 쉬운 성질을 가졌다. 덕분에 태아는 태반에서 효율적으로 산소를 얻을 수 있다. 이렇게 ㉠태반 호흡을 하던 태아가 출생 순간부터 어떻게 ㉡폐호흡을 시작할 수 있을까?

① 금성 : 샛별　　　② 바람 : 구름　　　③ 서점 : 책방
④ 나무 : 소나무　　⑤ 제자 : 스승

20 〈보기〉의 밑줄 친 말의 뜻으로 가장 적절한 것은?

> **보기**
>
> 건강한 물 환경을 상징하는 동물로서 세계적으로 인정받는 수달의 친환경적인 번식과 교육, 종 보존 연구 기능을 갖춘 복합 생태 연구 센터가 건립될 예정이다. 이 연구 센터는 특히 물의 오염도를 정확히 <u>측정할</u> 수 있는 최신 기계를 도입함으로써 수준 높은 연구 성과를 이끌어 낼 것이다.

① 일을 확실하게 정할
② 미리 헤아려 짐작할
③ 계획이나 방책을 세워 결정할
④ 잘못된 것이나 부족한 것, 나쁜 것 따위를 고쳐 더 좋게 만들
⑤ 일정한 양을 기준으로 하여 같은 종류의 다른 양의 크기를 잴

21 〈보기〉의 ㉠~㉤에 들어갈 어휘와 그 의미의 연결이 올바르지 <u>않은</u> 것은?

> **보기**
>
> • 두 생물 종을 (　㉠　)하여 새로운 생물 종을 만들었다.
> • 동물과 식물의 세포가 모두 정상적으로 (　㉡　)하였다.
> • 세균의 (　㉢　)을 억제하기 위해서 손을 자주 씻어야 한다.
> • 동물 세계에서는 먹이 선택이 (　㉣　) 본능에 따라 이루어진다.
> • 물고기와 공생하는 이 박테리아의 경우, 실험실에서 (　㉤　)하는 것이 불가능하다.

① ㉠: 교배 – 생물의 암수를 인위적으로 수정 또는 수분시켜 다음 세대를 얻는 일
② ㉡: 분열 – 서로 다른 일이나 사물을 구별하여 가름.
③ ㉢: 번식 – 붇고 늘어서 많이 퍼짐.
④ ㉣: 생리적 – 신체의 조직이나 기능에 관련되는
⑤ ㉤: 배양 – 동식물 세포와 조직의 일부나 미생물 따위를 가꾸어 기름.

[01-03] 다음 글을 읽고 물음에 답하시오.

고3 대수능 변형

　일반적으로 동식물에서 종(種)이란 '같은 개체끼리 교배하여 자손을 남길 수 있는' 또는 '외양으로 구분이 가능한' 집단을 뜻한다. 그렇다면 세균처럼 한 개체가 둘로 분열하여 번식하며 외양의 특징도 많지 않은 미생물에서는 종을 어떤 기준으로 구분할까?

　미생물의 종 구분에는 외양과 생리적 특성을 이용한 방법이 사용되기도 한다. 하지만 이러한 특성들은 미생물이 어떻게 배양되는지에 따라 변할 수 있으며, 모든 미생물에 적용될 만한 공통적 요소가 되기도 어렵다. 이런 문제를 극복하기 위해 오늘날 미생물 종의 구분에는 주로 유전적 특성을 이용하고 있다. 미생물의 유전체는 DNA로 이루어진 많은 유전자로 구성되는데, 특정 유전자를 비교함으로써 미생물들 간의 유전적 관계를 알 수 있다. 종의 구분에는 서로 간의 차이를 잘 나타내 주는 유전자를 이용한다. 유전자 비교를 통해 미생물들이 유전적으로 얼마나 가깝고 먼지를 확인할 수 있는데, 이를 '유전 거리'라 한다. 유전 거리가 가까울수록 같은 종으로 묶일 가능성이 커진다.

[A]　하지만 유전자 비교로 확인한 유전 거리만으로는 두 미생물이 같은 종에 속하는지를 명확히 판별하기 어렵다. 특정 유전자가 해당 미생물의 전체적인 유전적 특성을 대변하지는 못하기 때문이다.

[B]　이러한 문제를 보완하기 위한 것이 미생물들 간의 유전체 유사도를 측정하는 방법이다. 유전체 유사도를 정확히 측정하기 위해서는 모든 유전자를 대상으로 유전적 관계를 ⓐ살펴야 하지만, 수많은 유전자를 모두 비교하는 것은 현실적으로 어렵다. 따라서 유전체의 특성을 화학적으로 비교하는 방법이 주로 사용되고 있다. 이렇게 얻어진 유전체 유사도는 종의 경계를 확정하는 데 유용한 기준을 제공한다.

01 윗글을 이해한 내용으로 적절한 것은?

① 종 구분에 사용되는 유전자는 그때그때 임의로 선택한다.
② 미생물의 생리적 특성은 배양 환경에 영향을 받지 않는다.
③ 외양보다 유전적 특성이 미생물 종을 명확하게 구분해 준다.
④ 동식물은 서로 다른 종끼리 교배하여 자손을 이어갈 수 있다.
⑤ 미생물의 유전체는 DNA로 이루어진 하나의 유전자로 구성된다.

02 윗글의 전개 과정에서 [A]와 [B]의 관계로 적절한 것은?

	[A]	[B]
①	개념 설명	사례 제시
②	관점 확인	근거 제시
③	이론 제시	이론 검증
④	주장 제시	반론 제시
⑤	해결 방법의 한계	보완 방법

03 ⓐ와 바꾸어 쓸 수 있는 말로 적절하지 <u>않은</u> 것은?

① 내다봐야　　　② 알아봐야　　　③ 따져 봐야
④ 조사해 봐야　　　⑤ 헤아려 봐야

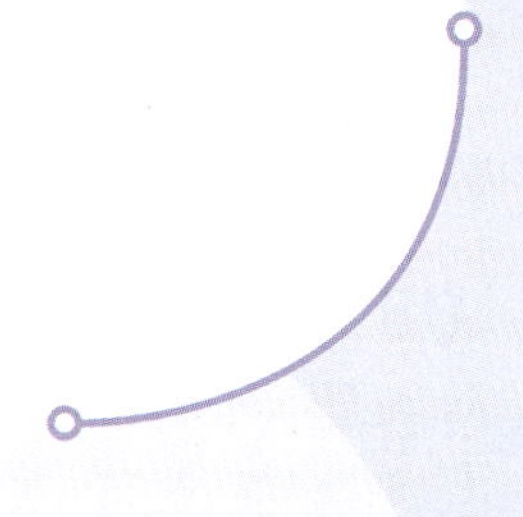

DAY 16 과학 4 천체 현상

*미니북에 수록된 DAY별 어휘들을 익히고 난 후, 문제를 풀면 더욱 효과적으로 학습할 수 있어요.

[01-04] 다음 문장의 괄호 안에 들어갈 알맞은 어휘를 고르시오.

01 과학의 원리들은 우리가 필요로 하는 기술 발전의 (축대 / 토대)가 된다.

02 달이 지구를 끌어당기는 힘은 지구의 표면을 (부딪혀 / 부풀어) 오르게 한다.

03 지구를 (포착 / 포함)하는 태양계는 8개의 행성과 50개 이상의 위성으로 이루어져 있다.

04 토성의 대기와 (관련 / 관철)된 연구는 대부분 보이저호의 관측을 바탕으로 이루어졌다.

[05-08] 다음 밑줄 친 말과 바꿔 쓰기에 적절한 어휘를 〈보기〉에서 골라 문맥에 맞게 쓰시오.

> **보기**
>
> 노출하다   추측하다   초래하다   타당하다

05 우리가 진행하던 블랙홀에 관한 연구가 문제점을 <u>드러내었다.</u>   → __________

06 그의 논리가 <u>이치에 마땅하여</u> 우리는 그를 인정할 수밖에 없었다.   → __________

07 불필요한 오해를 <u>불러오는</u> 과학자들의 연구 발표는 지양되어야 한다.   → __________

08 우리 은하는 나선 은하의 형태가 아니라고 <u>미루어 헤아리는</u> 과학자들도 있다.   → __________

09 문맥에 맞는 어휘를 바르게 선택하지 <u>못한</u> 것은?

① 이 이론에 (내재 /㉤편재)한 모순을 누구도 알아차리지 못했다.

② (철거 /㉤철저)한 위성 발사 준비를 마친 후, 드디어 카운트다운을 시작했다.

③ 이번 초신성 폭발에 대한 견해가 엇갈리어 두 과학자는 서로 (㉤대립/ 대비)하였다.

④ 지구는 과거 공룡 멸종 시기에 비해 소행성 충돌이라는 위험에 (국면 /㉤직면)해 있지 않다.

⑤ 그는 우주선 궤도 이탈의 원인이 제어 장치의 문제라는 것을 과학적으로 (변경 /㉤증명)해야만 한다.

10 〈보기〉의 ㉠과 그 의미가 가장 유사한 것은?

> **보기**
>
> 지구의 판들은 서로 다른 방향으로 일 년에 수 센티미터를 이동하면서 지구 표면에 거대한 규모의 지진, 화산 활동, 산맥과 해구의 형성 등 여러 가지 지질 활동을 ㉠<u>일으킨다.</u>

① 그는 넘어진 사람을 <u>일으켰다.</u>
② 우리는 새로운 사업을 <u>일으켜야</u> 한다.
③ 왜군이 군사를 <u>일으켜</u> 이웃 나라를 침공했다.
④ 바람이 거세게 불어와 하얗게 파도를 <u>일으켰다.</u>
⑤ 혼란에 빠진 나라를 <u>일으킬</u> 수 있는 훌륭한 신하가 없었다.

11 〈보기〉의 뜻을 가진 어휘로 가장 적절한 것은?

> **보기**
>
> 1. 어떤 현상을 일으키거나 영향을 미침.
> 2. 어떤 물리적 원인이나 대상이 다른 대상이나 원인에 기여함. 또는 그런 현상

① 감각   ② 방해   ③ 방향
④ 운동   ⑤ 작용

12 〈보기〉의 빈칸에 공통으로 들어갈 말로 가장 적절한
것은?

> **보기**
> • 두 연구자는 상당히 (   ) 관계를 맺고 있다.
> • 호흡기 질환은 바이러스에 감염된 환자와의 (   )
>   접촉을 통해 전염된다.
> • 태양의 흑점의 크기 변화는 지구의 날씨나 기온의 변화
>   와 (   ) 관련성을 가진다.

① 근접한   ② 밀접한   ③ 분명한
④ 분주한   ⑤ 친근한

13 밑줄 친 '의'의 앞말과 뒷말의 의미 관계를 잘못 파악
한 것은?

① 그 과학자의 연구 노트가 많이 낡았다.
　　　[소유주와 소유물]
② 이 일은 그 과학자의 충고를 따라야 할 것이다.
　　　　　[주체와 행위]
③ 노벨상 수상자들에게 축하의 박수를 보냅시다.
　　　　　　[목표와 수단]
④ 오늘 나의 친구는 학교에서 주는 과학상을 받았다.
　　　[속성과 대상]
⑤ 우리 연구원들의 절반이 위성 발사 과정을 지켜보았다.
　　　　[전체와 부분]

14 〈보기〉의 ㉠과 바꿔 쓰기에 가장 적절한 것은?

> **보기**
> 　지구에서 망원경으로 달을 보면 화산 분화구와 같이 생
> 긴 수많은 구덩이들을 발견할 수 있다. 과거에는 이 구덩
> 이들을 화산 폭발에 의해 ㉠생성된 분화구라고 생각하였
> 다. 그러나 이 구덩이들은 화산 폭발에 의해 생성된 것이
> 아니라 소행성이나 혜성 등이 충돌해서 생긴 것으로 밝혀
> 졌다.

① 늘어난   ② 들통난   ③ 불어난
④ 움츠러든   ⑤ 이루어진

15 〈보기〉의 ㉠~㉤의 사전적 의미로 적절하지 않은 것은?

> **보기**
> • 그 행성의 ㉠자전 주기는 지구와는 다르다.
> • 큰 행성과 작은 행성 사이에는 ㉡인력이 작용한다.
> • 행성 B1A4의 ㉢표면에는 엄청나게 많은 양의 다이아몬
>   드가 존재한다.
> • 물통을 들고 크게 원운동을 하면 ㉣원심력 때문에 물이
>   쏟아지지 않는다.
> • 우리 은하계 대부분의 천체는 타원형의 ㉤궤도를 돌고
>   있는 것으로 알려졌다.

① ㉠: 천체가 스스로 고정된 축을 중심으로 회전함. 또는 그
　　런 운동
② ㉡: 같은 종류의 전기나 자기를 가진 두 물체가 서로 밀어
　　내는 힘
③ ㉢: 사물의 가장 바깥쪽
④ ㉣: 원운동을 하는 물체나 입자에 작용하는, 원의 바깥으
　　로 나아가려는 힘
⑤ ㉤: 행성이나 혜성, 인공위성 따위가 중력의 영향을 받아
　　다른 천체의 주위를 돌면서 그리는 일정한 곡선의 길

16 〈보기〉의 ⓐ~ⓔ를 활용하여 만든 문장으로 적절하지
않은 것은?

> **보기**
> 　다이나모 이론에 따르면 액체 상태로 ⓐ추정되는 외핵
> 에는 많은 양의 철 이온이 포함되어 있는데 외핵의 끊임
> 없는 대류 활동으로 이온이 움직여 전류가 ⓑ발생하고
> 이 전류가 지구 자기장을 만든다는 것이다. 그런데 과학
> 자들은 지구상의 대부분의 지역에서 자기력이 지난 수 세
> 기 동안 꾸준히 감소해 왔다는 것을 ⓒ근거로 제시하면
> 서, 지금의 ⓓ추세라면 언젠가는 지구 자기장이 사라질
> 지도 모른다고 ⓔ예측한다.

① ⓐ: 이번 건물의 붕괴 원인은 지진으로 추정된다.
② ⓑ: 새로운 전염병이 발생할지도 모른다.
③ ⓒ: 판사는 법률에 근거하여 판결을 한다.
④ ⓓ: 요즘 추세가 좋지 않은 자영업자들이 많다.
⑤ ⓔ: 매년 여름철이 되면, 기상 상태를 예측하기가 어려워
　　진다.

17 〈보기〉의 빈칸에 공통으로 들어갈 말로 가장 적절한 것은?

> **보기**
>
> • 그는 요즘 과학 공부에 (　　　　) 하루 종일 도서관에서 관련 책만 읽는다.
> • 질량은 중력에 큰 영향을 (　　　　) 질량이 클수록 중력도 강하게 작용한다.

① 끼쳐서 　　② 미쳐서 　　③ 보여서
④ 빠져서 　　⑤ 주어서

18 〈보기〉의 내용을 고려할 때 빈칸에 들어갈 말로 가장 적절한 것은?

> **보기**
>
> 금성이 관측되는 위상과 크기는 금성의 위치, 지구와 금성의 거리에 따라 달라진다. 금성의 위상은 금성이 태양과의 상대적 위치에 따라 지구상의 관측자에게 보이는 모양으로, 금성은 스스로 빛을 내지 못하고 태양빛을 받는 면이 지구를 향하는 정도에 따라 보이는 형태가 다르다. 금성은 지구에서 멀어질수록 보이는 크기가 줄어들지만, 태양 빛을 받는 면의 전체를 볼 수 있어 (　　　　)에 가까운 형태로 관측된다. 반면 지구로 가까워질수록 보이는 크기는 커지지만 태양 빛을 받는 면의 일부분만 볼 수 있게 된다.

① 그믐달 　　② 보름달 　　③ 상현달
④ 초승달 　　⑤ 하현달

19 〈보기〉의 ㉠과 ㉡의 관계와 가장 유사한 관계를 드러내는 것은?

> **보기**
>
> ㉠지구 자기장이 사라진다고 할 때 발생할 수 있는 또 다른 문제는, 태양에서 뿜어내는 고에너지 입자에 생명체들이 고스란히 노출된다는 점이다. 태양은 지구에 꼭 필요한 빛과 열을 제공하지만, 한편으로는 인체에 해로운 고에너지 입자를 뿜어낸다. 고에너지 입자가 태양으로부터 날아와 지구에 도달하면, 지구 자기장에 의해 만들어진 보호막이 태양의 빛과 열은 통과시키고 고에너지 입자가 ㉡지구로 유입되는 것을 차단한다.

① 경찰 : 범인 　　② 동물 : 사슴 　　③ 슬픔 : 기쁨
④ 연필 : 지우개 　　⑤ 안전띠 : 운전자

[20-21] 〈보기〉를 바탕으로 **20**번과 **21**번 물음에 답하시오.

> **보기**
>
> 금성의 다른 이름인 '샛별'은 새벽에 보이기 때문에 사람들이 금성에 ㉠붙인 이름이다. 실제로 금성은 하루 종일 ㉡관측할 수 있는 것이 아니라 새벽이나 초저녁에만 볼 수 있다.

20 〈보기〉의 ㉠과 문맥적 의미가 가장 유사한 것은?

① 운동을 해서 팔에 힘을 붙였다.
② 옆자리의 학생이 나에게 말을 붙여 왔다.
③ 친구들과 정을 붙이고 나니 헤어지기가 어렵다.
④ 나는 이번 시에 어떤 제목을 붙일까 고민 중이다.
⑤ 부모는 자식에게 희망을 붙이고 사는 것이 낙이다.

21 〈보기〉의 ㉡에 포함된 의미로 적절하지 <u>않은</u> 것은?

① 보다 　　② 재다 　　③ 두르다
④ 살피다 　　⑤ 헤아리다

22 〈보기〉의 ㉠~㉤의 사전적 의미로 적절하지 <u>않은</u> 것은?

> **보기**
>
> 탐사선이 공전하는 행성에 ㉠접근하여 중력의 영향권인 중력장에 ㉡진입할 때에는 행성의 공전 ㉢방향과 탐사선의 진입 방향이 서로 달라 탐사선의 속도 증가는 크지 않다. 그런데 탐사선이 ㉣곡선 궤도를 그리며 방향을 바꾸어 행성의 공전 방향에 가까워지면 탐사선의 속도는 크게 증가된다. 왜냐하면 탐사선이 행성에서 멀어지는 방향이 행성의 공전 방향에 가까울수록 스윙바이를 통한 속도 증가의 ㉤효과는 크기 때문이다.

① ㉠: 가까이 다가가
② ㉡: 강압적인 힘으로 억눌러 진정시킬
③ ㉢: 어떤 방위를 향한 쪽
④ ㉣: 모나지 아니하고 부드럽게 굽은 선
⑤ ㉤: 어떤 목적을 지닌 행위에 의하여 드러나는 보람이나 좋은 결과

[01-03] 다음 글을 읽고 물음에 답하시오.

고2 학력평가 변형

지구의 자전은 달과 밀접한 관련을 맺고 있다. 지구가 달을 끌어당기는 힘이 있듯이 달 또한 지구를 끌어당기는 힘이 있다. 달은 태양보다 크기는 작지만 지구와의 거리는 태양보다 훨씬 가깝기 때문에 지구의 자전에 미치는 영향은 달이 더 크다. 달의 인력은 지구의 표면을 부풀어 오르게 한다. 그리고 이 힘은 지구와 달 사이의 거리에 따라 다르게 작용하여 달과 가까운 쪽에는 크게, 그 반대쪽에는 작게 영향을 미치게 된다. 결국 지구 표면은 달의 인력과 지구-달의 원운동에 의한 원심력의 영향을 받아 양쪽이 부풀어 오르게 된다.

이때 달과 가까운 쪽 ㉠지구의 '부풀어 오른 면'은 지구와 달을 잇는 직선에서 벗어나 지구 자전 방향으로 앞서게 되는데, 그 이유는 지구가 하루 만에 자전을 ㉡마치는데 비해 달은 한 달 동안 공전 궤도를 돌기 때문이다. 달의 인력은 이렇게 지구 자전 방향으로 앞서가는 부풀어 오른 면을 반대 방향으로 다시 당기고, 그로 인해 지구의 자전은 방해를 받아 속도가 느려진다. 한편 지구보다 작고 가벼운 달의 경우에는 지구보다 더 큰 방해를 받아 자전 속도가 더 빨리 줄게 된다.

이렇게 지구와 달은 서로의 인력 때문에 자전 속도가 줄게 되는데, 이 자전 속도와 관련된 운동량은 '지구-달 계'* 내에서 달의 공전 궤도가 늘어나는 것으로 보존된다. 왜냐하면 일반적으로 외부에서 작용하는 힘이 없다면 운동량은 보존되기 때문이다. 이렇게 하여 결국 달의 공전 궤도는 점점 늘어나고, 달은 지구로부터 점점 멀어지는 것이다.

*지구 - 달 계: 태양이나 다른 천체의 영향력이 없다고 가정한, 지구와 달로 이루어진 계.

01 윗글에서 알 수 있는 내용으로 적절하지 <u>않은</u> 것은?

① 인력의 크기는 지구와 달의 거리에 반비례하여 커지는군.
② 지구의 자전 속도가 느려질수록 1년의 날수가 줄어들겠군.
③ 달은 지구와 멀어지며 '지구-달 계'의 운동량을 줄이게 되는군.
④ 달의 인력이 미치는 힘은 지구의 모든 부분에 일정하게 작용하지는 않는군.
⑤ 달은 태양보다 작지만 태양보다 지구와의 거리가 훨씬 가까워 지구 자전에 더 큰 영향을 주는군.

02 ㉠이 나타나는 이유로 적절한 것은?

① 달의 인력과 지구-달의 원운동에 의한 원심력 때문이다.
② 지구의 자전 주기가 달의 공전 주기보다 빠르기 때문이다.
③ 달의 공전 궤도와 지구와 달의 거리는 점점 멀어지기 때문이다.
④ 지구의 인력이 달에 작용하여 달의 자전 속도가 느려지기 때문이다.
⑤ 지구의 부풀어 오른 면을 달의 인력이 그 반대 방향으로 다시 끌어당기기 때문이다.

03 문맥상 ㉡과 바꿔 쓰기에 가장 적절한 것은?

① 만료하는데　　　② 수료하는데　　　③ 잔류하는데
④ 종료하는데　　　⑤ 표류하는데

[01-04] 다음 문장의 괄호 안에 들어갈 알맞은 어휘를 고르시오.

01 초임계유체는 기체와 액체의 성질을 동시에 (띠고 / 띄고) 있다.

02 과학 이론이 실제와 (부결 / 부합)하는 사례를 얼마든지 찾아볼 수 있다.

03 계면 활성제는 물의 자연적인 정화 작용을 방해하여 하천이 오염되는 문제를 (도발 / 유발)한다.

04 이산화 탄소의 온도와 압력을 (분절 / 조절)하면 물질을 녹여 내는 정도를 더 좋게 만들 수 있다.

[05-08] 다음 밑줄 친 말과 바꿔 쓰기에 적절한 어휘를 골라 문맥에 맞게 쓰시오.

> 보기
>
> 언급하다   적용하다   종합하다   확립하다

05 그 이론을 실생활에 맞추어 쓰는 것은 조금 더 시간이 필요한 일이다. →

06 19세기 초 지질학자들은 전 세계의 지질학적 연구 성과를 한데 모았다. →

07 '모든 물질은 더 이상 쪼개지지 않는 입자, 즉 원자로 이루어져 있다.'라는 돌턴의 원자설은 근대 원자 이론의 기초를 굳게 세웠다. →

08 과학자들은 어떤 선택을 해야 최선의 결과를 얻을 수 있는지에 대해 말하지 않았다. →

09 문맥에 맞는 어휘를 바르게 선택하지 <u>못한</u> 것은?

① 새로운 실험을 (실행 / 작동)하기 위해서는 여러 가지 준비물이 필요하다.
② 과학자들은 먼저 실험을 (개설 / 설계)하고 난 이후 구체적인 실험을 하게 된다.
③ 이 기체 혼합물을 (분리 / 분별)하면 두 개의 기체 분자로 이루어진 것을 알 수 있다.
④ 이제 우리는 실패한 연구를 거울로 삼아 다시 새로운 연구를 (도모 / 추모)해야 한다.
⑤ 연구소가 문제의 원인을 과학자들에게 확실하고 (명료 / 모호)하게 밝히지 않아 궁금증은 커져 갔다.

10 〈보기〉의 ㉠~㉤과 바꿔 쓸 수 <u>없는</u> 말은?

> 보기
>
> 자연 상태의 산화구리에서 구리를 얻기 위해 탄소를 넣고 가열하는 방법은 옛날부터 ㉠<u>사용해</u> 왔다. 화학적인 ㉡<u>관점</u>에서 보면 이것은 산소가 구리보다 탄소와 더 잘 ㉢<u>결합하는</u> 성질을 ㉣<u>이용한</u> 것이라고 할 수 있다. 18세기 이후 화학자들은 화합물을 만들 때 물질 간에는 더 잘 결합하는 정도, 즉 화학적 친화력이 있다고 보고 이를 ㉤<u>규명하기</u> 위해 노력하였다.

① ㉠: 써
② ㉡: 시각
③ ㉢: 합치는
④ ㉣: 활용한
⑤ ㉤: 고민하기

11 〈보기〉의 밑줄 친 어휘에 공통으로 포함되어 있는 의미로 적절한 것은?

> 보기
>
> • 양성자의 수에 따라 원소의 종류가 <u>결정</u>된다.
> • 정부는 K−연구소를 공식 연구소로 <u>지정</u>하였다.
> • 법원은 오염된 기체를 발생시키면 벌금을 부과하기로 <u>판정</u>하였다.

① 격하다
② 박하다
③ 속하다
④ 유하다
⑤ 정하다

12 〈보기〉의 빈칸에 공통으로 들어갈 말로 가장 적절한 것은?

> **보기**
> • 생명체는 물에 (　　　　)해 생명을 유지한다.
> • 요소수 생산 원료를 수입에 (　　　　)하고 있다.
> • 그는 상상에 (　　　　)해서 연구를 계속해 왔다.

① 공존　　　　② 비판　　　　③ 연상
④ 의존　　　　⑤ 자립

13 〈보기〉의 ㉠을 순우리말로 바꿔 쓸 때 그 의미가 가장 유사한 것은?

> **보기**
> 　지구의 대기 속에 존재하며 땅에서 복사되는 에너지를 일부 흡수함으로써 온실 효과를 일으키는 온실 기체 중, 자연적인 온실 효과를 일으키는 데에는 수증기가 가장 큰 역할을 ㉠담당하고 있다.

① 영업을 하기 위해서 관할 구청에 허가를 맡았다.
② 장사 준비를 끝낸 주인은 손님에게 주문을 맡았다.
③ 나는 친구 할머니께서 잠시 나에게 맡겨 놓은 짐을 살펴보았다.
④ 우리는 모두 저 푸르른 들판에 가서 상큼한 흙 냄새를 맡아 보고 싶다.
⑤ 상품의 판매 책임을 맡고 있는 대리점의 사정으로 상품 공급이 잠시 중단되었다.

14 〈보기〉의 밑줄 친 ㉠과 바꿔 쓸 수 있는 말로 가장 적절한 것은?

> **보기**
> 　1905년에 러더포드가 방사성 동위원소를 이용하여 지층 연대의 측정에 성공했다. 그는 암석 내 우라늄의 양을 측정하여 한 암석의 연대를 계산해 냈다. 이것으로부터 방사성 동위원소 연대측정법이 ㉠비롯되었고, 이후 많은 학자들에 의해 더욱 발전되어 갔다.

① 개발되었고　　　　② 변질되었고
③ 시작되었고　　　　④ 정지되었고
⑤ 향상되었고

15 〈보기〉의 ㉠~㉤의 사전적 의미로 바르지 <u>않은</u> 것은?

> **보기**
> • ㉠열량이 높은 음식을 많이 먹으면 우리 몸은 살이 찌기 쉬운 상태가 된다.
> • 동물의 체내에서는 여러 가지 ㉡물질대사가 일어나 생명을 유지하게 한다.
> • 소금을 물에 녹일 때, 물은 소금이라는 용질을 녹이는 ㉢용매 역할을 한다.
> • 소리가 소금물을 통과하는 것은, 소금물을 ㉣매질로 하여 소리가 그 속을 지나간다는 의미이다.
> • 대부분 수분으로 구성된 ㉤체액은 몸속을 이동하며 영양분이나 산소를 운반하고 노폐물을 제거한다.

① ㉠: 열에너지의 양
② ㉡: 생물이 영양 물질을 섭취하여 에너지를 생성하고 필요하지 않은 물질을 몸 밖으로 배출시키는 작용
③ ㉢: 어떤 액체에 고체 또는 기체 물질 등을 녹여 용액을 만들 때, 그 고체 또는 기체의 물질
④ ㉣: 어떤 파동 또는 물리적 작용을 한 곳에서 다른 곳으로 옮겨 주는 매개물
⑤ ㉤: 체내의 혈관 또는 조직의 사이를 채우고 있는 액체

16 〈보기〉의 ㉡과 문맥상 반대되는 의미를 드러내는 것으로, ㉠에 들어갈 말로 적절한 것은?

> **보기**
> 　수소와 산소가 (　㉠　)해서 물 분자가 되려면 이 두 분자는 충돌해야 하는데, 충돌하는 횟수가 많으면 많을수록 물 분자가 생기는 확률은 높아진다. 또한 반응하기 위해서는 분자가 원자로 ㉡분해되어야 한다. 좀 더 정확히 말한다면, 각각의 분자가 산소 원자끼리 그리고 수소 원자끼리 결합력이 약해져야 한다. 높은 온도는 분자 간의 충돌 횟수를 증가시킬 뿐만 아니라 분자를 강하게 진동시켜 분자의 결합력을 약하게 한다. 그리하여 수소와 산소는 이전까지 결합하고 있던 자신과 동일한 원자와 떨어져, 산소 원자 하나에 수소 원자 두 개가 결합한 물이라는 새로운 화합물이 되는 것이다.

① 분열　　　　② 전달　　　　③ 포위
④ 합의　　　　⑤ 화합

17 〈보기〉의 빈칸에 공통으로 들어갈 말로 가장 적절한 것은?

보기

- 그는 화학에 대한 지식을 여러 사람과 (   )하고 싶어서 이 책을 썼다고 했다.
- 정보를 (   )하는 사람이 많을수록, 정보의 전파는 그만큼 빨라진다고 할 수 있다.
- 우리나라 과학자들은 외국 과학자들과 서로의 연구 성과를 (   )함으로써 더욱 성장할 수 있었다.

① 공개　　　② 공유　　　③ 모집
④ 통제　　　⑤ 협업

18 〈보기〉의 문맥을 고려할 때 빈칸에 들어갈 말로 가장 적절한 것은?

보기

　라면 스프를 넣은 물의 끓는점이 순수한 물의 끓는점보다 높아지는 이유는 용액의 증기압 변화를 통해 설명할 수 있다. '끓는다'는 것을 과학적으로 정의하면 액체의 증기압이 대기압과 같아져서 액체 내부에서 기체 상태로 변한 분자들(기포)이 액체의 표면 바깥으로 나오는 것이라 할 수 있다. 그러므로 끓는점은 액체의 증기압이 대기압과 같아져 끓기 시작하는 (   )로 정의할 수 있다. 스프를 녹인 용액은 순수한 물보다 증기압이 낮기 때문에 더 높은 온도가 되어야 용액의 증기압과 대기압이 같아진다. 라면 스프를 넣은 물이 순수한 물에 비해 끓는점이 높은 이유는 이 때문이다.

① 부피　　　② 속도　　　③ 습도
④ 온도　　　⑤ 크기

19 〈보기〉의 ㉠과 ㉡의 관계와 가장 유사한 관계를 드러내는 것은?

보기

　㉠빛은 파장에 따라 자외선, 가시광선, ㉡적외선으로 나눌 수 있다. 자외선은 파장이 대략 400nm 이하인 영역에, 가시광선은 400~700nm인 영역에, 그리고 적외선은 700nm 이상인 영역에 분포한다. 그런데 우리의 눈이 모든 파장의 빛을 감지할 수 있는 것은 아니다. 우리가 감지할 수 있는 것은 가시광선 영역의 빛뿐이다.

① 계절 : 겨울　　② 남자 : 여자　　③ 시간 : 시계
④ 음악 : 악기　　⑤ 개나리 : 민들레

20 〈보기〉의 밑줄 친 말의 뜻으로 가장 적절한 것은?

보기

　핵분열 반응은 핵분열에 의해 방출된 중성자가 다음의 핵분열을 일으켜 연쇄적으로 핵분열 반응이 지속되는 현상이다.

① 일정한 격식을 깨뜨리는 것
② 서로 연결되어 관련이 있는 것
③ 강제로 누르는 방식으로 하는 것
④ 대상에 대한 태도가 긍정적이고 능동적인 것
⑤ 기한이나 기간이 일정하게 정하여져 있는 것

21 〈보기〉의 ⓐ~ⓔ를 활용하여 만든 문장으로 적절하지 않은 것은?

보기

- 돌턴의 원자론은 화학의 역사에 큰 비중을 ⓐ차지한다.
- 혈액 내에서 산소를 ⓑ운반하는 역할은 적혈구가 담당하고 있다.
- 물은 아주 간단한 화합물이지만 생명체가 생명을 유지하는 데 큰 ⓒ역할을 하고 있다.
- 구리는 공기 중에서 습기와 이산화 탄소의 작용으로 부식되는 화학적 ⓓ성질을 지닌다.
- 고체 상태에서 액체 상태로 변할 때, X라는 물질의 분자가 갖는 ⓔ고유한 움직임을 연구해 봅시다.

① ⓐ: 그는 연구소장 자리를 차지하려고 엄청나게 노력했다.
② ⓑ: 여러 가지 물건들을 운반하는 과정에서 혹시 그것들이 섞이지 않게 조심해야 한다.
③ ⓒ: 쇠를 더욱 단단하게 만드는 역할을 하는 물질을 드디어 찾았다.
④ ⓓ: 그의 급한 성질 때문에 결국 계획이 무산되고 말았다.
⑤ ⓔ: 어려울 때 서로 돕는 것이 우리나라 사람들 고유의 인정이라고 할 수 있다.

[01-03] 다음 글을 읽고 물음에 답하시오.

고1 학력평가 변형

물은 상온에서 액체 상태이며, 100℃에서 끓어 기체인 수증기로 변하고, 0℃ 이하에서는 고체인 얼음으로 변한다. 만일 물이 상온 상태에서 기체이거나 또는 보다 높은 온도에서 끓어 고체 상태라면 물이 구성 성분의 대부분을 차지하는 생명체는 존재하지 않았을 것이다.

생물체가 생명을 유지하기 위해서 물에 의존하는 것은 무엇보다 물 분자 구조의 특징에서 비롯된다. 물 1분자는 1개의 산소 원자(O)와 2개의 수소 원자(H)가 공유 결합을 이루고 있는데, 2개의 수소 원자는 약 104.5°의 각도로 산소와 결합한다. 이때 산소 원자와 수소 원자는 전자를 1개씩 내어서 전자쌍을 만들고 이를 공유한다. 하지만 전자쌍은 전자친화도가 더 큰 산소 원자 쪽에 가깝게 위치하여 산소 원자는 약한 음전하(−)를, 수소는 약한 양전하(+)를 띠게 되어 물 분자는 극성을 가지게 된다. 따라서 극성을 띤 물 분자들끼리는 서로 다른 물 분자의 수소와 산소 사이에 전기적 인력이 작용하는 결합이 형성된다.

물 분자가 극성을 ⓐ가지고 있어서 물은 여러 가지 물질을 잘 녹이는 특성이 있다. 그래서 우리 몸에서 용매 역할을 하며, 각종 물질을 운반하는 기능을 담당한다. 물은 혈액을 구성하고 있어 영양소, 산소, 호르몬, 노폐물 등을 운반하며, 대사 반응, 에너지 전달 과정의 매질 역할을 하고 있다. 또한 전기적 인력으로 결합된 구조는 물이 비열이 큰 성질을 갖게 한다. 비열은 물질 1g을 온도 1℃를 높일 때 필요한 열량을 말하는데, 물질의 고유한 특성이다. 체액은 대부분 물로 구성되어 있어서 상당한 추위에도 어느 정도까지는 체온이 내려가는 것을 막아 준다.

01 윗글의 내용과 일치하는 것은?

① 물은 0~100℃ 사이에서 고체로 존재한다.

② 생물체는 물에 의존하지 않고 생명을 유지한다.

③ 물은 전기적 인력과 상관없이 비열이 큰 특성을 갖는다.

④ 물은 여러 가지 물질을 잘 녹이기 때문에 극성을 갖는다.

⑤ 산소 원자와 수소 원자를 공유하는 전자쌍은 산소 원자 쪽에 가깝게 위치한다.

02 윗글에서 알 수 있는 내용으로 적절하지 <u>않은</u> 것은?

① 극성을 띤 물 분자는 전기적 인력을 가진다.

② 물질의 전달 과정에서 물은 매질의 역할을 한다.

③ 산소와 수소는 물 분자를 공유하여 전자를 이룬다.

④ 혈액을 구성하는 물은 혈액의 역할에 영향을 미친다.

⑤ 우리 몸에 물이 부족하다면 체온을 유지하기 어려울 수 있다.

03 문맥상 ⓐ와 바꿔 쓰기에 가장 적절한 것은?

① 배척하고   ② 보유하고   ③ 보호하고

④ 수렴하고   ⑤ 옹호하고

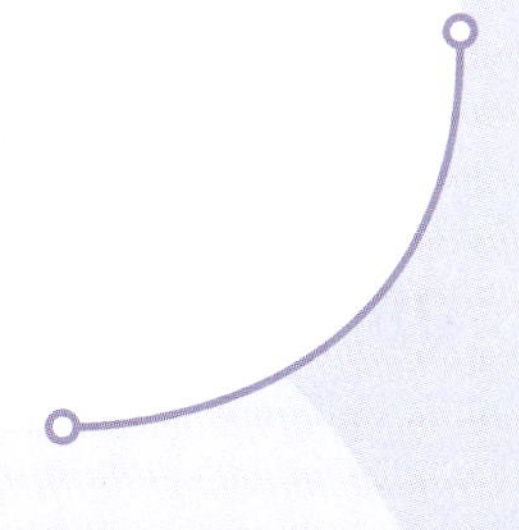

DAY 18 　과학 6 　자연 현상

*미니북에 수록된 DAY별 어휘들을 익히고 난 후, 문제를 풀면 더욱 효과적으로 학습할 수 있어요.

[01-04] 다음 문장의 괄호 안에 들어갈 알맞은 어휘를 고르시오.

01 식물의 뿌리를 (통과 / 통찰)한 물 분자들은 줄기에 도달하게 된다.

02 기상청에서도 여름철 태풍이 (진격 / 진행)하는 방향은 쉽게 예측할 수 없다.

03 빛은 인간을 외부 세계와 시각적으로 (소지 / 소통)할 수 있게 해 주는 매개체이다.

04 산란이 적게 일어나는 붉은 빛은 대기 속에서 계속적으로 (전복 / 전파)되어 사람들에게 인식된다.

[05-08] 다음 밑줄 친 말과 바꿔 쓰기에 적절한 어휘를 〈보기〉에서 골라 문맥에 맞게 쓰시오.

> 보기
>
> 창출하다　　파생하다　　흡수하다　　활성화되다

05 그 나무는 다른 나무와 달리 물을 빨아들이는 힘이 엄청나게 강했다.　　→ ＿＿＿＿

06 하나의 조상으로부터 갈려 나온 두 개체는 외형적으로는 전혀 비슷하지 않다.　　→ ＿＿＿＿

07 지진을 미리 탐지할 수 있는 기술을 새롭게 만들어 낸 연구원들이 자랑스럽다.　　→ ＿＿＿＿

08 어두운 곳에 놓여 있던 식물을 밝은 곳으로 옮겼더니 광합성의 기능이 발휘되었다.　　→ ＿＿＿＿

09 문맥에 맞는 어휘를 바르게 선택하지 못한 것은?

① 과학 기술의 (진보 / 퇴보) 없이는 우리의 미래도 없다고 할 수 있다.

② 생명체는 외부 환경과의 끊임없는 물질 (교류 / 교환)을/를 통해 살아가고 있다.

③ 국산 과학 기술로 만든 K-기계를 사용하면 화산 활동을 예측하기가 (용이 / 해이)하다.

④ 식물은 광합성을 통해 성장에 필요한 에너지 생산을 (증식 / 증진)하지 못하면 죽게 된다.

⑤ 우리 연구원들은 온 국민의 기대에 (부과 / 부응)하여 결국 그 문제의 해결책을 찾아내었다.

10 〈보기〉의 ㉠～㉢의 뜻으로 적절하지 않은 것은?

> 보기
>
> 　지진의 원인은 지구 내부의 일부 ㉠제한된 지역 내에서 에너지가 갑작스럽게 ㉡방출되는 데 있다. 이들 에너지 형태는 탄성 변형·중력·화학 반응에 의해 만들어진다. 이들 중 탄성 변형 에너지는 지구에서 대부분의 지진을 ㉢생성시킬 수 있는 충분한 양을 지닌 ㉣유일한 종류의 에너지이기 때문에 가장 ㉤중요하다.

① ㉠: 한도를 넘은　　　　② ㉡: 내보내지는
③ ㉢: 생겨나게 할　　　　④ ㉣: 오직 하나뿐인
⑤ ㉤: 귀중하고 요긴하다

11 〈보기〉의 밑줄 친 어휘에 공통적으로 포함되어 있는 의미로 적절한 것은?

> 보기
>
> • 식물은 증산 작용을 통해 잎에 물을 공급한다.
> • 밤새 내린 비는 땅에 풍부한 영양분을 제공하였다.
> • 김 박사는 해외로 잠시 떠나면서 조교에게 연구 권한을 부여하였다.

① 밀다　　　　② 받다　　　　③ 삼다
④ 주다　　　　⑤ 보내다

12 다음 빈칸에 공통으로 들어갈 말로 알맞은 것은?

> **보기**
> • 해일이 발생하여 출입을 (　　　　)하고 있다.
> • 최근 국제 사회에서 화석 연료 사용을 (　　　　)하는 경향이 강하다.
> • 생태계가 교란될 위험이 있기 때문에 정부는 외래종 수입을 (　　　　)하고 있다.

① 구제　　　　② 규범　　　　③ 규제
④ 면제　　　　⑤ 삭제

13 문맥의 의미를 고려하여 〈보기〉의 ㉠~㉢에 들어갈 말을 차례대로 나열한 것은?

> **보기**
> 　태풍은 주로 공기의 온도가 높고 수증기가 많은 적도 부근에서 (　㉠　)한다. 태풍은 주변으로부터 뜨거운 수증기를 빨아들이며 (　㉡　)하는데, 지구 온난화의 영향으로 뜨거운 바다가 늘어나 태풍의 (　㉢　)도 커지게 되었다.

	㉠	㉡	㉢
①	돌파	위력	발생
②	발생	성장	위력
③	성장	위력	발생
④	발생	소멸	돌파
⑤	소멸	발생	위력

14 〈보기〉의 밑줄 친 ㉠과 바꿔 쓸 수 있는 말로 가장 적절한 것은?

> **보기**
> 　식물이 뿌리에서 빨아들인 물은 잎에서 광합성에 쓰이거나 양분을 녹여 꽃이나 열매, 또는 그 밖의 부분으로 옮겨져 쓰이거나 한다. 이렇게 쓰이고 남은 물을 잎으로부터 수증기 상태로 밖으로 ㉠내보내는데, 이와 같이 물이 수증기 상태로 되어 식물체 밖으로 빠져 나가는 것을 증산이라 한다.

① 돌출하는데　　② 배출하는데　　③ 유입되는데
④ 충돌하는데　　⑤ 침탈하는데

15 〈보기〉의 ⓐ~ⓔ를 활용하여 만든 문장으로 적절하지 않은 것은?

> **보기**
> • 그는 처음부터 그 기술을 사용할 ⓐ의도가 없었다.
> • 기상 당국은 공군에 ⓑ요청하여 비행기 두 대를 띄웠다.
> • 이번 실험 결과를 ⓒ왜곡하면 큰 위기를 맞을 수도 있다.
> • 우리 연구진은 식물의 생장을 ⓓ촉진하는 호르몬을 발견하였다.
> • 인공 강우의 원리를 알기 위해서는 비가 내리는 원리부터 ⓔ이해해야 한다.

① ⓐ: 이번 화재는 누군가의 의도에 의해 저질러졌음이 밝혀졌다.
② ⓑ: 설악산에 오르다가 폭우를 만난 등산객이 도움을 요청했다.
③ ⓒ: 역사를 왜곡하는 나라는 주변국들과 좋은 관계를 맺을 수가 없다.
④ ⓓ: 시험 성적이 저조한 친구를 촉진하려고 영화표를 두 장 샀다.
⑤ ⓔ: 회오리바람이 형성되는 원인을 이해하기 위해 공부하고 있다.

16 〈보기〉의 ㉠~㉤의 사전적 의미로 적절하지 않은 것은?

> **보기**
> 　삼투 ㉠현상이란 ㉡용액의 ㉢농도가 낮은 곳에서 높은 곳으로 선택적 투과성 막을 통해 물이 이동하는 현상이다. 이때 물이 이동하는 힘을 삼투압이라 하며, 이 힘은 용액의 농도에 따라 ㉣비례한다. 삼투 현상의 예로 배추를 소금물에 담그면 소금 ㉤입자는 이동하지 못하고 배추에 있는 물이 소금물 쪽으로 이동하여 배추가 절여지는 것을 들 수 있다.

① ㉠: 인간이 지각할 수 있는, 사물의 모양과 상태
② ㉡: 두 가지 이상의 물질이 균일하게 혼합된 액체
③ ㉢: 액체 따위의 진함과 묽음의 정도
④ ㉣: 한쪽의 양이 커질 때 다른 쪽 양이 그와 같은 비로 작아진다
⑤ ㉤: 물질을 구성하는 미세한 크기의 물체

17 〈보기〉의 뜻을 가진 어휘로 가장 적절한 것은?

보기

1. 어떤 물질이 액체 상태에서 기체 상태로 변함. 또는 그런 현상
2. 사람이나 물건이 갑자기 사라져 행방을 알지 못하게 됨을 속되게 이르는 말

① 기화　　　② 승화　　　③ 액화
④ 증발　　　⑤ 포화

18 〈보기〉의 ㉠에 들어갈 말로 가장 적절한 것은?

보기

식물의 중요한 생명 연장 형태인 종자를 보관하는 종자은행은 생태계에 시간적 혹은 공간적 식물의 저장소가 되어 생태계의 장기적인 안정성을 부여하는 자연 유지 장치이다. 또한, 이들은 훼손된 생태계에서 생물다양성이 회복되도록 하는 (　㉠　)이 되며, 토양 미생물 및 분해자의 먹이원이 되어 토양 생태계 안정에도 도움을 준다. 더불어 지층을 따라 묻힌 종자는 그 지역의 식생 역사를 반영하기 때문에 종자 연구를 통해 과거로부터 현재까지 환경 변화를 예측할 수 있다.

① 관성력　　　② 구심력　　　③ 마찰력
④ 원동력　　　⑤ 원심력

19 〈보기〉를 참고할 때 두 단어의 관계가 나머지와 다른 것은?

보기

반의 관계는 여러 공통 요소들을 가지면서 오직 하나의 특성만 대립하는 관계이다. 반의 관계에는 반대 관계와 모순 관계가 있다. 반대 관계는 두 단어의 관계가 상대적으로 중간항이 존재하는 것이고, 모순 관계는 서로 간에 중간항이 존재하지 않는 것이다.

① 기혼 : 미혼　　② 살다 : 죽다　　③ 있다 : 없다
④ 켜다 : 끄다　　⑤ 크다 : 작다

20 〈보기〉의 밑줄 친 말의 뜻으로 가장 적절한 것은?

보기

에틸렌은 줄기가 물리적 자극에 반응하도록 유도하는 매개체이다. 어두운 곳에서 배양되어 싹이 튼 완두가 토양 속에서 위쪽으로 올라오다가 돌에 부딪치면, 줄기의 맨 위쪽 부위가 자극을 받는다. 이때 완두는 에틸렌을 합성하게 되는데, 이 에틸렌에 의해 '삼중 반응'이 일어난다.

① 일이 되어 가는 과정이나 형편
② 구체적인 형태를 가지고 있는 것
③ 둘 사이에서 어떤 일을 맺어 주는 것
④ 지구 위의 물체가 지구 중심으로부터 받는 힘
⑤ 공간적으로 떨어져 있는 물체끼리 서로 끌어당기는 힘

[21-22] 〈보기〉에 대한 21번과 22번의 물음에 답하시오.

보기

'섬생물 지리 평형설'은 어떤 종이 섬으로 ㉠이입될지 또는 섬에 있던 어떤 종이 멸종할지를 ㉡명시하지는 않는다. 섬에 특정한 종이 ㉢정착하는 것은 ㉣일정하지 않지만, 종의 수는 평형 상태에 ⓐ이를 것이라 ㉤예측할 뿐이다.

21 〈보기〉의 ㉠~㉤의 뜻으로 적절하지 않은 것은?

① ㉠: 옮겨져 들어갈지
② ㉡: 분명하게 드러내 보이지는
③ ㉢: 일정한 곳에 자리를 잡아 붙박이로 있거나 머물러 사는
④ ㉣: 의심할 바 없이 아주 뚜렷하지
⑤ ㉤: 미리 헤아려 짐작할

22 〈보기〉의 ⓐ와 문맥적 의미가 가장 유사한 것은?

① 우리는 드디어 결론에 이르렀다.
② 이른 아침에 나는 연구소로 출발했다.
③ 다른 학생의 부정행위를 선생님께 일렀다.
④ 정거장에 이르러서야 늦었음을 알게 되었다.
⑤ 속담에 이르길 발 없는 말이 천 리를 간다고 했다.

[01-03] 다음 글을 읽고 물음에 답하시오.

고1 학력평가 변형

식물이 물을 뿌리에서 흡수하여 잎까지 보내는 데는 뿌리압, 모세관 현상, 증산 작용으로 생긴 힘이 복합적으로 작용한다.

호박이나 수세미의 잎을 모두 떼어 내고 뿌리와 줄기만 남기고 자른 후 뿌리 끝을 물에 넣어 보면, 잘린 줄기 끝에서는 물이 계속해서 올라온다. 뿌리털을 둘러싼 세포막을 경계로 안쪽은 땅에 비해 여러 가지 유기물과 무기물들이 더 많이 ⓐ섞여 있어서 뿌리 바깥보다 용액의 농도가 높다. 이때 농도의 균형을 맞추기 위해 농도가 낮은 흙 속의 물을 농도가 높은 뿌리 쪽으로 이동시키는 힘이 생기는데 이를 뿌리압이라고 한다.

물이 담긴 그릇에 가는 유리관을 꽂아 보면 유리관을 따라 물이 올라가는 것을 관찰할 수 있다. 이처럼 가는 관과 같은 통로를 따라 액체가 올라가거나 내려가는 것을 ㉠모세관 현상이라고 한다. 모세관 현상은 물 분자와 모세관 벽이 결합하려는 힘이 물 분자끼리 결합하려는 힘보다 더 크기 때문에 일어난다. 따라서 관이 가늘어질수록 물이 올라가는 높이가 올라간다. 식물체 안의 물관은 지름이 매우 작기 때문에 모세관 현상으로 물을 밀어 올리는 힘이 생긴다.

식물의 잎에는 기공이라는 작은 구멍이 있다. 이 기공을 통해 엄청난 양의 물이 공기 중으로 증발해 버린다. 이와 같은 ㉡증산 작용은 물을 식물체 밖으로 내보내는 작용으로, 뿌리에서 흡수된 물이 줄기를 거쳐 잎까지 올라가는 원동력이다. 사슬처럼 연결된 물 기둥의 한쪽 끝을 이루는 물 분자가 잎의 기공을 통해 빠져 나가면 아래쪽 물 분자가 끌어 올려지는 것이다. 증산 작용에 의한 힘은 잡아당기는 힘으로 식물이 물을 끌어 올리는 요인 중 가장 큰 힘이다.

01 윗글을 이해한 내용으로 적절하지 <u>않은</u> 것은?

① 뿌리에서 잎까지 물 분자들은 사슬처럼 서로 연결되어 있다.
② 모세관 현상에 의한 힘은 증산 작용에 의한 힘보다 크기가 크다.
③ 물관 내에서 물 분자와 모세관 벽이 결합하려는 힘으로 물이 이동한다.
④ 뿌리압은 물을 농도가 낮은 쪽에서 높은 쪽으로 움직이게 하는 힘이다.
⑤ 뿌리털을 둘러싼 세포막을 경계로 안쪽은 뿌리 바깥보다 용액의 농도가 높다.

02 ㉠과 ㉡에 대한 설명으로 적절하지 <u>않은</u> 것은?

① ㉠으로 인해서 물을 위로 밀어 올리는 힘이 생긴다.
② ㉠은 관의 지름에 따라 물이 올라가는 높이가 달라진다.
③ ㉡으로 인해서 물을 위에서 잡아당기는 힘이 생긴다.
④ ㉡이 일어나면 식물체 내에서 물 분자들의 연결이 깨진다.
⑤ ㉠과 달리 ㉡은 공기 중으로 물이 증발하는 현상을 포함한다.

03 문맥상 ⓐ와 바꿔쓰기에 적절한 것은?

① 고갈되어　　　　② 단절되어　　　　③ 분쇄되어
④ 포획되어　　　　⑤ 혼합되어

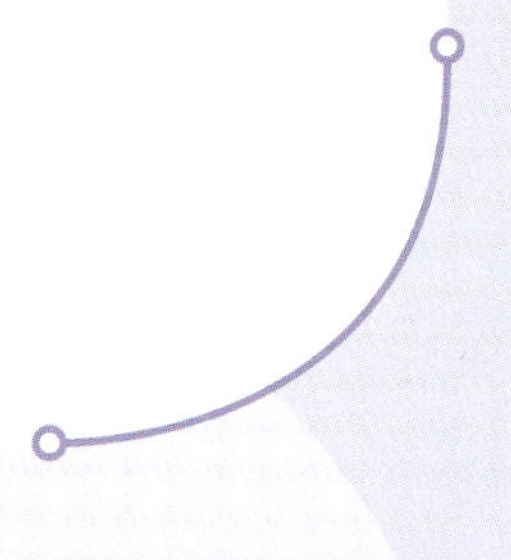

01 다음 어휘의 사전적 의미가 적절하지 <u>않은</u> 것은?

① 탄성력: 물체의 변형으로 생기는 힘
② 자전: 한 천체가 다른 천체의 둘레를 주기적으로 도는 일
③ 증식: 생물이나 조직 세포 따위가 세포 분열을 하여 그 수를 늘려 감.
④ 용매: 어떤 액체에 물질을 녹여서 용액을 만들 때 그 액체를 가리키는 말
⑤ 교배: 생물의 암수를 인위적으로 수정 또는 수분시켜 다음 세대를 얻는 일

02 다음 중 밑줄 친 어휘의 쓰임이 적절하지 <u>않은</u> 것은?

① 우리는 재해 지역에 구호품과 의약품을 <u>공급</u>하였다.
② 신입생들과의 친목을 <u>도모</u>하기 위해서 단체 여행을 갔다.
③ 과도한 온실 가스의 배출이 지구 온난화라는 재앙을 <u>초래</u>하였다.
④ 미생물은 죽은 동물이나 식물을 <u>분해</u>하여 생태계를 안정화시킨다.
⑤ 연구원들은 실험 결과를 확인하면서 잘못 기록된 부분을 <u>정립</u>하였다.

03 〈보기〉의 ㉠~㉤의 뜻을 지닌 어휘를 활용하여 만든 문장으로 적절하지 <u>않은</u> 것은?

> 보기
>
> ㉠ 종류에 따라서 가르다.
> ㉡ 그러함과 그러하지 아니함.
> ㉢ 균형이 맞게 바로잡다. 또는 적당하게 맞추어 나가다.
> ㉣ 어떤 사물이나 현상 가운데 함께 들어 있거나 함께 넣다.
> ㉤ 동식물 세포와 조직의 일부나 미생물 따위를 가꾸어 기르다.

① ㉠: 식물학자들은 식물을 형태에 따라 <u>분류</u>하였다.
② ㉡: 성공 가능성 <u>여부</u>는 아직 알 수 없다.
③ ㉢: 그는 사람들을 <u>조종</u>하여 자기 마음대로 움직이게 하였다.
④ ㉣: 그는 발표문에 <u>포함</u>할 내용을 검토하였다.
⑤ ㉤: 세균을 <u>배양</u>하여 검사하는 일은 쉬운 일이 아니다.

04 〈보기〉의 ㉠~㉢에 들어갈 어휘를 순서대로 짝지은 것은?

> 보기
>
> • 가는 관처럼 생긴 통로를 따라 액체가 올라가거나 내려가는 것이 모세관 ___㉠___ 이다.
> • 박테리아는 하나의 ___㉡___ 이/가 둘로 나뉘어 새로운 ___㉡___ 을/를 만드는 방식으로 번식한다.
> • 추를 당겼다 놓으면 추가 위아래로 진동하다가 추를 당기기 전과 동일한 ___㉢___ 에서 정지하게 된다.

① 현상, 개체, 지점   ② 이론, 지점, 상태   ③ 이론, 현상, 개체
④ 현상, 단체, 지점   ⑤ 지점, 개체, 이론

[05-07] 다음 밑줄 친 말과 바꿔 쓰기에 가장 적절한 어휘를 고르시오.

05 그는 귀국한다는 소식을 고국의 가족에게 <u>이르게</u> 하였다.

① 전개했다 ② 전달했다 ③ 전복했다 ④ 전수했다 ⑤ 전진했다

06 혈액이 몸속에서 <u>굳게</u> 되면 혈관이 막혀 위험한 상황이 발생한다.

① 강하하면 ② 부각하면 ③ 부족하면 ④ 응고하면 ⑤ 직립하면

07 외국에서 돌아온 김 교수는 우리 과학의 발전을 위해 연구소장직을 <u>맡았다</u>.

① 담당했다 ② 복종했다 ③ 선언했다 ④ 정리했다 ⑤ 주장했다

08 〈보기〉를 참고할 때 두 단어의 관계가 나머지와 **다른** 것은?

> **보기**
>
> 반의 관계는 여러 공통 요소들을 가지면서 오직 하나의 특성만 대립하는 관계이다. 반의 관계에는 반대 관계와 모순 관계가 있다. 반대 관계는 두 단어의 관계가 상대적으로 중간항이 존재하는 것이고, 모순 관계는 서로 간에 중간항이 존재하지 않는 것이다.

① 길다 : 짧다 ② 승리 : 패배 ③ 호흡 : 무호흡
④ 멀다 : 가깝다 ⑤ 뜨겁다 : 차갑다

09 〈보기〉의 빈칸에 공통으로 들어갈 어휘로 적절한 것은?

> **보기**
>
> • 골목 상권을 (   )하기 위해서 지역 화폐를 발행하였다.
> • 고체에서 액체로 변하여 물 분자의 움직임이 (   )하기 시작한다.

① 동작 ② 보존 ③ 보호 ④ 정지 ⑤ 활성화

10 다음의 어휘와 〈보기〉의 뜻풀이가 바르게 연결된 것은?

> ㉠ 대변하다   ㉡ 부응하다   ㉢ 요청하다   ㉣ 직면하다   ㉤ 추측하다

> **보기**
>
> ⓐ 미루어 생각하여 헤아리다.　　　　ⓑ 필요한 어떤 일이나 행동을 청하다.
> ⓒ 어떤 요구나 기대 따위에 좇아서 응하다.　　ⓓ 어떠한 일이나 사물을 직접 당하거나 접하다.
> ⓔ 어떤 사람이나 단체를 대신하여 그의 의견이나 태도를 표하다.

① ㉠ – ⓑ ② ㉡ – ⓐ ③ ㉢ – ⓒ ④ ㉣ – ⓓ ⑤ ㉤ – ⓔ

11 〈보기〉의 설명에 해당하는 어휘로 가장 적절한 것은?

> 보기
> • 이것 중 하나는 코로나-19로 이름지어졌다.
> • 보통의 현미경으로는 볼 수 없을 정도의 극히 작은 미생물이다.
> • 컴퓨터에 침입해서 보존된 기억 데이터나 프로그램을 파괴하는 프로그램을 일컫기도 한다.

① 항원　　　② 항체　　　③ 백혈구　　　④ 적혈구　　　⑤ 바이러스

12 〈보기〉의 ㉠~㉤에 들어갈 어휘와 그 의미의 연결이 적절하지 <u>않은</u> 것은?

> 보기
> • 그는 상대방에게 허점을 (　㉠　)했다.
> • 우리나라 인구의 남녀 (　㉡　) 비율은 불균형하다.
> • 방송은 대중을 움직일 만한 (　㉢　)을 가지고 있다.
> • 우리 학교는 과학 교육의 중요성을 깊이 (　㉣　)하고 있다.
> • 오늘은 수업 시간에 배운 이론을 실생활에 (　㉤　)해 봅시다.

① ㉠: 노출 – 액체나 기체 따위가 밖으로 새어 나옴.
② ㉡: 구성 – 몇 가지 부분이나 요소들을 모아서 일정한 전체를 짜 이룸.
③ ㉢: 위력 – 상대를 압도할 만큼 강력함. 또는 그런 힘
④ ㉣: 인식 – 사물을 분별하고 판단해서 아는 일
⑤ ㉤: 적용 – 알맞게 이용하거나 맞추어 씀.

13 밑줄 친 말과 바꿔 쓸 수 있는 어휘가 적절하게 제시되지 <u>않은</u> 것은?

① 강풍에 폭설까지 함께 <u>생겼다</u>. → 동반했다.
② 서로 <u>똑같은</u> 상품이 진열되어 있다. → 동일한
③ 그것은 여러 원인이 어울려 <u>하나된</u> 사건이다. → 결합된
④ 10년 전부터 바라던 계약이 드디어 <u>이루어졌다</u>. → 성립했다
⑤ 일본이 방사능 오염 물질을 해양으로 <u>내보내</u> 큰 문제가 되고 있다 → 유입하여

14 문맥적 의미가 〈보기〉의 ㉠과 가장 가까운 것은?

> 보기
> 우리의 성공은 노력에서 ㉠<u>비롯되었고</u>, 이제 새로운 도전을 해야 한다.

① 가동되었고　　② 시작되었고　　③ 전환되었고　　④ 종료되었고　　⑤ 중단되었고

15 〈보기〉의 ⓐ~ⓔ의 뜻을 지닌 어휘를 활용하여 만든 문장으로 적절하지 <u>않은</u> 것은?

> 보기
>
> ⓐ 서로 달라서 대비가 되는. 또는 그런 것
> ⓑ 서로 연결되어 관련이 있는. 또는 그런 것
> ⓒ 들인 노력에 비해 얻은 결과가 큰. 또는 그런 것
> ⓓ 신체의 조직이나 기능에 관련되는. 또는 그런 것
> ⓔ 일부에 한정되지 아니하고 전체에 걸치는. 또는 그런 것

① ⓐ: 이번 주는 날씨가 <u>비교적</u> 추운 편이다.
② ⓑ : 안개로 인해 차량들이 <u>연쇄적</u>으로 충돌했다.
③ ⓒ: 지난 행사 때와는 달리 가구를 <u>효율적</u>으로 배치하였다.
④ ⓓ: 청소년기에는 <u>생리적</u>인 변화를 자주 겪는다.
⑤ ⓔ: 이 섬의 사람들은 <u>일반적</u>으로 낙천적인 성격을 지니고 있다.

16 〈보기〉의 빈칸에 공통으로 들어갈 어휘로 가장 적절한 것은?

> 보기
>
> • 오염된 물을 (   )하여 사용해야 한다.
> • 요즘 외국 문화가 (   ) 없이 무분별하게 수용되고 있다.
> • 신장이 망가지면 몸속에 오줌을 (   )하는 장치를 달아야 한다.

① 여과　　　　② 전환　　　　③ 제공　　　　④ 한정　　　　⑤ 확인

17 다음 밑줄 친 어휘 중 〈보기〉의 뜻으로 쓰인 것은?

> 보기
>
> 옳고 그름 따위를 판단하여 드러내 알리다.

① 갑자기 정전이 되어서 촛불을 <u>밝혔다</u>.
② 판사는 진실을 <u>밝혀</u> 무고한 사람을 구제해야 한다.
③ 비밀 업무를 수행 중이어서 그는 신분을 <u>밝힐</u> 수 없었다.
④ 발표를 기다리며 뜬눈으로 밤을 <u>밝혔더니</u> 몸이 몹시 피곤하였다.
⑤ 다른 무엇보다도 돈을 <u>밝히는</u> 점을 보면 그가 속물임을 알 수 있다.

18 〈보기〉의 밑줄 친 어휘와 바꿔 쓰기에 가장 적절한 것은?

> 보기
>
> 세계 평화를 위해 동북아의 안정과 질서를 <u>유지하는</u> 것은 중요하다.

① 보루하는　　　② 보상하는　　　③ 보수하는　　　④ 보전하는　　　⑤ 보증하는

속담 퀴즈

>> 다음 말 상자에서 알맞은 어휘를 찾아 빈칸을 채워 속담을 완성하세요.

눈	땅	물	범	빛	약
나무	바늘	벼룩	언덕	정신	하나

1 ☐ 좋은 개살구

겉모양은 그럴 듯하나 실속이 없다는 말

2 ☐ 가리고 아웅 한다

얕은수로 남을 속이려 하는 것을 이르는 말

3 병 주고 ☐ 준다

해를 입힌 자가 돌보아 주는 체하고 나서는 것을 이르는 말

4 밑 빠진 독에 ☐ 붓기

아무리 힘이나 밑천을 들여도 보람 없이 헛된 일이 된다는 말

5 하룻강아지 ☐ 무서운 줄 모른다

철없이 함부로 덤비는 것을 이르는 말

6 ☐☐의 간을 내어 먹는다

극히 적은 이익을 당찮은 곳에서 얻으려 한다는 말

7 범에게 물려 가도 ☐☐만 차리면 산다

아무리 위험한 경우에 이르러도 이것만 똑똑히 차리면 살 수 있다는 말

8 ☐☐ 가는 데 실 간다

이것이 가는 데 실이 항상 뒤따른다는 뜻으로, 사람의 긴밀한 관계를 비유적으로 이르는 말

9 ☐☐를 보고 열을 안다

일부만 보고 전체를 미루어 안다는 말

10 비 온 뒤에 ☐이 굳어진다

어떤 시련을 겪은 뒤에 더 강해진다는 말

11 될성부른 ☐☐는 떡잎부터 알아본다

잘될 사람은 어려서부터 남달리 장래성이 엿보인다는 말

12 소도 ☐☐이 있어야 비빈다

누구나 의지할 곳이 있어야 무슨 일이든 시작하거나 이룰 수가 있다는 말

정답) 1 빛 2 눈 3 약 4 물 5 범 6 벼룩 7 정신 8 바늘 9 하나 10 땅 11 나무 12 언덕

IV 기술·예술

4주차

기술 1 장비 기술

*미니북에 수록된 DAY별 어휘들을 익히고 난 후, 문제를 풀면 더욱 효과적으로 학습할 수 있어요.

[01-04] 다음 문장의 괄호 안에 들어갈 알맞은 어휘를 고르시오.

01 에디슨은 전기의 (원리 / 논리)를 발견하여 실생활에 이용하였다.

02 기계의 (작동 / 수동) 원리를 이해하기 위해 밤새도록 연구하였다.

03 객차와 객차의 (부착 / 연결) 부분 문제로 기차 운행이 중단되었다.

04 트럭에 실은 통나무를 (가동 / 고정)하기 위해 쇠사슬로 여러 번 묶었다.

[05-08] 주어진 초성의 뜻에 알맞은 어휘를 빈칸에 넣어 문장을 완성하시오.

05 ㅇ ㅅ : 서로 비슷함.
→ 서빙 로봇은 AI 자율 주행 서비스 로봇으로, 작동 과정이 자동차와 ________하다는 특징이 있다.

06 ㅊ ㄱ : 물체에 급격히 가하여지는 힘
→ 심한 ________으로 라디오가 완전히 망가져서 아무 소리도 나지 않는다.

07 ㄴ ㅈ : 밖으로 드러나지 않게 안에 간직함.
→ 새로 개발된 비행기에는 첨단 기기가 ________되어 있기 때문에 숙련된 조종사가 필요하다.

08 ㅈ ㄷ : 자극, 신호, 동력 따위가 다른 기관에 전하여짐.
→ 엔진에서 생성된 동력은 엔진과 바퀴 사이에 있는 변속기를 통해 ________된다.

09 문맥에 맞는 어휘를 바르게 선택하지 <u>못한</u> 것은?

① 전자가 원자에 (충돌 / 당돌)하면 저항이 발생한다.

② 고가 사다리가 고압 전류와 (접촉 / 접선)하여 단전 사고가 일어났다.

③ 열의 손실 및 열의 (유인 / 유출)을 막기 위한 장치를 마련해야 한다.

④ 생활 속에서 에너지를 감축하여 이산화 탄소 (발생 / 발산)을 줄이는 방법을 알아야 한다.

⑤ 전기 자동차는 내연 기관을 이용한 차와 비교했을 때 상대적으로 그 (구조 / 구도)가 간단하다.

10 〈보기〉의 ㉠~㉺과 바꿔 쓸 수 <u>없는</u> 말은?

> 보기
>
> 라이다(LiDar)가 가장 ㉠각광을 받는 분야는 자율 주행이다. 라이다는 3차원 영상을 ㉡구현하기 위하여 필요한 정보를 습득하는 센서의 핵심 기술이라 할 수 있다. 라이다로 레이저를 발사해서 돌아오는 시간을 ㉢측정하면 반사 지점의 공간 위치를 분석할 수 있다. 기술의 발달로 매우 작은 크기로도 ㉣제작할 수 있어 차량 곳곳에 쉽게 ㉤장착할 수 있다.

① ㉠: 주목 ② ㉡: 확인하기
③ ㉢: 재면 ④ ㉣: 생산할
⑤ ㉤: 부착할

11 〈보기〉의 밑줄 친 어휘에 공통적으로 포함되어 있는 의미로 적절한 것은?

> 보기
>
> • 컴퓨터 하드웨어의 <u>제어</u> 장치가 갑자기 작동되지 않는다.
> • 한동안 무역 마찰을 빚어 온 두 나라가 상호 간의 <u>절충</u>을 통해 합의점을 찾았다.
> • 스마트 센서는 냉장고 문을 열 때 발생하는 온도 변화를 감지하여 온도를 자동으로 <u>조정</u>하는 기술이다.

① 조절 ② 해체 ③ 유지
④ 관리 ⑤ 억압

12 〈보기〉의 빈칸에 공통으로 들어갈 말로 가장 적절한 것은?

> 보기
> • 두 기계에는 (　　　　　) 연료가 사용된다.
> • 내가 목격한 사람이 범인과 (　　　　　) 사람이었다.
> • (　　　　　) 문제에 대해 사람들의 견해가 나뉘었다.

① 동조한　　　② 동등한　　　③ 동일한
④ 균일한　　　⑤ 평등한

13 〈보기〉의 ㉠과 그 의미가 가장 유사한 것은?

> 보기
> 　기어는 엔진에서 발생한 회전수를 주행 상황에 맞는 바퀴의 회전수로 바꾸는 역할을 하고, 일반적으로 기어비에 따라 회전수와 토크의 변화가 ㉠일어난다.

① 꺼져 가던 모닥불이 다시 일어났다.
② 관객들의 함성 소리가 갑자기 일어났다.
③ 명절이 지나고 자리에 몸져누워 일어나지 못했다.
④ 뜨거운 물에 한동안 몸을 담갔더니 때가 일어났다.
⑤ 소문을 듣고 달려온 흥분한 군중에 의하여 소란이 일어났다.

14 〈보기〉의 밑줄 친 ㉠과 바꿔 쓸 수 있는 말로 가장 적절한 것은?

> 보기
> 　㉠일반적으로 생체 인식 시스템에서는 '생체 정보 수집', '전처리', '특징 데이터 추출', '정합'의 과정을 거치는데 지문 인식 시스템도 이를 따른다. 생체 정보 수집 단계는 지문 입력 장치를 사용하여 지문 영상을 얻는 과정에 해당한다. 전처리 단계에서는 지문 형태와 무관한 영상 정보를 제거하고 지문 형태의 특징이 부각되도록 지문 영상을 보정한다.

① 전문적　　　② 가급적　　　③ 비교적
④ 보편적　　　⑤ 기술적

15 〈보기〉의 ㉠~㉤을 활용하여 만든 문장으로 적절하지 않은 것은?

> 보기
> • 반도체 공정 ㉠과정에 대한 강의를 들었다.
> • 안테나의 ㉡설치 위치를 바꿨더니 텔레비전이 잘 나온다.
> • 대형 유조선이 밤 사이에 ㉢폭발을 일으키며 침몰하였다.
> • 공장에서 고온 물질 ㉣접촉에 의한 화상이 빈번하게 발생하였다.
> • 종류가 다른 두 가지 금속을 붙여서 두 ㉤접점을 다른 온도로 유지할 때 회로에는 전류가 발생한다.

① ㉠: 우리 회사는 결과보다 과정을 중시한다.
② ㉡: 이 제품은 조립식이라 설치가 간편하다.
③ ㉢: 태양의 표면에서는 수시로 폭발이 일어나고 있다.
④ ㉣: 낡은 기계를 돌리자 접촉 부분에서 쇳가루가 날렸다.
⑤ ㉤: 그 친구의 터무니없는 주장에는 중대한 접점이 있어 보인다.

16 〈보기〉의 ㉠~㉤의 사전적 의미로 적절하지 않은 것은?

> 보기
> 　GPS는 위성으로부터 오는 신호를 이용하여 절대 위치를 측정한다. GPS는 위치 ㉠오차가 시간에 따라 ㉡누적되지 않는다. 그러나 전파 ㉢지연 등으로 접속 초기에 짧은 시간 동안이지만 큰 오차가 발생하고 실내나 터널 등에서는 GPS 신호를 받기 어렵다. IMU는 내장된 센서로 가속도와 속도를 측정하여 위치 변화를 계산하고 초기 위치를 기준으로 하는 상대 위치를 구한다. 단기간 움직임에 대한 측정 ㉣성능이 뛰어나지만 센서가 측정한 값의 오차가 누적되기 때문에 시간이 지날수록 위치 오차가 커진다. 이 두 방식을 함께 사용하면 서로의 단점을 ㉤보완하여 오차를 줄일 수 있다.

① ㉠: 실지로 셈하거나 측정한 값과 이론적으로 정확한 값과의 차이
② ㉡: 포개져 여러 번 쌓이지
③ ㉢: 병이나 증상이 늦게 나타나는 일
④ ㉣: 기계 따위가 지닌 성질이나 기능
⑤ ㉤: 모자라거나 부족한 것을 보충하여 완전하게 하여

17 〈보기〉의 빈칸에 공통으로 들어갈 말로 가장 적절한 것은?

> **보기**
> • 이 컴퓨터의 특징은 음성을 (　　　　)할 수 있다는 것이다.
> • 새로 출시된 드론은 후방을 (　　　　)할 수 있는 기능이 추가되었다.

① 감지　　　　② 지지　　　　③ 도모
④ 공감　　　　⑤ 인정

18 〈보기〉의 빈칸에 들어갈 가장 적절한 말은?

> **보기**
> 　포토리소그래피는 반도체 기판 위에 패턴을 형성하는 기술을 의미하는데 이는 판화를 만들어 내는 과정과 (　　　　)이 있다. 원판으로부터 수없이 많은 판화를 종이 위에 찍어 낼 수 있듯이 포토리소그래피의 경우 마스크라는 하나의 원판을 제작한 후, 빛을 사용하여 같은 모양의 패턴을 기판 위에 반복해서 복사하여 패턴을 대량으로 만든다.

① 양면성　　　　② 유사성　　　　③ 가변성
④ 다양성　　　　⑤ 정확성

19 〈보기〉의 ㉠과 ㉡의 관계와 가장 유사한 것은?

> **보기**
> 　소리 그늘은 소리의 파동이 도달하지 못하는 지점이나 영역을 말한다. 예를 들어 음원이 청자의 왼쪽 귀 높이에 위치해 있다면 청자의 머리 때문에 오른쪽 귀에는 소리가 늦게 도착하여 소리가 작게 들린다. 이러한 현상은 주로 ㉠고주파 대역에서 잘 일어난다. ㉡저주파가 머리를 넘어 오른쪽 귀까지 소리가 잘 도달하는 반면, 고주파는 소리가 진행하다가 머리에 막혀 오른쪽 귀에 잘 도달하지 않기 때문이다.

① 말 : 언어　　　　② 운동 : 축구　　　　③ 얼굴 : 낯
④ 남성 : 여성　　　　⑤ 시계 : 시침

20 〈보기〉의 밑줄 친 말의 사전적 의미로 가장 적절한 것은?

> **보기**
> 　렌즈를 움직이는 방법 중에는 보이스 코일 모터를 이용하는 방법이 많이 쓰인다. 보이스 코일 모터를 포함한 카메라 모듈은 중앙에 위치한 렌즈 주위에 코일과 자석이 배치되어 있다. 카메라가 흔들리면 제어 장치에 의해 보이스 코일에 전류가 흘러서 자기장과 전류의 직각 방향으로 전류의 크기에 비례하는 힘이 발생한다.

① 서로 비슷한 위치에서 견주는
② 서 있거나 세워진 모습이 바르지 아니하고 한쪽으로 약간 기울어져 있는
③ 둘 이상의 사물을 견주어 서로 간의 유사점, 차이점, 일반 법칙 따위를 고찰하는
④ 한쪽의 양이나 수가 증가하는 만큼 그와 관련 있는 다른 쪽의 양이나 수도 증가하는
⑤ 두 개의 대상이 똑같지는 아니하지만 전체적 또는 부분적으로 일치하는 점이 많은 상태에 있는

21 〈보기〉의 ㉠~㉤에 들어갈 어휘와 그 의미의 연결이 올바르지 <u>않은</u> 것은?

> **보기**
> • 고무풍선이 너무 (　㉠　)해서 터질 것만 같다.
> • 빛의 (　㉡　)가 식물의 성장에 미치는 영향은 다음과 같다.
> • 뗏목의 부력을 크게 하기 위해서 스티로폼으로 만든 뜸을 (　㉢　)했다.
> • 우리나라에서는 특허청의 심사 (　㉣　)을 통과해야만 특허를 받을 수 있다.
> • 기계 설비나 원재료 따위의 물질적인 생산 (　㉤　)를 다루는 것은 결국 사람이다.

① ㉠: 팽창 – 부풀어서 부피가 커짐.
② ㉡: 강도 – 금속의 단단하고 센 정도
③ ㉢: 부착 – 떨어지지 아니하게 붙음.
④ ㉣: 기준 – 기본이 되는 표준
⑤ ㉤: 요소 – 사물의 성립이나 효력 발생 따위에 꼭 필요한 성분. 또는 근본 조건

[01-03] 다음 글을 읽고 물음에 답하시오.

고2 학력평가 변형

운전석 에어백의 작동 과정을 살펴보면 먼저 자동차가 정면충돌하면서 발생한 에너지는 차량 앞쪽의 좌우 하단에 각각 설치된 충돌 센서와 운전석과 조수석 사이의 하단에 설치된 전자 제어 장치에 (ⓐ   )되어 있는 안전 센서에 의해 동시에 감지된다. 충돌 센서 중 가장 보편적인 것이 전기 기계식 충돌 센서인데, 충돌 센서의 롤러는 평상시에는 고정되어 있지만 충돌이 발생하면 구르게 된다. 이로 인해 롤러에 부착된 회전 접점이 고정 접점과 접촉하여 전류가 흐르면서 전자 제어 장치로 전기 신호를 보내게 된다.

안전 센서는 그 (ⓑ   ) 및 작동 원리가 충돌 센서와 동일하나, 자동차 앞부분을 (ⓒ   )으로 충돌 센서보다 더 뒤쪽에 설치되어 있기 때문에 안전 센서가 받는 충격의 강도가 충돌 센서가 받는 충격의 강도보다 더 커야만 전자 제어 장치에 전기 신호를 보내게 된다. 만약 충돌에 의해 충돌 센서와 안전 센서로부터 전기 신호가 전자 제어 장치로 (ⓓ   )될 경우, 전자 제어 장치는 이를 심각한 충돌의 상황으로 판단하여 점화 장치에 신호를 ㉠보내게 된다.

한편 점화 장치는 일종의 화약과 같은 점화제와 이를 폭발시키기 위한 필라멘트로 구성되어 있는데, 전자 제어 장치로부터 전달된 신호가 점화 장치의 필라멘트를 가열시켜 점화제가 폭발하여 화염이 발생한다. 이처럼 (ⓔ   )으로 발생한 화염은 가스 발생제로 전달된다. 가스 발생제의 구성 요소인 아지드화 나트륨이 높은 열에 의해 나트륨과 질소로 분해되어 질소 가스를 발생시킨다. 이와 같은 과정을 통해 발생한 질소 가스는 공기 주머니로 유입되고 공기 주머니, 즉 에어백은 순식간에 팽창하게 되는 것이다.

01 윗글의 내용과 일치하지 <u>않는</u> 것은?

① 전기 기계식 충돌 센서의 롤러는 충돌 전후 동일하게 고정되어 있다.
② 아지드화 나트륨이 높은 열에 의해 분해될 때 나오는 질소 가스가 에어백을 팽창시킨다.
③ 자동차가 정면충돌하면서 발생한 에너지는 충돌 센서와 안전 센서에 동시에 감지된다.
④ 점화 장치는 크게 화약과 같은 점화제와 이를 폭발시키기 위한 필라멘트로 구성되어 있다.
⑤ 안전 센서는 충돌 센서가 받는 충격의 강도보다 커야만 전자 제어 장치에 전기 신호를 보낸다.

02 ㉠의 문맥적 의미와 가장 가까운 것은?

① 다친 다람쥐를 치료하여 <u>보내</u> 주었다.
② 오빠가 동생을 시장에 심부름을 <u>보냈다</u>.
③ 관객들은 지휘자에게 기립 박수를 <u>보냈다</u>.
④ 그녀는 아들을 영국으로 장가를 <u>보낼</u> 예정이다.
⑤ 자식을 먼저 <u>보내고</u> 나니 앞으로 살아갈 일이 막막하다.

03 글의 흐름상, ⓐ~ⓔ에 들어갈 말로 적절하지 <u>않은</u> 것은?

① ⓐ: 내장   ② ⓑ: 구조   ③ ⓒ: 기준
④ ⓓ: 전달   ⑤ ⓔ: 영속적

*미니북에 수록된 DAY별 어휘들을 익히고 난 후, 문제를 풀면 더욱 효과적으로 학습할 수 있어요.

[01-04] 다음 밑줄 친 어휘의 뜻을 〈보기〉에서 찾아 그 기호를 쓰시오.

> **보기**
> ㉠ 지나는 길
> ㉡ 분별하여 알아봄.
> ㉢ 활동, 기능, 효과, 관심 따위가 미치는 일정한 범위
> ㉣ 전신이나 전화, 라디오, 텔레비전 방송 따위의 신호를 받음.

01 이 핸드폰은 수신이 잘되는 제품으로 알려져 있다.
(   )

02 레이더를 이용해 비행 물체가 아군기인지 적군기인지 쉽게 식별을 할 수 있다.
(   )

03 블랙박스에 들어 있는 내용을 해독하면 비행기가 비행한 경로를 알 수 있다.
(   )

04 이 회사는 최근 들어 기계 부품 분야로 사업 영역을 확장하면서 급성장세를 보이고 있다.
(   )

[05-08] 다음 밑줄 친 말과 바꿔 쓰기에 적절한 어휘를 〈보기〉에서 골라 문맥에 맞게 쓰시오.

> **보기**
> 구분하다   변환하다   전송하다   추월하다

05 아직은 인공 지능이 인간을 따라잡아서 먼저 나아갔다고 보기는 어렵다.
→ __________

06 신소재 연구팀이 신물질을 이용해 압력과 인장을 일정한 기준에 따라 나눌 수 있는 무선 통신 소자를 개발하였다.
→ __________

07 IPS 기술은 여러 운전자들에게 교통 정보를 신속하게 전하여 보낼 수 있는 기술이다. → __________

08 그는 중요한 내용을 모스 부호로 다르게 하여 바꾸고 있었다.
→ __________

09 문맥에 맞는 어휘를 바르게 선택하지 못한 것은?

① 경찰의 교통 정리로 차량 흐름이 (원활 /⑭원숙)해졌다.
② 전보를 (⑭발신/ 발산)할 때는 간단하고 쉬운 부호를 많이 쓴다.
③ 데이터가 삭제되는 것은 '프런트 포인터'에 의해 (⑭결정/ 결합)된다.
④ 이 방에 (⑭부착/ 집착)된 인공 지능 센서는 습도와 온도를 자동으로 조절한다.
⑤ 무선으로 데이터를 (⑭인식/인정)하여 정보 교환을 가능하게 하는 시스템을 RFID라고 한다.

10 〈보기〉의 ㉠~㉤과 바꿔 쓸 수 없는 말은?

> **보기**
> 데이터 중복 전송 방식의 문제를 ㉠해결하기 위해 개발된 것이 중복 정보 전송 방식이다. 이 방식은 송신 측에서 수신 측으로 데이터를 보낼 때 중복 정보를 ㉡생성해서 함께 ㉢보내는 방식이다. 송신 측에서는 생성 함수를 이용하여 생성한 중복 정보를 데이터와 함께 수신 측에 전송하고 수신 측에서는 검사 함수를 통해 데이터에 오류가 없다고 ㉣판단하면 중복 정보는 ㉤제거하고 데이터만 이용하게 된다.

① ㉠: 풀어내기   ② ㉡: 만들어서   ③ ㉢: 전달하는
④ ㉣: 유추하면   ⑤ ㉤: 삭제하고

11 〈보기〉의 밑줄 친 어휘에 공통적으로 포함되어 있는 의미로 적절한 것은?

> **보기**
> • 이 두 전선을 결속해야 전구에 불이 들어온다.
> • 이 기계는 여러 첨단 기술을 농기계에 접목한 것이다.
> • 이 촉매제는 두 물질의 결합을 매개하는 기능을 한다.

① 지향   ② 관리   ③ 개선
④ 변화   ⑤ 연결

손안의 미니북

이 책의 차례와 학습 계획표

똑똑! 어휘 4주 완성 학습 계획

- DAY별로 문제를 푸는 데 필요한 핵심 어휘들만 별도로 학습할 수 있습니다.
- DAY별 어휘를 익히고, 본 교재의 문제를 풀면 더욱 효과적으로 학습할 수 있습니다.

01	**민심**(民心)	백성의 마음 예 그는 나라를 잘못 다스려 <u>민심</u>을 잃었다.
02	**애민**(愛民)	백성을 사랑함. 예 임금은 백성을 사랑하는 <u>애민</u> 정신이 뛰어났다.
03	**정점**(頂點)	❶ 맨 꼭대기가 되는 곳 예 성당의 탑 <u>정점</u>에는 십자가가 세워져 있다. ❷ 사물의 진행이나 발전이 최고의 경지에 달한 상태
04	**순응하다**(順應––)	환경이나 변화에 적응하여 익숙하여지거나 체계, 명령 따위에 적응하여 따르다. 예 그는 약삭빠르게 세태에 <u>순응하였다</u>.
05	**감독하다**(監督––)	일이나 사람 따위가 잘못되지 아니하도록 살피어 단속하다. 또는 일의 전체를 지휘하다. 예 선생님이 교실에서 시험을 <u>감독하다</u>.
06	**자명하다**(自明––)	설명하거나 증명하지 아니하여도 저절로 알 만큼 명백하다. 예 외국 쌀이 수입되면 우리 쌀의 자급률이 떨어질 것이 <u>자명하다</u>.
07	**안정시키다** (安靜–––)	❶ (무엇이 사물이나 상황을) 흔들림이 없이 안전하게 하다. 예 혼란스러운 국정을 <u>안정시켜야</u> 침체된 경제를 살릴 수 있다. ❷ (무엇이 마음을) 평안하게 하다. 예 불안한 마음을 따뜻한 차로 <u>안정시키다</u>.
08	**교화하다**(敎化––)	가르치고 이끌어서 좋은 방향으로 나아가게 하다. 예 난폭한 왕자를 <u>교화하다</u>.
09	**구분하다**(區分––)	일정한 기준에 따라 전체를 몇 개로 갈라 나누다. 예 여객기의 좌석을 일등석과 일반석으로 <u>구분하였다</u>.
	충당하다(充當––)	모자라는 것을 채워 메우다. 예 사업 예산의 대부분을 국비로 <u>충당하다</u>.
	균등하다(均等––)	고르고 가지런하여 차별이 없다. 예 이번 사업에서 번 돈은 모두에게 <u>균등하게</u> 나누어 주었다.
	가속화하다 (加速化––)	속도가 더해지다. 또는 속도를 더하다. 예 이산화 탄소는 지구 온난화를 <u>가속화한다</u>.

10 **지배** (支配)	❶ 어떤 사람이나 집단, 조직, 사물 등을 자기의 의사대로 복종하게 하여 다스림. 예 아프리카 대륙은 한동안 서구 열강의 <u>지배</u>를 받았다. ❷ 외부의 요인이 사람의 생각이나 행동에 적극적으로 영향을 미침.
통치 (統治)	나라나 지역을 도맡아 다스림. 예 국민이 <u>통치</u>의 주체가 되어야 한다.
통솔 (統率)	무리를 거느려 다스림. 예 학생들이 곳곳에 흩어져 있어 <u>통솔</u>이 제대로 안 된다.
11 **수용하다** (受容--)	❶ 어떠한 것을 받아들이다. 예 일본은 서구의 기술을 일찌감치 <u>수용하였다</u>. ❷ 감상(鑑賞)의 기초를 이루는 작용으로, 예술 작품 따위를 감성으로 받아들여 즐기다.
12 **정비하다** (整備--)	❶ 흐트러진 체계를 정리하여 제대로 갖추다. 예 인사 평가에 앞서 조직을 <u>정비하다</u>. ❷ 기계나 설비가 제대로 작동하도록 보살피고 손질하다. ❸ 도로나 시설 따위가 제 기능을 하도록 정리하다. 예 태풍을 대비하여 배수로를 <u>정비하다</u>.
13 **지니다**	❶ 몸에 간직하여 가지다. 예 그는 품속에 돈을 <u>지니고</u> 다녔다. ❷ 바탕으로 갖추고 있다. 예 낙천적인 사고를 <u>지닌</u> 사람은 쉽게 좌절하지 않는다.
14 **순조롭다** (順調--)	일 따위가 아무 탈이나 말썽 없이 예정대로 잘되어 가는 상태에 있다. 예 일의 진행이 <u>순조롭다</u>.
15 **인식** (認識)	사물을 분별하고 판단하여 앎. 예 그릇된 역사에 대한 <u>인식</u>은 고칠 필요가 있다.
관점 (觀點)	사물이나 현상을 관찰할 때, 그 사람이 보고 생각하는 태도나 방향 또는 처지 예 보는 <u>관점</u>에 따라 같은 사람이라도 다르게 보인다.
정당성 (正當性)	사리에 맞아 옳고 정의로운 성질 예 사건의 정황으로 볼 때 그의 주장에는 <u>정당성</u>이 있어 보인다.
확보 (確保)	확실히 보증하거나 가지고 있음. 예 재판에 앞서 충분한 증거를 <u>확보</u>해야 한다.
16 **주입하다** (注入--)	❶ 흘러 들어가도록 부어 넣다. ❷ 기억과 암기를 주로 하여 지식을 넣어 주다. 예 자신의 사고방식을 남에게 <u>주입하려</u> 하면 안 된다.

17 **자질**(資質)	❶ 타고난 성품이나 소질 예 그는 강인한 <u>자질</u>을 타고났다. ❷ 어떤 분야의 일에 대한 능력이나 실력의 정도 ❸ 타고난 체질
신망(信望)	믿고 기대함. 또는 그런 믿음과 덕망 예 그는 백성들의 <u>신망</u>을 잃었다.
민본(民本)	국민을 위주로 함. 예 조선 왕조는 정치적으로는 유교의 덕치주의와 <u>민본</u> 사상을 바탕으로 한다.
덕성(德性)	어질고 너그러운 성질 예 그녀는 미모와 <u>덕성</u>을 두루 갖추고 있다.
18 **궁극적**(窮極的)	더할 나위 없는 지경에 도달하는. 또는 그런 것 예 학문의 <u>궁극적</u>인 목적은 참을 추구하는 데 있다.
함축하다(含蓄--)	❶ 겉으로 드러내지 아니하고 속에 간직하다. ❷ 말이나 글이 많은 뜻을 담고 있다. 예 그 책은 한국의 현대사를 <u>함축</u>하고 있다.
19 **음양**(陰陽)	우주 만물의 서로 반대되는 두 기운으로서 이원적 대립 관계를 나타내는 것 예 동양 철학에서 <u>음양</u> 사상은 우주 만물의 흐름을 잘 설명해 준다.
20 **기조**(基調)	사상, 작품, 학설 따위에 일관해서 흐르는 기본적인 경향이나 방향 예 이 작품의 <u>기조</u>를 이루는 것은 사람에 대한 사랑이다.
책무(責務)	직무에 따른 책임이나 임무 예 나는 회사를 이끌어 가는 관리자의 <u>책무</u>를 수행해야 한다.
기반(基盤)	기초가 되는 바탕. 또는 사물의 토대 예 조선 후기에는 실학이라는 당대의 사상적 <u>기반</u>이 있었다.
성군(聖君)	어질고 덕이 뛰어난 임금 예 세종 대왕은 많은 업적을 이룬 <u>성군</u>이셨다.
21 **실현되다**(實現--)	꿈, 기대 따위가 실제로 이루어지다. 예 오늘은 그녀의 오랜 꿈이 <u>실현되는</u> 날이다.
위계(位階)	지위나 계층 따위의 등급 예 군대는 <u>위계</u>가 분명한 조직이다.
주도하다(主導--)	주동적인 처지가 되어 이끌다. 예 그는 세계의 패션을 <u>주도하는</u> 디자이너이다.

01 존재 (存在)
현실에 실제로 있음. 또는 그런 대상
예 그녀는 신의 <u>존재</u>를 부인하였다.

02 번민 (煩悶)
마음이 번거롭고 답답하여 괴로워함.
예 그의 얼굴에는 오랜 <u>번민</u>의 흔적이 남아 있었다.

03 목적 (目的)
실현하려고 하는 일이나 나아가는 방향
예 그녀는 노력 끝에 시험에 합격하는 <u>목적</u>을 이루었다.

04 판단 (判斷)
사물을 인식하여 논리나 기준 등에 따라 판정을 내림.
예 옳고 그름에 대한 객관적인 <u>판단</u>을 내리다.

05 연관되다 (聯關――)
사물이나 현상이 일정한 관계가 맺어지다.
예 그 사건에 범죄 조직이 긴밀히 <u>연관되어</u> 있다.

06 명명하다 (命名――)
사람, 사물, 사건 따위의 대상에 이름을 지어 붙이다.
예 해군은 새로 만든 배의 이름을 '장보고'라고 <u>명명하였다</u>.

07 선행하다 (先行――)
❶ 어떠한 것보다 앞서가거나 앞에 있다.
예 그들은 선생님에 대한 공포감이 존경심보다 <u>선행하였다</u>.
❷ 딴 일에 앞서 행하다.

08 대상화하다
(對象化――)
❶ 어떠한 사물을 일정한 의미를 가진 인식의 대상이 되게 하다.
❷ 자기의 주관 안에 있는 것을 객관적인 대상으로 구체화하여 밖에 있는
것으로 다루다.
예 내 자신을 탐구하기 위해서는 먼저 자신을 <u>대상화해서</u> 객관적으로 바라보아야
한다.

09 산출하다 (算出――)
계산하여 내다.
예 물건의 적정가를 <u>산출하다</u>.

짐작하다 (斟酌――)
사정이나 형편 따위를 어림잡아 헤아리다.
예 경찰은 그를 범인으로 <u>짐작하고</u> 있는 듯하였다.

10 본질 (本質)
❶ 본디부터 가지고 있는 사물 자체의 성질이나 모습
예 인문 과학의 궁극적 목표는 인간의 <u>본질</u>에 대한 답을 구하는 것이다.
❷ 사물이나 현상을 성립시키는 근본적인 성질

근원적 (根源的)
사물이 비롯되는 근본이나 원인이 되는. 또는 그런 것
예 사회 안정을 위해서는 계층 간의 <u>근원적</u> 갈등을 먼저 해소하는 것이 중요하다.

	사상 (思想)	어떠한 사물에 대하여 가지고 있는 구체적인 사고나 생각 예 그의 작품은 그의 사상과 감정을 담고 있다.
	자각 (自覺)	현실을 판단하여 자기의 입장이나 능력 따위를 스스로 깨달음. 예 너의 처지를 자각하고 분수에 맞게 행동해야 한다.
	주체적 (主體的)	어떤 일을 실천하는 데 자유롭고 자주적인 성질이 있는. 또는 그런 것 예 나는 부모님께 의지하기보다는 주체적으로 살아가는 편이다.
11	**쾌락** (快樂)	감성의 만족, 욕망의 충족에서 오는 유쾌하고 즐거운 감정 예 사람은 계획한 일을 성취하면 쾌락을 느낀다.
	저급하다 (低級——)	내용, 성질, 품질 따위의 정도가 낮다. 예 그들의 음악은 종종 저급하다는 이유로 손가락질을 받는다.
12	**쓰다**¹	붓, 펜, 연필과 같이 선을 그을 수 있는 도구로 종이 따위에 획을 그어서 일정한 글자의 모양이 이루어지게 하다. 예 종이에 붓글씨를 쓰다.
	쓰다²	어떤 일을 하는 데에 재료나 도구, 수단을 이용하다. 예 재료를 자를 때는 가위를 쓴다.
13	**보편적** (普遍的)	모든 것에 두루 미치거나 통하는. 또는 그런 것 예 어머니의 자식에 대한 사랑은 가장 보편적인 사랑이다.
	추구하다 (追求——)	목적을 이룰 때까지 뒤쫓아 구하다. 예 상품 광고를 통해 상업적 이윤을 추구하다.
	수행하다 (遂行——)	생각하거나 계획한 대로 일을 해내다. 예 그는 조별 과제에서 자신이 맡은 일을 확실히 수행하였다.
	지양하다 (止揚——)	더 높은 단계로 오르기 위하여 어떠한 것을 하지 아니하다. 예 토론할 때 자신의 의견만 내세우는 태도는 지양해야 한다.
14	**규정** (規定)	❶ 규칙으로 정함. 또는 그 정하여 놓은 것 예 그 학생은 학교 규정에 따라 정학 처분을 받았다. ❷ 내용이나 성격, 의미 따위를 밝혀 정함. 또는 그 정하여 놓은 것
15	**공존하다** (共存——)	❶ 두 가지 이상의 사물이나 현상이 함께 존재하다. ❷ 서로 도와서 함께 존재하다. 예 인간은 자연과 조화를 이루면서 공존하고 있다.
	실재하다 (實在——)	실제로 존재하다. 예 이어도는 제주도의 서남쪽에 실재하는 수중 섬이다.
	실존하다 (實存——)	실제로 존재하다. 예 이 소설에 등장하는 인물들은 모두 실존하는 사람들이다.

| **16 기준** (基準) | 기본이 되는 표준
예 심사 기준에 따라 우리 팀은 탈락하게 되었다. |

시선 (視線)
❶ 눈이 가는 길. 또는 눈의 방향
예 나는 다른 사람들이 쳐다보는 것이 느껴져 시선을 땅으로 떨구었다.
❷ 주의 또는 관심을 비유적으로 이르는 말
예 재건축 문제에 세인의 시선이 집중되고 있다.

17 일생 (一生)
세상에 태어나서 죽을 때까지의 동안
예 그는 일생을 제주도에서 살았다.

유년 (幼年)
어린 나이나 때. 또는 어린 나이의 아이
예 유년의 추억은 항상 따뜻하게 느껴진다.

18 책임감 (責任感)
맡아서 해야 할 임무나 의무를 중히 여기는 마음
예 그는 벌써부터 회장으로서의 책임감으로 마음이 무거웠다.

총체적 (總體的)
있는 것들을 모두 하나로 합치거나 묶은. 또는 그런 것
예 사람들의 뜻을 모아 총체적 결론을 내렸다.

도피하다 (逃避――)
❶ 도망하여 몸을 피하다.
예 그는 해외로 도피하였다.
❷ 적극적으로 나서야 할 일에서 몸을 사려 빠져나가다.

타자 (他者)
자기 외의 사람. 또는 다른 것
예 그는 자기 자신에게는 엄격하지만 타자에게는 관대하다.

19 객관적 (客觀的)
자기와의 관계에서 벗어나 제삼자의 입장에서 사물을 보거나 생각하는. 또는 그런 것
예 그 문제는 객관적으로 판단해야 한다.

주관적 (主觀的)
자기의 견해나 관점을 기초로 하는. 또는 그런 것
예 기사를 쓸 때는 주관적인 판단을 담으면 안 된다.

20 일컫다
이름 지어 부르다.
예 예로부터 우리나라를 동방예의지국이라고 일컬었다.

01 **대상**(對象)	어떤 일의 상대 또는 목표나 목적이 되는 것 예 그녀는 어디를 가든 항상 관심의 <u>대상</u>이다.
02 **여부**(與否)	① 그러함과 그러하지 아니함. 예 전쟁에서 살아남은 형은 동생의 생사 <u>여부</u>를 알려고 노력하였다. ② 틀리거나 의심할 여지
03 **보장되다**(保障——)	어떤 일이 어려움 없이 이루어지도록 조건이 마련되어 보증되거나 보호되다. 예 법이 개정되면 노동자들의 최저 생계비가 <u>보장될</u> 것이다.
04 **특성**(特性)	일정한 사물에만 있는 특수한 성질 예 바닷물은 짜다는 <u>특성</u>이 있다.
05 **확정하다**(確定——)	일을 확실하게 정하다. 예 회의 장소를 제주도로 <u>확정하다</u>.
06 **어긋나다**	① 잘 맞물려 있는 물체가 틀어져서 맞지 아니하다. 예 집게가 하나같이 <u>어긋나서</u> 쓸 만한 게 없다. ② 기대에 맞지 아니하거나 일정한 기준에서 벗어나다. 예 표기가 맞춤법에 <u>어긋나다</u>.
07 **선정하다**(選定——)	여럿 가운데서 어떤 것을 뽑아 정하다. 예 기자들의 투표를 통해 이달의 선수를 <u>선정하였다</u>.
08 **정당화하다** (正當化——)	정당성이 없거나 정당성에 의문이 있는 것을 무엇으로 둘러대어 정당한 것으로 만들다. 예 군사 정권은 사회 질서 유지라는 명목 아래 독재를 <u>정당화하였다</u>.
09 **범위**(範圍)	① 일정하게 한정된 영역 ② 어떤 것이 미치는 한계 예 그 배우는 활동 <u>범위</u>가 매우 넓은 사람이다.
10 **성질**(性質)	① 사람이 지닌 마음의 본바탕 ② 사물이나 현상이 가지고 있는 고유의 특성 예 사건의 종류와 <u>성질</u>에 따라 조사 방법을 다르게 하였다.
11 **내리다**	판단, 결정을 하거나 결말을 짓다. 예 형사는 그 남자의 친구가 물건을 훔쳤을 것이라고 단정을 <u>내렸다</u>.
12 **동기**(動機)	어떤 일이나 행동을 일으키게 하는 계기 예 기자는 나에게 이 작품을 쓰게 된 <u>동기</u>를 물었다.

| **부여**(附與) | 사람에게 권리·명예·임무 따위를 지니도록 해 주거나, 사물이나 일에 가치·의의 따위를 붙여 줌. |
| | 예 아이가 스스로 공부하게 하려면 특별한 동기 <u>부여</u>가 필요하다. |

13 부정되다(否定--)   그렇지 아니하다고 단정되거나 옳지 아니하다고 반대되다.
예 자유가 <u>부정되는</u> 사회는 부패할 가능성이 크다.

폄하하다(貶下--)   가치를 깎아내리다.
예 사람들은 그가 교육을 받지 못했다는 이유로 그의 작품을 <u>폄하하였다</u>.

정당하다(正當--)   이치에 맞아 올바르고 마땅하다.
예 심판의 판정은 <u>정당하였다</u>.

통용되다(通用--)   ❶ 일반적으로 두루 쓰이다.
예 외국에서는 도장 대신에 사인이 주로 <u>통용된다</u>.
❷ 어떤 말이나 사물이 어떤 뜻이나 수단으로 널리 쓰이다.

부각되다(浮刻--)   ❶ 어떤 사물이 특징지어져 두드러지게 되다.
예 그 색깔은 주위의 모든 다른 색깔에 비해 단연 <u>부각되었다</u>.
❷ 주목받는 사람, 사물, 문제 따위로 나타나게 되다.

14 직면하다(直面--)   어떠한 일이나 사물을 직접 당하거나 접하다.
예 그 회사는 무리한 사업 확장으로 인해 자금난에 <u>직면하였다</u>.

파악하다(把握--)   ❶ 손으로 잡아 쥐다.
❷ 어떤 대상의 내용이나 본질을 확실하게 이해하여 알다.
예 내년도 입시 경향을 <u>파악하다</u>.

가로막다   ❶ 앞을 가로질러 막다.
❷ 말이나 행동, 일 따위를 제대로 하지 못하도록 방해하거나 막다.
예 그가 그녀의 말을 <u>가로막고</u> 나섰다.
❸ 앞이 보이지 않도록 가리다.

맞닥뜨리다   ❶ 갑자기 마주 대하거나 만나다.
❷ 좋지 않은 일 따위에 직면하다.
예 나는 어려운 문제에 <u>맞닥뜨려도</u> 결코 좌절하지 않는다.

고찰하다(考察--)   어떤 것을 깊이 생각하고 연구하다.
예 우리에게는 사물의 여러 가지 측면을 세밀히 <u>고찰하는</u> 연구 자세가 필요하다.

15 영락없다(零落--)   조금도 틀리지 아니하고 꼭 들어맞다.
예 그 목소리는 <u>영락없는</u> 그 여자의 목소리다.

확고하다(確固--)   태도나 상황 따위가 튼튼하고 굳다.
예 독립 운동가들은 민족 해방에 대한 <u>확고한</u> 신념을 가졌다.

16 성립하다(成立--)   일이나 관계 따위가 제대로 이루어지다.
예 용의자의 알리바이가 <u>성립하였다</u>.

충족하다(充足--)	일정한 분량을 채워 모자람이 없게 하다. 예 이 회사에 지원하려면 몇 가지 자격을 <u>충족해야</u> 한다.
가정하다(假定--)	사실이 아니거나 또는 사실인지 아닌지 분명하지 않은 것을 임시로 인정하다. 예 그를 범인으로 <u>가정하고</u> 수사를 진행하였다
17 **선정**(選定)	여럿 가운데서 어떤 것을 뽑아 정함. 예 임원진들이 올해의 우수 사원을 <u>선정</u>하였다.
18 **전형**(典型)	❶ 기준이 되는 형 ❷ 같은 부류의 특징을 가장 잘 나타내고 있는 본보기 예 하회는 '작은 안동'이라고 해야 할 정도로 안동 문화의 한 <u>전형</u>을 보여 준다.
증명되다(證明--)	어떤 정리나 공리로부터 추론에 의하여 다른 명제의 옳고 그림이 밝혀지다. 예 이론은 <u>증명되기</u> 전에는 가설에 불과하다.
직관(直觀)	감각, 경험, 연상, 판단, 추리 따위의 사유 작용을 거치지 아니하고 대상을 직접적으로 파악하는 작용 예 그에게는 사물의 본질을 꿰뚫는 <u>직관</u>이 있었다.
신념(信念)	굳게 믿는 마음 예 그녀는 주변 사람들의 말에 흔들리지 않고 자신의 <u>신념</u>을 지켰다.
본보기(本--)	❶ 본을 받을 만한 대상 ❷ 어떤 사실을 설명하거나 증명하기 위하여 내세워 보이는 대표적인 것 예 신사임당은 훌륭한 어머니의 <u>본보기</u>로서 존경받고 있다. ❸ 어떤 조치를 취하기 위하여 대표로 내세워 보이는 것 ❹ 본을 보이기 위한 물건
입증되다(立證--)	어떤 증거 따위가 나와 증명되다. 예 홍삼의 효능이 <u>입증되다</u>.
논증(論證)	옳고 그름을 이유를 들어 밝힘. 또는 그 근거나 이유 예 그는 자신의 가설을 몇 가지 실험을 통해 과학적으로 <u>논증</u>하였다.

인문 4 지식과 명제

---

01 감각 (感覺)
❶ 눈, 코, 귀, 혀, 살갗을 통하여 바깥의 어떤 자극을 알아차림.
예 매운 떡볶이를 먹고 나니 혀의 감각이 모두 마비가 된 것 같다.
❷ 사물에서 받는 인상이나 느낌

---

02 진리 (眞理)
참된 이치. 또는 참된 도리
예 모든 학문은 진리를 탐구한다는 점에서 의미가 통한다.

---

03 표상 (表象)
❶ 본을 받을 만한 대상
❷ 대표로 삼을 만큼 상징적인 것
예 한복은 우리 민족의 표상이다.

---

04 체계 (體系)
일정한 원리에 따라서 낱낱의 부분이 짜임새 있게 조직되어 통일된 전체
예 교통 신호 체계를 따르다.

---

05 무관하다 (無關——)
관계나 상관이 없다.
예 이번 일은 과거 사건과는 무관하다.

---

06 포괄하다 (包括——)
일정한 대상이나 현상 따위를 어떤 범위나 한계 안에 모두 끌어 넣다.
예 사회 규범은 법, 도덕 등을 포괄하는 개념이다.

---

07 지각하다 (知覺——)
알아서 깨닫다.
예 다른 데에 정신이 팔려 냄비가 타는 것을 지각하지 못하였다.

---

08 일치하다 (一致——)
비교되는 대상들이 서로 어긋나지 아니하고 같거나 들어맞다.
예 교내 봉사 방식에 대한 두 사람의 의견이 일치하였다.

---

09 적용되다 (適用——)
알맞게 이용되거나 맞추어져 쓰이다.
예 올해 새로 만들어진 교칙은 모든 학생에게 적용된다.

---

10 대표적 (代表的)
어떤 분야나 집단에서 무엇을 대표할 만큼 전형적이거나 특징적인. 또는 그런 것
예 대구는 분지에 발달한 대표적인 도시 중 하나이다.

---

11 이론 (理論)
사물의 이치나 지식 따위를 해명하기 위하여 논리적으로 정연하게 일반화한 명제의 체계
예 기존 학설을 뒤엎는 이론이 등장하였다.

공유하다 (共有——)
두 사람 이상이 한 물건을 공동으로 소유하다.
예 마을 사람들이 하나의 우물을 공유하고 있다

일상적 (日常的)
날마다 볼 수 있는. 또는 그런 것
예 오늘날 컴퓨터 게임방은 일상적 놀이 공간이 되었다.

12	**낳다**	❶ 배 속의 아이, 새끼, 알을 몸 밖으로 내놓다. ❷ 어떤 결과를 이루거나 가져오다. 예 성실한 태도로 공부하여 좋은 결과를 <u>낳다</u>. ❸ 어떤 환경이나 상황의 영향으로 어떤 인물이 나타나도록 하다.
13	**진위**(眞僞)	참과 거짓 또는 진짜와 가짜를 통틀어 이르는 말 예 그의 증언만으로 사건의 <u>진위</u>를 판단할 수 없다.
	필연적(必然的)	사물의 관련이나 일의 결과가 반드시 그렇게 될 수밖에 없는. 또는 그런 것 예 그 사람은 <u>필연적</u>으로 그 여자를 만나게 되어 있었다.
	우연적(偶然的)	아무런 인과 관계 없이 뜻하지 아니하게 일어나는. 또는 그런 것 예 소설 속의 남녀 주인공은 <u>우연적</u> 만남으로 사랑하기도 한다.
14	**고유하다**(固有——)	본래부터 가지고 있어 특유하다. 예 한복은 대한민국의 <u>고유한</u> 의상이다.
	특유하다(特有——)	일정한 사물만이 특별히 갖추고 있다. 예 온돌은 대한민국의 <u>특유한</u> 난방 방식이다.
15	**역학**(力學)	물체의 운동에 관한 법칙을 연구하는 학문 예 운동하는 물체에 대한 <u>역학</u>은 물리학의 한 분야이다.
16	**부합**(附合)	서로 맞대어 붙임. 예 개인의 이익과 국가의 이익이 <u>부합</u>하다
17	**유용하다¹**(有用——)	쓸모가 있다. 예 도서 목록은 책을 찾는 데 아주 <u>유용하다</u>.
	유용하다²(流用——)	남의 것이나 다른 곳에 쓰기로 되어 있는 것을 다른 데로 돌려쓰다. 예 그는 우리 모임의 회비를 사적으로 <u>유용하였다</u>.
18	**도출되다**(導出——)	판단이나 결론 따위가 이끌려 나오다. 예 결론은 여러 번의 회의 끝에 <u>도출되었다</u>.
	인지하다(認知——)	어떤 사실을 인정하여 알다. 예 그는 환자의 상태가 매우 위급한 상황이라고 <u>인지하였다</u>.
	판별하다(判別——)	옳고 그름이나 좋고 나쁨을 판단하여 구별하다. 예 구체적인 기준이 없어 어떤 작품이 좋은 작품인지 <u>판별하기</u> 어렵다.
	사유하다(私有——)	개인이 사사로이 소유하다. 예 공산주의 국가에서는 개인이 토지를 <u>사유하는</u> 것을 인정하지 않는다.
19	**범하다**(犯——)	❶ 법률, 도덕, 규칙 따위를 어기다. ❷ 잘못을 저지르다. 예 그는 시간에 쫓겨 문제를 잘못 읽는 실수를 <u>범하였다</u>.

도덕성과 윤리

01 도처 (到處)
이르는 곳
예 그곳은 <u>도처</u>에 위험이 도사리고 있다.

02 연대하다 (連帶--)
❶ 여럿이 함께 무슨 일을 하거나 함께 책임을 지다.
예 우리 반은 옆 반과 <u>연대하여</u> 체육대회 준비를 하였다.
❷ 한 덩어리로 서로 연결되어 있다.

03 간접 (間接)
중간에 매개(媒介)가 되는 사람이나 사물 따위를 통하여 맺어지는 관계
예 소식을 <u>간접</u>으로 전해 듣다.

04 다수 (多數)
수효가 많음.
예 그는 <u>다수</u>의 표를 받아 회장으로 선출되었다.

05 엄습하다 (掩襲--)
❶ 뜻하지 아니하는 사이에 습격하다.
❷ 감정, 생각, 감각 따위가 갑작스럽게 들이닥치거나 덮치다.
예 나를 <u>엄습하는</u> 이 고독감이 무엇인지 알고 싶다.

06 자족하다 (自足--)
❶ <u>스스로</u> 넉넉함을 느끼다.
예 그는 자신의 형편에 <u>자족하며</u> 살아간다.
❷ 필요한 물건을 자기 <u>스스로</u> 충족시키다.

07 촘촘하다
틈이나 간격이 매우 좁거나 작다.
예 부엌 타일 간격이 <u>촘촘하게</u> 박혀 있다.

08 도사리다
❶ 마음이나 생각 따위가 깊숙이 자리 잡다.
❷ 장차 일어날 일의 기미가 다른 사물 속에 숨어 있다.
예 그녀가 다정히 대할 때는 음모가 <u>도사리고</u> 있는 경우가 많다.
❸ 어떤 곳에 자리 잡고서 기회를 엿보며 꼼짝 않고 있다.

09 표준 (標準)
사물의 정도나 성격 따위를 알기 위한 근거나 기준
예 보고서에 제시된 수치를 <u>표준</u>으로 삼아 제품을 생산하였다.

10 연민 (憐憫/憐愍)
불쌍하고 가련하게 여김.
예 어머니는 자기 <u>연민</u>에 빠져 늘 우울해하였다.

비극 (悲劇)
인생의 슬프고 애달픈 일을 당하여 불행한 경우를 이르는 말
예 육이오 전쟁과 같은 <u>비극</u>이 되풀이되어서는 안될 것이다.

11 은연중 (隱然中)
남이 모르는 가운데
예 그는 <u>은연중</u>에 겁을 먹고 있었다.

한층(—層)	일정한 정도에서 한 단계 더 예 날씨가 더워지자 시원한 팥빙수 생각이 <u>한층</u> 더 간절하다.
대개(大概)	일반적인 경우에 예 씨앗은 <u>대개</u> 이른 봄에 뿌린다.
12 **적성**(適性)	어떤 일에 알맞은 성질이나 적응 능력. 또는 그와 같은 소질이나 성격 예 <u>적성</u>을 고려해서 학과를 선택하다.
몰입(沒入)	깊이 파고들거나 빠짐. 예 연기를 할 때 그녀는 감정 <u>몰입</u>이 누구보다도 뛰어나다.
각인(刻印)	❶ 도장을 새김. 또는 그 도장 ❷ 머릿속에 새겨 넣듯 깊이 기억됨. 또는 그 기억 예 어릴 적 아버지와의 추억은 마음속에 깊이 <u>각인</u>되어 있다.
불행(不幸)	❶ 행복하지 아니함. 예 <u>불행</u>하게도 안 좋은 일이 잇따라 닥쳤다. ❷ 행복하지 아니한 일. 또는 그런 운수
13 **대면하다**(對面——)	서로 얼굴을 마주 보고 대하다. 예 두 가족은 처음으로 <u>대면하였</u>지만 편안한 느낌이 들었다.
차단하다(遮斷——)	❶ 액체나 기체 따위의 흐름 또는 통로를 막거나 끊어서 통하지 못하게 하다. ❷ 다른 것과의 관계나 접촉이 막거나 끊다. 예 범인의 도주로를 완전히 <u>차단하였</u>다.
뒤섞이다	❶ 물건 따위가 한데 그러모아져 마구 섞이다. 예 옷장에 겨울 옷과 여름 옷이 <u>뒤섞여</u> 걸려 있다. ❷ 생각이나 말 따위가 마구 섞이다.
무디어지다	❶ 칼이나 송곳 따위의 끝이나 날이 날카롭지 못하게 되다. ❷ 느끼고 깨닫는 힘이나 표현하는 힘이 부족하고 둔하게 되다. 예 오랜 시간이 흘러 이제 그를 향한 마음이 <u>무디어졌</u>다. ❸ 솜씨 따위가 둔하게 되다.
14 **주목하다**(注目——)	❶ 관심을 가지고 주의 깊게 살피다. 예 그녀가 무대에 등장하자 관객들이 모두 그녀를 <u>주목하였</u>다. ❷ 조심하고 경계하는 눈으로 살피다.
채록하다(採錄——)	필요한 자료를 찾아 모아서 적거나 녹음하다. 예 우리는 방학을 맞아 각 지방에 떠도는 설화를 <u>채록하기로</u> 했다.
발췌하다(拔萃——)	❶ 책, 글 따위에서 필요하거나 중요한 부분을 가려 뽑아내다. 예 교과서에서 핵심적인 부분만을 <u>발췌하여</u> 노트에 정리하였다. ❷ 여럿 가운데에서 특별히 뛰어나다.

| **용인하다** (容認--) | 용납하여 인정하다.
예 나는 그의 무례한 행동을 도저히 <u>용인할</u> 수 없었다. |

15 따르다
1. 어떤 일이 다른 일과 더불어 일어나다.
2. 남이 하는 대로 같이 하다.
3. 일정한 선 따위를 그대로 밟아 움직이다.
4. 관례, 유행이나 명령, 의견 따위를 그대로 실행하다.
예 의회의 결정에 <u>따르는</u> 것이 좋겠다.

16 무너뜨리다
쌓여 있거나 서 있는 것을 허물어 내려앉게 하다.
예 오빠는 내가 쌓아 올린 모래성을 <u>무너뜨렸다</u>.

제거하다 (除去--)
없애 버리다.
예 냉장고 냄새를 <u>제거하기</u> 위해 숯을 샀다.

17 변경하다 (變更--)
다르게 바꾸어 새롭게 고치다.
예 그는 이사를 하자마자 주소를 <u>변경하였다</u>.

제기하다 (提起--)
1. 의견이나 문제를 내어놓다.
예 그녀는 환경 문제의 심각성을 <u>제기하였다</u>.
2. 소송을 일으키다.

초래하다 (招來--)
일의 결과로서 어떤 현상을 생겨나게 하다.
예 제품 발주 실수로 회사에 큰 손실을 <u>초래하였다</u>.

해당하다 (該當--)
어떤 범위나 조건 따위에 바로 들어맞다.
예 거리에 침을 뱉는 것은 경범죄에 <u>해당한다</u>.

소지하다 (所持--)
물건을 지니고 있다.
예 미국은 총기를 <u>소지하는</u> 것을 허가하고 있다.

18 치다
1. 손이나 물건 따위를 부딪쳐 소리 나게 하다.
예 공연이 끝나자 관객들이 일어나 박수를 <u>치기</u> 시작했다.
2. 시계나 종 따위가 일정한 시각을 소리를 내어 알리다.
예 수업 종이 <u>치자</u> 학생들은 모두 자리에 앉았다.
3. 날개나 꼬리 따위를 세차게 흔들다.
예 참새가 날개를 <u>치며</u> 하늘을 향해 날아갔다.

19 닥치다
어떤 일이나 대상 따위가 가까이 다다르다.
예 앞으로 <u>닥칠</u> 시련을 의지로 극복해야 한다.

예방하다 (豫防--)
질병이나 재해 따위가 일어나기 전에 미리 대처하여 막다.
예 손을 자주 씻어 전염병을 <u>예방해야</u> 한다.

역사와 문명

01	**모방** (模倣/摸倣/摹倣)	다른 것을 본뜨거나 본받음. 예 아이들은 부모의 행동을 모방하며 자라난다.
02	**인습** (因習)	이전부터 전하여 내려오는 습관 예 옳지 못한 인습과 전통은 구별되어야 한다.
03	**역량** (力量)	어떤 일을 해낼 수 있는 힘 예 그는 한 부서를 책임지기에는 역량이 부족하다.
04	**응전** (應戰)	상대편의 공격에 맞서서 싸움. 또는 상대편의 도전에 응하여 싸움. 예 그는 적의 거센 도전에 성공적으로 응전하였다.
05	**결집하다** (結集ーー)	한곳에 모여 뭉치다. 또는 한곳에 모아 뭉치다. 예 국민들이 결집하여 민주화를 이루었다.
06	**비례하다** (比例ーー)	한쪽의 양이나 수가 증가하여 그와 관련 있는 다른 쪽의 양이나 수도 증가하다. 예 사랑하는 마음의 크기와 사귀는 시간이 꼭 비례하는 것은 아니다.
07	**보완하다** (補完ーー)	모자라거나 부족한 것을 보충하여 완전하게 하다. 예 그는 지적받은 부분을 보완하여 보고서를 다시 제출하였다.
08	**발휘되다** (發揮ーー)	재능, 능력 따위가 떨쳐져 나타나다. 예 기념일을 맞이하여 그녀는 요리 실력을 발휘하였다.
09	**대중** (大衆)	수많은 사람의 무리 예 그의 노래는 대중의 취향을 저격하여 크게 인기를 얻었다.
	분투하다 (奮鬪ーー)	있는 힘을 다하여 싸우거나 노력하다. 예 대표팀이 2시간 동안 분투한 결과 금메달을 땄다.
	쇠퇴하다 (衰退/衰頹ーー)	기세나 상태가 쇠하여 전보다 못하여 가다. 예 시간이 지나면서 농업은 발전하지 못하고 쇠퇴하는 길을 걸었다.
	원시 (原始/元始)	① 시작하는 처음 ② 처음 시작된 그대로 있어 발달하지 아니한 상태 예 그녀는 현재 대학원에서 애니미즘, 샤머니즘과 같은 원시 신앙에 대한 박사 논문을 쓰고 있다.
	동화되다 (同化ーー)	성질, 양식(樣式), 사상 따위가 다르던 것이 서로 같게 되다. 예 오래 산 부부들은 서로 동화되어 행동이 닮았다.

10	**토대** (土臺)	어떤 사물이나 사업의 밑바탕이 되는 기초와 밑천을 비유적으로 이르는 말 예 이 영화는 감독이 실제로 겪은 일을 토대로 만든 것이다.
	학대하다 (虐待--)	몹시 괴롭히거나 가혹하게 대우하다. 예 일에 몰두해서 자신의 몸을 심하게 학대한 탓에 그의 건강은 엉망이 되었다.
	붕괴되다 (崩壞--)	무너지고 깨어지다. 예 조선 후기에 신분제가 붕괴되었다.
	등장하다 (登場--)	❶ 무대나 연단 따위에 나오다. ❷ 어떤 사건이나 분야에서 새로운 제품이나 현상, 인물 등이 세상에 처음으로 나오다. 예 연말이 다가오자 거리에 자선냄비가 등장하였다.
11	**권위** (權威)	❶ 남을 지휘하거나 통솔하여 따르게 하는 힘 예 그는 가장의 권위를 세우려 했다. ❷ 일정한 분야에서 사회적으로 인정을 받고 영향력을 끼칠 수 있는 위신
	소외 (疏外)	❶ 어떤 무리에서 기피하여 따돌리거나 멀리함. 예 전학생은 반 아이들에게 소외를 당하였다. ❷ 인간이 자기의 본질을 상실하여 비인간적 상태에 놓이는 일
	대두되다 (擡頭--)	어떤 세력이나 현상이 새롭게 나타나게 되다. 예 빈부의 격차는 사회 문제로 대두되고 있다.
	상실하다 (喪失--)	❶ 어떤 사람과 관계를 끊거나 헤어지다. ❷ 어떤 것을 아주 잃거나 사라지게 하다. 예 우리 팀은 상대편이 자격을 상실하여 부전승하였다.
12	**이끌다**	❶ 목적하는 곳으로 바로 가도록 같이 가면서 따라오게 하다. 예 나는 생일을 맞이하여 동생들을 이끌고 놀이동산에 갔다. ❷ 남의 관심 따위를 쏠리게 하다. ❸ 사람, 단체, 사물, 현상 따위를 인도하여 어떤 방향으로 나가게 하다. 예 주장은 날카로운 전략으로 팀을 우승으로 이끌었다.
13	**지나치다**	일정한 한도를 넘어 정도가 심하다. 예 그는 신분 상승에 대한 욕심이 지나쳤다.
14	**요인** (要因)	사물이나 사건이 성립되는 까닭. 또는 조건이 되는 요소 예 포도주 맛이 해마다 다른 이유 중 가장 큰 요인은 기후이다.
	매개체 (媒介體)	둘 사이에서 어떤 일을 맺어 주는 것 예 사진을 매개체로 우리는 추억을 주고받았다.
	상호 (相互)	상대가 되는 이쪽과 저쪽 모두 예 상호 관심사에 대해 의견을 교환하며 공통점을 찾다보니 어느새 우리는 절친한 사이가 되어 있었다.

15 **향하다**(向--)	① 어느 한쪽을 정면이 되게 대하다. 예 할아버지께서 내 쪽으로 <u>향해</u> 돌아앉으셨다. ② 어느 한쪽을 목표로 하여 나아가다. 예 아내와의 저녁 식사를 위해 그는 서둘러 집으로 <u>향하였다</u>. ③ 마음을 기울이다. ④ 무엇이 어느 한 방향을 취하게 하다. 예 올해 입시에 실패한 현성이는 모든 관심을 자신의 일에만 <u>향한</u> 채 내년 입시 준비에만 매달렸다.
16 **냉혹하다**(冷酷--)	차갑고 혹독하다. 예 그는 자신에 대해 엄격하였고 남을 대하는 태도도 <u>냉혹하였다</u>.
열망(熱望)	열렬하게 바람. 예 이 시는 사랑하는 임과 이별하지 않겠다는 의지와 <u>열망</u>을 담고 있다.
지탱하다(支撑--)	오래 버티거나 배겨 내다. 예 어머니는 식탁 옆에 지친 몸을 <u>지탱하고</u> 서 계셨다.
차원(次元)	사물을 보거나 생각하는 처지. 또는 어떤 생각이나 의견 따위를 이루는 사상이나 학식의 수준 예 난민 수용에 대한 논의가 지속되자 정부는 인도적 <u>차원</u>의 해결책을 찾기 시작하였다.
이념(理念)	이상적인 것으로 여겨지는 생각이나 견해 예 올림픽은 <u>이념</u>과 피부색을 뛰어넘어 인류가 한자리에서 만나는 축제이다.
17 **수행하다**(遂行--)	생각하거나 계획한 대로 일을 해내다. 예 이번 계획이 성공하기 위해서는 모두가 맡은 역할을 착실하게 <u>수행해야</u> 한다.
18 **요구하다**(要求--)	받아야 할 것을 필요에 의하여 달라고 청하다. 예 공연이 취소되자 관객들은 입장료 반환을 <u>요구하였다</u>.
19 **일절**(一切)	아주, 전혀, 절대로의 뜻으로, 흔히 행위를 그치게 하거나 어떤 일을 하지 않을 때에 쓰는 말 예 그녀는 그와 헤어진 후 그와 관련된 모든 것을 <u>일절</u> 끊었다.

사회 1 금융과 통화

01 자금(資金)
❶ 사업을 경영하는 데에 쓰는 돈
예 악화된 경제 상황으로 은행 대출이 쉽지 않아 회사의 자금 사정이 좋지 않다.
❷ 특정한 목적에 쓰는 돈
❸ 회계상 기업에 투입된 경제 가치를 통틀어 이르는 말

02 지급하다(支給——)
돈이나 물품 따위를 정하여진 몫만큼 내주다.
예 매달 5일에 월급을 지급합니다.

03 예금(預金)
일정한 계약에 의하여 은행이나 우체국 따위에 돈을 맡기는 일
예 나는 적금이 만기된 돈을 다시 예금에 넣었다.

04 대출(貸出)
돈이나 물건 따위를 빌려주거나 빌림.
예 나는 자금 사정이 좋지 않아 은행에 대출을 받기 위해 아침부터 줄을 섰다.

05 수행하다(遂行——)
생각하거나 계획한 대로 일을 해내다.
예 그는 전쟁터에서 통신병의 역할을 수행하였다.

06 조정하다(調整——)
어떤 기준이나 실정에 맞게 정돈하다.
예 정부는 금리를 조정하여 물가 상승을 억제하고자 하였다.

07 보유하다(保有——)
가지고 있거나 간직하고 있다.
예 그 사업가가 보유한 재산만 수천억 원에 이른다.

08 유도하다(誘導——)
사람이나 물건을 목적한 장소나 방향으로 이끌다.
예 체육 선생님은 학생들이 공을 차고 놀 수 있도록 유도하였다.

09 일시(一時)
❶ 잠깐 동안
❷ 같은 때
예 체육 시간이 되자 아이들이 운동장으로 일시에 뛰쳐나갔다.

수수료(手數料)
어떤 일을 맡아 처리해 준 데 대한 대가로서 주는 요금
예 편의점에서 돈을 인출하려면 수수료가 붙는다.

안목(眼目)
❶ 사물을 보고 분별하는 견식
예 그녀는 많은 작품을 접하며 좋은 작품을 가려내는 안목을 키웠다.
❷ 주된 목표

10 운용하다(運用——)
무엇을 움직이게 하거나 부리어 쓰다.
예 그녀는 재산을 잘 운용하여 큰돈을 모았다.

이윤(利潤)
❶ 장사 따위를 하여 남은 돈
❷ 기업의 총수입에서 임대, 지대, 이자, 감가상각비 따위를 빼고 남는 순이익
예 올해는 경기 침체로 이윤이 없어 주주들에 대한 배당이 없을 것으로 보입니다.

추진하다(推進--)	❶ 물체를 밀어 앞으로 내보내다. ❷ 목표를 향하여 밀고 나아가다. 예 나는 이번 겨울 방학에 제주도로 여행을 가려고 <u>추진하고</u> 있다.	

11　**수익**(收益)
❶ 이익을 거두어들임. 또는 그 이익
예 지난해 은행의 <u>수익</u>이 3퍼센트 감소했다.
❷ 기업이 경제 활동의 대가로서 얻은 경제 가치

소득(所得)
❶ 일한 결과로 얻은 정신적·물질적 이익
예 학교 앞 떡볶이 집은 연간 1억 원 이상의 <u>소득</u>을 올린다.
❷ 일정 기간 동안의 근로 사업이나 자산의 운영 따위에서 얻는 수입

이득(利得)
이익을 얻음. 또는 그 이익
예 그들의 관심은 오직 자국 경제의 <u>이득</u>과 성장에만 집중되어 있었다.

수확(收穫)
❶ 익은 농작물을 거두어들임. 또는 거두어들인 농작물
❷ 어떤 일을 하여 얻은 성과를 비유적으로 이르는 말
예 이번 프로젝트의 성공으로 우리는 큰 <u>수확</u>을 얻었다.

대가(代價)
❶ 물건의 값으로 치르는 돈
❷ 일을 하고 그에 대한 값으로 받는 보수
예 한 달 동안 일한 <u>대가</u>로 30만 원을 받았다.
❸ 노력이나 희생을 통하여 얻게 되는 결과. 또는 일정한 결과를 얻기 위하여 하는 노력이나 희생

경제 활동(經濟活動)
재화나 용역의 생산과 소비, 소득이나 부(富)의 분배 따위의 경제 분야에 관련된 모든 개별적인 행동
예 경기가 나빠지면서 국민의 <u>경제 활동</u>이 크게 위축되었다.

12　**효율적**(效率的)
들인 노력에 비하여 얻는 결과가 큰. 또는 그런 것
예 계획표를 만들어서 그대로 실행하면 시간을 <u>효율적</u>으로 사용할 수 있다.

13　**조성하다**(造成--)
❶ 무엇을 만들어서 이루다.
예 이 아름다운 정원은 돌아가신 할아버지께서 <u>조성해</u> 놓으신 것이다.
❷ 분위기나 정세 따위를 만들다.
예 수능이 다가오자 선생님은 면학 분위기를 <u>조성하였다</u>.

14　**유통되다**(流通--)
❶ 공기 따위가 막힘이 없이 흘러 통하게 되다.
❷ 화폐나 물품 따위가 세상에서 널리 쓰이다.
예 규제가 풀어지면서 최근 외국산 농산물이 시중에 <u>유통되었다</u>.
❸ 상품 따위가 생산자에서 소비자, 수요자에 도달하기까지 여러 단계에서 교환되고 분배된다.

통용되다(通用--)
❶ 일반적으로 두루 쓰이다.
예 화폐가 <u>통용되기</u> 시작한 것은 아주 오래 전 일이다.
❷ 어떤 말이나 사물이 어떤 뜻이나 수단으로 널리 쓰이다.
❸ 서로 넘나들어 두루 쓰이다.

| **15** **세공**(細工) | 잔손을 많이 들여 정밀하게 만듦. 또는 그런 수공(手工)
예 그는 보석을 세공하는 솜씨가 좋기로 유명하다. |

융통(融通)
❶ 금전, 물품 따위를 돌려씀.
예 전문가들은 이번 명절만 지나면 자금이 융통되어 경기가 살아날 것이라고 예측하고 있다.
❷ 그때그때의 사정과 형편을 보아 일을 처리함. 또는 일의 형편에 따라 적절하게 처리하는 재주가 있음.

통화(通貨)
유통 수단이나 지불 수단으로서 기능하는 화폐
예 유럽은 중앙은행을 통해 공통 통화를 발행하려는 계획을 추진하고 있다.

산출¹(産出)
물건을 생산하여 내거나 인물·사상 따위를 냄.
예 관습은 문화적 전통 속에서 익힌 체험의 산출이다.

산출²(算出)
계산하여 냄.
예 1반부터 10반까지 학생들의 성적을 산출하였다.

16 **초과하다**(超過--)
일정한 수나 한도 따위를 넘다.
예 정원이 6명인 엘리베이터에 10명이 탑승하자 곧바로 정원을 초과하여 벨이 울렸다.

17 **창출**(創出)
전에 없던 것을 처음으로 생각하여 지어내거나 만들어 냄.
예 전 직원이 모여 그 가수에 대한 높은 인지도를 창출하기 위하여 홍보 방법을 고민하였다.

18 **신용**(信用)
❶ 사람이나 사물이 틀림없다고 믿어 의심하지 아니함. 또는 그런 믿음성의 정도
❷ 거래한 재화의 대가를 앞으로 치를 수 있음을 보이는 능력
예 영업부 정 대리는 신용 대출로 외제 승용차를 구입하였다.

19 **수요자**(需要者)
필요해서 사거나 얻고자 하는 사람
예 시장 조사에서는 수요자를 파악하는 것이 우선적으로 필요하다.

공급자(供給者)
공급하는 역할을 담당하는 사람이나 기관
예 어제 들어온 물건 중 절반이 불량품이라 물품 공급자에게 바꾸어 달라고 요구하였다.

20 **중개**(仲介)
제삼자로서 두 당사자 사이에 서서 일을 주선함.
예 홍콩은 중국과 다른 나라를 이어 주는 중개 무역을 하였다.

21 **금융**(金融)
금전을 융통하는 일
예 수인이는 금융 기관에서 5년째 일하고 있다.

건전(健全)
❶ 병이나 탈이 없이 건강하고 온전함.
예 편견 없는 건전한 매체문화가 자리 잡을 수 있도록 노력해야 한다.
❷ 사상이나 사물 따위의 상태가 한쪽으로 치우치지 않고 정상적이며 위태롭지 않음.

유인(誘因)
어떤 일 또는 현상을 일으키는 원인
예 그녀의 철없는 행동이 사건의 유인을 제공하였다.

01 **고의** (故意)	일부러 하는 생각이나 태도 예 나는 친구를 난처하게 만들려고 <u>고의</u>로 여러 사람 앞에서 친구의 잘못을 말하였다.
02 **결핍** (缺乏)	❶ 있어야 할 것이 없어지거나 모자람. 전쟁이 끝난 후 먹을 것이 부족해 영양 <u>결핍</u>에 시달리는 아이들이 많았다. ❷ 다 써 없어짐.
03 **절대적** (絕對的)	❶ 아무런 조건이나 제약이 붙지 아니하는. 또는 그런 것 예 어머니의 사랑은 <u>절대적</u>인 사랑이다. ❷ 비교하거나 상대될 만한 것이 없는. 또는 그런 것
04 **동의하다** (同意——)	❶ 의사나 의견을 같이하다. 예 매주 금요일 자습 시간을 이용하여 교내 쓰레기를 줍자는 나의 의견에 반 친구들의 과반수가 <u>동의하였다</u>. ❷ 다른 사람의 행위를 승인하거나 시인하다.
05 **발휘되다** (發揮——)	재능, 능력 따위가 떨쳐져 나타나다. 예 이번 경기에서 실력이 제대로 <u>발휘될</u> 수 있도록 꾸준하게 컨디션 관리를 해야 한다.
06 **실현하다** (實現——)	꿈, 기대 따위를 실제로 이루다. 예 사회적 약자를 보호하는 법률을 마련하는 것은 사회 정의를 <u>실현하는</u> 일이다.
07 **중시하다** (重視——)	가볍게 여길 수 없을 만큼 매우 크고 중요하게 여기다. 예 우리나라는 예로부터 예절 교육을 <u>중시하였다</u>.
08 **강제성** (強制性)	권력이나 위력(威力)으로 남의 자유의사를 억눌러 원하지 않는 일을 억지로 시키는 성질 예 법에 <u>강제성</u>이 없으면 법의 존재 이유가 없다.
공평 (公平)	어느 쪽으로도 치우치지 않고 고름. 예 네 명의 아이들이 케이크를 <u>공평</u>하게 잘라 먹었다.
합의 (合意)	서로 의견이 일치함. 또는 그 의견 예 교통사고가 일어난 후 가해자와 피해자가 원만하게 <u>합의</u>를 하였다.
09 **기관** (機關)	❶ 화력·수력·전력 따위의 에너지를 기계적 에너지로 바꾸는 기계 장치 ❷ 사회생활의 영역에서 일정한 역할과 목적을 위하여 설치한 기구나 조직 예 사법부는 대법원 및 대법원이 관할하는 모든 <u>기관</u>을 통틀어 이르는 말이다. ❸ 정보의 수집, 처리, 선전, 통제 따위에 관한 일을 전문적으로 맡아 하는 기관

법규 (法規)

일반 국민의 권리와 의무에 관계있는 법 규범
예 그녀는 교통 법규를 지키지 않아 벌금을 내었다.

10 **한정** (限定)

수량이나 범위 따위를 제한하여 정함. 또는 그런 한도
예 내가 즐겨 찾는 가게에는 하루 5개만 판매하는 한정 메뉴가 있다.

규제 (規制)

❶ 규칙이나 규정에 의하여 일정한 한도를 정하거나 정한 한도를 넘지 못하게 막음.
예 환경 보호를 위하여 오늘부터 비닐 봉투 사용이 규제된다.
❷ 규칙으로 정함. 또는 그 정하여 놓은 것

제한 (制限)

일정한 한도를 정하거나 그 한도를 넘지 못하게 막음. 또는 그렇게 정한 한계
예 산림이 훼손되는 것을 방지하기 위하여 등산객의 수를 하루 100명 이하로 제한하였다.

11 **수용적** (受容的)

어떠한 것을 받아들이는. 또는 그런 것
예 그의 종교는 불교이지만 다른 종교에 대해 수용적인 태도를 보인다.

12 **미치다**

❶ 공간적 거리나 수준 따위가 일정한 선에 닿다.
예 나의 바느질 솜씨는 어머니의 실력에 한참을 못 미친다.
❷ 영향이나 작용 따위가 대상에 가하여지다. 또는 그것을 가하다.
예 그가 성공하는 데 선생님은 많은 영향을 미쳤다.

13 **적합하다** (適合――)

일이나 조건 따위에 꼭 알맞다.
예 이 지역은 벼농사에 적합한 기후를 가지고 있다.

14 **권력자** (權力者)

권력을 가진 사람
예 권력자들이 자신의 세력을 넓히기 위해 시작한 전쟁으로 인해 죄 없는 수많은 사람이 희생되었다.

권리 (權利)

❶ 권세와 이익
❷ 어떤 일을 행하거나 타인에 대하여 당연히 요구할 수 있는 힘이나 자격
예 과거에 비해 국민의 자유와 권리가 크게 신장하였다.

형벌 (刑罰)

범죄에 대한 법률의 효과로서 국가 따위가 범죄자에게 제재를 가함. 또는 그 제재
예 사형은 모든 형벌 중 가장 무거운 것이다.

허용 (許容)

❶ 허락하여 너그럽게 받아들임.
예 공연장 안에서 흡연이 허용되지 않는다.
❷ 주로 각종 경기에서, 막아야 할 것을 막지 못하여 당함. 또는 그런 일
예 우리 팀은 경기 종료 10분 전 결승골을 허용하여 결승 진출에 실패하였다.

15 **악용** (惡用)

알맞지 않게 쓰거나 나쁜 일에 씀.
예 과학 기술은 인류에 해가 되는 방향으로 악용될 소지가 있다.

16 **사유** (私有)

개인이 사사로이 소유함. 또는 그런 소유물
예 공산주의 사회에서 개인의 토지 사유는 금지되어 있다.

재산권(財産權)	경제적 이익을 목적으로 하는 법적인 권리 예 저작권을 침해한 사람을 저작 재산권 등의 침해죄로 고소할 수 있다.
구체적(具體的)	① 사물이 직접 경험하거나 지각할 수 있도록 일정한 형태와 성질을 갖추고 있는. 또는 그런 것 ② 실제적이고 세밀한 부분까지 담고 있는. 또는 그런 것 예 그녀는 기간별로 해야 할 일을 구체적으로 제시하며 자신의 계획을 설명하였다.
17 **행사하다**(行事――)	부려서 쓰다. 예 오늘날 언론은 대중들에게 크나큰 영향력을 행사하고 있다.
18 **적법**(適法)	법규에 맞음. 또는 알맞은 법 예 적법한 절차에 따르지 않고 일을 하면 안 된다.
위법(違法)	법률이나 명령 따위를 어김. 예 위법하게 수집한 증거는 증거 능력이 없다.
긴장(緊張)	① 마음을 조이고 정신을 바짝 차림. 예 발표를 앞두고 그는 긴장되어 손이 땀으로 흠뻑 젖었다. ② 정세나 분위기가 평온하지 않은 상태
이완(弛緩)	① 바짝 조였던 정신이 풀려 늦추어짐. 예 그는 시험을 앞두고 긴장의 이완을 위해 음악을 들었다. ② 잘 조성된 분위기 따위가 흐트러져 느슨해짐. ③ 굳어서 뻣뻣하게 된 근육 따위가 원래의 상태로 풀어짐.
미진(未盡)	아직 다하지 못함. 예 이번 시험은 준비가 미진해 아쉬운 결과를 받았다.
미흡(未洽)	아직 흡족하거나 만족스럽지 않음. 예 평가 당일까지 발표 준비가 미흡하여 좋은 평가를 받지 못하였다.
19 **지다**	책임이나 의무를 맡다. 예 그는 자신이 저지른 일에 대한 책임을 지고 회사를 그만 두었다.
20 **유추**(類推)	같은 종류의 것 또는 비슷한 것에 기초하여 다른 사물을 미루어 추측하는 일 예 우리는 그의 사소한 행동에서 그의 마음을 유추해 낼 수 있다.
당시(當時)	일이 있었던 바로 그때. 또는 이야기하고 있는 그 시기 예 그는 민주화 운동이 있었던 그 당시를 회상하며 눈물을 흘렸다.
소급(遡及)	과거에까지 거슬러 올라가서 미치게 함. 예 이 회사의 직원들은 월급 인상 금액을 2개월 소급하여 지불하라고 주장하고 있다.

01	**자치**(自治)	❶ 저절로 다스려짐.

❶ 저절로 다스려짐.
❷ 자기 일을 스스로 다스림.
㉠ 우리 학교는 학생 자치 기구를 설립하였다.

02 다원화(多元化)
사물을 형성하는 근원이 많아짐.
㉠ 나라간의 활발한 교류로 인해 오늘날의 세계는 점차 다원화된다.

03 선정(選定)
여럿 가운데서 어떤 것을 뽑아 정함.
㉠ 100편이 넘는 수많은 작품 중에서 최우수작 1편을 선정하였다.

04 경향(傾向)
현상이나 사상, 행동 따위가 어떤 방향으로 기울어짐.
㉠ 사람들은 비행기를 탈 때 창가 자리를 선호하는 경향이 있다.

05 빈번하다(頻繁––)
어떤 일이나 현상이 일어나는 횟수가 잦다.
㉠ 최근 도난 사고가 빈번하게 발생하고 있다.

06 담당하다(擔當––)
어떤 일을 맡다.
㉠ 우리집 청소는 내가 담당하고 있다.

07 극복하다(克服––)
❶ 악조건이나 고생 따위를 이겨 내다.
㉠ 그는 가난하였던 유년 시절을 극복하고 지금 부자가 되었다.
❷ 적을 이기어 굴복시키다.

08 관여하다(關與––)
어떤 일에 관계하여 참여하다.
㉠ 이 프로젝트에 관여한 인원만 해도 열 명이 넘는다.

09 도입(導入)
기술, 방법, 물자 따위를 끌어 들임.
㉠ 첨단 장비의 도입으로 우주로 가는 길이 한층 가까워졌다.

자체(自體)
❶ 다른 것을 제외한 사물 본래의 몸체. 또는 바로 그 본래의 바탕
㉠ 아이는 세배 자체보다는 세뱃돈에 더 관심이 많은 듯했다.
❷ 외부적 영향 없이 내부적이거나 독립적임.

개선(改善)
잘못된 것이나 부족한 것, 나쁜 것 따위를 고쳐 더 좋게 만듦.
㉠ 여러 차례 개선을 요구했지만 교내 도서관의 도서 대출 방식은 바뀌지 않았다.

10 원리(原理)
❶ 사물의 근본이 되는 이치
❷ 행위의 규범
㉠ 우리는 민주주의의 원리를 정확히 이해해야 한다.

관행(慣行)
오래전부터 해 오는 대로 함. 또는 관례에 따라서 함.
㉠ 가요계가 방송사들의 잘못된 제작 관행을 바로 잡겠다고 선언하였다.

견제(牽制)	일정한 작용을 가함으로써 상대편이 지나치게 세력을 펴거나 자유롭게 행동하지 못하게 억누름. 예 그는 상대편의 <u>견제</u>에도 불구하고 결승골을 넣었다.
관습(慣習)	어떤 사회에서 오랫동안 지켜 내려와 그 사회 성원들이 널리 인정하는 질서나 풍습 예 나라마다 지켜 내려오는 <u>관습</u>이 다르므로 여행 시 주의해야 한다.
동향(動向)	❶ 사람들의 사고, 사상, 활동이나 일의 형세 따위가 움직여 가는 방향 예 임금은 민심의 <u>동향</u>이 어떠한지 알기 위해 궁궐 밖으로 나섰다. ❷ 어떤 특정한 사람이나 사물의 낱낱의 움직임
작용(作用)	어떠한 현상을 일으키거나 영향을 미침. 예 그녀가 결혼을 결심한 데에는 책임감 있는 그의 모습이 직접적으로 <u>작용</u>을 하였다.
11 **효험**(效驗)	일의 좋은 보람. 또는 어떤 작용의 결과 예 그는 앓아누워 계신 어머니를 위해 온갖 약을 다 써 보았으나 아무 <u>효험</u>이 없었다.
여파(餘波)	❶ 큰 물결이 지나간 뒤에 일어나는 잔물결 ❷ 어떤 일이 끝난 뒤에 남아 미치는 영향 예 이중 추돌 사고의 <u>여파</u>로 올림픽 대교에 자동차들이 밀려 있다.
12 **전문적** (專門的/顓門的)	어떤 분야에 상당한 지식과 경험을 가지고 그 일을 잘하는. 또는 그런 것 예 이 상점은 사무용 가구만 <u>전문적</u>으로 취급한다.
13 **배치되다¹**(背馳——)	서로 반대로 되어 어그러지거나 어긋나게 되다. 예 나는 내 생각과 <u>배치되는</u> 일은 절대 하지 않는다.
배치되다²(配置——)	사람이나 물자 따위가 일정한 자리에 알맞게 나누어 놓이다. 예 적의 침입에 빠르게 대응할 수 있도록 병력이 <u>배치되었다</u>.
14 **개혁하다**(改革——)	제도나 기구 따위를 새롭게 뜯어고치다. 예 교육 제도를 학생 중심 교육으로 <u>개혁하였다</u>.
수사하다(搜査——)	찾아서 조사하다. 예 대기업의 탈세 사건을 철저하게 <u>수사하였다</u>.
검정하다(檢正——)	잘 조사하여 바르게 하다. 예 그녀는 몇 년 전에 출판하였던 책의 일부를 <u>검정하여</u> 재출판하였다.
탈피하다(脫皮——)	❶ 껍질이나 가죽을 벗기다. ❷ 일정한 상태나 처지에서 완전히 벗어나다. 예 그 나라는 후진국에서 <u>탈피하여</u> 선진국 대열로 들어서기 위해 노력하였다.

| **확립하다** (確立--) | 체계나 견해, 조직 따위가 굳게 서게 하다.
예 그녀는 청소년기를 거쳐 자신의 정체성을 <u>확립하게</u> 되었다. |

15 **특정** (特定)
특별히 지정함.
예 그의 부모님은 종교가 있지만 그는 <u>특정</u> 종교를 가지고 있지는 않다.

경과 (經過)
❶ 시간이 지나감.
예 약속 시간이 5분을 <u>경과</u>하였다.
❷ 어떤 단계나 시기, 장소를 거침.
❸ 일이 되어 가는 과정
예 일의 <u>경과</u>에 따라서 줄 수 있는 돈이 처음과 달라질 수 있다.

효과성 (效果性)
어떤 목적을 지닌 행위에 의하여 드러나는 보람이나 좋은 결과가 있는 성질
예 이번에 제약 회사에서 발표한 약의 <u>효과성</u>에 대한 검사가 시작되었다.

능률성 (能率性)
일정한 시간 내에 할 수 있는 일의 비율을 높이는 능력이나 성질
예 업무의 <u>능률성</u>을 높이기 위해 각 부서의 개편이 필요하다.

16 **관리적** (管理的)
어떤 일과 관련된 업무를 맡아 처리하는. 또는 그런 것
예 사업 성격이 비슷한 두 기업을 <u>관리적</u> 측면에서 비교해 보았다.

개정하다 (改定--)
이미 정하였던 것을 고쳐 다시 정하다.
예 선수들의 약물 검사로 인해 대회 날짜를 <u>개정하였다</u>.

17 **구제** (救濟)
자연적인 재해나 사회적인 피해를 당하여 어려운 처지에 있는 사람을 도와줌.
예 조정에서는 굶주린 백성들을 <u>구제</u>하기 위해 쌀을 나누어 주었다.

18 **위탁** (委託)
남에게 사물이나 사람의 책임을 맡김.
예 그녀는 재산 중 일부를 은행에 <u>위탁</u>하여 관리하기로 결정하였다.

19 **개관** (槪觀)
전체를 대강 살펴봄. 또는 그런 것
예 국문학사를 <u>개관</u>하였다.

개괄 (槪括)
중요한 내용이나 줄거리를 대강 추려 냄.
예 그는 이 작품에서 시대의 역사적 <u>개괄</u>을 시도하였다.

20 **사안** (事案)
법률이나 규정 따위에서 문제가 되는 일이나 안
예 선거 자금 문제와 같은 <u>사안</u>은 다루기가 힘들다.

병행 (竝行)
❶ 둘 이상의 사물이 나란히 감.
❷ 둘 이상의 일을 한꺼번에 행함.
예 그녀는 청소와 식사 준비를 <u>병행</u>하여 준비 시간을 아꼈다.

무형 (無形)
형상이나 형체가 없음.
예 판소리에 일생을 바친 그는 마침내 <u>무형</u> 문화재가 되었다.

기업과 경영

01	**대가**(代價)	물건의 값으로 치르는 돈 예 물품을 구매하려면 <u>대가</u>를 지불해야 한다.
02	**공동**(共同)	둘 이상의 사람이나 단체가 함께 일을 하거나, 같은 자격으로 관계를 가짐. 예 이번 올림픽은 두 나라가 <u>공동</u>으로 개최한다.
03	**조직**(組織)	특정한 목적을 달성하기 위하여 여러 개체나 요소를 모아서 체계 있는 집단을 이룸. 또는 그 집단 예 사람들을 모아 <u>조직</u>을 구성하였다.
04	**탈퇴**(脫退)	관계하고 있던 조직이나 단체 따위에서 관계를 끊고 물러남. 예 그는 동아리 <u>탈퇴</u>를 결심하였다.
05	**조합원**(組合員)	조합에 가입한 사람 예 <u>조합원</u>은 모두 투표에 참여해야 한다.
06	**협력체**(協力體)	힘을 합하여 서로 돕는 관계에 있는 조직체 예 이웃들은 <u>협력체</u>를 구성하였다.
07	**대주주**(大株主)	한 회사의 주식 가운데 많은 몫을 가지고 있는 주주 예 <u>대주주</u>는 수익금을 기부하였다.
08	**상호 부조**(相互扶助)	공동생활에서 개인들끼리 서로 돕는 일 예 사람들의 이기심으로 <u>상호 부조</u>의 정신이 사라지고 있다.
09	**추구하다**(追求――)	목적을 이룰 때까지 뒤쫓아 구하다. 예 회사는 상품 판매를 통한 이윤을 <u>추구한다</u>.
	자발적(自發的)	남이 시키거나 요청하지 아니하여도 자기 스스로 나아가 행하는. 또는 그런 것 예 그들은 <u>자발적</u>으로 청소를 시작하였다.
	공정하다(公正――)	공평하고 올바르다. 예 판사는 <u>공정한</u> 재판을 해야 한다.
10	**공급되다**(供給――)	요구나 필요에 따라 물품 따위가 제공되다. 예 주민들에게 깨끗한 물이 <u>공급되었다</u>.
	보유하다(保有――)	가지고 있거나 간직하고 있다. 예 사장은 기와집 한 채를 <u>보유하고</u> 있다.

증진하다(增進――)	기운이나 세력 따위를 점점 더 늘려 가고 나아가게 하다. 예 정부는 국민의 복지를 증진하기 위해 노력한다.
가치(價値)	사물이 지니고 있는 쓸모 예 그 상품은 소장 가치가 있다.
전망(展望)	앞날을 헤아려 내다봄. 또는 내다보이는 장래의 상황 예 불경기가 지속될 것이라는 전망이 나왔다.
배급되다(配給――)	영리의 목적이 없이 상품이 나뉘어 주어지다. 예 수재민들에게 쌀이 배급되었다.
11 **창출**(創出)	전에 없던 것을 처음으로 생각하여 지어내거나 만들어 냄. 예 이 사업은 고용 창출을 위해 시작되었다.
창조(創造)	전에 없던 것을 처음으로 만듦. 예 역사는 끊임없는 문화 창조의 과정이다.
제조(製造)	공장에서 큰 규모로 물건을 만듦. 예 그곳에는 자동차 제조 공장이 있다.
12 **사회적**(社會的)	사회에 관계되거나 사회성을 지닌. 또는 그런 것 예 제도 개편을 둘러싼 사회적 분위기가 좋지 않다.
13 **이행하다**(履行――)	실제로 행하다. 예 당선자는 공약을 충실히 이행하였다.
14 **지불하다**(支拂――)	돈을 내어 주다. 또는 값을 치르다. 예 사용료를 현금으로 지불하다.
지급하다(支給――)	돈이나 물품 따위를 정하여진 몫만큼 내주다. 예 학생회장에게 장학금을 지급하다.
15 **비용**(費用)	어떤 일을 하는 데 드는 돈 예 이사 비용을 마련하다.
유통(流通)	상품 따위가 생산자에서 소비자, 수요자에 도달하기까지 여러 단계에서 교환되고 분배되는 활동 예 상품의 유통 과정을 단순화해야 한다.
지력(智力)	사물을 헤아리는 능력 예 어머니는 지력과 통찰력이 뛰어나셨다.
요인(要因)	사물이나 사건이 성립되는 까닭. 또는 조건이 되는 요소 예 빙판길이 사고 요인으로 추정된다.
출자금(出資金)	자금으로 낸 돈 예 주주들이 출자금을 냈다.

16	**지향하다** (志向--)	어떤 목표로 뜻이 쏠리어 향하다. 예 그는 안정을 <u>지향하는</u> 사람이다.
	갈등 (葛藤)	개인이나 집단 사이에 목표나 이해관계가 달라 서로 적대시하거나 충돌함. 예 부자간에 <u>갈등</u>이 생겼다.
	다툼	의견이나 이해의 대립으로 서로 따지며 싸우는 일 예 주민들은 두 무리로 나누어져 <u>다툼</u>을 벌였다.
17	**결성** (結成)	조직이나 단체 따위를 짜서 만듦. 예 마을의 협동조합을 <u>결성</u>하다.
18	**의사** (意思)	무엇을 하고자 하는 생각 예 회의를 통해 <u>의사</u>를 결정하였다.
19	**권익** (權益)	권리와 그에 따르는 이익 예 노동자의 <u>권익</u>을 보호하는 법이 필요하다.
	일정 (一定)	어떤 것의 크기, 모양, 범위, 시간 따위가 하나로 정하여져 있음. 예 <u>일정</u> 기준에 도달하면 다시 시작한다.
	발생하다 (發生--)	어떤 일이나 사물이 생겨나다. 예 사건이 <u>발생한</u> 주변을 통제하다.
	조성하다 (造成--)	❶ 무엇을 만들어서 이루다. ❷ 분위기나 정세 따위를 만들다. 예 선생님은 바람직한 학습 분위기를 <u>조성하기</u> 위해 노력하였다.
	준수되다 (遵守--)	전례나 규칙, 명령 따위가 그대로 좇아져서 지켜지다. 예 안전 수칙은 반드시 <u>준수되어야</u> 한다.
20	**부여** (附與)	사람에게 권리·명예·임무 따위를 지니도록 해 주거나, 사물이나 일에 가치·의의 따위를 붙여 줌. 예 우승자에게 특권을 <u>부여</u>하였다.
21	**포괄** (包括)	일정한 대상이나 현상 따위를 어떤 범위나 한계 안에 모두 끌어 넣음. 예 모든 계층을 <u>포괄</u>하는 정책을 구상하고 있다.
	전형 (典型)	❶ 기준이 되는 형 ❷ 같은 부류의 특징을 가장 잘 나타내고 있는 본보기 예 그는 모범생의 <u>전형</u>이다.
	유발 (誘發)	어떤 것이 다른 일을 일어나게 함. 예 폭설이 교통 체증 <u>유발</u>의 원인으로 추정된다.
	총괄적 (總括的)	개별적인 여러 가지를 한데 모아서 묶은. 또는 그런 것 예 금요일에 <u>총괄적</u> 평가가 시작된다.

사회 5 사회 변화와 흐름

01	**생계**(生計)	살림을 살아 나갈 방도. 또는 현재 살림을 살아가고 있는 형편 예 그녀는 식당을 운영하며 <u>생계</u>를 꾸렸다.
02	**영역**(領域)	활동, 기능, 효과, 관심 따위가 미치는 일정한 범위 예 호랑이의 활동 <u>영역</u>이 넓어졌다.
03	**진리**(眞理)	참된 이치. 또는 참된 도리 예 만고불변의 <u>진리</u>를 깨닫다.
04	**혁명**(革命)	이전의 관습이나 제도, 방식 따위를 단번에 깨뜨리고 질적으로 새로운 것을 급격하게 세우는 일 예 현대에는 다양한 과학적 <u>혁명</u>이 일어났다.
05	**접어들다**	일정한 때나 기간에 이르다. 예 따스한 봄에 <u>접어들다</u>.
06	**확립되다**(確立--)	체계나 견해, 조직 따위가 굳게 서다. 예 단속 기준이 <u>확립되었다</u>.
07	**기초하다**(基礎--)	근거를 두다. 예 이 논문은 실험 결과에 <u>기초하고</u> 있다.
08	**중시되다**(重視--)	가볍게 여길 수 없을 만큼 매우 크고 중요하게 여겨지다. 예 미적 가치가 <u>중시되다</u>.
09	**등장**(登場)	어떤 사건이나 분야에서 새로운 제품이나 현상, 인물 등이 세상에 처음으로 나옴. 예 신제품의 <u>등장</u>으로 사람들의 관심이 집중되었다.
	근면(勤勉)	부지런히 일하며 힘씀. 예 아버지는 <u>근면</u>을 신조로 삼으셨다.
	계기(契機)	어떤 일이 일어나거나 변화하도록 만드는 결정적인 원인이나 기회 예 2002년 한일 월드컵을 <u>계기</u>로 하여 우리나라 국민들의 축구에 대한 관심이 높아졌다.
	축적하다(蓄積--)	지식, 경험, 자금 따위를 모아서 쌓다. 예 그는 투자를 통해 막대한 부를 <u>축적하였다</u>.
	검약(儉約)	돈이나 물건, 자원 따위를 낭비하지 않고 아껴 씀. 예 할머니께서는 평생 <u>검약</u>을 실천하셨다.

10 **방치하다**(放置――)	내버려 두다. 예 고장 난 자전거를 방치하다.
원리(原理)	사물의 근본이 되는 이치 예 블랙홀의 생성 원리에 대해 배우다.
정비하다(整備――)	도로나 시설 따위가 제 기능을 하도록 정리하다. 예 폭우에 대비하여 배수 시설을 정비하였다.
배치하다(配置――)	사람이나 물자 따위를 일정한 자리에 알맞게 나누어 두다. 예 행사장에 안전 요원을 배치하다.
11 **연수**(練修)	인격, 기술, 학문 따위를 닦아서 단련함. 예 운전 연수를 받다.
궁리(窮理)	사물의 이치를 깊이 연구함. 예 박사는 궁리 끝에 물질의 농도를 알아냈다.
탐구(探究)	진리, 학문 따위를 파고들어 깊이 연구함. 예 심리학자들은 인간의 심리 탐구를 위하여 노력한다.
12 **사색적**(思索的)	사색을 많이 하거나 좋아하는. 또는 그런 것 예 그 책은 사색적인 사람에게 추천하기에 적합하다.
13 **부각되다**(浮刻――)	❶ 어떤 사물이 특징지어져 두드러지게 되다. ❷ 주목받는 사람, 사물, 문제 따위로 나타나게 되다. 예 안전 점검의 중요성이 부각되다.
14 **요구되다**(要求――)	받아야 될 것이 필요에 의하여 달라고 청해지다. 예 젊은이들에게는 도전 정신이 요구된다.
15 **산물**(産物)	❶ 일정한 곳에서 생산되어 나오는 물건 예 논산의 대표적 산물은 딸기이다. ❷ 어떤 것에 의하여 생겨나는 사물이나 현상을 비유적으로 이르는 말
산업체(産業體)	생산하는 업체 예 군수 산업체에서는 각종 총기류를 생산한다.
단적(端的)	곧바르고 명백한. 또는 그런 것 예 얼어붙은 강이 추위를 단적으로 보여 주고 있다.
동선(動線)	건축물의 내외부에서, 사람이나 물건이 어떤 목적이나 작업을 위하여 움직이는 자취나 방향을 나타내는 선 예 보행자의 동선을 고려해야 한다.
실용(實用)	실제로 씀. 또는 실질적인 쓸모 예 이 제품은 실용 가치가 높다.

16	**구원** (救援)	❶ 어려움이나 위험에 빠진 사람을 구하여 줌. ❷ 인류를 죽음과 고통과 죄악에서 건져 내는 일 예 기독교인들은 <u>구원</u>에 대한 확고한 믿음을 가지고 있다.
	통로 (通路)	❶ 통하여 다니는 길 ❷ 의사소통이나 거래 따위가 이루어지는 길 예 노사 간의 대화의 <u>통로</u>가 열렸다.
	징표 (徵標)	어떤 것과 다른 것을 드러내 보이는 뚜렷한 점 예 그 일은 시대가 변한다는 <u>징표</u>로 해석할 수 있다.
	본질 (本質)	본디부터 가지고 있는 사물 자체의 성질이나 모습 예 그들은 예술의 <u>본질</u>을 파악하고자 했다.
	경향 (傾向)	현상이나 사상, 행동 따위가 어떤 방향으로 기울어짐. 예 이 소설은 현실 도피적 <u>경향</u>을 보인다.
17	**불식** (拂拭)	의심이나 부조리한 점 따위를 말끔히 떨어 없앰을 이르는 말 예 그는 자신에 대한 의혹을 <u>불식</u>하는 것이 어렵다고 말했다.
18	**자리**	일정한 조건의 사람을 필요로 하는 곳 예 구직자들은 적성에 맞는 <u>자리</u>를 구하고 싶어 한다.
19	**구분하다** (區分--)	일정한 기준에 따라 전체를 몇 개로 갈라 나누다. 예 우유를 유통 기한에 따라 <u>구분하였다.</u>
	구별하다 (區別--)	성질이나 종류에 따라 갈라놓다. 예 쌍둥이는 단번에 <u>구별하기</u> 힘들다.
	활용 (活用)	충분히 잘 이용함. 예 이번에 개발한 프로그램을 <u>활용</u>하였다.
	응용 (應用)	어떤 이론이나 이미 얻은 지식을 구체적인 개개의 사례나 다른 분야의 일에 적용하여 이용함. 예 김 대리는 <u>응용</u> 능력이 뛰어나다.
20	**포섭되다** (包攝--)	상대편이 자기편으로 감싸져 끌어들여지다. 예 중대장이 적에게 <u>포섭되었다.</u>
21	**규율** (規律)	질서나 제도를 유지하기 위하여 정하여 놓은, 행동의 준칙이 되는 본보기 예 기숙사의 <u>규율</u>을 따르다.
	본격적 (本格的)	제 궤도에 올라 제격에 맞게 적극적인. 또는 그런 것 예 7월 말이 되자 <u>본격적인</u> 열대야가 시작되었다.

광고 전략

01	**구매** (購買)	물건 따위를 사들임. 예 소비자의 <u>구매</u> 전략을 파악하다.
02	**폐해** (弊害)	폐단으로 생기는 해 예 무분별한 개발로 인한 <u>폐해</u>가 심각하다.
03	**수단** (手段)	어떤 목적을 이루기 위한 방법. 또는 그 도구 예 감독은 팀의 우승을 위해 온갖 <u>수단</u>을 다 동원하였다.
04	**인지도** (認知度)	어떤 사람이나 물건을 알아보는 정도 예 광고 방영 이후 제품의 <u>인지도</u>가 높아졌다.
05	**성능** (性能)	기계 따위가 지닌 성질이나 기능 예 새로 산 컴퓨터의 <u>성능</u>이 훌륭하다.
06	**통념** (通念)	일반적으로 널리 통하는 개념 예 잘못된 사회적 <u>통념</u>을 깨야 한다.
07	**내재** (內在)	어떤 사물이나 범위의 안에 들어 있음. 또는 그런 존재 예 사람 속에는 양면성이 <u>내재</u>하고 있다.
08	**입증** (立證)	어떤 증거 따위를 내세워 증명함. 예 이 가설은 <u>입증</u>이 불가능하다.
09	**양식** (樣式)	일정한 모양이나 형식 예 보고서는 <u>양식</u>에 맞게 작성해야 한다.
	구상 (構想)	앞으로 이루려는 일에 대하여 그 일의 내용이나 규모, 실현 방법 따위를 어떻게 정할 것인지 이리저리 생각함. 예 그들은 새로운 작전을 <u>구상</u>하고 있다.
	선정하다 (選定--)	여럿 가운데서 어떤 것을 뽑아 정하다. 예 감독들은 그를 우수 선수로 <u>선정하였다</u>.
	문헌 (文獻)	옛날의 제도나 문물을 아는 데 증거가 되는 자료나 기록 예 <u>문헌</u> 자료를 통해 국어의 역사를 파악할 수 있다.
	선점하다 (先占--)	남보다 앞서서 차지하다. 예 업체는 시장을 <u>선점하기</u> 위해 적극적인 홍보에 나섰다.
10	**실체** (實體)	실제의 물체. 또는 외형에 대한 실상(實相) 예 형사는 사건의 <u>실체</u>를 파악하기 위해 용의자를 신문했다.

실천(實踐)	생각한 바를 실제로 행함. 예 행동을 실천으로 옮기는 것이 중요하다.
실현(實現)	꿈, 기대 따위를 실제로 이룸. 예 이 사업은 실현 가능성이 높다.
11 **공감대**(共感帶)	서로 공감하는 부분 예 비슷한 부분이 많은 사람끼리는 공감대가 형성되기 쉽다.
12 **지다**	① 책임이나 의무를 맡다. 예 자신이 한 약속에 책임을 져야 한다. ② 빌린 돈을 갚아야 할 의무가 있다. ③ 물건을 짊어서 등에 얹다.
13 **기인**(起因)	일이 일어나게 된 까닭 예 이러한 결과가 어디에서 기인한 것인지 밝혀야 한다.
명시하다(明示——)	분명하게 드러내 보이다. 예 원고료를 계약서에 명시하였다.
분산되다(分散——)	갈라져 흩어지다. 예 근처 신도시로 인구가 분산되었다.
고려하다¹(考慮——)	생각하고 헤아려 보다. 예 친구들의 상황을 고려하다.
고려하다²(鼓勵——)	힘을 내도록 격려하여 용기를 북돋우다.
삽입하다(挿入——)	글 따위에 다른 내용을 끼워 넣다. 예 시를 삽입하기로 하였다.
14 **범람**(汎濫/氾濫)	바람직하지 못한 것들이 마구 쏟아져 돌아다님. 예 최근 불량 완구의 범람으로 아이들의 건강이 위협받고 있다.
조성(造成)	① 무엇을 만들어서 이룸. 예 마을 사람들은 관광지 조성을 추진하고 있다. ② 분위기나 정세 따위를 만듦.
독과점(獨寡占)	독점과 과점을 아울러 이르는 말 예 정부는 독과점 규제 정책을 발표하였다.
전제(前提)	어떠한 사물이나 현상을 이루기 위하여 먼저 내세우는 것 예 그는 그녀에 대한 이야기를 하기 전 해당 내용을 비밀로 해야 한다는 전제를 달았다.
15 **요긴하다**(要緊——)	꼭 필요하고 중요하다. 예 혼자 사는 사람에게는 아주 요긴한 물건이다.
16 **부상**(浮上)	어떤 현상이 관심의 대상이 되거나 어떤 사람이 훨씬 좋은 위치로 올라섬. 예 양양 여행이 부상하고 있다.

17 당위(當爲)	마땅히 그렇게 하거나 되어야 하는 것 예 이 일은 우리 모두가 협력해야 한다는 <u>당위</u>를 바탕으로 한다.
18 규제(規制)	규칙이나 규정에 의하여 일정한 한도를 정하거나 정한 한도를 넘지 못하게 막음. 예 수입품에 대한 <u>규제</u>가 계속되었다.
임대(賃貸)	돈을 받고 자기의 물건을 남에게 빌려줌. 예 이 아파트는 <u>임대</u> 조건이 좋다.
임차(賃借)	돈을 내고 남의 물건을 빌려 씀. 예 그는 모아 둔 돈으로 사무실을 <u>임차</u>하였다.
19 상정하다(想定——)	어떤 정황을 가정적으로 생각하여 단정하다. 예 실험이 실패로 돌아갈 경우를 <u>상정</u>하다.
20 상충되다(相衝——)	맞지 아니하고 서로 어긋나게 되다. 예 국가 간 이해관계가 <u>상충</u>되어 전쟁이 발생하기도 한다.
응용되다(應用——)	어떤 이론이나 이미 얻은 지식이 구체적인 개개의 사례나 다른 분야의 일에 적용되어 이용되다. 예 수학 공식이 문제 풀이에 <u>응용</u>되고 있다.
구축하다(構築——)	체제, 체계 따위의 기초를 닦아 세우다. 예 해외 판매망을 <u>구축</u>할 것이다.
주요하다(主要——)	주되고 중요하다. 예 이 학원의 <u>주요</u>한 수강생은 중학생이다.
모색하다(摸索——)	일이나 사건 따위를 해결할 수 있는 방법이나 실마리를 더듬어 찾다. 예 갈등의 해결 방안을 <u>모색</u>하다.

물체의 운동과 에너지

01 작용하다 (作用--)
어떠한 현상을 일으키거나 영향을 미치다.
예 진통제가 작용하다.

02 고려하다 (考慮--)
생각하고 헤아려 보다.
예 날씨를 고려해서 여행 계획을 세우다.

03 흡수하다 (吸收--)
에너지나 입자가 물질에 빨려 들어 그 세기나 입자 수가 감소하다.
예 그 범퍼는 차량 충돌 시 발생하는 에너지를 흡수한다.

04 공전하다 (公轉--)
한 천체(天體)가 다른 천체의 둘레를 주기적으로 돌다.
예 달은 지구의 둘레를 공전한다.

05 간명하다 (簡明--)
간단하고 분명하다.
예 그는 복잡한 이야기를 간명하게 요약하였다.

06 미미하다 (微微--)
보잘것없이 아주 작다.
예 먼 바다에서 발생한 지진의 영향은 매우 미미하였다.

07 낙하하다 (落下--)
높은 데서 낮은 데로 떨어지다.
예 빗방울이 낙하할 때 중력, 부력, 항력이 발생한다.

08 확증하다 (確證--)
확실히 증명하다.
예 범인을 확증하는 데에 증거가 부족하다.

09 유지하다 (維持--)
어떤 상태나 상황을 그대로 보존하거나 변함없이 계속하여 지탱하다.
예 사람들과 원만한 관계를 유지하다.

인식되다 (認識--)
사물이 분간되고 판단되어 이해되다.
예 아침 달리기는 건강에 좋다고 인식되어 왔다.

척도 (尺度)
평가하거나 측정할 때 의거할 기준
예 가격을 품질의 척도로 삼다.

비교적 (比較的)
❶ 다른 것과 견주어서 판단하는. 또는 그런 것
❷ 일정한 수준이나 보통 정도보다 꽤
예 이번 시험은 비교적 쉬운 문제가 나왔다.

10 동일하다 (同---)
어떤 것과 비교하여 똑같다.
예 두 사람은 동일한 내용을 다르게 이해하였다.

11 정립하다 (定立--)
정하여 세우다.
예 그들은 새로운 목표를 정립하였다.

12	**분류하다**(分類--)	종류에 따라서 가르다. 예 꽃을 색깔에 따라 몇 가지로 <u>분류하다</u>.
	가르다	쪼개거나 나누어 따로따로 되게 하다. 예 사과를 여섯 조각으로 <u>갈라</u> 그릇에 담았다.
13	**물불**	❶ 물과 불을 아울러 이르는 말 예 그는 돈벌이를 위해서라면 <u>물불</u>을 가리지 않았다. ❷ 어려움이나 위험을 비유적으로 이르는 말
	춘추(春秋)	❶ 봄과 가을을 아울러 이르는 말 예 시청에서 우리 회사에 <u>춘추</u>로 회계 감사를 나온다. ❷ 어른의 나이를 높여 이르는 말
14	**인식하다**(認識--)	사물을 분별하고 판단하여 알다. 예 현실을 정확히 <u>인식하다</u>.
	여기다	마음속으로 그러하다고 인정하거나 생각하다. 예 나는 그의 말을 사실로 <u>여겼다</u>.
15	**따르다**	어떤 경우, 사실이나 기준 따위에 의거하다. 예 순서에 <u>따라</u> 행사를 진행하다.
16	**지점**(地點)	땅 위의 일정한 점 예 이 <u>지점</u>에서 지진이 일어났다.
	저항하다(抵抗--)	어떤 힘이나 조건에 굽히지 아니하고 거역하거나 버티다. 예 적의 공격에 끝까지 <u>저항했다</u>.
	탄성력(彈性力)	물체의 변형으로 생기는 힘 예 <u>탄성력</u>은 물체에 작용하는 변형력에 따라 크기가 달라진다.
17	**생기다**	사람이나 사물의 생김새가 어떠한 모양으로 되다. 예 그 비누는 구름처럼 <u>생겼다</u>.
18	**전달**(傳達)	자극, 신호, 동력 따위가 다른 기관에 전하여짐. 예 기계가 음성을 신호로 바꿔 <u>전달</u>을 하였다.
19	**착안**(着眼)	어떤 문제를 해결하기 위한 실마리를 잡음. 예 이 상품은 소비자들을 대상으로 한 설문에서 <u>착안</u>하였다.
20	**조종하다**(操縱--)	비행기나 선박, 자동차 따위의 기계를 다루어 부리다. 예 그는 비행기를 자유자재로 <u>조종한다</u>.

01 세우다
계획, 방안 따위를 정하거나 짜다.
예 한파 대비책을 세우다.

02 장애 (障礙)
신체 기관이 본래의 제 기능을 하지 못하거나 정신 능력이 원활하지 못한 상태
예 그녀는 가족들의 도움으로 시각 장애를 극복하였다.

03 사멸하다 (死滅――)
죽어 없어지다.
예 바이러스를 사멸하기 위한 연구를 지속하고 있다.

04 방어 (防禦)
상대편의 공격을 막음.
예 적의 공격에 방어 태세를 갖추었다.

05 증명하다 (證明――)
어떤 사항이나 판단 따위에 대하여 그것이 진실인지 아닌지 증거를 들어서 밝히다.
예 피고인의 무죄를 증명하다.

06 동반하다 (同伴――)
어떤 사물이나 현상이 함께 생기다.
예 태풍은 대개 엄청난 양의 폭우를 동반한다.

07 결합하다 (結合――)
둘 이상의 사물이나 사람이 서로 관계를 맺어 하나가 되다.
예 산소와 수소가 결합하면 물이 만들어진다.

08 전달하다 (傳達――)
지시, 명령, 물품 따위를 다른 사람이나 기관에 전하여 이르게 하다.
예 꽃다발을 손님에게 전달하였다.

09 교정하다 (矯正――)
틀어지거나 잘못된 것을 바로잡다.
예 자세를 바르게 교정하다.

과도하다 (過度――)
정도에 지나치다.
예 나는 그의 과도한 요구에 지쳤다.

여부 (與否)
그러함과 그러하지 아니함.
예 이 일은 사실 여부를 확인하기 어렵다.

감염 (感染)
병원체인 미생물이 동물이나 식물의 몸 안에 들어가 증식하는 일
예 세균 감염을 막기 위해 소독을 하였다.

10 합성하다 (合成――)
생물이 빛이나 유기물, 무기물의 산화에 의하여 얻은 에너지를 이용하여 유기 화합물을 만들다.
예 연구원들은 지금까지 2만여 개의 화학 물질을 합성했다.

	획득하다(獲得――)	얻어 내거나 얻어 가지다. 예 그는 선거에서 과반수의 표를 <u>획득했다</u>.
	도태되다(淘汰――)	여럿 중에서 불필요하거나 부적당한 것이 줄어 없어지다. 예 한 과장은 경쟁에 밀려 <u>도태되지</u> 않도록 열심히 일하였다.
11	**지탱**(支撐)	오래 버티거나 배겨 냄. 예 집의 무게를 기둥이 <u>지탱</u>을 하고 있다.
	존속(存續)	어떤 대상이 그대로 있거나 어떤 현상이 계속됨. 예 자문 기구의 <u>존속</u>을 요청하였다.
12	**구성**(構成)	몇 가지 부분이나 요소들을 모아서 일정한 전체를 짜 이룸. 또는 그 이룬 결과 예 중재 위원회 <u>구성</u>을 승인하다.
13	**부르다**	❶ 말이나 행동 따위로 다른 사람의 주위를 끌거나 오라고 하다. ❷ 곡조에 맞추어 노래의 가사를 소리 내다. ❸ 무엇이라고 가리켜 말하거나 이름을 붙이다. 예 우리는 그녀를 천사라고 <u>부른다</u>.
14	**침입**(侵入)	침범하여 들어가거나 들어옴. 예 외세의 <u>침입</u>으로 어려움을 겪었다.
	침범(侵犯)	남의 영토나 권리, 재산, 신분 따위를 침노하여 범하거나 해를 끼침. 예 이민족의 <u>침범</u>으로 많은 피해를 입었다.
15	**진화**(進化)	생물이 생명의 기원 이후부터 점진적으로 변해 감. 예 이 책은 생물체가 <u>진화</u>를 한 과정을 설명하고 있다.
	증식(增殖)	물이나 조직 세포 따위가 세포 분열을 하여 그 수가 늘어남. 예 학생들은 효모가 <u>증식</u>을 하는 과정을 관찰하고 있다.
16	**포위하다**(包圍――)	주위를 에워싸다. 예 경찰은 범인이 달아나지 못하도록 <u>포위하였다</u>.
	기생하다(寄生――)	서로 다른 종류의 생물이 함께 생활하며, 한쪽이 이익을 얻고 다른 쪽이 해를 입다. 예 이 집은 곰팡이가 <u>기생하고</u> 있다.
	상이하다(相異――)	서로 다르다. 예 동생과 나는 성격이 매우 <u>상이하다</u>.
17	**생존**(生存)	살아 있음. 또는 살아남음. 예 환경 오염은 인류의 <u>생존</u>을 위협한다.

18	**제거** (除去)	없애 버림. 예 화장실 냄새 <u>제거</u>를 위해 탈취제를 구매하였다.
19	**바이러스** (virus)	동물, 식물, 세균 따위의 살아 있는 세포에 기생하고, 세포 안에서만 증식이 가능한 비세포성 생물 예 이 환자는 <u>바이러스</u>에 감염되었다.
	판결 (判決)	① 시비나 선악을 판단하여 결정함. ② 법원이 변론을 거쳐 소송 사건에 대하여 판단하고 결정하는 재판 예 변호사는 법원의 <u>판결</u>을 기다렸다.
20	**분해하다** (分解--)	한 종류의 화합물이 두 가지 이상의 간단한 화합물로 변화하다. 예 숙취 해소제는 알코올을 <u>분해하는</u> 것을 돕는다.
21	**포함** (包含)	어떤 사물이나 현상 가운데 함께 들어 있거나 함께 넣음. 예 우리 학교는 지하층을 <u>포함</u>하여 모두 6층으로 되어 있다.
	발견 (發見)	미처 찾아내지 못하였거나 아직 알려지지 아니한 사물이나 현상, 사실 따위를 찾아냄. 예 산에서 산삼을 <u>발견</u>하였다.
	형성 (形成)	어떤 형상을 이룸. 예 한강 주변에는 산책로가 <u>형성</u>되어 있다.
	조합 (組合)	여럿을 한데 모아 한 덩어리로 짬. 예 요즘 공장에서는 사람 대신 로봇이 부품을 <u>조합</u>한다.
	복제 (複製)	본디의 것과 똑같은 것을 만듦. 또는 그렇게 만든 것 예 고흐의 작품을 <u>복제</u>한 그림이 걸려 있다.

생명체의 특성

01 인식하다 (認識--)	사물을 분별하고 판단하여 알다. 예 그는 이번 결과가 불공정하다고 <u>인식하고</u> 있다.	
02 관여하다 (關與--)	어떤 일에 관계하여 참여하다. 예 사장님은 점심 식사까지 <u>관여하고</u> 싶어 했다.	
03 분비하다 (分泌--)	샘세포의 작용에 의하여 만든 액즙을 배출관으로 보내다. 예 날이 더워지면 우리의 몸은 땀을 <u>분비하여</u> 체온을 낮춘다.	
04 확인하다 (確認--)	틀림없이 그러한가를 알아보거나 인정하다. 예 예약이 되어 있는지 <u>확인해야</u> 한다.	
05 서식하다 (棲息--)	생물 따위가 일정한 곳에서 자리를 잡고 살다. 예 멧돼지는 산에서 <u>서식하는</u> 동물이다.	
06 응고하다 (凝固--)	액체 따위가 엉겨서 뭉쳐 딱딱하게 굳다. 예 이 물질은 혈액이 <u>응고하는</u> 것을 막는다.	
07 성립하다 (成立--)	일이나 관계 따위가 제대로 이루어지다. 예 둘 사이에 계약이 <u>성립하였다</u>.	
08 억제하다 (抑制--)	정도나 한도를 넘어서 나아가려는 것을 억눌러 그치게 하다. 예 정부는 물가 상승을 <u>억제하기</u> 위해 노력하고 있다.	
09 작용하다 (作用--)	어떠한 현상을 일으키거나 영향을 미치다. 예 면접 결과가 합격 여부에 크게 <u>작용한</u> 것으로 보인다.	
차지하다	사물이나 공간, 지위 따위를 자기 몫으로 가지다. 예 우승자가 모든 이익을 <u>차지하였다</u>.	
극복하다 (克服--)	악조건이나 고생 따위를 이겨 내다. 예 한마음이 되어 어려움을 <u>극복하다</u>.	
적용하다 (適用--)	알맞게 이용하거나 맞추어 쓰다. 예 새로운 기술을 <u>적용하여</u> 생산량을 높였다.	
10 교신하다 (交信--)	우편, 전신, 전화 따위로 정보나 의견을 주고받다. 예 군인들은 무전기로 서로 <u>교신하였다</u>.	
가정하다 (假定--)	사실이 아니거나 또는 사실인지 아닌지 분명하지 않은 것을 임시로 인정하다. 예 일이 실패할 경우를 <u>가정해</u> 보고 대비를 해야 한다.	

교란되다(攪亂--)	마음이나 상황 따위가 뒤흔들려서 어지럽고 혼란스럽게 되다. 예 해커의 침입을 막지 못하면 통신망이 교란될 것이다.
추산되다(推算--)	짐작으로 미루어져 셈하여지다. 예 이번 행사의 참가자는 만 명에 이를 것이라고 추산되었다.
11 **보완하다**(補完--)	모자라거나 부족한 것을 보충하여 완전하게 하다. 예 그녀는 자신의 약점을 보완해서 금메달을 차지하였다.
충족하다(充足--)	일정한 분량을 채워 모자람이 없게 하다. 예 자격 요건을 충족하다.
보충하다(補充--)	부족한 것을 보태어 채우다. 예 비행기에 연료를 보충하다.
12 **경계**(境界)	사물이 어떠한 기준에 의하여 분간되는 한계 예 그는 꿈과 현실의 경계를 구분하지 못하였다.
13 **말하다**	❶ 생각이나 느낌 따위를 말로 나타내다. ❷ 어떤 사정이나 사실, 현상 따위를 나타내 보이다. 예 강이 얼었다는 것은 날씨가 얼마나 추운지를 말해 주는 것이다.
14 **속하다**	관계되어 딸리다. 예 국가 대표 팀에 속하다.
매이다	억제나 구속을 당하는 형편에 놓이다. 예 과거의 불행한 기억에 매여 산다.
15 **유용**[1](有用)	쓸모가 있음. 예 이 칼은 단단한 식재료를 자를 때 유용하다.
유용[2](流用)	남의 것이나 다른 곳에 쓰기로 되어 있는 것을 다른 데로 돌려씀. 예 이장은 마을 공금을 유용하다가 발각되었다.
대변(代辯)	어떤 사실이나 의미를 대표적으로 나타냄. 예 달걀 가격은 높은 물가를 대변하고 있다.
16 **개체**(個體)	하나의 독립된 생물체 예 다세포 생물은 수정을 통해 새로운 개체를 형성한다.
효율적(效率的)	들인 노력에 비하여 얻는 결과가 큼. 또는 그런 것 예 경영 자원을 효율적으로 활용하다.
체형(體形)	생물이 지닌 몸의 모양 예 그는 체형을 가꾸기 위해 매일 운동을 한다.
17 **인지**(認知)	지각, 기억, 상상, 개념, 판단, 추리를 포함하여 무엇을 안다는 것을 나타내는 포괄적 용어 예 바스락거리는 소리를 인지하다.

18	**분별하다**(分別――)	서로 다른 일이나 사물을 구별하여 가르다. 예 깜깜한 밤에는 형체를 <u>분별하기</u> 어렵다.
	판결하다(判決――)	시비나 선악을 판단하여 결정하다. 예 부모님은 형제의 잘잘못을 공평하게 <u>판결하셨다</u>.
	판별하다(判別――)	옳고 그름이나 좋고 나쁨을 판단하여 구별하다. 예 보석의 진가를 <u>판별하다</u>.
19	**태반**(胎盤)	임신 중 태아와 모체의 자궁을 연결하는 기관 예 <u>태반</u>은 태아에게 영양분을 공급하는 기능을 한다.
20	**측정하다**(測定――)	일정한 양을 기준으로 하여 같은 종류의 다른 양의 크기를 재다. 예 저울로 무게를 <u>측정하였다</u>.
21	**교배**(交配)	생물의 암수를 인위적으로 수정 또는 수분시켜 다음 세대를 얻는 일 예 연구원들은 잡종 <u>교배</u>에 관한 실험을 하였다.
	분열(分裂)	하나의 세포로 이루어진 개체가 둘 이상으로 나뉘어 불어나는 무성 생식 예 하나의 세포가 두 개의 세포로 갈라지는 세포 <u>분열</u>이 일어났다.
	번식(繁殖)	붇고 늘어서 많이 퍼짐. 예 플랑크톤의 대량 <u>번식</u>으로 해양의 물빛이 변하였다.
	생리적(生理的)	신체의 조직이나 기능에 관련되는. 또는 그런 것 예 인간은 노화가 진행됨에 따라 <u>생리적</u> 변화가 일어난다.
	배양(培養)	인공적인 환경을 만들어 동식물 세포와 조직의 일부나 미생물 따위를 가꾸어 기름. 예 이곳에서는 미생물 <u>배양</u> 실험이 이루어진다.

과학 4 **천체 현상**

---

01 토대(土臺)
어떤 사물이나 사업의 밑바탕이 되는 기초와 밑천을 비유적으로 이르는 말
예 이 소설은 경험을 <u>토대</u>로 작성하였다.

02 부풀다
물체가 늘어나면서 부피가 커지다.
예 식빵 반죽이 <u>부풀다</u>.

03 포함하다(包含――)
어떤 사물이나 현상 가운데 함께 들어가게 하거나 함께 넣다.
예 수재민들을 특별 지원 대상에 <u>포함하였다</u>.

04 관련되다(關聯――)
둘 이상의 사람, 사물, 현상 따위가 서로 얽혀서 가까운 관계에 있다.
예 이번 행사에 <u>관련된</u> 사람들이 모여 있다.

05 노출하다(露出――)
겉으로 드러나다.
예 피부를 자외선에 장시간 <u>노출하면</u> 피부를 상하게 만들 수 있다.

06 타당하다(妥當――)
일의 이치로 보아 옳다.
예 나는 그녀의 주장이 <u>타당하다고</u> 생각하였다.

07 초래하다(招來――)
일의 결과로서 어떤 현상을 생겨나게 하다.
예 기름 유출 사건이 환경 오염을 <u>초래하였다</u>.

08 추측하다(推測――)
미루어 생각하여 헤아리다.
예 주민들은 그의 직업이 의사일 것이라고 <u>추측하고</u> 있다.

09 내재하다(內在――)
어떤 사물이나 범위의 안에 들어 있다.
예 그 이론은 많은 한계를 <u>내재하고</u> 있다.

철저하다(徹底――)
속속들이 꿰뚫어 미치어 밑바닥까지 빈틈이나 부족함이 없다.
예 그 사람은 시간관념이 <u>철저하다</u>.

대립하다(對立――)
의견이나 처지, 속성 따위가 서로 반대되거나 모순되다.
예 보상안을 놓고 양측이 <u>대립하고</u> 있다.

직면하다(直面――)
어떠한 일이나 사물을 직접 당하거나 접하다.
예 그들은 새로운 문제에 <u>직면하였다</u>.

증명하다(證明――)
어떤 사항이나 판단 따위에 대하여 그것이 진실인지 아닌지 증거를 들어서 밝히다.
예 약품의 효능을 과학적인 방법으로 <u>증명하다</u>.

10 일으키다
물리적이거나 자연적인 현상을 만들어 내다.
예 파도가 물보라를 <u>일으키다</u>.

11	**작용**(作用)	❶ 어떠한 현상을 일으키거나 영향을 미침. 예 비타민은 우리 몸속에서 다양한 작용을 한다. ❷ 어떠한 물리적 원인이나 대상이 다른 대상이나 원인에 기여함. 또는 그런 현상
12	**밀접하다**(密接――)	아주 가깝게 맞닿아 있다. 또는 그런 관계에 있다. 예 과학 기술은 우리 생활과 밀접한 관계가 있다.
13	**주체**(主體)	사물의 작용이나 어떤 행동의 주가 되는 것 예 이번 축제는 학생회가 주체가 되어야 한다.
	속성(屬性)	사물의 특징이나 성질 예 고려 가요는 민요적 속성을 많이 지니고 있다.
14	**생성되다**(生成――)	사물이 생겨나다. 예 이 산은 만 년 전에 생성된 것이다.
	이루어지다	어떤 대상에 의하여 일정한 상태나 결과가 생기거나 만들어지다. 예 부동산 매매가 이루어지다.
15	**자전**(自轉)	천체(天體)가 스스로 고정된 축을 중심으로 회전함. 또는 그런 운동 예 지구는 1일을 주기로 하여 자전한다.
	인력(引力)	공간적으로 떨어져 있는 물체끼리 서로 끌어당기는 힘 예 자석의 다른 극 사이에서는 인력이 발생한다.
	원심력(遠心力)	원운동을 하는 물체나 입자에 작용하는, 원의 바깥으로 나아가려는 힘 예 승객들은 타고 있는 차가 모퉁이를 돌 때 원심력을 느낄 수 있다.
	궤도(軌道)	행성, 혜성, 인공위성 따위가 중력의 영향을 받아 다른 천체의 둘레를 돌면서 그리는 곡선의 길 예 그 행성은 태양의 바깥 궤도를 돈다.
16	**추정**(推定)	미루어 생각하여 판정함. 예 이 문화재를 조선 시대의 것으로 추정을 하였다.
	추세(趨勢)	어떤 현상이 일정한 방향으로 나아가는 경향 예 판매가 증가 추세를 보이다.
17	**미치다**¹	어떤 일에 지나칠 정도로 열중하다. 예 그는 도박에 미쳐 전 재산을 탕진하였다.
	미치다²	영향이나 작용 따위가 대상에 가하여지다. 예 이번 연구 결과가 판매에 영향을 미쳤다.
18	**보름달**	음력 보름날 밤에 뜨는 둥근달 예 보름달을 보며 소원을 빌었다.

19	**자기장** (磁氣場)	자석의 주위, 전류의 주위, 지구의 표면 따위와 같이 자기의 작용이 미치는 공간 예 은하계는 미약한 자기장을 띠고 있다.
20	**붙이다**	❶ 맞닿아 떨어지지 않게 하다. ❷ 이름이 생기게 하다. 예 동물의 이름을 태풍에 붙이다.
21	**관측하다** (觀測——)	육안이나 기계로 자연 현상 특히 천체나 기상의 상태, 추이, 변화 따위를 관찰하여 측정하다. 예 천문학자는 천체를 관측한다.
	재다	자, 저울 따위의 계기를 이용하여 길이, 너비, 높이, 깊이, 무게, 온도, 속도 따위의 정도를 알아보다. 예 습도계로 습도를 재다.
	두르다	띠나 수건, 치마 따위를 몸에 휘감다. 예 이마에 띠를 두르다.
	헤아리다	수량을 세다. 예 은행원이 동전을 헤아리고 있다.
22	**접근하다** (接近——)	가까이 다가가다. 예 그곳은 일반인이 접근하는 것을 금지하고 있다.
	진입하다 (進入——)	향하여 내처 들어가다. 예 소방관들은 화재가 발생한 건물에 진입하기로 하였다.
	효과 (效果)	어떤 목적을 지닌 행위에 의하여 드러나는 보람이나 좋은 결과 예 그 약은 치료 효과가 없었다.

01	**띠다**	어떤 성질을 가지다. 예 이 신문은 보수적인 성격을 띠고 있다.
02	**부합하다**(符合――)	사물이나 현상이 서로 꼭 들어맞다. 예 그 행사는 공동의 이익에 부합한다.
03	**유발하다**(誘發――)	어떤 것이 다른 일을 일어나게 하다. 예 화석 연료의 사용은 지구 온난화를 유발한다.
04	**조절하다**(調節――)	균형이 맞게 바로잡다. 또는 적당하게 맞추어 나가다. 예 난방을 하여 실내 온도를 조절한다.
05	**적용하다**(適用――)	알맞게 이용하거나 맞추어 쓰다. 예 신제품에는 할인을 적용하였다.
06	**종합하다**(綜合――)	여러 가지를 한데 모아서 합하다. 예 반장은 반 아이들의 의견을 종합하였다.
07	**확립하다**(確立――)	체계나 견해, 조직 따위를 굳게 서게 하다. 예 민족 주체성을 확립하다.
08	**언급하다**(言及――)	어떤 문제에 대하여 말하다. 예 그 학자는 물리학에 대해 언급하였다.
09	**설계하다**(設計――)	계획을 세우다. 예 부부는 행복한 미래를 설계하였다.
	도모하다(圖謀――)	어떤 일을 이루기 위하여 대책과 방법을 세우다. 예 회원들 간의 친목을 도모하기 위해 등산을 가기로 했다.
	명료하다(明瞭――)	뚜렷하고 분명하다. 예 토론을 할 때는 자신의 주장을 명료하게 내세워야 한다.
10	**관점**(觀點)	사물이나 현상을 관찰할 때, 그 사람이 보고 생각하는 태도나 방향 또는 처지 예 이 연구에 대한 관점은 사람마다 다르다.
	규명하다(糾明――)	어떤 사실을 자세히 따져서 바로 밝히다. 예 사건의 진상을 규명하다.
11	**지정**(指定)	가리키어 확실하게 정함. 예 참가자들은 지정 좌석에 앉아야 한다.

| 12 | **의존**(依存) | 다른 것에 의지하여 존재함.
예 누군가에 대한 지나친 의존에서 벗어나야 한다. |

| 13 | **담당하다**(擔當——) | 어떤 일을 맡다.
예 나는 직원 교육을 담당하고 있다. |

| 14 | **비롯되다** | 처음으로 시작되다.
예 이 소문은 작은 오해에서 비롯된 것이다. |

| 15 | **열량**(熱量) | 열에너지의 양
예 도넛은 열량이 높은 식품이다. |

물질대사(物質代謝) — 생물체가 몸 밖으로부터 섭취한 영양물질을 몸 안에서 분해하고, 합성하여 생체 성분이나 생명 활동에 쓰는 물질이나 에너지를 생성하고 필요하지 않은 물질을 몸 밖으로 내보내는 작용
예 생명체의 몸에서는 생명을 유지하기 위한 물질대사가 일어난다.

용매(溶媒) — 어떤 액체에 물질을 녹여서 용액을 만들 때 그 액체를 가리키는 말
예 용질을 녹여 용액을 만드는 물질을 용매라고 한다.

매질(媒質) — 어떤 파동 또는 물리적 작용을 한 곳에서 다른 곳으로 옮겨 주는 매개물
예 음파가 공기 중에서 퍼져 나갈 때 음파의 매질은 공기이다.

| 16 | **분해**(分解) | ❶ 여러 부분이 결합되어 이루어진 것을 그 낱낱으로 나눔.
❷ 한 종류의 화합물이 두 가지 이상의 간단한 화합물로 변화함.
예 동물체의 단백질은 아미노산으로 분해된다. |

화합(化合) — 둘 또는 그 이상의 화학종이 결합하여 본래의 성질을 잃어버리고 새로운 성질을 가진 화학종이 됨.
예 화합의 예로 산소와 수소가 결합하여 물이 되는 일이 있다.

| 17 | **공유**(共有) | 두 사람 이상이 한 물건을 공동으로 소유함.
예 주민들은 그 시설을 공유하고 있다. |

| 18 | **온도**(溫度) | 따뜻함과 차가움의 정도. 또는 그것을 나타내는 수치
예 실내 온도를 높이다. |

| 19 | **적외선**(赤外線) | 파장이 가시광선보다 길며 극초단파보다 짧은 0.7μm∼1mm의 전자기파
예 적외선 감시 카메라를 설치하였다. |

| 20 | **연쇄적**(連鎖的) | 서로 연결되어 관련이 있는. 또는 그런 것
예 중소기업들이 연쇄적으로 도산하고 있다. |

| 21 | **성질**(性質) | ❶ 사람이 지닌 마음의 본바탕
❷ 사물이나 현상이 가지고 있는 고유의 특성
예 빛은 매끄러운 면에서는 반사하는 성질을 가졌다. |

고유(固有) — 본래부터 가지고 있는 특유한 것
예 한복은 우리나라 고유의 의상이다.

01	**통과하다** (通過)	어떤 곳이나 때를 거쳐서 지나가다. 예 여행자들은 국경을 <u>통과하였다</u>.
02	**진행하다** (進行)	앞으로 향하여 나아가다. 예 앞으로 <u>진행하던</u> 버스는 적신호를 보고 멈췄다.
03	**소통하다** (疏通)	막히지 아니하고 잘 통하다. 예 사거리의 차들이 원활하게 <u>소통하고</u> 있다.
04	**전파되다** (傳播)	전하여져 널리 퍼뜨려지다. 예 담임 선생님을 둘러싼 소문은 학교 전체로 <u>전파되었다</u>.
05	**흡수하다** (吸收)	물을 빨아들이다. 예 나무는 뿌리로부터 올라오는 수분을 <u>흡수한다</u>.
06	**파생하다** (派生)	사물이 어떤 근원으로부터 갈려 나와 생기다. 예 그들은 무분별한 개발로 인해 <u>파생할</u> 문제를 경고하였다.
07	**창출하다** (創出)	전에 없던 것을 처음으로 생각하여 지어내거나 만들어 내다. 예 신사업은 만여 명의 고용을 <u>창출할</u> 것이다.
08	**활성화되다** (活性化)	❶ 사회나 조직 등의 기능이 활발해지다. ❷ 생체나 생체 물질의 기능이 발휘되다. 예 이 약을 먹으면 혈액 순환이 <u>활성화된다</u>.
09	**진보** (進步)	정도나 수준이 나아지거나 높아짐. 예 기술의 발전은 인류의 <u>진보</u>에 큰 역할을 하였다.
	용이하다 (容易)	어렵지 아니하고 매우 쉽다. 예 이 가구는 조립하기가 <u>용이하다</u>.
	증진하다 (增進)	기운이나 세력 따위를 점점 더 늘려 가고 나아가게 하다. 예 이번 회담은 양국의 우호를 <u>증진하는</u> 데 도움이 될 것이다.
	부응하다 (副應)	어떤 요구나 기대 따위에 좇아서 응하다. 예 소비자의 요구에 <u>부응하여</u> 대용량 제품을 출시하였다.
10	**제한되다** (制限)	일정한 한도가 정하여지거나 그 한도가 초과되지 못하게 막히다. 예 그 대회는 참가 연령이 <u>제한되어</u> 있다.

방출되다 (放出--)
① 비축되어 있는 것이 내놓아지다.
② 입자나 전자기파의 형태로 에너지가 내보내지다.
예 우주에서는 자연 방사능이 방출되고 있다.

생성하다 (生成--)
사물이 생겨나다. 또는 사물이 생겨 이루어지게 하다.
예 풍력 발전기는 날개의 회전력으로 전기 에너지를 생성한다.

11 **공급** (供給)
요구나 필요에 따라 물품 따위를 제공함.
예 식물에 영양분을 공급하다.

제공 (提供)
무엇을 내주거나 갖다 바침.
예 수석 입학생에게는 장학금을 제공한다.

부여 (附與)
사람에게 권리 · 명예 · 임무 따위를 지니도록 해 주거나, 사물이나 일에 가치 · 의의 따위를 붙여 줌.
예 수상자들에게는 상장을 부여하였다.

12 **규제** (規制)
규칙이나 규정에 의하여 일정한 한도를 정하거나 정한 한도를 넘지 못하게 막음.
예 정부는 수입에 대한 규제를 완화하였다.

13 **발생** (發生)
어떤 일이나 사물이 생겨남.
예 사건이 발생한 곳은 주택가 골목길이었다.

위력 (威力)
상대를 압도할 만큼 강력함. 또는 그런 힘
예 장군의 말은 위력이 대단하다.

14 **배출하다** (排出--)
안에서 밖으로 밀어 내보내다.
예 쓰레기는 밖으로 배출해 주세요.

15 **의도** (意圖)
무엇을 하고자 하는 생각이나 계획. 또는 무엇을 하려고 꾀함.
예 이 일을 시작한 의도가 궁금하다.

왜곡 (歪曲)
사실과 다르게 해석하거나 그릇되게 함.
예 외교부는 일본의 역사 왜곡에 대해 강하게 비판하였다.

촉진 (促進)
다그쳐 빨리 나아가게 함.
예 정부는 소비를 촉진하기 위한 정책을 발표하였다.

16 **용액** (溶液)
두 가지 이상의 물질이 균일하게 혼합된 액체
예 작은 비커에는 산성 용액이 들어 있다.

농도 (濃度)
액체 따위의 진함과 묽음의 정도
예 이 용액은 농도가 짙기 때문에 물에 희석해서 사용해야 한다.

비례하다 (比例--)
한쪽의 양이나 수가 증가하는 만큼 그와 관련 있는 다른 쪽의 양이나 수도 증가하다.
예 재산과 행복의 관계가 반드시 비례하는 것은 아니다.

입자(粒子)	물질을 구성하는 미세한 크기의 물체 예 분자는 물질의 성질을 가지는 가장 작은 입자를 말한다.
17 **증발**(蒸發/烝發)	① 어떤 물질이 액체 상태에서 기체 상태로 변함. 또는 그런 현상 예 물이 증발하면 수증기가 된다. ② 사람이나 물건이 갑자기 사라져 행방을 알지 못하게 됨을 속되게 이르는 말
18 **원동력**(原動力)	어떤 움직임의 근본이 되는 힘 예 그때의 경험이 내겐 성장의 원동력이 되었다.
19 **반의**(反義)	반대되는 뜻. 또는 뜻이 반대됨. 예 단어의 뜻이 반대되는 관계를 반의 관계라고 한다.
20 **매개체**(媒介體)	둘 사이에서 어떤 일을 맺어 주는 것 예 인간은 언어를 매개체로 하여 소통한다.
21 **이입되다**(移入――)	옮겨져 들어가다. 예 그녀는 영화 속 주인공에게 감정이 이입되었다.
명시하다(明示――)	분명하게 드러내 보이다. 예 계약서에 계약 기간과 계약금을 명시하였다.
정착하다(定着――)	일정한 곳에 자리를 잡아 붙박이로 있거나 머물러 살다. 예 유목민들은 한 곳에 정착하지 않는다.
22 **이르다¹**	어떤 정도나 범위에 미치다. 예 그는 장인의 경지에 이르렀다.
이르다²	대중이나 기준을 잡은 때보다 앞서거나 빠르다. 예 우리는 약속 시간보다 이르게 목적지에 도착하였다.

기술 1 장비 기술

01 **원리** (原理)	사물의 근본이 되는 이치 예 보일러를 고치려면 열이 공급되는 <u>원리</u>부터 이해해야 한다.	
02 **작동** (作動)	기계 따위가 작용을 받아 움직임. 또는 기계 따위를 움직이게 함. 예 이 기계가 <u>작동</u>하지 않는 것은 연료가 부족하기 때문이다.	
03 **연결** (連結)	사물과 사물을 서로 잇거나 현상과 현상이 관계를 맺게 함. 예 두 문장의 <u>연결</u>이 자연스럽지 않다.	
04 **고정하다** (固定--)	한곳에 꼭 붙어 있거나 붙어 있게 하다. 예 아버지는 책상이 흔들리지 않게 못을 박아 <u>고정하였다</u>.	
05 **유사** (類似)	서로 비슷함. 예 그는 하는 행동이 동생과 <u>유사</u>하다.	
06 **충격** (衝擊)	물체에 급격히 가하여지는 힘 예 유리창이 바람의 <u>충격</u>으로 산산조각이 났다.	
07 **내장** (內藏)	밖으로 드러나지 않게 안에 간직함. 예 일반적으로 이어폰에는 스피커가 <u>내장</u>이 되어 있다.	
08 **전달** (傳達)	자극, 신호, 동력 따위가 다른 기관에 전하여짐. 예 나는 기계의 버튼을 눌러서 신호를 <u>전달</u>하였다.	
09 **접촉하다** (接觸--)	서로 맞닿다. 예 두 경주마가 경기 도중 <u>접촉하는</u> 사고가 일어났다.	
유출 (流出)	밖으로 흘러 나가거나 흘려 내보냄. 예 산업 폐수의 <u>유출</u>로 강이 오염되었다.	
발생 (發生)	어떤 일이나 사물이 생겨남. 예 태풍은 <u>발생</u> 7일 만에 한반도에 상륙하였다.	
구조 (構造)	부분이나 요소가 어떤 전체를 짜 이룸. 또는 그렇게 이루어진 얼개 예 <u>구조</u>가 단순한 제품일수록 고장이 적다.	
10 **각광** (脚光)	사회적 관심이나 흥미 예 그녀는 신이 내린 목소리라고 불리며 <u>각광</u>을 받았다.	
구현하다 (具現/具顯--)	어떤 내용을 구체적인 사실로 나타나게 하다. 예 메타버스는 현실 세계를 가상 공간에 <u>구현하는</u> 기술이다.	

	측정하다(測定--)	일정한 양을 기준으로 하여 같은 종류의 다른 양의 크기를 재다. 예 신체검사를 위해 줄자로 허리 둘레를 측정하였다.
	제작하다(製作--)	재료를 가지고 기능과 내용을 가진 새로운 물건이나 예술 작품을 만들다. 예 이 영화는 제작하는 데만 2년이 넘게 걸렸다.
	장착하다(裝着--)	의복, 기구, 장비 따위에 장치를 부착하다. 예 카메라에 광각 렌즈를 장착하였다.
11	**제어**(制御/制馭)	기계나 설비 또는 화학 반응 따위가 목적에 알맞은 작용을 하도록 조절함. 예 이 로봇은 컴퓨터에 의해 제어가 된다.
	절충(折衷)	서로 다른 사물이나 의견, 관점 따위를 알맞게 조절하여 서로 잘 어울리게 함. 예 두 의견을 절충하여 최선의 방안을 찾을 것이다.
	조정(調整)	어떤 기준이나 실정에 맞게 정돈함. 예 노동자들의 노동 강도를 고려할 때 임금 조정이 필요하다.
12	**동일하다**(同---)	➊ 어떤 것과 비교하여 똑같다. ➋ 각각 다른 것이 아니라 하나이다. 예 이 제품은 아까 본 것과 동일한 상품이다.
13	**일어나다**	➊ 약하거나 희미하던 것이 성하여지다. ➋ 소리가 나다. ➌ 병을 앓다가 낫다. ➍ 위로 솟거나 부풀어 오르다. ➎ 어떤 일이 생기다. 예 두 나라 간에 전쟁이 일어났다.
14	**일반적**(一般的)	일부에 한정되지 아니하고 전체에 걸치는. 또는 그런 것 예 일반적으로 상품에 대한 수요가 많으면 가격이 올라간다.
	가급적(可及的)	할 수 있는 것. 또는 형편에 닿는 것 예 가급적이면 쓰레기는 이곳에 버리지 말고 가져가야 한다.
	보편적(普遍的)	모든 것에 두루 미치거나 통하는. 또는 그런 것 예 보편적으로 어미는 새끼에 대한 애착이 강하다.
15	**접점**(接點)	계전기나 스위치 따위에서, 접촉에 의하여 전류가 전도되는 부분 예 두 전선의 접점에서 불꽃이 튀었다.
16	**오차**(誤差)	실지로 셈하거나 측정한 값과 이론적으로 정확한 값과의 차이 예 거리를 측정한 값과 실제 거리와 약간의 오차가 난다.
	누적되다(累積--)	포개져 여러 번 쌓이다. 예 삼 일 밤을 샌 그는 누적된 피로로 그대로 곯아떨어졌다.

지연 (遲延)	무슨 일을 더디게 끌어 시간을 늦춤. 또는 시간이 늦추어짐. 예 백신 개발의 <u>지연</u>으로 방역 대책에 비상이 걸렸다.
성능 (性能)	기계 따위가 지닌 성질이나 기능 예 컴퓨터의 <u>성능</u>이 좋아 일을 쉽게 끝냈다.
보완하다 (補完――)	모자라거나 부족한 것을 보충하여 완전하게 하다. 예 정부는 정책의 문제점을 <u>보완하여</u> 새로운 대책을 발표하였다.
¹⁷ **감지** (感知)	느끼어 앎. 예 이 센서는 사람의 움직임을 <u>감지하여</u> 작동한다.
¹⁸ **유사성** (類似性)	서로 비슷한 성질 예 개와 늑대는 외형에서 <u>유사성</u>이 많다.
¹⁹ **고주파** (高周波)	주파수가 높은 파동이나 전자기파 예 이 케이블에는 <u>고주파</u> 전류가 흐른다.
저주파 (低周波)	주파수가 낮은 파동이나 전자기파 예 <u>저주파</u>는 낮은 전류로 근육을 자극하는 치료에 이용된다.
²⁰ **비례하다** (比例――)	한쪽의 양이나 수가 증가하는 만큼 그와 관련 있는 다른 쪽의 양이나 수도 증가하다. 예 자동차의 속도는 시간당 움직인 거리에 <u>비례한다</u>.
²¹ **팽창** (膨脹)	부풀어서 부피가 커짐. 예 기체의 부피는 온도가 올라감에 따라 <u>팽창</u>을 하게 된다.
강도 (強度)	센 정도 예 섬 지방은 내륙 지방에 비해 바람의 <u>강도</u>가 강하다.
부착 (附着/付着)	떨어지지 아니하게 붙음. 또는 그렇게 붙이거나 닮. 예 입학식에 올 때에 가슴에 이름표를 <u>부착</u>해 주십시오.
기준 (基準)	기본이 되는 표준 예 오디션에서는 평가 <u>기준</u>에 따라 참가자에게 점수를 매길 것이다.
요소 (要素)	사물의 성립이나 효력 발생 따위에 꼭 필요한 성분. 또는 근본 조건 예 소설의 3대 <u>요소</u>는 인물, 사건, 배경이다.

01	**수신** (受信)	전신이나 전화, 라디오, 텔레비전 방송 따위의 신호를 받음. 또는 그런 일 예 전화가 발신은 되는데, 수신이 잘 안 된다.
02	**식별** (識別)	분별하여 알아봄. 예 이 센서는 사람을 식별하는 능력을 갖추고 있다.
03	**경로** (經路)	지나는 길 예 이 도로는 주로 화물차의 경로로 이용된다.
04	**영역** (領域)	활동, 기능, 효과, 관심 따위가 미치는 일정한 범위 예 우리 회사는 다른 회사를 인수하여 사업의 영역을 확장하였다.
05	**추월하다** (追越――)	뒤에서 따라잡아서 앞의 것보다 먼저 나아가다. 예 그는 자동차의 속도를 높여 앞차를 추월하였다.
06	**구분하다** (區分――)	일정한 기준에 따라 전체를 몇 개로 갈라 나누다. 예 그녀는 공과 사를 명확히 구분하는 사람이다.
07	**전송하다** (傳送――)	전하여 보내다. 예 사장은 이메일로 전달 사항을 적어 직원들에게 전송하였다.
08	**변환하다** (變換――)	달라져서 바뀌다. 또는 다르게 하여 바꾸다. 예 눈은 물체에서 반사된 빛을 전기 신호로 변환할 수 있다.
09	**원활하다** (圓滑――)	거침이 없이 잘 나가는 상태에 있다. 예 오늘은 도로에 차가 많지 않아 교통 상황이 원활하다.
	발신하다 (發信――)	소식이나 우편 또는 전신을 보내다. 예 통신병은 무선을 발신하여 현장의 상황을 보고하였다.
	인식하다 (認識――)	사물을 분별하고 판단하여 알다. 예 로봇 청소기는 센서를 이용하여 주위 사물을 인식한다.
10	**생성하다** (生成――)	사물이 생겨나다. 또는 사물이 생겨 이루어지게 하다. 예 대체 에너지원인 수소는 오염 물질을 거의 생성하지 않는다.
	유추하다 (類推――)	같은 종류의 것 또는 비슷한 것에 기초하여 다른 사물을 미루어 추측하다. 예 형사는 범죄 현장의 흔적을 통해 사건의 전말을 유추해 냈다.
11	**결속** (結束)	전선 따위를 서로 통할 수 있도록 연결함. 예 끊어진 전선의 결속으로 전기가 들어왔다.

접목 (椄木/接木)	둘 이상의 다른 현상 따위를 알맞게 조화하게 함을 비유적으로 이르는 말 ⑩ 그는 전통 음악과 서양 악기의 접목을 시도하였다.
매개 (媒介)	둘 사이에서 양편의 관계를 맺어 줌. ⑩ 컴퓨터 바이러스는 통신을 매개로 전염된다.

12 **개별적** (個別的)
여럿 중에서 하나씩 따로 나뉘어 있는. 또는 그런 것
⑩ 여기서부터는 각자 개별적으로 움직이기로 하였다.

13 **막다**
❶ 길, 통로 따위가 통하지 못하게 하다.
❷ 강물, 추위, 햇빛 따위가 어떤 대상에 미치지 못하게 하다.
❸ 베풀어 주려는 뜻을 물리치다.
❹ 외부의 공격이나 침입 따위에 버티어 지키다.
❺ 어떤 현상이 일어나지 못하게 하다.
⑩ 소비자의 피해를 막으려면 과장 광고에 대한 규제를 강화해야 한다.

14 **설계되다** (設計――)
건축·토목·기계 제작 따위에서, 그 목적에 따라 실제적인 계획이 세워져 도면 따위로 명시되다.
⑩ 이 건물은 지진에도 버틸 수 있도록 설계되어 있다.

제작되다 (製作――)
재료를 가지고 기능과 내용을 가진 새로운 물건이나 예술 작품이 만들어지다.
⑩ 그의 소설이 영화로 제작되었다.

15 **자체** (自體)
다른 것을 제외한 사물 본래의 몸체. 또는 바로 그 본래의 바탕
⑩ 그가 살아있다는 사실 자체가 놀랍다.

오류 (誤謬)
컴퓨터 프로그램이나 시스템의 착오. 또는 시스템 오동작의 원인이 되는 프로그램의 잘못
⑩ 작동에 오류가 발생하면 전원을 껐다가 다시 켜 주십시오.

인공 (人工)
사람의 힘으로 자연에 대하여 가공하거나 작용을 하는 일
⑩ 이곳에 인공 호수를 만들려면 다른 곳에서 물을 끌어와야 한다.

전파 (傳播)
파동이 매질(媒質) 속을 퍼져 가는 일
⑩ 전파에 장애가 발생하여 통신이 두절되었다.

16 **기지국** (基地局)
전파를 주고받는 기능을 하는 작은 통신 기관
⑩ 무선 통신이 원활하려면 기지국을 촘촘하게 설치해야 한다.

분할되다 (分割――)
나뉘어 쪼개지다.
⑩ 한반도가 남북으로 분할된 지도 70년이 넘었다.

할당하다 (割當――)
몫을 갈라 나누다.
⑩ 정부는 복지 사업을 위해 별도의 예산을 할당하였다.

규약 (規約)
조직체 안에서, 서로 지키도록 협의하여 정하여 놓은 규칙
⑩ 조직이 정해 놓은 규약을 어기는 자에게는 벌금이 부과된다.

집합체(集合體)	많은 것이 모여 이루어진 덩어리 예 사회는 개인이 모여 만든 집합체이다.
17 **증명**(證明)	어떤 사항이나 판단 따위에 대하여 그것이 진실인지 아닌지 증거를 들어서 밝힘. 예 범죄와 관련 없다는 증명을 못 하면 용의자로 지목될 수 있다.
18 **감소**(減少)	양이나 수치가 줆. 또는 양이나 수치를 줄임. 예 녹지의 감소가 환경 오염을 가속화시킬 수 있다.
19 **효율적**(效率的)	들인 노력에 비하여 얻는 결과가 큰. 또는 그런 것 예 로봇 기술을 활용하면 제품을 효율적으로 생산할 수 있다.
효과적(效果的)	어떤 목적을 지닌 행위에 의하여 보람이나 좋은 결과가 드러나는. 또는 그런 것 예 건강을 지키는 가장 효과적인 방법은 꾸준히 운동을 하는 것이다.
20 **고려하다**(考慮――)	생각하고 헤아려 보다. 예 정부는 재난 지역의 사정을 고려하여 구호 물품을 보내기로 하였다.
21 **기능**(機能)	하는 구실이나 작용을 함. 또는 그런 것 예 이 가정용 로봇은 청소하는 기능을 가지고 있다.
기반(基盤)	기초가 되는 바탕. 또는 사물의 토대 예 산업의 기반을 다지려면 인재를 길러야 한다.
활용(活用)	충분히 잘 이용함. 예 위성을 활용하면 먼 곳에서 벌어지는 경기를 중계할 수 있다.
향상(向上)	실력, 수준, 기술 따위가 나아짐. 또는 나아지게 함. 예 소득 수준의 향상으로 국민의 식생활 수준이 달라졌다.
분야(分野)	여러 갈래로 나누어진 범위나 부분 예 우리나라는 반도체 분야에서는 알아주는 강국이다.

01	**표현되다** (表現——)	생각이나 느낌 따위가 언어나 몸짓 따위의 형상으로 드러나 나타내어지다. 예 이 작품에는 작가의 사상이 잘 표현되어 있다.
02	**잔상** (殘像)	외부 자극이 사라진 뒤에도 감각 경험이 지속되어 나타나는 상 예 지난 사고의 잔상이 아직도 머릿속에 남아 있다.
03	**기법** (技法)	기교와 방법을 아울러 이르는 말 예 작품에 사용된 새로운 기법이 무엇인지 알아보았다.
04	**함축적** (含蓄的)	말이나 글이 어떤 뜻을 속에 담고 있는. 또는 그런 것 예 시어는 함축적인 언어이다.
05	**구현하다** (具現/具顯——)	어떤 내용을 구체적인 사실로 나타나게 하다. 예 그는 작품 속에 자신이 꿈꾸던 세계를 잘 구현해 놓았다.
06	**왜곡되다** (歪曲——)	사실과 다르게 해석되거나 그릇되게 되다. 예 왜곡된 역사를 바로잡아야 한다는 목소리가 힘을 얻고 있다.
07	**지향하다** (志向——)	어떤 목표로 뜻이 쏠리어 향하다. 예 유토피아는 그가 지향하는 세계이다.
08	**모호하다** (模糊——)	말이나 태도가 흐리터분하여 분명하지 않다. 예 이 그림은 추상적이라 말하는 바가 무엇인지 모호하다.
09	**궤적** (軌跡/軌迹)	어떠한 일을 이루어 온 과정이나 흔적 예 장례식장에서 고인이 살아왔던 삶의 궤적을 떠올려 보았다.
	역동적 (力動的)	힘차고 활발하게 움직이는. 또는 그런 것 예 추사 김정희의 서체에는 역동적인 힘이 느껴진다.
	투영되다 (投影——)	어떤 일이 다른 일에 반영되어 나타나다. 예 고려 가요에는 민중들의 삶의 애환이 잘 투영되어 있다.
10	**저자** (著者)	글로 써서 책을 지어 낸 사람 예 글을 다 읽고 나서도 저자의 의도를 파악하기 어려웠다.
	주목하다 (注目——)	관심을 가지고 주의 깊게 살피다. 예 선생님은 그림의 창작 배경에 주목하여 감상할 것을 주문하였다.
	피력하다 (披瀝——)	생각하는 것을 털어놓고 말하다. 예 자신의 의견을 강력하게 피력하였다.

11	**첩첩** (疊疊)	여러 겹으로 겹쳐 있는 모양 예 먼 산을 바라보니 하얀 눈이 <u>첩첩</u> 쌓여 있다.
	중첩 (重疊)	거듭 겹치거나 포개어짐. 예 설상가상으로 안 좋은 일이 <u>중첩</u>되어 발생하였다.
12	**영향** (影響)	어떤 사물의 효과나 작용이 다른 것에 미치는 일 예 그의 그림은 후대 사람들에게 지대한 <u>영향</u>을 미쳤다.
	경향 (傾向)	현상이나 사상, 행동 따위가 어떤 방향으로 기울어짐. 예 요즘 청년들은 위험 자산에 투자하는 <u>경향</u>이 강하다.
13	**수용하다¹** (受容--)	어떠한 것을 받아들이다. 예 그는 선진적인 서구 문화를 <u>수용해야</u> 한다고 주장하였다.
	수용하다² (收容--)	범법자, 포로, 난민, 관객, 물품 따위를 일정한 장소나 시설에 모아 넣다. 예 이곳은 전쟁 포로를 <u>수용하는</u> 곳이다.
	수용하다³ (收用--)	관직에 있다가 파직되어 실무가 없는 관리를 다시 등용하여 임무를 맡기다. 예 임금은 유배 가 있는 신하들을 <u>수용하여</u> 주요 관직에 기용하였다.
14	**극복하다** (克服--)	악조건이나 고생 따위를 이겨 내다. 예 그는 시련을 <u>극복하고</u> 올림픽에서 금메달을 땄다.
15	**소재** (素材)	예술 작품에서 지은이가 말하고자 하는 바를 나타내기 위해 선택하는 재료 예 그녀는 서민들의 고달픈 삶을 <u>소재</u>로 작품을 창작하였다.
	상호 (相互)	상대가 되는 이쪽과 저쪽 모두 예 진정한 친구라면 <u>상호</u> 간에 신뢰가 있어야 한다.
	바탕	사물이나 현상의 근본을 이루는 것 예 계약은 쌍방의 약속을 <u>바탕</u>으로 성립한다.
	선언 (宣言)	널리 펴서 말함. 또는 그런 내용 예 수십 년간 연예계 생활을 해 온 그가 갑작스레 은퇴 <u>선언</u>을 하였다.
16	**모방** (模倣/摸倣/摹倣)	다른 것을 본뜨거나 본받음. 예 외국 문화를 무분별하게 <u>모방</u>하는 것은 바람직하지 않다.
	전제하다 (前提--)	어떠한 사물이나 현상을 이루기 위하여 먼저 내세우다. 예 헌법은 모든 국민이 법 앞에서 평등하다고 <u>전제한다</u>.
	독창적 (獨創的)	다른 것을 모방함이 없이 새로운 것을 처음으로 만들어 내거나 생각해 내는. 또는 그런 것 예 합성 사진 기법을 활용한 그의 작품은 매우 <u>독창적</u>이다.

| **쇠퇴하다**
(衰退/衰頹--) | 기세나 상태가 쇠하여 전보다 못하여 가다.
예 산업화가 시작되면서 수공업은 급격하게 <u>쇠퇴하였다</u>. |

17 **다원적** (多元的)
사물을 형성하는 근원이 많은. 또는 그런 것
예 <u>다원적</u>인 사회는 많은 이해관계로 얽혀 있다.

특징적 (特徵的)
다른 것에 비하여 특별히 눈에 뜨이는. 또는 그런 것
예 이 그림은 원색의 색채만으로 구성되었다는 것이 <u>특징적</u>이다.

구조적 (構造的)
구조에 관계되는. 또는 그런 것
예 사회가 안고 있는 <u>구조적</u> 모순을 해결하려면 법 개정이 필요하다.

18 **상실하다** (喪失--)
어떤 것을 아주 잃거나 사라지게 하다.
예 사랑하는 가족을 잃은 그는 의욕을 <u>상실하였다</u>.

19 **예술** (藝術)
특별한 재료, 기교, 양식 따위로 감상의 대상이 되는 아름다움을 표현하려는 인간의 활동 및 그 작품
예 수준 높은 <u>예술</u> 작품을 감상하려면 그에 맞는 안목이 필요하다.

미술 (美術)
공간 및 시각의 미를 표현하는 예술
예 어렸을 때부터 그림 그리기를 좋아한 그는 <u>미술</u>에 재능이 있다.

20 **포섭하다** (包攝--)
상대편을 자기편으로 감싸 끌어들이다.
예 적군을 <u>포섭하여</u> 아군에게 필요한 정보를 빼냈다.

21 **부호** (符號)
일정한 뜻을 나타내기 위하여 따로 정하여 쓰는 기호
예 우리는 특수한 <u>부호</u>를 사용하여 우리만의 암호를 만들었다.

묘미 (妙味)
미묘한 재미나 흥취
예 마지막 장면의 반전이 이 영화의 <u>묘미</u>이다.

01	**굴절**(屈折)	광파, 음파, 수파 따위가 한 매질에서 다른 매질로 들어갈 때 경계면에서 그 진행 방향이 바뀌는 현상 예 공기 중의 빛은 수면에서 굴절한다.
02	**질감**(質感)	재질(材質)의 차이에서 받는 느낌 예 나무의 질감을 그대로 살려 탁자를 만들었다.
03	**풍경**(風景)	산이나 들, 강, 바다 따위의 자연이나 지역의 모습 예 커피숍에 앉아 한산한 거리의 풍경을 감상하였다.
04	**인화**(印畫)	사진 원판을 인화지 위에 올려놓고 사진이 나타나도록 하는 일 예 아버지는 가족사진을 인화해서 액자로 만드셨다.
05	**초점**(焦點)	사진을 찍을 때 대상의 영상이 가장 똑똑하게 나타나게 되는 점 예 사진을 찍기 위해 대상에 카메라의 초점을 맞추었다.
06	**시선**(視線)	주의 또는 관심을 비유적으로 이르는 말 예 기침 소리에 시선이 그에게로 집중되었다.
07	**구획**(區劃)	토지 따위를 경계를 지어 가름. 또는 그런 구역 예 건물을 짓기 전에 토지 구획을 위한 계획을 세웠다.
08	**배치**(配置)	사람이나 물자 따위를 일정한 자리에 나누어 둠. 예 새 학기가 되자, 선생님은 학생들의 자리 배치를 하였다.
09	**대비**(對比)	회화(繪畫)에서, 어떤 요소의 특질을 강조하기 위하여 그와 상반되는 형태·색채·톤(tone)을 나란히 배치하는 일 예 그림에서 빨간색과 파란색의 대비가 명확하게 드러난다.
	인상(印象)	어떤 대상에 대하여 마음속에 새겨지는 느낌 예 그녀가 어려운 이웃을 돕는 것을 보고 강렬한 인상을 받았다.
	피사체(被寫體)	사진을 찍는 대상이 되는 물체 예 카메라가 흔들려 피사체의 형체가 흐릿하게 나왔다.
	모작(模作)	남의 작품을 그대로 본떠서 만듦. 또는 그 작품 예 원작을 베낀 모작은 그 가치를 인정받기 어렵다.
10	**담다**	❶ 어떤 물건을 그릇 따위에 넣다. ❷ 어떤 내용이나 사상을 그림, 글, 말, 표정 따위 속에 포함하거나 반영하다. 예 그는 아름다운 경치를 사진에 담았다.

11	**장악하다** (掌握--)	무엇을 마음대로 할 수 있게 휘어잡다. ⑩ 삽시간에 오랑캐가 조선의 도성을 <u>장악하였다</u>.
	응용하다 (應用--)	어떤 이론이나 이미 얻은 지식을 구체적인 개개의 사례나 다른 분야의 일에 적용하여 이용하다. ⑩ 그는 유전자 기술을 <u>응용하여</u> 유전병 치료제를 만들었다.
	부각되다 (浮刻--)	어떤 사물이 특징지어져 두드러지게 되다. ⑩ 조명으로 인해 사진의 입체감이 <u>부각되었다</u>.
	고안되다 (考案--)	연구하여 새로운 안이 나오다. ⑩ 이 제조법은 대량 생산을 위해 <u>고안된</u> 것이다.
12	**선정** (選定)	여럿 가운데서 어떤 것을 뽑아 정함. ⑩ 심사 위원들은 작품 <u>선정</u>에 심혈을 기울였다.
13	**유행하다** (流行--)	특정한 행동 양식이나 사상 따위가 일시적으로 많은 사람의 추종을 받아서 널리 퍼지다. ⑩ 이번 여름에는 몸에 딱 붙는 옷이 <u>유행할</u> 것이다.
	성행하다 (盛行--)	매우 성하게 유행하다. ⑩ 건강에 대한 관심이 높아지면서 다이어트가 <u>성행하고</u> 있다.
14	**수동적** (受動的)	스스로 움직이지 않고 다른 것의 작용을 받아 움직이는. 또는 그런 것 ⑩ 매사에 <u>수동적인</u> 사람은 의욕이 부족하다고 볼 수 있다.
	능동적 (能動的)	다른 것에 이끌리지 아니하고 스스로 일으키거나 움직이는. 또는 그런 것 ⑩ <u>능동적</u>으로 일하는 사람은 성공할 확률이 높다.
15	**조형** (造形)	여러 가지 재료를 이용하여 구체적인 형태나 형상을 만듦. ⑩ 이 불상의 크기에 놀라 <u>조형</u>의 아름다움은 살피지 못하였다.
	개척 (開拓)	새로운 영역, 운명, 진로 따위를 처음으로 열어 나감. ⑩ 그는 자신의 진로 <u>개척</u>을 위해 노력하였다.
	재구성 (再構成)	한 번 구성하였던 것을 다시 새롭게 구성함. ⑩ 그날의 사건을 남아 있는 사진으로 <u>재구성</u>해 보았다.
	재현 (再現)	다시 나타남. 또는 다시 나타냄. ⑩ 이 조각상은 고대인들의 모습을 <u>재현</u>한 것이다.
	진리 (眞理)	참된 이치. 또는 참된 도리 ⑩ 그는 <u>진리</u>를 깨닫기 위해 오랜 기간 수행을 하였다.
16	**채색** (彩色)	그림 따위에 색을 칠함. ⑩ 밑그림 위에 <u>채색</u>을 하면 그림이 완성된다.
	도색 (塗色)	색깔이 나게 칠을 함. 또는 그 칠 ⑩ 하얀색 차를 빨간색으로 <u>도색</u>하였다.

채도(彩度)	색의 선명한 정도 예 흰색과 검정색에는 <u>채도</u>가 없다.	

17 의도(意圖)
무엇을 하고자 하는 생각이나 계획. 또는 무엇을 하려고 꾀함.
예 그녀는 <u>의도</u>한 대로 결과물이 나오지 않아 속상하였다.

대표적(代表的)
어떤 분야나 집단에서 무엇을 대표할 만큼 전형적이거나 특징적인. 또는 그런 것
예 이 그림은 모네의 작품 중 가장 <u>대표적</u>인 것이다.

18 주체(主體)
사물의 작용이나 어떤 행동의 주가 되는 것
예 내 행동의 <u>주체</u>는 남이 아니라 나다.

19 감각적(感覺的)
감각을 자극하는. 또는 그런 것
예 이 소설은 <u>감각적</u>인 문체를 가지고 있다.

변별적(辨別的)
사물의 옳고 그름이나 좋고 나쁨을 가리는. 또는 그런 것
예 학생들의 <u>변별적</u> 학업 수준은 시험을 통해 드러날 것이다.

20 변형(變形)
모양이나 형태가 달라지거나 달라지게 함. 또는 그 달라진 형태
예 스프링을 지나치게 잡아 당기면 형태에 <u>변형</u>이 일어난다.

관념(觀念)
어떤 일에 대한 견해나 생각
예 옛것은 무조건 쓸모없다는 고정된 <u>관념</u>을 버려야 한다.

형성되다(形成--)
어떤 형상이 이루어지다.
예 어려움을 겪는 소상공인을 도와야 한다는 여론이 <u>형성되었다</u>.

해독하다(解讀--)
잘 알 수 없는 암호나 기호 따위를 읽어서 풀다.
예 우주에서 수신된 신호를 <u>해독하기</u> 위해 전문가들이 모였다.

상징(象徵)
추상적인 개념이나 사물을 구체적인 사물로 나타냄. 또는 그렇게 나타낸 표지(標識)·기호·물건 따위
예 사람들은 황금을 부의 <u>상징</u>으로 여겼다.

21 인과(因果)
원인과 결과를 아울러 이르는 말
예 <u>인과</u>의 법칙에 따르면, 원인 없이는 아무것도 생기지 않는다.

창조(創造)
전에 없던 것을 처음으로 만듦.
예 세종 대왕은 한글을 <u>창조</u>하였다.

01	**문예**(文藝)	문학과 예술을 아울러 이르는 말 예 그는 <u>문예</u> 비평가로 잘 알려져 있다.
02	**지평**(地平)	사물의 전망이나 가능성 따위를 비유적으로 이르는 말 예 이 노래는 한국 음악의 <u>지평</u>을 넓혔다.
03	**기악**(器樂)	악기를 사용하여 연주하는 음악 예 <u>기악</u>은 성악과 대립되는 개념이다.
04	**리듬**(rhythm)	음의 장단이나 강약 따위가 반복될 때의 그 규칙적인 음의 흐름 예 그녀는 피아노 <u>리듬</u>에 맞춰 춤을 추었다.
05	**향유하다**(享有--)	누리어 가지다. 예 요즘은 시민들이 예술을 <u>향유할</u> 기회가 많아지고 있다.
06	**묘사하다**(描寫--)	어떤 대상이나 사물, 현상 따위를 언어로 서술하거나 그림을 그려서 표현하다. 예 이 소설은 인간의 심리를 잘 <u>묘사한</u> 것이 특징이다.
07	**웅장하다**(雄壯--)	규모 따위가 거대하고 성대하다. 예 우리는 <u>웅장한</u> 건물의 위엄에 압도되었다.
08	**연상하다**(聯想--)	하나의 관념이 다른 관념을 불러일으키다. 예 타국에서 듣는 애국가의 노래 소리가 고향 땅을 <u>연상하게</u> 한다.
09	**음악**(音樂)	박자, 가락, 음성 따위를 갖가지 형식으로 조화하고 결합하여, 목소리나 악기를 통하여 사상 또는 감정을 나타내는 예술 예 카페에 앉아 <u>음악</u>을 들으며 감상에 젖어들었다.
	성부(聲部)	다성 음악을 구성하는 각 부분 예 이 곡은 소프라노, 알토, 테너, 베이스의 4개 <u>성부</u>로 이루어져 있다.
10	**시도**(試圖)	어떤 것을 이루어 보려고 계획하거나 행동함. 예 새로운 <u>시도</u>는 항상 나의 가슴을 설레게 한다.
	방안(方案)	일을 처리하거나 해결하여 나갈 방법이나 계획 예 우리는 머리를 맞대고 문제를 해결할 <u>방안</u>을 찾았다.
	구상(構想)	예술 작품을 창작할 때, 작품의 골자가 될 내용이나 표현 형식 따위에 대하여 생각을 정리함. 또는 그 생각 예 그는 새로운 장르의 영화를 <u>구상</u> 중이다.

11	**양식**(樣式)	시대나 부류에 따라 각기 독특하게 지니는 문학, 예술 따위의 형식 예 바로크 양식의 건축물은 현란하고 과장된 것이 특징이다.
12	**의식**(意識)	사회적·역사적으로 형성되는 사물이나 일에 대한 개인적·집단적 감정이나 견해나 사상 예 사회가 발전하며 우리 국민들의 의식 수준도 향상되고 있다.
13	**형식**(形式)	❶ 사물이 외부로 나타나 보이는 모양 ❷ 일을 할 때의 일정한 절차나 양식 또는 한 무리의 사물을 특징짓는 데에 공통적으로 갖춘 모양 예 일반적으로 한시는 기승전결의 형식으로 이루어져 있다.
14	**면박**(面駁)	면전에서 꾸짖거나 나무람. 예 계모는 동네 사람들이 보는 앞에서 대놓고 면박을 주었다.
	고되다	하는 일이 힘에 겨워 고단하다. 예 새색시는 고된 시집살이에 눈물을 흘렸다.
	본질적(本質的)	본질에 관한. 또는 그런 것 예 모든 국민을 법으로 규제하기에는 본질적으로 한계가 있다.
15	**근간**(根幹)	사물의 바탕이나 중심이 되는 중요한 것 예 나라의 근간을 이루는 것은 백성이다.
	면밀히(綿密–)	자세하고 빈틈이 없이 예 형사는 사건을 면밀히 살피던 중 중요한 단서를 발견하였다.
	선행하다(先行––)	어떠한 것보다 앞서가거나 앞에 있다. 예 인간에게 생명의 존엄성보다 선행하는 가치는 없다.
	정립되다(定立––)	정하여져 세워지다. 예 그가 가설을 검증해 냄으로써 새로운 이론이 정립되었다.
	기교(技巧)	기술이나 솜씨가 아주 교묘함. 또는 그런 기술이나 솜씨 예 연주자는 피아노 독주회에서 자신의 뛰어난 기교를 발휘하였다.
16	**선율**(旋律)	소리의 높낮이가 길이나 리듬과 어울려 나타나는 음의 흐름 예 그는 피아노 선율에 몸을 맡기고 신나게 춤을 추었다.
	청중(聽衆)	강연, 설교, 음악 따위를 듣기 위해 모인 사람들 예 성악가는 청중들에게 멋진 독창을 선보였다.
	비통(悲痛)	몹시 슬퍼서 마음이 아픔. 예 그는 전쟁으로 가족을 잃고 비통에 빠져 있었다.
	정서(情緒)	사람의 마음에 일어나는 여러 가지 감정 예 아리랑에 담긴 주된 정서는 한이다.

| 17 | **약화** (弱化) | 세력이나 힘이 약해짐. 또는 그렇게 되게 함.
예 후반전에 들어 상대팀의 급격한 전력 <u>약화</u>로 승리할 수 있었다. |

| | **교류** (交流) | 문화나 사상 따위가 서로 통함.
예 세계화의 흐름에 발맞추어 국가 간의 <u>교류</u>를 활성화해야 한다. |

| 18 | **규정** (規定) | 내용이나 성격, 의미 따위를 밝혀 정함. 또는 그 정하여 놓은 것
예 닭이 먼저인지 달걀이 먼저인지 <u>규정</u>을 하기는 어렵다. |

| | **유형화** (類型化) | 성질이나 특징 따위가 공통적인 것끼리 묶여 하나의 틀에 속하게 됨. 또는 그렇게 함.
예 기출 문제를 난이도에 따라 <u>유형화</u>하였다. |

| | **표출하다** (表出――) | 겉으로 나타내다.
예 그는 노래를 통해 자신의 감정을 <u>표출하였다</u>. |

| 19 | **선구자** (先驅者) | 어떤 일이나 사상에서 다른 사람보다 앞선 사람
예 아인슈타인은 현대 물리학의 <u>선구자</u>이다. |

| | **위선자** (僞善者) | 겉으로만 착한 체하는 사람
예 우리는 겉과 속이 다른 <u>위선자</u>와는 말을 섞고 싶지 않았다. |

| 20 | **배열하다**
(配列/排列――) | 일정한 차례나 간격에 따라 벌여 놓다.
예 그녀는 요리한 음식들을 가지런히 <u>배열해</u> 놓았다. |

| 21 | **주관적** (主觀的) | 자기의 견해나 관점을 기초로 하는. 또는 그런 것
예 작품에 대한 그의 비평은 <u>주관적</u>인 해석에 불과하다. |

| | **비극** (悲劇) | 인생의 슬픔과 비참함을 제재로 하고 주인공의 파멸, 패배, 죽음 따위의 불행한 결말을 갖는 극 형식
예 그녀는 슬픈 <u>비극</u>보다는 희극을 좋아한다. |

01 표면(表面)
사물의 가장 바깥쪽. 또는 가장 윗부분
예 겨울철에는 피부의 표면에 각질이 생기기 쉽다.

02 공간(空間)
아무것도 없는 빈 곳
예 사물함의 빈 공간에 옷가지를 넣었다.

03 집중(集中)
한곳을 중심으로 하여 모임. 또는 그렇게 모음.
예 고함 소리에 모든 사람의 시선이 한곳에 집중되었다.

04 인체(人體)
사람의 몸
예 이 약품에는 인체에 해로운 성분이 들어 있다.

05 타원(楕圓)
평면 위의 두 정점(定點)에서의 거리의 합이 언제나 일정한 점의 자취
예 케플러는 행성의 궤도가 타원임을 발견했다.

06 경계(境界)
지역이 구분되는 한계
예 이 지점이 전라도와 경상도를 가르는 경계이다.

07 장식(裝飾)
액세서리 따위로 치장함. 또는 그 꾸밈새
예 이 식탁에 화려한 장식은 필요가 없다.

08 광장(廣場)
많은 사람이 모일 수 있게 거리에 만들어 놓은, 넓은 빈터
예 정책에 반대하는 시민들이 광장으로 몰려 나왔다.

09 동선(動線)
건축물의 내외부에서, 사람이나 물건이 어떤 목적이나 작업을 위하여 움직이는 자취나 방향을 나타내는 선
예 평소의 동선을 생각해서 가구를 배치하였다.

동태(動態)
움직이거나 변하는 모습
예 적의 동태를 살피기 위해 적진으로 들어갔다.

10 교차하다(交叉——)
서로 엇갈리거나 마주치다.
예 두 사람은 주위 사람들이 모르게 눈빛을 교차하였다.

문양(文樣)
옷감이나 조각품 따위를 장식하기 위한 여러 가지 모양
예 내 친구는 태극 문양이 새겨진 옷을 좋아한다.

전환(轉換)
다른 방향이나 상태로 바뀌거나 바꿈.
예 길을 가던 중 방향을 전환하여 왔던 길을 되돌아갔다.

확산되다(擴散——)
흩어져 널리 퍼지게 되다.
예 수도권에서 시작된 전염병이 전국으로 확산되었다.

11 일어나다	**①** 잠에서 깨어나다.
	② 자연이나 인간 따위에게 어떤 현상이 발생하다.
	⑩ 산불이 <u>일어나서</u> 마을이 쑥대밭이 되었다.
	③ 병을 앓다가 낫다.

12 천창 (天窓)	지붕에 낸 창
	⑩ 지붕을 올려다보니 <u>천창</u>으로 별들이 보였다.
석축 (石築)	돌로 쌓아 만든 옹벽
	⑩ 이 성벽의 <u>석축</u>은 큰 돌 사이에 잔돌들을 끼워 만들었다.
처마	지붕이 도리 밖으로 내민 부분
	⑩ <u>처마</u> 끝에 등불 하나가 매달려 있다.
대청 (大廳)	한옥에서, 몸채의 방과 방 사이에 있는 큰 마루
	⑩ 나는 <u>대청</u>에 누워 낮잠을 청했다.
제단 (祭壇)	제물(祭物)을 바치기 위하여 다른 곳과 구별하여 마련한 신성한 단(壇)
	⑩ 산짐승을 잡아 <u>제단</u> 앞에 놓고 신에게 제사를 드렸다.

13 압축력 (壓縮力)	물질 따위에 압력을 가하여 그 부피를 줄이는 힘
	⑩ 이 나무는 <u>압축력</u>에 강해 변형이 적다.
원심력 (遠心力)	원운동을 하는 물체나 입자에 작용하는, 원의 바깥으로 나아가려는 힘
	⑩ 탈수기는 <u>원심력</u>을 이용하여 수분을 제거한다.

14 탄생하다 (誕生――)	조직, 제도, 사업체 따위가 새로 생기다.
	⑩ 온라인 거래가 활성화되면서 인터넷 은행이 <u>탄생하였다</u>.

15 위계 (位階)	지위나 계층 따위의 등급
	⑩ 조선 사회는 신분의 <u>위계</u>가 명확하였다.
대칭 (對稱)	점·선·면 또는 그것들의 모임이 한 점·직선·평면을 사이에 두고 같은 거리에 마주 놓여 있는 일
	⑩ 인간의 몸은 좌우 <u>대칭</u>을 이루고 있다.
신전 (神殿)	신령을 모신 전각(殿閣)
	⑩ 그리스인들은 신들의 왕인 제우스를 위해 <u>신전</u>을 지었다.
정제 (整齊)	정돈하여 가지런히 함.
	⑩ 신하들은 궁을 들어가기에 앞서 항상 의관을 <u>정제</u>하였다.

16 얻다	**①** 돈을 빌리다.
	② 거저 주는 것을 받아 가지다.
	③ 권리나 결과·재산 따위를 차지하거나 획득하다.
	④ 일꾼이나 일손 따위를 구하여 쓸 수 있게 되다.
	⑤ 긍정적인 태도, 반응, 상태 따위를 가지거나 누리게 되다.
	⑩ 우리는 등산을 통해 성취감을 <u>얻을</u> 수 있었다.

17	**첨가하다**(添加ㅡㅡ)	이미 있는 것에 덧붙이거나 보태다. 예 음식이 싱거워서 소금을 <u>첨가하</u>였다.
	증진하다(增進ㅡㅡ)	기운이나 세력 따위를 점점 더 늘려 가고 나아가게 하다. 예 꾸준히 운동을 하면 신진대사가 활발해지면서 식욕이 <u>증진한</u>다.
18	**친목**(親睦)	서로 친하여 화목함. 예 이 모임은 회원들 간에 <u>친목</u>을 다지는 데 목적이 있다.
19	**개선**(改善)	잘못된 것이나 부족한 것, 나쁜 것 따위를 고쳐 더 좋게 만듦. 예 그들은 조직이 가진 문제점에 대한 <u>개선</u> 방안을 모색하였다.
	개조(改造)	고쳐 만들거나 바꿈. 예 효율적인 공간 배분을 위해 주택 <u>개조</u>에 들어갔다.
20	**업적**(業績)	어떤 사업이나 연구 따위에서 세운 공적 예 주시경 선생은 한글의 대중화에 기여하는 등의 많은 <u>업적</u>을 남겼다.
	문명(文明)	인류가 이룩한 물질적, 기술적, 사회 구조적인 발전 예 과학 <u>문명</u>의 발달로 인간의 삶이 윤택해졌다.
	토목(土木)	땅과 하천 따위를 고쳐 만드는 공사 예 정부는 경기를 부양하기 위해 대규모 <u>토목</u> 사업을 계획하였다.
	부재(部材)	구조물의 뼈대를 이루는 데 중요한 요소가 되는 여러 가지 재료 예 이 조각상은 재활용품을 <u>부재</u>로 사용하여 만든 것이다.
	인장력(引張力)	물체의 중심축에 평행하게 바깥 방향으로 작용하여 물체가 늘어나게 하는 힘 예 일반적으로 콘크리트는 당기는 힘인 <u>인장력</u>에는 쉽게 부서진다.
21	**본뜨다**(本ㅡㅡ)	이미 있는 대상을 본으로 삼아 그대로 좇아 만들다. 예 기획사는 연예인의 형상을 <u>본떠</u> 만든 피규어를 판매할 예정이다.
	공예(工藝)	기능과 장식의 양면을 조화시켜 직물, 염직, 칠기, 도자기 따위의 일상생활에 필요한 물건을 만드는 일 예 손재주가 뛰어난 누나는 도자기 <u>공예</u>에 관심을 보였다.
	고유(固有)	본래부터 가지고 있는 특유한 것 예 민족 <u>고유</u>의 명절인 설날이 얼마 남지 않았다.
	기하학(幾何學)	도형 및 공간의 성질에 대하여 연구하는 학문 예 고대 그리스에서는 <u>기하학</u>에 대한 관심이 높았다.
	신성(神聖)	함부로 가까이할 수 없을 만큼 고결하고 거룩함. 예 굿을 하기에 앞서 신에게 <u>신성</u>한 제물을 바쳐야 한다.

12 〈보기〉의 빈칸에 공통으로 들어갈 말로 가장 적절한 것은?

보기

- 합격자 명단은 각각 (　　　　)으로 통지한다.
- 문화재는 하나하나마다 (　　　　) 가치를 지닌다.
- 이 건물은 중앙난방이 되지 않아 (　　　　)으로 난방을 해야 한다.

① 최종적　　　② 개별적　　　③ 단계적
④ 공통적　　　⑤ 차별적

13 〈보기〉의 ㉠과 그 의미가 가장 유사한 것은?

보기

　일상적으로 발생할 수 있는 완만한 온도 상승의 경우에는 리크 구멍을 통해 감지기 외부로 공기를 배출시킴으로써 다이어프램이 접점에 닿는 것을 ㉠막을 수 있다.

① 경찰은 입구를 막고 서 있었다.
② 추위를 어떻게 막아야 하는지 염려된다.
③ 그는 진심에서 우러나오는 호의는 막지 않았다.
④ 이 경기의 승패는 상대의 공격을 막을 수 있느냐에 달려 있다.
⑤ 건설사들은 층간 소음을 막기 위해 다양한 연구를 하고 있다.

14 〈보기〉의 밑줄 친 ㉠과 바꿔 쓸 수 있는 말로 가장 적절한 것은?

보기

　가상 공간에서 물체를 접촉하는 것처럼 사용자의 손에 감각 반응을 직접 전달하는 장치로는 가상 현실 장갑이 있다. 가상 현실 장갑은 가상 공간에서 아바타가 만지는 가상 물체의 크기, 형태, 온도 등을 사용자가 느낄 수 있도록 ㉠설계되어 있다. 이 외에도 가상 현실 장갑은 사용자의 손가락 및 팔의 움직임에 따라 아바타를 움직이게 할 수 있다.

① 설비되어　　　② 장착되어　　　③ 수용되어
④ 제작되어　　　⑤ 성립되어

15 〈보기〉의 ㉠~㉤을 활용하여 만든 문장으로 적절하지 않은 것은?

보기

- 새로운 기술의 ㉠자체 개발에 성공했다.
- 컴퓨터 프로그램상의 ㉡오류가 발견되었다.
- 최초로 달에 ㉢도착한 우주선은 아폴로 11호이다.
- 이곳에 자동 펌프를 활용해 ㉣인공 폭포를 만들 계획이다.
- 당국의 공식적인 발표가 ㉤전파를 타고 전국 각지로 전해졌다.

① ㉠: 소방 시설의 자체 점검이 마무리되어 간다.
② ㉡: 오래된 기계는 오류가 발생할 가능성이 크다.
③ ㉢: 열차의 도착을 알리는 종소리가 울려 퍼졌다.
④ ㉣: 고추는 햇볕에 그대로 말리는 인공 건조 방식을 사용하는 것이 좋다.
⑤ ㉤: 이 발신기는 성능이 매우 뛰어나서 멀리까지도 방송 전파를 보낼 수 있다.

16 〈보기〉의 ㉠~㉤의 사전적 의미로 적절하지 않은 것은?

보기

　차량 단말기와 ㉠기지국 간에는 무선으로 데이터 전송이 이루어진다. 이때 통신 규약에 따라 정해진 전자 요금 징수 시스템의 데이터 처리 방식은 시분할 방식이다. 이는 동일한 크기로 ㉡분할된 시간의 단위인 타임 슬롯을 차량 단말기에서 전송된 각각의 데이터에 ㉢할당하여 데이터를 처리하는 방식이다. 타임 슬롯은 차량이 진입하지 않아도 항상 만들어지는데, 차량이 지나가게 되면 ㉣규약으로 정해진 데이터 종류의 순서에 따라 데이터에 타임 슬롯이 할당된다. 차량 한 대가 지나가는 경우 데이터에 할당된 타임 슬롯들에 의해 하나의 ㉤집합체가 구성되는데 이를 프레임이라고 한다.

① ㉠: 전파를 주고받는 기능을 하는 작은 통신 기관
② ㉡: 얽혀 있거나 복잡한 것이 풀려서 개별적인 요소나 성질로 나뉜
③ ㉢: 몫을 갈라 나누어
④ ㉣: 조직체 안에서, 서로 지키도록 협의하여 정하여 놓은 규칙
⑤ ㉤: 많은 것이 모여 이루어진 덩어리

17 〈보기〉의 빈칸에 공통으로 들어갈 말로 가장 적절한 것은?

보기

• 타임머신은 아직 (   )되지 않았기에 상상적으로만 존재할 수밖에 없다.
• 교각 붕괴 사고의 원인이 설계 잘못에 있다는 점을 (   )하기 위해 조사관이 파견되었다.

① 증명　　　　② 실존　　　　③ 명명
④ 분해　　　　⑤ 증거

18 〈보기〉의 빈칸에 들어갈 가장 적절한 말은?

보기

　소리, 즉 음파란 물체의 진동이나 기체의 흐름에 의하여 발생하는 파동의 일종이다. 파동이란 공간이나 물질의 한 부분에서 생긴 주기적인 진동이 시간의 흐름에 따라 주위로 멀리 퍼져 나가는 현상을 의미한다. 음원에서 발생한 소리는 음원에서 멀어지면서 주위로 멀리 퍼져 나갈수록 파동을 발생시키는 에너지가 분포되어야 하는 면적이 넓어져 그 에너지의 밀도, 즉 소리의 세기가 (   )하게 된다.

① 대비　　　　② 유지　　　　③ 소비
④ 상승　　　　⑤ 감소

19 〈보기〉의 ㉠과 ㉡의 관계와 가장 유사한 것은?

보기

　기존의 파일 시스템에서는 중복되는 정보를 ㉠효율적으로 처리하는 것이 주요 연구 분야였다. 이러한 중복을 피하고 정보를 일원화하여 처리를 ㉡효과적으로 수행하기 위해 서로 관련성을 가지며 중복되지 않는 데이터의 집합을 유지하는 것을 데이터베이스라고 한다.

① 시작 : 끝　　　② 금성 : 샛별　　　③ 참다 : 견디다
④ 물고기 : 붕어　　⑤ 손가락 : 일손

20 〈보기〉의 밑줄 친 말의 뜻으로 가장 적절한 것은?

보기

　캐싱(caching)은 데이터를 더 빨리 읽어 올 수 있도록 캐시 기억 장치에 저장하는 일이다. 캐싱이 효율적으로 이루어지려면 CPU가 캐시 기억 장치에 저장된 데이터를 반복적으로 사용하는 것이 중요한데, 이를 위해 고려해야 하는 것이 참조의 지역성이다. 참조의 지역성은 시간적 지역성과 공간적 지역성으로 나눌 수 있다. 시간적 지역성은 CPU가 한 번 사용한 특정 데이터가 가까운 미래에 다시 사용될 가능성이 높은 것을 말하고, 공간적 지역성은 한 번 사용한 데이터 근처에 있는 데이터가 곧 사용될 가능성이 높은 것을 말한다.

① 생각하고 헤아려 보아야
② 괴로움과 어려움을 아울러 이르러야
③ 마음속으로 괴로워하고 애를 태워야
④ 태도나 자세 따위가 간절하고 정성스러워야
⑤ 자신의 의견을 바꾸거나 고치지 않고 굳게 버텨야

21 〈보기〉의 ㉠~㉢에 들어갈 어휘와 그 의미의 연결이 올바르지 않은 것은?

보기

• 다양한 (　㉠　)을 가진 스마트 섬유 개발이 가능해지고 있다.
• 블록 체인 기술을 (　㉡　)으로 사회가 급격하게 변화되고 있다.
• 서울시의 올빼미 심야 버스는 빅데이터를 (　㉢　) 한 대표적인 사례이다.
• 프로그램 개발자들은 데이터 처리 속도를 (　㉣　) 시키기 위한 많은 기술을 개발하였다.
• 자동자 자동 주행 시스템, 엘리베이터 운행 시스템 등 다양한 (　㉤　)에서 퍼지 이론이 응용된다.

① ㉠: 기능 - 기량과 재능을 아울러 이르는 말
② ㉡: 기반 - 기초가 되는 바탕. 또는 사물의 토대
③ ㉢: 활용 - 충분히 잘 이용함.
④ ㉣: 향상 - 실력, 수준, 기술 따위가 나아짐.
⑤ ㉤: 분야 - 여러 갈래로 나누어진 범위나 부분

[01-03] 다음 글을 읽고 물음에 답하시오.

고1 학력평가 변형

네트워크상에서의 이메일(e-mail)은 그 내용이 조각조각으로 나뉘어 ⓐ전송된다. 이렇게 나뉜 조각이 수신자에게 전송된 후 재결합되어 수신자는 한 통의 이메일을 받아볼 수 있다. 이러한 정보 전달 방식을 패킷 ⓑ교환 방식이라 한다.

'패킷'이란 네트워크상에서 정보를 보낼 때 전송하기 쉽도록 데이터를 작은 단위로 나누어 놓은 것을 말한다. 패킷은 크게 헤더부와 데이터 ㉠영역으로 구분된다. 헤더부에는 메시지가 ⓒ최종적으로 전달될 주소와 패킷의 일련번호 등의 정보가 들어 있고, 데이터 영역에는 메시지 자체의 내용이 들어 있다. 패킷 교환은 다음과 같은 순서로 진행된다. 먼저 긴 메시지는 여러 개의 패킷으로 나뉘고 각 패킷에는 헤더가 ⓓ부착된다. 각각의 패킷은 버퍼와 여러 개의 노드로 이루어진 '패킷 교환망'을 지나게 된다. 패킷이 한꺼번에 많이 나가면 경로가 막힐 수도 있기 때문에 패킷들은 우선 '버퍼'라는 기억 장치에 잠시 저장된다. 버퍼는 패킷이 ⓔ원활하게 전송될 수 있도록 먼저 도착한 패킷을 보내고 나머지 패킷들을 잠시 저장해 둔다. 이후 각각의 패킷들은 '노드'라고 불리는 여러 개의 통신 지점을 지나간다. 노드 하나에도 여러 개의 경로가 연결되어 있어서 패킷들은 서로 흩어져 여러 개의 노드와 경로를 통해 이동하게 된다. 패킷 교환망을 지나온 각 패킷들은 수신지에 일련번호의 순서와 상관없이 개별적으로 도착한다. 수신지에 모두 도착하면 패킷들은 일련번호의 순서에 맞게 원래의 메시지로 재결합된다. 만약 수신지에서 일련번호 순서대로 재결합이 되지 못했거나 패킷이 모두 전송되지 못했을 경우 '발신 후 수신 불능'이나 '수신 후 에러 메시지'를 받을 수도 있다.

01 윗글의 내용과 일치하지 <u>않는</u> 것은?

① 패킷 교환망은 버퍼와 여러 개의 노드로 이루어져 있다.

② '패킷'의 데이터 영역에는 메시지 자체의 내용이 들어 있다.

③ 조각조각 나뉘어 전송된 이메일의 내용을 수신자가 여러 경로로 받게 된다.

④ 패킷 교환망을 나온 패킷은 수신지에 모두 도착하면 원래의 메시지로 재결합된다.

⑤ 네트워크상에서 전송의 용이를 위해 데이터를 작은 단위로 나누는 것이 '패킷'이다.

02 ㉠의 사전적 의미로 가장 적절한 것은?

① 갈라놓은 지역

② 일정하게 구획된 어느 범위의 토지

③ 함부로 침범할 수 없는 나름대로의 구역

④ 국제법에서, 국가의 통치권이 미치는 구역

⑤ 활동, 기능, 효과, 관심 따위가 미치는 일정한 범위

03 글의 흐름상, ⓐ~ⓔ와 바꿔 쓰기에 적절하지 <u>않은</u> 것은?

① ⓐ: 전달된다　　　② ⓑ: 호환　　　③ ⓒ: 일시적으로

④ ⓓ: 장착된다　　　⑤ ⓔ: 원만하게

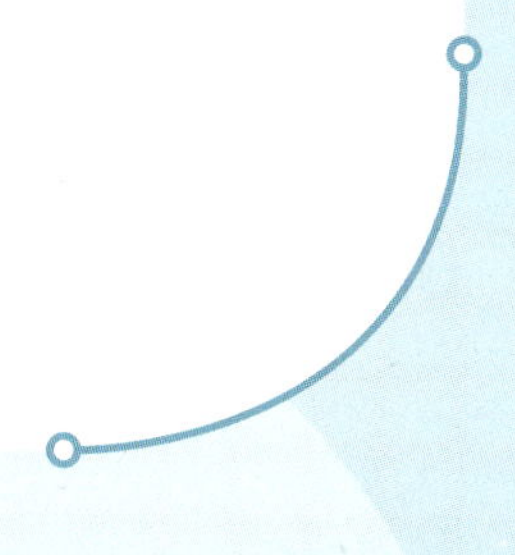

DAY 21 예술 1 미술사

*미니북에 수록된 DAY별 어휘들을 익히고 난 후, 문제를 풀면 더욱 효과적으로 학습할 수 있어요.

[01-04] 다음 문장의 괄호 안에 들어갈 알맞은 어휘를 고르시오.

01 자유로운 형식으로 (표시 / 표현)된 예술 작품을 감상하였다.

02 며칠 전 본 영화의 (잔상 / 진상)이 아직도 뇌리 속에 남아 있다.

03 새로운 회화 (기법 / 작법)을 보여 주는 작품이 이번 전시회에 출품되었다.

04 팝 아트는 자본주의 사회의 일상을 상징적이고 (사실적 / 함축적)으로 표현하였다.

[05-08] 〈보기〉의 글자 카드를 조합하여 빈칸에 들어갈 알맞은 어휘를 쓰시오.

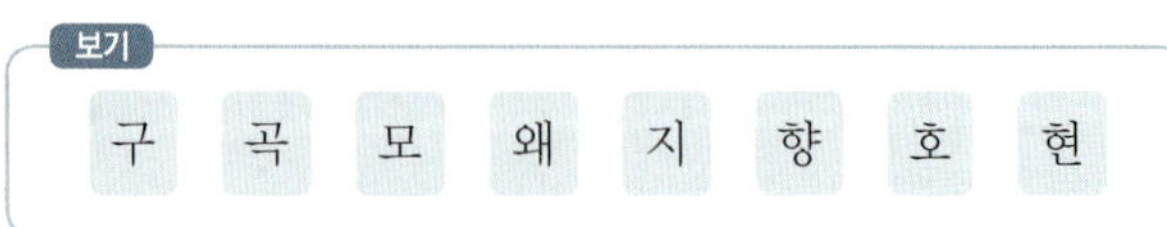

05 이 건물은 대칭의 미를 잘 __________ 하였다.
어떤 내용이 구체적인 사실로 나타나게 함.

06 그 작가는 여인의 모습을 __________되게 그렸다.
사실과 다르게 해석하거나 그릇되게 함.

07 우리는 모두가 어울릴 수 있는 열린 음악회를 __________ 한다.
어떤 목표로 뜻이 쏠리어 향함.

08 시와 소설의 차이점을 소리 지향과 산문 지향이라고 구별하였으나 개념이 너무 __________하다.
말이나 태도가 흐리터분하여 분명하지 않음.

09 문맥에 맞는 어휘를 바르게 선택하지 <u>못한</u> 것은?

① (사물 / 사상)의 질감을 살려 그림을 그려야 한다.
② 한국 문학의 (표적 / 궤적)을 보여 주는 방송이 제작되었다.
③ 토속적인 삶을 (화면 / 화질)에 담은 드라마가 오늘부터 방영된다.
④ 공연 도중에 깃발 춤이 더해져 (역동적 / 직관적)인 무대가 계속되었다.
⑤ 이 그림에는 인간의 무한한 욕망을 비판하는 창작자의 의도가 (단절 / 투영)되어 있다.

10 〈보기〉의 ㉠~㉤과 바꿔 쓸 수 없는 말은?

> 보기
>
> 『서양 미술사』에서 ㉠저자는 미술사를 어떻게 이해할 것인가를 ㉡연구한다. '미술이라는 것은 사실상 존재하지 않는다. 다만 미술가들이 있을 뿐이다.'라고 ㉢밝히고, 미술가와 미술 작품을 ㉣주목하며 미술사를 이해하려는 자신의 관점을 설명한다. 저자는 27장에서도 해당 구절을 들어 자신의 관점을 다시 설명하고 있기 때문에, 27장의 내용을 서론의 내용과 ㉤비교하여 읽으면 저자의 관점을 더 잘 이해할 수 있다.

① ㉠: 필자
② ㉡: 탐구한다
③ ㉢: 피력하고
④ ㉣: 눈여겨보며
⑤ ㉤: 비유하여

11 〈보기〉의 밑줄 친 어휘에 공통적으로 포함되어 있는 의미로 적절한 것은?

> 보기
>
> • <u>첩첩</u> 쌓인 산의 모습이 한 폭의 수묵화 같았다.
> • 벽에는 똑같은 문양이 <u>중복</u>되어 배열되어 있었다.
> • 보는 시각에 따라 그림 속의 두 대상은 <u>중첩</u>되어 보인다.

① 겹침
② 사라짐
③ 배열함
④ 퍼짐
⑤ 해체됨

12 〈보기〉의 빈칸에 공통으로 들어갈 말로 가장 적절한 것은?

> 보기
> • 새로운 학파가 사상계에 큰 (　　　　)을 미쳤다.
> • 중세 미술에 끼친 기독교의 (　　　　)을 연구하였다.
> • 광고의 (　　　　)으로 우리의 언어생활이 많이 바뀌었다.

① 영향　　　② 연구　　　③ 경향
④ 업적　　　⑤ 방법

13 〈보기〉의 ㉠과 그 의미가 가장 유사한 것은?

> 보기
> 　1950년대 한국 미술계는 서구 미술을 ㉠수용하여 한국적 상황과 현실 위에서 우리나라 실정에 맞는 근대성의 체험을 바탕으로, 현대 미술의 전망과 그 방향을 모색하고 재정립하였다.

① 중죄를 지은 범죄자를 교도소에 수용하였다.
② 이 병원은 30명 이상의 환자를 수용할 수 있다.
③ 보관함이 더 이상의 양을 수용할 수 없이 가득 차 있다.
④ 관직에 있다가 파직되었던 관리를 다시 수용하기로 하였다.
⑤ 문화를 개방할 때는 그것을 수용하는 국민들의 태도가 중요하다.

14 〈보기〉의 밑줄 친 ㉠과 바꿔 쓸 수 있는 말로 가장 적절한 것은?

> 보기
> 　미래주의 회화의 작품 역시 움직이는 대상을 회화적으로 재현한 것에 불과하다는 한계를 드러냈다. 그들의 작품 구성에는 여전히 움직임 그 자체가 직접 들어가지 않았다는 것이다. 이러한 한계를 ㉠극복하고자 작품 자체가 움직여서 어떤 공간의 특정한 영역을 윤곽 짓거나, 그 움직임의 결과로 어떤 형태나 영상을 나타내는 방법이 시도되었다.

① 주의하고자　　② 예방하고자　　③ 넘어서고자
④ 앞지르고자　　⑤ 움직이고자

15 〈보기〉의 ㉠~㉤을 활용하여 만든 문장으로 적절하지 않은 것은?

> 보기
> • 그는 주로 동물을 자신의 작품 ㉠소재로 삼았다.
> • ㉡상호의 관심사에 대해 자유롭게 의견을 나눴다.
> • 그리스와 로마는 유럽 문화의 ㉢바탕이 된 나라들이다.
> • 그 작가는 십여 년을 작품 활동을 하다가 절필을 ㉣선언하였다.
> • 옷감을 탈수하는 방법은 그 섬유의 종류, 조직, ㉤형태에 따라 차이가 있다.

① ㉠: 십여 년 넘게 만화만 그렸더니 소재가 고갈되었다.
② ㉡: 주관과 객관은 상호 작용 속에 존재한다.
③ ㉢: 그의 작품에는 반항아적인 바탕이 나타난다.
④ ㉣: 브르통은 파리에서 초현실주의를 선언하였다.
⑤ ㉤: 그 둘은 형태는 다르지만 실상 본질은 같다.

16 〈보기〉의 ㉠~㉤의 사전적 의미로 적절하지 않은 것은?

> 보기
> 　미학은 예술과 미적 경험에 관한 개념과 이론에 대해 ㉠논의하는 철학의 한 분야로서, 미학의 문제들 가운데 하나가 바로 예술의 정의에 대한 문제이다. 예술이 자연에 대한 ㉡모방이라는 아리스토텔레스의 말에서 비롯된 모방론은, 대상과 그 대상의 재현이 닮은꼴이어야 한다는 재현의 투명성 이론을 ㉢전제한다. 그러나 예술가의 ㉣독창적인 감정 표현을 중시하는 한편 외부 세계에 대한 왜곡된 표현을 허용하는 낭만주의 사조가 18세기 말에 등장하면서, 모방론은 많이 ㉤쇠퇴하였다. 이제 모방을 필수 조건으로 삼지 않는 낭만주의 예술가의 작품을 예술로 인정해 줄 수 있는 새로운 이론이 필요했다.

① ㉠: 개인이나 단체가 의견이나 희망을 내놓는
② ㉡: 다른 것을 본뜨거나 본받음.
③ ㉢: 어떠한 사물이나 현상을 이루기 위하여 먼저 내세운다
④ ㉣: 다른 것을 모방함이 없이 새로운 것을 처음으로 만들어 내거나 생각해 내는 것
⑤ ㉤: 기세나 상태가 쇠하여 전보다 못하여 갔다

17 〈보기〉의 빈칸에 공통으로 들어갈 말로 가장 적절한 것은?

> **보기**
> • 이 그림은 파격적인 구성 방식과 원색의 색채가 매우 (   )이다.
> • 아르카익 스마일은 기원전 그리스 조각에 (   )으로 등장한 표정이다.

① 다원적　　　② 특징적　　　③ 구체적
④ 구조적　　　⑤ 효과적

18 〈보기〉의 빈칸에 들어갈 가장 적절한 말은?

> **보기**
> 기술 복제 시대에 아우라를 (   ) 예술은 숭배 가치의 대상이 아닌 전시 가치의 대상으로 전환된다. 숭배 가치의 대상으로서의 예술을 수용할 때는 집중을 통해 대상에 몰입하기를 요구하기 때문에 대상에 대한 비판과 거리 두기가 불가능하다. 그러나 전시 가치의 대상으로서의 예술은 이와 달리 정신을 분산시키는 형태의 지각 방식이 요구된다.

① 유지한　　　② 감소한　　　③ 미묘한
④ 상실한　　　⑤ 구속한

19 〈보기〉의 ㉠과 ㉡의 관계와 가장 유사한 것은?

> **보기**
> 우리가 흔히 ㉠예술 작품으로 분류하는 ㉡미술, 연극, 문학, 음악 등은 성격이 서로 달라 그것들 전체를 아울러 예술이라 정의할 수 있는 공통된 요소를 갖지 않는다는 것이 웨이츠의 예술 정의 불가론이다. 그의 이론은 정의에 대한 기존의 이론들이 겉보기에는 명제의 형태를 취하고 있으나 사실은 참과 거짓을 판정할 수 없는 사이비 명제이므로 예술의 정의에 대한 논의 자체가 불필요하다는 견해를 대변한다.

① 책방 : 서점　　　② 뛰다 : 걷다　　　③ 꽃 : 무궁화
④ 출발 : 도착　　　⑤ 기쁨 : 환희

20 〈보기〉의 밑줄 친 말의 뜻으로 가장 적절한 것은?

> **보기**
> 동일성의 원리는 대상을 수량화하여 계산 가능한 것으로 만드는 것으로, 이는 서로 다른 대상들을 주체가 가지고 있는 동일한 하나의 형식으로 강제하는 지배 원리이다. 가령 앞집의 풍산개와 뒷집의 진돗개, 그리고 우리 집 치와와를 단지 '개 세 마리'로 인식한다면, 이는 각각의 개체가 가지고 있는 개별성과 특수성을 무시한 채 모두 '개'라는 동일한 개념으로 대상을 <u>포섭하는</u> 것이다.

① 넘치도록 가득하게 하는
② 가로채 자기 것처럼 하는
③ 자기편으로 감싸 끌어들이는
④ 하려던 일을 도중에 그만두어 버리는
⑤ 어떤 일을 이루려고 서로 의논하고 절충하는

21 〈보기〉의 ㉠~㉤에 들어갈 어휘와 그 의미의 연결이 올바르지 <u>않은</u> 것은?

> **보기**
> • 예술 (　㉠　)이 사회의 이슈를 해결하는 데 도움이 될 수 있다.
> • 르네상스의 미술은 모든 인물들이 병렬적이고 각각 (　㉡　)되어 있다.
> • 말풍선을 이용한 시각적 효과 외에 글자나 (　㉢　)를 이용한 의미 전달도 할 수 있다.
> • 작품을 감상하는 (　㉣　)는 작가가 작품을 통해 말하고자 하는 바를 파악하는 것이다.
> • 풍속화란 말 그대로 (　㉤　), 즉 옛날부터 한 사회에 전해 오는 생활 전반의 습관이나 모습을 그린 그림이다.

① ㉠: 산업 – 인간의 생활을 경제적으로 풍요롭게 하기 위하여 재화나 서비스를 생산하는 사업
② ㉡: 독립 – 다른 것에 예속하거나 의존하지 아니하는 상태로 됨.
③ ㉢: 부호 – 일정한 뜻을 나타내기 위하여 따로 정하여 쓰는 기호
④ ㉣: 묘미 – 실현하려고 하는 일이나 나아가는 방향
⑤ ㉤: 풍속 – 옛날부터 그 사회에 전해 오는 생활 전반에 걸친 습관 따위를 이르는 말

[01-03] 다음 글을 읽고 물음에 답하시오. 고1 학력평가 변형

미래주의 화가들은 질주하는 자동차, 사람들로 북적이는 기차역, 광란의 댄스홀, 노동자들이 일하는 공장 등 활기찬 움직임을 보여 주는 모습을 주요 ㉠소재로 삼아 산업 사회의 역동적인 모습을 ㉡표현하였다. 이를 위해 미래주의 화가들은, 시간의 흐름에 따른 대상의 움직임을 하나의 화면에 표현하는 분할주의 ㉢기법을 사용하였다.

'질주하고 있는 말의 다리는 4개가 아니라 20개다.'라는 미래주의 선언의 내용은, 분할주의 기법을 통해 대상의 역동성을 지향하고자 했던 미래주의 화가들의 생각을 잘 드러내고 있다. 분할주의 기법은 19세기 사진작가 머레이의 연속 사진 촬영 기법에 영향을 받은 것으로, 이미지의 겹침, 역선(力線), 상호 침투를 통해 대상의 연속적인 움직임을 효과적으로 표현하였다. 먼저 이미지의 겹침은 화면에 하나의 대상을 여러 개의 이미지로 중첩하여 표현하는 방법이다. 마치 연속 사진처럼 화가는 움직이는 대상의 ㉣잔상을 바탕으로 시간의 흐름에 따른 대상의 움직임을 겹쳐서 나타내었다. 다음으로 힘의 선을 나타내는 역선은, 대상의 움직임의 ㉤궤적을 여러 개의 선으로 구현하는 방법이다. 미래주의 화가들은 사물이 각기 특징적인 움직임을 갖고 있다고 보고, 이를 역선을 통해 표현함으로써 사물에 대한 화가의 느낌을 드러내었다. 마지막으로 상호 침투는 대상과 대상이 겹쳐서 보이게 하는 방법이다. 역선을 사용하여 대상의 모습을 나타내면 대상이 다른 대상이나 배경과 구분이 모호해지는 상호 침투가 발생해 대상이 사실적인 형태보다는 왜곡된 형태로 표현된다. 이러한 방식으로 미래주의 화가들은 움직이는 대상의 속도와 운동을 효과적으로 나타낼 수 있었다.

01 윗글의 내용과 일치하지 <u>않는</u> 것은?

① 미래주의 화가들은 산업 사회의 역동성을 표현하였다.
② 분할주의 기법은 머레이의 회화 기법에 영향을 받았다.
③ 이미지의 겹침, 역선, 상호 침투 등이 분할주의 기법에 해당한다.
④ 미래주의 화가들은 사물은 각각 특징적인 움직임이 있다고 보았다.
⑤ 상호 침투가 발생하면 대상과 대상이 겹쳐 보여 왜곡된 형태로 표현된다.

02 역선의 문맥상 의미로 적절한 것은?

① 중심이 되는 선 ② 벗어나야 하는 선
③ 움직이는 자취의 선 ④ 거꾸로 거스르는 선
⑤ 자기장의 크기를 보이는 선

03 ㉠~㉤의 사전적 의미로 적절하지 <u>않은</u> 것은?

① ㉠: 어떤 것을 만드는 데 바탕이 되는 재료
② ㉡: 생각이나 느낌 따위를 언어나 몸짓 따위의 형상으로 드러내어 나타내었다
③ ㉢: 정상적인 절차를 따르지 않은 간편하고 손쉬운 방법
④ ㉣: 외부 자극이 사라진 뒤에도 감각 경험이 지속되어 나타나는 상
⑤ ㉤: 물체가 움직이면서 남긴 움직임을 알 수 있는 자국이나 자취를 이르는 말

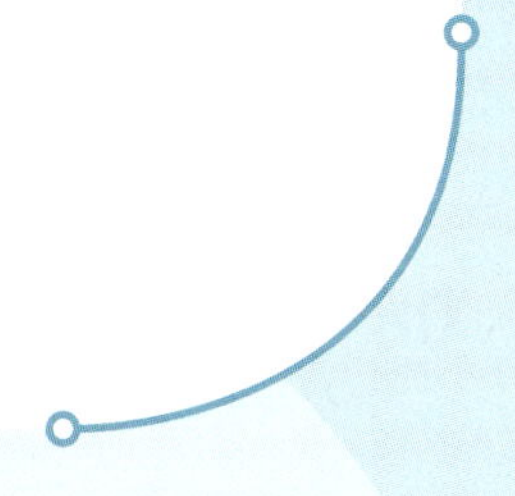

예술 2 사진 기술

＊미니북에 수록된 DAY별 어휘들을 익히고 난 후, 문제를 풀면 더욱 효과적으로 학습할 수 있어요.

[01-04] 밑줄 친 어휘의 알맞은 뜻을 고르시오.

01 무지개는 빗방울을 통과하는 햇빛의 굴절에 의해 만들어진다.
① 빛살이 곧게 바로 비침.
② 광파, 음파, 수파 따위가 매질로 들어갈 때 경계면에서 그 진행 방향이 바뀌는 현상

02 비싼 가구는 목재의 질감이 매우 부드럽고 좋다.
① 재질의 차이에서 받는 느낌
② 재료가 가지고 있는 고유의 성질

03 단풍이 든 시골의 풍경은 한 폭의 그림처럼 보였다.
① 훌륭하고 멋진 경치
② 산이나 들, 강, 바다 따위의 자연이나 지역의 모습

04 사진관에서 사진을 뽑을 때는 인화 과정을 거친다.
① 사람의 힘으로 자연에 대하여 가공하거나 작용을 하는 일
② 사진 원판을 특수 종이 위에 올려놓고 사진이 나타나도록 하는 일

[05-08] 빈칸에 공통으로 들어갈 어휘를 〈보기〉에서 찾아 쓰시오.

> 보기
>
> 구획   배치   시선   초점

05 사진의 (   )이/가 맞다.
카메라의 (   )을/를 맞추다.

06 좌중의 (   )이/가 쏠리다.
따가운 (   )을/를 느끼다.

07 도시를 4면으로 (   )하다.
(   )을/를 정확하게 나누다.

08 가구의 (   )이/가 독특하다.
상품을 보기 좋게 (   )하다.

09 다음 밑줄 친 어휘의 쓰임이 적절하지 **않은** 것은?

① 빨간색은 청색과 대비가 되는 색이다.
② 퓰리처상 사진전에서 인상 깊은 사진을 보았다.
③ 그의 작품은 인간이 지닌 내면의 형체를 파헤친 것이다.
④ 이 자동카메라는 피사체와의 거리를 자유자재로 조절할 수 있다.
⑤ 타인이 만든 작품을 그대로 본떠서 만든 작품을 모작이라고 한다.

10 〈보기〉의 ㉠과 그 의미가 가장 유사한 것은?

> 보기
>
> 사진 기술 중 연속 촬영 기법의 효과를 그림으로 표현한 자코모 발라는 동물과 사람의 연속된 움직임을 카메라에 ㉠담은 사진작가 에드워드 머이브리지의 작품에 많은 영향을 받았다.

① 엄마가 사 온 쌀을 쌀통에 담았다.
② 한번 엎지른 물은 주워 담을 수 없다.
③ 그는 눈앞의 경치를 화폭에 담고 있었다.
④ 알맞게 익은 물김치를 그릇에 담아 놓았다.
⑤ 바구니에 나물을 가득 담아 집으로 가져갔다.

11 〈보기〉의 ㉠~㉤과 바꿔 쓸 수 **없는** 말은?

> 보기
>
> 1851년에 ㉠개발된 콜로디온 습판법은 프레드릭 스코트 아처에 의해서 만들어져 1880년에 이르기까지 기존의 사진계를 ㉡장악하였다. 처음에는 초상 사진가들이 사진을 찍기 위해 칼로 타입을 ㉢응용할 경우 특허료를 지불해야만 하는 ㉣부담에서 벗어나고자 사용하는 경우가 많았으나 점차 콜로디온 습판 프로세서가 가지고 있는 많은 장점들이 ㉤부각되어 인기를 누렸다.

① ㉠: 고안된   ② ㉡: 휘어잡았다
③ ㉢: 유용할   ④ ㉣: 짐
⑤ ㉤: 강조되어

12 〈보기〉의 빈칸에 공통으로 들어갈 말로 가장 적절한 것은?

> **보기**
> • 이번 영화제는 수상작 ( )에 문제가 많았다.
> • 이 수필집은 명문장가들의 작품을 ( )하여 편찬하였다.

① 걸작   ② 비난   ③ 평판
④ 선정   ⑤ 독창

13 〈보기〉의 밑줄 친 ㉠, ㉡과 바꿔 쓸 수 있는 말로 가장 적절한 것은?

> **보기**
> 　그리드는 어떤 미술 외적 대상에 대한 매개의 역할을 하지 않음으로써 아이콘의 한계성을 극복한 방식이라 할 수 있다. 또한 모더니즘 미술에서 그리드가 크게 ㉠유행한 것은 모더니즘 작가들이 내용, 이야기, 세계의 침투로부터 시각 예술이라는 자신의 영역을 지키고자 한 노력으로 ㉡평가할 수 있다.

    ㉠   ㉡
① 유지한   비판할
② 비행한   가능할
③ 성행한   평할
④ 침투한   주목할
⑤ 잠행한   가정할

14 〈보기〉의 ㉠과 ㉡의 관계와 가장 유사한 것은?

> **보기**
> 　키네틱 아트의 조형 요소들은 감상자들의 시각을 자극하여 작품에 주의를 집중시키는 효과를 준다. 작품이 보여 주는 다양하고 예측 불가능한 움직임으로 감상자들이 풍부한 이미지를 상상할 수 있도록 한 것이다. 이를 통해 기존 미술에서 작품 감상에 대해 ㉠수동적이었던 감상자들로 하여금 보다 ㉡능동적인 태도를 갖도록 하였다.

① 낮 : 밤   ② 구두 : 운동화   ③ 봄 : 여름
④ 포유류 : 인간   ⑤ 책 : 교과서

15 〈보기〉의 ㉠~㉤에 들어갈 어휘와 그 의미의 연결이 올바른 것은?

> **보기**
> • 몬드리안의 작품은 기본적인 (㉠) 요소를 통해 조화롭고 균형적인 아름다움을 보여 준다.
> • 최근 예술 분야에서는 과학 기술을 이용하여 새로운 장르를 (㉡)하려는 시도가 이루어지고 있다.
> • 입체파 화가들은 여러 각도에서 바라보는 관점으로 사물을 해체하였다가 화폭 위에 (㉢)하는 방식을 취했다.
> • 사진이 등장하면서부터 회화는 대상을 사실적으로 (㉣)하는 역할을 사진에 넘겨주게 되었다.
> • 현대의 사진 이론가들은 모방을 (㉤)의 최하위로 놓았던 플라톤의 철학을 부정한다.

① ㉠: 조형 – 사물의 생긴 모양이나 상태
② ㉡: 개척 – 신문이나 책 따위를 처음으로 간행함.
③ ㉢: 재구성 – 생산 과정이 끊임없이 되풀이되는 일
④ ㉣: 재현 – 다시 나타남. 또는 다시 나타냄.
⑤ ㉤: 진리 – 일이나 상황에 대하여 자세하게 이야기함.

16 〈보기〉의 밑줄 친 ㉠과 바꿔 쓸 수 있는 말로 가장 적절한 것은?

> **보기**
> 　강홍구 작가의 〈그 집 – 빨래〉라는 작품에서 '작품에 표현된 빨래'는 작가가 빨랫줄에 걸린 '실물의 빨래'를 카메라로 찍어 사진으로 인화한 후, 그 위에 ㉠채색을 한 것이다. 이를 통해 작가는 사라져 가는 삶의 풍경을 담아내고자 하였다.

① 구색   ② 도색   ③ 채도
④ 채비   ⑤ 명색

17 문맥에 맞는 어휘를 바르게 선택하지 못한 것은?

① 지휘관이 (중앙/ 중부)에서 지방으로 파견되었다.
② 잘못된 (자세/ 기세)로 오래 앉아 있으면 허리가 굽는다.
③ 그 사람은 그녀를 속이려는 (의심 / 의도)을/를 가지고 접근했다.
④ 발화 상황에 따라 (적절/ 적용)한 어휘를 사용하는 것이 중요하다.
⑤ 내가 표시한 부분이 필자의 생각을 가장 (대중적/ 대표적)으로 표현한 곳이다.

18 〈보기〉의 ㉠과 그 의미가 가장 유사한 것은?

보기

그는 사진에 개입하는 ㉠주체는, 사진을 제작하는 주체인 사진가, 사진을 바라보는 주체인 감상자, 사진기 앞에서 무언가를 표현하는 주체인 사람이나 사물로, 세 가지인 것이 맞지만 사진을 탐구할 때는 사진가의 의도에 대해서는 침묵할 수밖에 없다고 하였다.

① 밤을 새워 술을 마셨더니 주체가 났다.
② 불볕더위로 인해 땀이 주체가 안 되었다.
③ 두 검찰은 수사 주체를 놓고 신경전을 벌였다.
④ 수상의 영예를 안은 그는 기쁨을 주체 못 했다.
⑤ 그 일은 우리 자신이 주체가 되어 밀고 나가야 한다.

19 〈보기〉의 빈칸에 들어갈 가장 적절한 말은?

보기

동일한 메시지를 담았을지라도 어떤 사진은 다른 것과 달리 유독 우리에게 강렬한 자극으로 다가온다. 때로 그 효과는 사진의 제재나 주제와 전혀 관계가 없는 우연적인 요소에서 나온다. 이러한 체험을 일으키는 것은 그 사진의 의미를 읽는 일반적 해석의 틀이 아니라 그 사진이 우리에게 주는 고유의 효과이다. 이 (   )인 효과는 사진이 우리 신체에 남긴 자국으로, 이는 사진의 지표적 특징과 관련이 있다.

① 감각적 　② 긍정적 　③ 변별적
④ 적극적 　⑤ 현대적

20 〈보기〉의 ㉠~㉤이 지닌 사전적 의미로 적절하지 않은 것은?

보기

20세기에 들어 사진 이론은 사진을 실재의 '반영'이 아니라 ㉠'변형'으로 바라보게 되었다. 사진은 세계의 그림이기 이전에 무엇보다 그것을 찍는 이가 지닌 ㉡관념의 그림이다. 굳이 연출하지 않더라도 '무엇을 찍을까' 혹은 '어떻게 찍을까'를 결정할 때부터, 세계는 사진사의 관념에 따라 구성된다. 사진을 찍을 때 우리는 문화적으로 ㉢형성된 지각 코드를 적용하고, 사진을 ㉣해독할 때 이러한 관습과 코드에 따라 해석한다. 사진은 언어와 마찬가지로 사회적 관습에 의해 해석되는 텍스트이기 때문에 이는 ㉤상징 기호에 해당한다.

① ㉠: 모양이나 형태가 달라지거나 달라지게 함. 또는 그 달라진 형태
② ㉡: 어떤 일에 대한 견해나 생각
③ ㉢: 서류, 원고 따위가 만들어진
④ ㉣: 잘 알 수 없는 암호나 기호 따위를 읽어서 풀
⑤ ㉤: 추상적인 개념이나 사물을 구체적인 사물로 나타냄.

21 〈보기〉의 ㉠~㉤을 활용하여 만든 문장으로 적절하지 않은 것은?

보기

• 피사체와 카메라 사이에 존재하는 것은 반사광과 감광 물질 사이의 광학적 · 화학적 ㉠인과 관계뿐이다.
• 모더니즘 예술가들은 예술의 순수성과 독자성을 ㉡강조하였다.
• 미술가들은 기존의 예술 작품과 다른 양식의 작품을 ㉢창조하였다.
• 클리닝 작업을 마친 미술품은 여러 과정을 거쳐 원래의 모습을 ㉣회복한다.
• 단축법은 원근법보다는 대상을 ㉤단순하게 표현한 것이다.

① ㉠: 반대로 생각하면 두 사건은 인과가 바뀔 수 있다.
② ㉡: 그는 청렴하고 강조한 법조인으로 알려져 있다.
③ ㉢: 예술에서는 모방보다 창조를 더 소중히 여긴다.
④ ㉣: 체력 회복에 좋은 것은 충분한 수면을 취하는 것이다.
⑤ ㉤: 이 일은 단순 반복 작업이라 누구나 쉽게 배울 수 있다.

[01-03] 다음 글을 읽고 물음에 답하시오.

고1 학력평가 변형

　일반적으로 사진을 찍을 때는 사진에 담을 대상인 중심 피사체를 먼저 ㉠선정하여 화면 중앙에 놓고 이것에 초점을 맞춘다. 그런 다음 중심 피사체와 주변 풍경을 적절하게 구획하여 안정된 구도로 사진을 찍는 것이 일반적인 프레임 구성 방법이다. 그런데 사진을 촬영하다 보면 의도하지 않았던 요소들이 개입하여 일반적인 프레임 구성 방법에서 벗어났음에도 미적 효과가 느껴지는 경우가 있다. 이를 의도적으로 활용한 대표적인 예가 숄더샷 프레임이다.

　숄더샷 프레임이란 등에 업힌 아이가 어깨 너머로 세상을 보는 것처럼, 프레임 안에 장애물을 ⓐ배치하여 감상자가 장애물 너머로 중심 피사체를 보도록 유도하는 프레임 구성 방법이다. 숄더샷 프레임을 활용하면 프레임 안에 삽입된 장애물로 인해 감상자가 시각적인 긴장감을 느끼게 되어 중심 피사체에 대한 감상자의 집중도가 높아지게 된다.

　숄더샷 프레임은 다음과 같은 방법들을 활용하여 구성한다. 첫째, 사진에 담고자 하는 중심 피사체 앞에 장애물을 배치한다. 장애물을 배치하면 중심 피사체로 시선이 집중되는 효과가 나타난다. 이때 장애물이 중심 피사체보다 크면, 장애물이 감상자의 눈에 더 잘 띄게 된다. 그리고 장애물의 형태나 자세, 시선 등이 중심 피사체를 향하도록 하면 감상자의 시선을 중심 피사체로 이끌어 주는 지시성이 강화된다. 둘째, 중심 피사체에는 초점을 정확하게 맞추는 반면 장애물에는 초점을 맞추지 않는다. 그러면 감상자는 초점이 맞지 않아 흐릿하게 보이는 장애물보다 초점을 맞춘 대상을 중심 피사체로 인식하여 시선을 집중하게 된다. 셋째, 중심 피사체와 장애물의 밝기를 ⓑ대비시킨다. 그러면 밝음과 어둠이 대비되면서 감상자가 중심 피사체를 주목하게 된다.

01 윗글의 내용과 일치하지 <u>않는</u> 것은?

① 사진을 찍을 때 가장 먼저하는 일은 중심 피사체를 선정하는 것이다.
② 숄더샷 프레임은 밝음과 어둠이 대비되게 하여 감상자가 중심 피사체에 주목하게 만든다.
③ 숄더샷 프레임은 중심 피사체 뒤에 장애물을 배치하여 중심 피사체에 시선이 집중될 수 있게 한다.
④ 일반적인 프레임 구성법은 중심 피사체와 주변 풍경을 적절하게 구획한 후 안정된 구도로 찍는 것이다.
⑤ 숄더샷 프레임은 프레임 안에 장애물을 배치하여 감상자가 장애물 너머로 중심 피사체를 보도록 유도한다.

02 다음 중 ㉠과 동일한 의미로 사용된 것은?

① 밤하늘의 별이 선정하게 빛나고 있었다.
② 언론은 선정주의적 보도에서 벗어나야 한다.
③ 그 스님은 수행을 통해 선정의 경지에 올랐다.
④ 그는 이번 올림픽 경기에서 선심으로 선정되었다.
⑤ 세종 대왕은 선정하여 백성들에게 어진 임금으로 남았다.

03 ⓐ, ⓑ와 바꿔 쓸 수 있는 어휘의 짝으로 알맞은 것은?

	ⓐ	ⓑ		ⓐ	ⓑ
①	안배	대조	②	안배	대소
③	안식	대조	④	배부	대조
⑤	배부	대소			

[01-04] 주어진 초성의 뜻에 알맞은 어휘를 빈칸에 넣어 문장을 완성하시오.

01 ㅁ ㅇ : 문학과 예술을 아울러 이르는 말
→ 그는 신춘 _________를 통해 작가로 등단했다.

02 ㅈ ㅍ : 사물의 전망이나 가능성 따위를 비유적으로 이르는 말
→ 베토벤은 교향곡의 새로운 _________을 열었다.

03 ㄱ ㅇ : 악기를 사용하여 연주하는 음악
→ 우리 동아리는 음악 축제에서 _________ 합주를 선보였다.

04 ㄹ ㄷ : 음의 장단이나 강약 따위가 반복될 때의 그 규칙적인 음의 흐름
→ 경쾌한 _________에 나도 모르게 몸을 들썩거리고 있었다.

[05-08] 다음 밑줄 친 말과 바꿔 쓰기에 적절한 어휘를 〈보기〉에서 골라 문맥에 맞게 쓰시오.

> **보기**
> 묘사하다   연상하다   웅장하다   향유하다

05 이곳에 대중들이 음악을 <u>누리어 가질</u> 수 있는 장을 마련할 계획이다.   →

06 비발디의 사계는 봄, 여름, 가을, 겨울의 사계절을 <u>마치 그림을 그리듯이 표현하였다.</u>   →

07 합창단의 <u>거대하고 성대한</u> 노래 소리가 공연장을 가득 메웠다.   →

08 한복을 입은 배우들이 조선 시대를 <u>불러일으키게</u> 하는 배경 속에서 공연을 선보였다.   →

09 〈보기〉의 빈칸에 공통으로 들어갈 수 있는 말로 적절한 것은?

> **보기**
> • 리듬, 선율, 화성은 (   )의 3요소이다.
> • 슬픈 곡조의 (   )이/가 애잔히 흐르고 있었다.
> • 그들은 (   )을/를 연주하는 것을 취미로 삼았다.

① 음악   ② 템포   ③ 악보
④ 성부   ⑤ 음속

10 〈보기〉의 밑줄 친 어휘에 공통으로 포함되어 있는 의미로 적절한 것은?

> **보기**
> • 그녀는 화음을 완성하려는 <u>시도</u>를 멈추지 않았다.
> • 그는 관습을 개선하기 위한 구체적인 <u>방안</u>을 제시했다.
> • 이 감독은 미국에 사는 한국인에 관한 영화를 <u>구상</u> 중이다.

① 모험   ② 조직   ③ 계획
④ 처리   ⑤ 주도

11 〈보기〉의 밑줄 친 말의 뜻으로 가장 적절한 것은?

> **보기**
> 음악학자 호이스너는 독일 가곡의 서정적인 측면과 오페라나 민속 음악극에서 볼 수 있는 밝고 가벼운 특성을 하나의 음악 <u>양식</u>으로 규정하여 그것을 비더마이어라고 보았다. 그런데 이런 입장은 비더마이어와 자유로운 개성을 추구하는 낭만주의와의 경계를 모호하게 만들어 버리는 문제점을 드러내었다. 각기 상이한 현상들을 하나로 묶어 버리는 바람에 나타난 문제점이었던 것이다.

① 뛰어난 식견이나 건전한 판단
② 생존을 위하여 필요한 사람의 먹을거리
③ 물고기나 해조, 버섯 따위를 인공으로 기름.
④ 지식의 원천이 되는 것을 비유적으로 이르는 말
⑤ 시대나 부류에 따라 각기 독특하게 지니는 문학, 예술 따위의 형식

12 〈보기〉의 ㉠과 그 의미가 가장 유사한 것은?

> 보기
>
> 　시간이 흐르면서 음악적 모방의 대상은 외부 대상에서 인간의 감정까지로 넓어졌다. 이로 인해 음악과 감정이 특별한 관계를 맺고 있다는 생각이 사람들의 ㉠의식에 점점 자리 잡게 되었다. 중세에는 이러한 의식이 도덕적·종교적 이념과 결부되면서 감정에 나쁜 영향을 주는 음악은 멀리해야 한다는 생각으로 발전되었다.

① 그는 의식이 넉넉한 집안에서 태어났다.
② 왕위를 계승할 때는 성대한 의식을 치른다.
③ 의식이 풍족한 다음에야 예절을 차리게 된다.
④ 최근 환경을 보존하려는 의식이 높아지고 있다.
⑤ 급작스런 교통사고로 의식을 잃었던 그가 드디어 깨어났다.

13 〈보기〉의 빈칸에 공통으로 들어갈 어휘로 가장 알맞은 것은?

> 보기
>
> • 오페라는 모든 대사를 노래로 표현하는 음악 (　　　　) 이다.
> • 이번 축제는 내용보다는 (　　　　)에 신경을 많이 쓴 듯하다.
> • 수필은 글쓴이의 느낌이나 체험을 솔직하게 표현하는 문학 (　　　　)이다.

① 상태　　　　② 태도　　　　③ 표정
④ 형상　　　　⑤ 형식

14 밑줄 친 어휘와 바꿔 쓰기에 적절하지 않은 것은?

① 지휘자가 첼로 연주자에게 면박을 주었다. → 타박
② 그가 훌륭한 음악가가 되기까지는 고된 과정이 있었다.
　　→ 고생스러운
③ 작곡가는 음악적 요소들을 활용하여 음악 작품을 창작한다.
　　→ 제조한다
④ 헤겔은 음악의 본질적 특성을 '주관적 내면성'으로 보았다.
　　→ 근본적
⑤ 예술이 아름다움을 추구한다면 음악 또한 아름다움을 추구해야 한다. → 좇는다면

15 〈보기〉의 ㉠~㉤이 지닌 사전적 의미로 적절하지 않은 것은?

> 보기
>
> 　판소리 사설은 종합 예술로서의 판소리 예술의 ㉠근간을 이루고 있다. 판소리 사설을 ㉡면밀히 분석해 보면, 판소리 사설도 판소리 음악의 경우와 마찬가지로 그에 ㉢선행하는 모든 문학적인 유산을 종합하여 정리한 바탕 위에 새로운 문예 양식으로 ㉣정립되었음을 알 수 있다. 구체적으로 말하자면 판소리 사설은 이전 시대에 발달했던 평시조, 양반 가사, 양반 소설 등의 내용을 바탕으로 하면서 그 위에 일상어, 비속어, 의성어, 의태어 등을 도입하여 표현 ㉤기교를 확립함으로써 탁월한 예술성을 획득할 수 있었다.

① ㉠: 사물의 바탕이나 중심이 되는 중요한 것
② ㉡: 치밀하지 못하고 엉성하여 빈틈이 있게
③ ㉢: 어떠한 것보다 앞서가거나 앞에 있는
④ ㉣: 정하여져 세워졌음.
⑤ ㉤: 기술이나 솜씨가 아주 교묘함. 또는 그런 기술이나 솜씨

16 〈보기〉의 ㉠~㉤에 들어갈 어휘와 그 의미의 연결이 올바른 것은?

> 보기
>
> • 장중하고 격렬한 (　㉠　)이 방 안을 메웠다.
> • 그 그룹의 노래에 (　㉡　)들이 열광하기 시작했다.
> • 그는 조국을 잃은 (　㉢　)한 심정을 가슴 깊이 새겨 두었다.
> • 그녀는 자연을 보며 느낀 (　㉣　)를 음악으로 표현했다.
> • 르네상스 시대에 들어서면서 사람들은 음악의 감정적 효과에 (　㉤　)을 가지기 시작했다.

① ㉠: 선율 – 소리의 높낮이가 길이나 리듬과 어울려 나타나는 음의 가락
② ㉡: 청중 – 한 곳에 모인 많은 사람
③ ㉢: 비통 – 남의 잘못이나 결점을 책잡아 나쁘게 말함.
④ ㉣: 정서 – 여자로서 행실이 곧고 마음씨가 맑고 고움.
⑤ ㉤: 관심 – 직접 관계가 없는 남의 일에 부당하게 참견함.

17 〈보기〉의 ㉠~㉢에 들어갈 어휘끼리 바르게 짝지은 것은?

> **보기**
> • 태풍이 지나가며 그 세력이 점차 (㉠)되고 있다.
> • 음악가들끼리 의견을 주고받는 (㉡)이/가 활성화되었다.
> • 이 노래는 돌아가신 어머니를 위하여 내가 (㉢) 한 것이다.

	㉠	㉡	㉢
①	약화	교류	작곡
②	묘사	약화	교류
③	교류	작곡	약화
④	작곡	묘사	약화
⑤	약화	발생	묘사

18 문맥에 맞는 어휘를 바르게 선택하지 <u>못한</u> 것은?

① 사람들은 인생을 연극에 ((비유) / 비판)한다.
② 그녀는 노래의 (가곡 / (가사))를 제대로 외우지 못했다.
③ 예술을 한마디로 ((규정) / 규율)을 짓기는 정말 어렵다.
④ 선생님은 자꾸만 그 학생을 모범생 이미지로 ((유형화) / 추상화)하려고 하였다.
⑤ 그 학생의 특징은 자신의 감정을 아무런 여과 없이 밖으로 (표출 / (반출))한다는 것이다.

19 〈보기〉의 문맥을 고려할 때 빈칸에 들어갈 말로 가장 적절한 것은?

> **보기**
> 　고전주의의 엄격한 형식과 틀에서 벗어나 자유로우면서도 시적인 선율을 선보이며 초기 낭만파를 이끌었던 슈베르트는 현재 낭만주의의 ( )로 평가 받고 있지만 당대에는 그리 높은 평가를 받지 못하였다. 초창기의 슈베르트 연주회는 친구의 집에서 가족과 지인을 중심으로 여흥을 즐기며 실내악을 연주하는 형태였으나, 화가 슈빈트를 비롯하여 빈의 뛰어난 젊은 예술가들과 극작가 그릴파르처 등이 참석하면서 점점 수준 높고 독창성 있는 음악을 연주하는 음악회가 되었다.

① 배신자　　② 선구자　　③ 위선자
④ 참여자　　⑤ 노동자

20 〈보기〉의 밑줄 친 ㉠과 바꿔 쓸 수 있는 말로 가장 적절한 것은?

> **보기**
> 　아름다운 음악은 단순히 듣기 좋은 소리들을 연이어 ㉠배열한다고 해서 만들어지지 않는다. 음악은 다양한 음이 조직적으로 연결되고 구성된 형태로, 음악의 매체인 소리가 시간의 진행 속에 구체화된 것이라 할 수 있다. 19세기 음악 평론가인 한슬리크에 따르면 음악의 독자적인 아름다움은 음들이 '울리면서 움직이는 형식'에서 비롯되는데, 음악을 구성하는 음악적 재료들이 움직이며 만들어 내는 형식 그 자체를 말한다.

① 직렬한다고　　　　② 배출한다고
③ 거수한다고　　　　④ 나열한다고
⑤ 도출한다고

21 〈보기〉의 ㉠~㉤을 활용하여 만든 문장으로 적절하지 <u>않은</u> 것은?

> **보기**
> • 이 해석은 지나치게 ㉠주관적이고 논리의 비약이 심하다.
> • 그 공연은 결말에 남녀 주인공이 모두 죽게 되는 ㉡비극이다.
> • 세시에 따른 풍속들은 어느 한 ㉢공동체의 역사적인 소산이다.
> • 세종문화회관에서 열린 연주회가 연 100일이 넘게 ㉣지속되었다.
> • 악기마다 ㉤특정한 파형을 갖고 있어서 음의 높이는 같아도 전혀 다른 느낌을 줄 수도 있다.

① ㉠: 공정한 뉴스일수록 <u>주관적</u> 보도를 지향한다.
② ㉡: 이 작품은 <u>비극</u> 영화 부문에 출품되어 상을 받았다.
③ ㉢: 가정은 사회를 이루는 기본적인 단위의 <u>공동체</u>이다.
④ ㉣: 당분간은 맑고 따뜻한 날씨가 <u>지속될</u> 전망이다.
⑤ ㉤: 보고서는 <u>특정한</u> 형식에 맞춰서 작성해야 한다.

[01-03] 다음 글을 읽고 물음에 답하시오.

고1 학력평가 변형

16세기 르네상스 시대에 들어서면서 음악이 지닌 감정적 효과에 관심을 가지기 시작했으며 이는 언어, 즉 가사를 통해 사람의 마음 상태나 사물 혹은 환경 등을 음악적으로 잘 묘사하려는 구체적인 ⓐ시도들로 나타났다. 시인과 음악가들의 문예 모임인 피렌체의 카메라타는 고대 그리스 비극에서처럼 연극과 음악이 결합된 예술을 지향했다. 이를 위해서는 음악이 가사의 내용을 잘 전달할 수 있어야 했다. 그래서 이전까지의 여러 성부가 동시에 서로 다른 리듬으로 노래하는 다성 음악 ⓑ양식은 그에 적합하지 않다고 여겼다. 그 대신 그들은 가사를 잘 전달할 수 있는 단선율 노래인 모노디 양식을 (㉠   )하였다.

17세기 바로크 시대에 이르러 음악이 감정을 표현한다는 생각은 '감정 이론'으로 체계화되었다. 이것은 우리의 마음 상태를 '기쁨', '분노', '비통함' 등의 단어로 표현하듯이, 특정한 정서가 그것을 ⓒ연상시키는 음정, 화성, 선율, 리듬과 템포 등을 통해 재현될 수 있다고 믿는 것이었다. 여기서 중요한 점은 작곡자는 자신의 감정을 드러내는 사람이기보다는 다른 사람의 감정을 그리는 화가에 비유될 수 있다는 것인데, 이때 음악에서 묘사되는 감정은 자신의 내면과 관련된 개인적이고 주관적인 감정이 아니라 공동체를 기반으로 한 ⓓ유형화된 감정이었다.

그렇지만 그 영향력은 점차 약화되어 18세기 중반에 이르러, 감정 표현은 '서술 원리'에서 '표출 원리'로 변하였다. 철학자 헤겔은 음악의 본질적 특성을 '주관적 내면성'으로 보았는데, 이것은 누구나 느낄 수 있는 객관적인 감정과는 달리 자신의 ⓔ내면에서 나오는 추상적인 감정이기 때문에 규정할 수 없는 것이다. 바로 그 점 때문에 그는 가사를 가진 음악이 더 낫다고 생각했다.

01 윗글의 내용과 일치하지 <u>않는</u> 것은?

① 카메라타는 단선율 노래인 모노디 양식보다 다성 음악 양식을 추구하였다.

② 르네상스 시대의 음악가들은 음악의 감정적 효과에 관심을 갖기 시작하였다.

③ 18세기 중반에 이르러서 감정 표현은 서술 원리에서 표출 원리로 변하게 되었다.

④ 헤겔은 음악의 본질적 특성은 자신의 내면에서 나오는 추상적인 감정이라고 하였다.

⑤ 바로크 시대에는 특정 정서가 음정, 화성, 리듬과 템포 등으로 재현될 수 있다고 믿었다.

02 ㉠과 〈보기〉의 빈칸에 공통으로 들어갈 말로 가장 적절한 것은?

> **보기**
>
> 그녀는 자신이 (   )해 낸 새로운 연주법을 이번 콘서트에서 실험하였다.

① 고정   ② 편안   ③ 고안

④ 대안   ⑤ 고사

03 ⓐ~ⓔ의 사전적 의미로 적절하지 <u>않은</u> 것은?

① ⓐ: 어떤 것을 이루어 보려고 계획하거나 행동함.

② ⓑ: 시대나 부류에 따라 각기 독특하게 지니는 문학, 예술 따위의 형식

③ ⓒ: 현실적이지 못하거나 실현될 가망이 없는 것을 막연히 그리어 봄.

④ ⓓ: 공통되는 성질이나 특징에 따라 몇 개의 전형적인 틀로 분류됨.

⑤ ⓔ: 밖으로 드러나지 아니하는 사람의 속마음

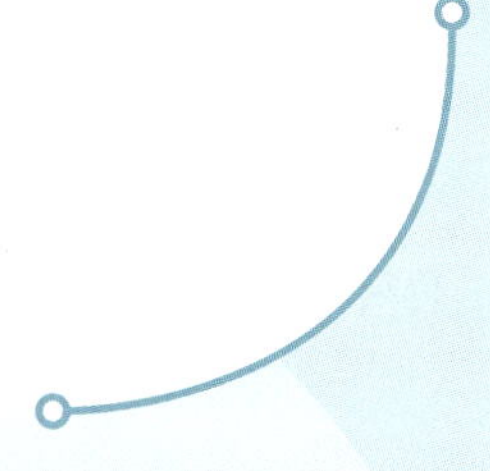

건축의 미학

*미니북에 수록된 DAY별 어휘들을 익히고 난 후, 문제를 풀면 더욱 효과적으로 학습할 수 있어요.

[01-04] 〈보기〉의 글자 카드를 조합하여 빈칸에 들어갈 알맞은 어휘를 쓰시오.

보기

| 공 | 간 | 면 | 인 | 중 | 집 | 체 | 표 |

01 빨간 벽돌의 __________은 꺼칠꺼칠했다.
사물의 가장 바깥쪽. 또는 가장 윗부분

02 옷장과 천장 사이의 __________은 아주 좁았다.
아무것도 없는 빈 곳

03 대도시로 인구 __________ 현상이 일어나고 있다.
한곳을 중심으로 하여 모임.

04 그리스 조각가들은 __________의 아름다움에 관심이
많았다.
사람의 몸

[05-08] 빈칸에 공통으로 들어갈 어휘를 〈보기〉에서 찾아 쓰시오.

보기

| 경계 | 광장 | 장식 | 타원 |

05 달걀의 모양은 ( )형이다.
행성의 궤도는 ( )이다.

06 이 선을 ( )(으)로 지역이 갈린다.
집의 안팎을 구분하는 ( )이/가 없다.

07 고전적인 ( )이/가 달린 모자를 샀다.
배가 화려하게 ( )되어 있다.

08 사람이 모인 ( )에 분수가 있다.
수많은 인파가 ( )을/를 가득 메웠다.

09 〈보기〉의 빈칸에 들어갈 어휘로 가장 적절한 것은?

보기

한옥 공간에서는 여러 공간을 거쳐 가는 돌아가기와 최단 거리로 가는 질러가기가 모두 가능하다. 돌아가는 ( )은/는 여러 개인데 이는 이동 과정을 선택할 수 있고 그 과정에서 느끼는 경험의 종류가 많다는 것이다. 이것은 이동의 목적과 성격, 이동하는 사람의 상황과 마음 상태 등의 여러 조건에 따라 ( )을/를 선택할 수 있음을 의미한다.

① 동류　　② 동선　　③ 동심
④ 동질　　⑤ 동태

10 문맥에 맞는 어휘를 바르게 선택하지 <u>못한</u> 것은?

① 이곳은 세 길이 (교차/ 교류)하는 곳이다.
② 그는 건축물에 꽃무늬의 (문신 /문양)을 새겨넣었다.
③ 건물의 (둘레 /행태)를 실측하여 보니 생각보다 훨씬 길었다.
④ 이 문제를 해결하려면 고정 관념을 벗어난 발상의 (전환/ 전복)이 필요하다.
⑤ 최근에 우리 문화 유적의 가치를 재인식하려는 태도가 일반인에게까지 (확산/ 확정)되고 있다.

11 〈보기〉의 ㉠과 그 의미가 가장 유사한 것은?

보기

콘크리트는 시멘트에 모래와 자갈 등의 골재를 섞어 물로 반죽한 혼합물이다. 콘크리트에서 결합재 역할을 하는 시멘트가 물과 만나면 점성을 띠는 상태가 되며, 시간이 지남에 따라 수화 반응이 ㉠일어나 골재, 물, 시멘트가 결합하면서 굳어진다. 콘크리트의 수화 반응은 상온에서 일어나기 때문에 작업하기에도 좋다.

① 우리 가족은 휴일에는 늦게 <u>일어난다</u>.
② 해안가에서 크나큰 지진이 <u>일어났다</u>.
③ 그는 끙끙 앓다가 삼 일만에 <u>일어났다</u>.
④ 사업 성공으로 가난했던 집안이 <u>일어났다</u>.
⑤ 노동자들이 노동 환경 개선을 요구하며 들고 <u>일어났다</u>.

12 〈보기〉의 ㉠~㉤의 뜻을 지닌 어휘를 활용하여 만든 문장으로 적절하지 <u>않은</u> 것은?

> **보기**
> ㉠ 지붕에 낸 창
> ㉡ 돌로 쌓아 만든 옹벽
> ㉢ 지붕이 도리 밖으로 내민 부분
> ㉣ 한옥에서, 몸채의 방과 방 사이에 있는 큰 마루
> ㉤ 제물을 바치기 위하여 다른 곳과 구별하여 마련한 신성한 단

① ㉠: 지붕 위의 <u>천장</u>으로 하늘이 보였다.
② ㉡: <u>석축</u>의 비탈면을 따라 둑 아래로 내려갔다.
③ ㉢: 한옥 <u>처마</u> 끝에 고드름이 얼었다.
④ ㉣: 나는 <u>대청</u>이 있는 집에서 살고 있다.
⑤ ㉤: 건물의 내부에는 신성한 <u>제단</u>이 자리하고 있다.

13 〈보기〉의 빈칸에 들어갈 어휘로 가장 적절한 것은?

> **보기**
> 콘크리트가 철근 콘크리트로 발전함에 따라 건축은 구조적으로 더욱 견고해지고, 형태 면에서는 더욱 다양하고 자유로운 표현이 가능해졌다. 일반적으로 콘크리트는 누르는 힘인 (   )에는 쉽게 부서지지 않지만 당기는 힘인 인장력에는 쉽게 부서진다. (   )이나 인장력에 재료가 부서지지 않고 그 힘에 견딜 수 있는, 단위 면적당 최대의 힘을 강도라 한다.

① 공권력　　　② 압축력　　　③ 관성력
④ 팽창력　　　⑤ 원심력

14 〈보기〉의 ㉠과 바꿔 쓸 수 있는 말로 가장 적절한 것은?

> **보기**
> 건축 재료에 대한 기술적 탐구는 언제나 새로운 건축 미학의 원동력이 되어 왔다. 특히 근대 이후에는 급격한 기술의 발전으로 혁신적인 건축 작품들이 ㉠탄생할 수 있었다. 건축 재료와 건축 미학의 유기적인 관계는 앞으로도 지속될 것이다.

① 생겨날　　　② 살아날　　　③ 지속할
④ 제거할　　　⑤ 자라날

15 〈보기〉의 ㉠~㉤을 활용하여 만든 문장으로 적절하지 <u>않은</u> 것은?

> **보기**
> • 두 계급 사이에는 수직적인 ㉠위계가 있다.
> • 꽃게의 발들은 양쪽이 서로 ㉡대칭을 이룬다.
> • ㉢꼭짓점이 셋 이상인 도형에는 삼각형이 있다.
> • 신도들은 너도나도 앞을 다투어 ㉣신전에 제물을 바쳤다.
> • ㉤정제된 옷차림은 그 사람에 대한 신뢰도를 높일 수 있다.

① ㉠: 군대는 <u>위계</u>가 분명한 조직이다.
② ㉡: 서로 <u>대칭</u>을 이루고 있는 두 점을 선으로 이었다.
③ ㉢: 직각 삼각형에서는 직각의 <u>꼭짓점</u>이 수심이 된다.
④ ㉣: 관광 명소인 이 <u>신전</u>은 두상의 세로 길이만 6미터가 넘는다.
⑤ ㉤: 선생님은 아이들이 사물함을 <u>정제</u>하는 습관을 갖게 하였다.

16 〈보기〉의 ㉠과 그 의미가 가장 유사한 것은?

> **보기**
> 빛넣기는 문양에 백색 분이나 먹을 혼합하여 적절한 명도 변화를 주는 것으로, 한 계열에서 명도가 가장 높은 단계를 '1빛', 그보다 낮은 단계는 '2빛' 등으로 말한다. 빛넣기를 통한 문양의 명도 차이는 시각적 율동성을 이끌어 내어 결과적으로 단순한 평면성을 탈피하는 시각적 효과를 ㉠얻을 수 있다. 즉 명도가 낮은 빛은 물러나고 명도가 높은 빛은 다가서는 듯한 느낌을 주게 된다.

① 집을 살 돈이 없어서 은행에서 빚을 <u>얻었다</u>.
② 거실에 놓을 의자 하나를 이웃집에서 <u>얻었다</u>.
③ 이번 회의에서는 그도 발언권을 <u>얻게</u> 되었다.
④ 요즘에는 일할 사람을 <u>얻는</u> 일이 쉽지가 않다.
⑤ 그녀는 자신이 하는 일에서 보람을 <u>얻어</u> 기뻤다.

17 〈보기〉의 빈칸에 들어갈 말로 적절하지 <u>않은</u> 것은?

> **보기**
>
> 　단청이라 하면 일반적으로 목조 건물에 여러 가지 색으로 무늬를 그려 아름답게 장식하는 것을 말한다. 단청은 건물의 보존 효과를 높이기 위해서 시작되었는데, 이후 여러 가지 색감으로 문양을 (　　　　) 보존 효과뿐만 아니라 장식성과 상징적 의미도 부여하게 되었다.

① 더함으로써　　　　　② 보탬으로써
③ 첨가함으로써　　　　④ 추가함으로써
⑤ 증진함으로써

18 〈보기〉의 ㉠~㉢에 들어갈 어휘끼리 바르게 짝지은 것은?

> **보기**
>
> • 신라는 4세기경 (　㉠　) 집권 체제의 기틀을 갖추었다.
> • 로마 시대의 목욕탕은 (　㉡　)을 도모하는 장으로 쓰였다.
> • 불교 건축물을 볼 때는 부분과 전체에 대한 (　㉢　)인 이해가 필요하다.

	㉠	㉡	㉢
①	중앙	친목	동시적
②	중앙	친숙	즉흥적
③	중점	친절	동시적
④	중부	친근	즉흥적
⑤	중부	친족	동시적

19 〈보기〉의 밑줄 친 어휘에 공통적으로 포함되어 있는 의미로 적절한 것은?

> **보기**
>
> • 학생들에게 유해한 환경을 <u>개선</u>해야 한다.
> • 도시의 환경 <u>개조</u>를 위해 도시 계획 공모전을 열었다.
> • 오래된 주택을 상가로 용도 <u>변경</u>을 하기로 결정했다.

① 바꾸다　　　② 만나다　　　③ 마련하다
④ 맞이하다　　⑤ 주최하다

20 〈보기〉의 ㉠~㉤의 사전적 의미로 적절하지 <u>않은</u> 것은?

> **보기**
>
> 　로마 건축의 가장 큰 ㉠업적을 꼽으라면 '아치'라는 건축 기술을 사용했다는 것이다. 아치는 메소포타미아 ㉡문명에서 불완전한 형태로 먼저 등장했는데, 로마는 이를 들여와 이것을 완성한 뒤 건축과 ㉢토목의 핵심 기술로 활용했다. 아치는 홍예돌이라고 부르는 쐐기 형태의 ㉣부재를 반원형으로 이어 붙여서 만든다. 홍예돌은 사선 방향으로 공중에 떠 있기 때문에 아치에는 거의 ㉤인장력이 발생하지 않는다.

① ㉠: 어떤 사업이나 연구 따위에서 세운 공적
② ㉡: 옛 문화를 보여 주는 건물의 터
③ ㉢: 땅과 하천 따위를 고쳐 만드는 공사
④ ㉣: 구조물의 뼈대를 이루는 데 중요한 요소가 되는 여러 가지 재료
⑤ ㉤: 물체의 중심축에 평행하게 바깥 방향으로 작용하여 물체가 늘어나게 하는 힘

21 〈보기〉의 ㉠~㉤에 들어갈 어휘와 그 의미의 연결이 올바르지 <u>않은</u> 것은?

> **보기**
>
> • 남의 작품을 (　㉠　) 그림은 예술적 가치가 없다.
> • 상감 청자는 도자기 (　㉡　)의 높은 기술 수준을 보여 준다.
> • 남산 한옥 마을에 가면 우리 (　㉢　)의 전통 가옥을 볼 수 있다.
> • (　㉣　)의 원리를 이해하면 도형의 넓이를 쉽게 구할 수 있다.
> • 이 놀이는 굿에서 사용할 (　㉤　)한 제물을 마련하는 과정을 모의한 것이다.

① ㉠: 본뜬 – 이미 있는 대상을 본으로 삼아 그대로 좇아 만든
② ㉡: 공예 – 값비싼 재료를 가지고 귀금속을 만드는 일
③ ㉢: 고유 – 본래부터 가지고 있는 특유한 것
④ ㉣: 기하학 – 도형 및 공간의 성질에 대하여 연구하는 학문
⑤ ㉤: 신성 – 함부로 가까이할 수 없을 만큼 고결하고 거룩함.

[01-03] 다음 글을 읽고 물음에 답하시오.

고3 모의평가 변형

　미켈란젤로는 타원형의 캄피돌리오 광장을 설계하여 로마의 중심부에 새로운 공간을 만들었다. 광장 중앙에는 옛 로마 황제의 기마상이 놓여 있고 기마상 밑의 바닥에는 12개의 꼭짓점을 지닌 별 모양의 (ⓐ)이 있다. 광장의 바닥은 기마상에서 뻗어 나온 선들이 (ⓑ)하여 만들어진 문양으로 잘게 나누어져 있다. 이러한 광장의 구성은 기하학적 도형들이 대칭적으로 조합되어 정제된 조형미를 표현하고 있다.

　광장의 타원형은 고대 그리스 (ⓒ)에 놓여 있었던 신성한 돌인 옴팔로스의 형태를 본뜬 것이라 한다. 옴팔로스는 형태가 달걀형이고 그 표면은 여러 선들이 교차하여 만들어진 독특한 다각형 면으로 ㉠이루어져 있다. 옴팔로스는 '배꼽'을 가리키는 말로 인체의 중심, 나아가 '세계의 중심'을 뜻한다. 광장의 전체적인 형태가 옴팔로스와 같은 타원형이고 광장 바닥의 다각형이 옴팔로스 표면의 다각형과 유사하다는 점에서 캄피돌리오 광장은 그 자체가 세계의 중심이라는 의미를 지닌다.

　캄피돌리오 광장은 원이 갖는 고유의 특성이 구현된 공간이기도 하다. 원은 중심과 둘레로 이루어져 있어 중심을 향하는 집중성과 둘레를 향하는 확산성이라는 두 가지 (ⓓ)을 동시에 갖고 있다. 그런데 이 광장은 확산성이 아닌 집중성을 강조한 공간이다. 광장의 실제 (ⓔ)는 타원이지만, 사람들이 광장의 어느 곳에 서 있든 시선은 가운데에 있는 기마상으로 집중하게 되므로 기마상을 광장의 중심으로 인식하게 된다. 타원형의 광장이 집중성을 가진 공간으로 전환되면서 광장에는 중심과 주변이라는 위계가 생기게 된다.

---

01 윗글의 내용과 일치하지 <u>않는</u> 것은?

① 미켈란젤로가 설계한 광장의 중앙에는 옛 로마 황제의 기마상이 놓여 있다.
② 사람들은 광장 어느 곳에 서 있든 기마상을 광장의 중심으로 인식하게 되어 있다.
③ 원은 중심을 향하는 집중성과 둘레를 향하는 확산성 중 집중성의 속성이 더 강하다.
④ 캄피돌리오 광장은 기하학적 도형들이 대칭적으로 조합되어 정제된 조형미가 나타난다.
⑤ 옴팔로스의 표면은 여러 선들이 교차하여 만들어진 독특한 다각형 면으로 이루어져 있다.

02 ㉠의 문맥적 의미와 가장 유사한 것은?

① 계약이 이루어지면 이전으로 다시 되돌릴 수 없다.
② 이 건물은 모두 열다섯 개의 층으로 이루어져 있다.
③ 사이버 공간에서는 비대면으로 의사소통이 이루어진다.
④ 두 국가 간의 정상 회담을 통해 외교적 협상이 이루어졌다.
⑤ 사람들은 보름달을 보고 소원을 빌면 이루어진다고 믿는다.

03 글의 흐름 상, ⓐ~ⓔ에 들어갈 말로 적절하지 <u>않은</u> 것은?

① ⓐ: 장식　　　　② ⓑ: 교차　　　　③ ⓒ: 신전
④ ⓓ: 천성　　　　⑤ ⓔ: 경계

[01-03] 밑줄 친 말과 바꿔 쓰기에 가장 알맞은 어휘를 고르시오.

01 이 컴퓨터에는 사운드 카드가 이미 밖으로 드러나지 않게 안에 간직되어 있다.

① 제작되어   ② 수감되어   ③ 내장되어   ④ 감지되어   ⑤ 누적되어

02 마을의 전신주와 가로등주에 불법 광고물들이 떨어지지 아니하게 붙어 있다.

① 탑재되어   ② 부착되어   ③ 보완되어   ④ 접촉되어   ⑤ 배치되어

03 우리는 조별 과제를 효율적으로 완성하기 위해 각자의 역할을 몫을 갈라 나누었다.

① 정제하였다   ② 할당하였다   ③ 전송하였다   ④ 제작하였다   ⑤ 표출하였다

04 〈보기〉의 ㉠~㉤에 들어갈 어휘와 그 의미의 연결이 적절하지 <u>않은</u> 것은?

> **보기**
> - 추정한 값과 측정한 값의 (㉠)가 크지 않다.
> - 상감 청자는 상감법이라는 독특한 (㉡)으로 만들어졌다.
> - 이 카메라는 풍경 촬영에 용이한 몇 가지 (㉢)를 지니고 있다.
> - 과일과 채소를 자주 섭취하는 것은 감기 예방에 (㉣)인 방법이다.
> - 버스에서 노인에게 자리를 양보하는 젊은이들의 경로사상은 좋은 (㉤)이다.

① ㉠: 오차 – 실지로 셈하거나 측정한 값과 이론적으로 정확한 값과의 차이
② ㉡: 기법 – 기교와 방법을 아울러 이르는 말
③ ㉢: 묘미 – 좋거나 잘하거나 긍정적인 점
④ ㉣: 효과적 – 어떤 목적을 지닌 행위에 의하여 보람이나 좋은 결과가 드러나는 것
⑤ ㉤: 풍속 – 옛날부터 그 사회에 전해 오는 생활 전반에 걸친 습관 따위를 이르는 말

05 〈보기〉의 빈칸에 공통으로 들어갈 어휘로 적절한 것은?

> **보기**
> - 유치원에서는 놀이를 따라하는 ________을 통해 아이들에게 사회성을 키워 준다.
> - 20세기에 들어와서 미술은 재현, 즉 ________을 버리고 표현을 강조하기 시작하였다.

① 분출   ② 창작   ③ 모순   ④ 모방   ⑤ 분석

06 〈보기〉의 ㉠과 바꿔 쓸 수 있는 어휘로 적절하지 <u>않은</u> 것은?

> **보기**
> 그는 기존 공식을 ㉠바탕으로 삼아 새로운 이론을 내놓았다.

① 기본   ② 근간   ③ 개관   ④ 기반   ⑤ 밑거름

07 다음 중 밑줄 친 어휘의 의미로 적절하지 <u>않은</u> 것은?

① 전국에서 대규모 <u>토목</u> 공사가 진행 중이다. → 땅과 하천 따위를 고쳐 만드는 공사

② 렌즈와 <u>피사체</u> 사이의 거리가 너무 가깝다. → 사진을 찍는 대상이 되는 물체

③ 이번 일은 <u>시도</u> 자체가 무리인 일이었다. → 어떤 것을 이루어 보려고 계획하거나 행동함.

④ 그는 독특한 <u>문양</u>의 넥타이를 맸다. → 옷감이나 조각품 따위를 장식하기 위한 여러 가지 모양

⑤ 가볍지만 <u>충격</u>에도 강한 신소재가 개발되었다. → 움직이는 두 물체가 접촉하여 짧은 시간 내에 서로 힘을 미침. 또는 그런 현상

08 다음 밑줄 친 어휘 중 〈보기〉의 뜻으로 쓰인 것은?

> **보기**
>
> 부분이나 요소가 어떤 전체를 짜 이룸.

① 산속에 고립된 청년들이 <u>구조</u>를 요청하였다.

② 바다에서 구조 요원들이 신속한 <u>구조</u> 활동을 벌였다.

③ 그는 아무 표정도 아무 감동도 없는 <u>구조</u>로 말하였다.

④ 이 제품은 <u>구조</u>가 간단하여 가격이 싸고 고장이 적다.

⑤ 그는 독특한 <u>구조</u>로 말을 하여 사람들을 깜짝 놀라게 한다.

09 〈보기〉의 ㉠~㉢에 들어갈 어휘를 순서대로 짝지은 것은?

> **보기**
>
> • 해가 동쪽에서 뜬다는 것은 변하지 않는 ____㉠____ 이다.
> • 우리는 서로의 생각을 ____㉡____ 하여 적절한 안을 마련하였다.
> • 그림을 통해 자신이 지향하는 세계를 표현한 작가의 작품은 깊은 ____㉢____ 을 남겼다.

① 진리, 개척, 유감   ② 진리, 절충, 인상   ③ 진술, 개척, 인상

④ 진술, 절충, 유감   ⑤ 자국, 절충, 자국

10 다음 어휘의 사전적 의미가 알맞지 <u>않은</u> 것은?

① 고유: 본래부터 가지고 있는 특유한 것

② 경계: 사물이 어떠한 기준에 의하여 분간되는 한계

③ 쇠퇴: 어떤 일에 종사하다가 물러남. 또는 그런 사람이나 물건

④ 선율: 소리의 높낮이가 길이나 리듬과 어울려 나타나는 음의 흐름

⑤ 장악: 손안에 잡아 쥔다는 뜻으로, 무엇을 마음대로 할 수 있게 됨을 이르는 말

단원 종합 문제

11 문맥에 맞는 어휘를 바르게 선택하지 <u>못한</u> 것은?

① 이 건물은 (설계 / 설정)대로 지어지지 않아 안전상 위험이 많다.

② 그녀는 나이가 스무 살이 넘자 부모님으로부터의 (설립 / 독립)을 선언하였다.

③ 일반적으로 액체를 가열할 때의 (팽창 / 선창) 정도는 고체보다 크고 기체보다 작다.

④ 우리 마을 근처에는 (인공 / 인력) 호수가 있어서 저녁 무렵에 산책을 나오는 사람이 많다.

⑤ 헌법은 국민의 기본권을 (보장 / 보수)하면서도 공익을 위해서는 기본권을 제한하기도 한다.

12 〈보기〉의 ㉠~㉤의 뜻을 지닌 어휘를 활용하여 만든 문장으로 적절하지 <u>않은</u> 것은?

> ㉠ 양이나 수치가 줆.
> ㉡ 기교와 방법을 아울러 이르는 말
> ㉢ 어떤 내용이 구체적인 사실로 나타나게 함.
> ㉣ 기계나 설비 또는 화학 반응 따위가 목적에 알맞은 작용을 하도록 조절함.
> ㉤ 점, 선, 면 또는 그것들의 모임이 한 점, 직선, 평면을 사이에 두고 같이 거리에 마주 놓여 있는 일

① ㉠: 이상 기온으로 인해 농작물의 수확이 감소하였다.

② ㉡: 그의 작품은 다양한 기법들이 적절히 혼용되어 있다.

③ ㉢: 현대 미술에서는 재현보다는 변화와 창조를 추구한다.

④ ㉣: 컴퓨터 시스템을 통해 원격으로 자동화 설비를 제어하고 있다.

⑤ ㉤: 그의 집에는 거실을 중심으로 두 방이 대칭으로 배치되어 있다.

13 다음의 어휘와 〈보기〉의 뜻풀이가 바르게 연결된 것은?

> ㉠ 연상하다   ㉡ 고안하다   ㉢ 유사하다   ㉣ 극복하다   ㉤ 제기하다

> **보기**
> ⓐ 서로 비슷하다.
> ⓑ 의견이나 문제를 내어놓다.
> ⓒ 연구하여 새로운 안을 생각해 내다.
> ⓓ 악조건이나 고생 따위를 이겨 내다.
> ⓔ 하나의 관념이 다른 관념을 불러일으키다.

① ㉠ – ⓔ   ② ㉡ – ⓓ   ③ ㉢ – ⓑ   ④ ㉣ – ⓒ   ⑤ ㉤ – ⓐ

14 〈보기〉의 설명에 해당하는 어휘로 적절한 것은?

> **보기**
> • 음악의 3요소 중 하나이다.
> • 규칙적인 음의 흐름을 말한다.
> • 음의 장단이나 강약이 반복될 때 생긴다.

① 가사   ② 작곡   ③ 작사   ④ 리듬   ⑤ 악기

일차별
어휘 TEST

DAY 01 어휘

[01-04] 다음 뜻에 해당하는 어휘를 주어진 초성을 참고하여 쓰시오.

01 일관해서 흐르는 기본적인 경향이나 방향 → ㄱ ㅈ : ___________

02 사물의 진행이나 발전이 최고의 경지에 달한 상태 → ㅈ ㅈ : ___________

03 자기의 뜻을 힘주어 말하다. → ㅇ ㅅ ㅎ ㄷ : ___________

04 환경이나 변화에 익숙하여지거나 체계, 명령 따위에 적응하여 따르다. → ㅅ ㅇ ㅎ ㄷ : ___________

[05-08] 다음 문장의 괄호 안에 들어갈 알맞은 어휘를 고르시오.

05 조선은 유교적 (법치 / 통치) 이념을 토대로 왕권을 강화해 나갔다.

06 강자가 약자를 (지도 / 지배)하는 약육강식의 원리는 어디에나 존재한다.

07 선생님과 친구들의 (신망 / 실망)을 한 몸에 받던 동렬이의 커닝으로 반 전체가 충격에 빠졌다.

08 탈선과 비행을 일삼는 청소년을 (정화 / 교화)하는 가장 좋은 방법은 지속적인 관심과 사랑을 베푸는 것이다.

[09-13] 다음 문장의 빈칸에 들어갈 알맞은 어휘를 고르시오.

09 누명을 쓴 사람이 억울함을 호소하는 것은 ___________ 일이다.
① 자중한　② 자멸한　③ 자명한　④ 극명한　⑤ 극심한

10 복습은 아무리 ___________ 지나치지 않은 모든 배움의 근간이다.
① 강구해도　② 강행해도　③ 강압해도　④ 강조해도　⑤ 강력해도

11 그는 부족한 학자금을 ___________ 위해 낮에는 일하고 밤에는 공부를 하며 살았다.
① 손보기　② 바로잡기　③ 충원하기　④ 충직하기　⑤ 충당하기

12 공사 현장 근로자의 안전을 위해 안전 수칙을 ___________ 요원을 곳곳에 배치하였다.
① 감동하는　② 감독하는　③ 강화하는　④ 지향하는　⑤ 지정하는

13 그는 그동안 간직했던 자신의 꿈을 ___________ 위해 구체적인 계획을 세우고 실천해 나갔다.
① 검증하기　② 실연하기　③ 실현하기　④ 정리하기　⑤ 중재하기

✔ 맞힌 개수는?　13개 중 ___________ 개　　✔ 다시 확인할 어휘는?　___________

DAY 02 어휘

[01-04] 〈보기〉의 글자 카드를 조합하여 문장의 빈칸에 들어갈 알맞은 어휘를 쓰시오.

> **보기**
> 단　도　망　본　욕　질　판　피

01 사람의 ____________은/는 끝이 없지만, 그것을 절제하는 것이 이성의 힘이다.
부족을 느껴 무엇을 가지거나 누리고자 탐함. 또는 그런 마음

02 고정관념으로 인해 잘못된 ____________을/를 내리지 않도록 유연한 사고가 필요하다.
사물을 인식하여 논리나 기준 등에 따라 판정을 내림.

03 지금의 현실에서 ____________ 하지 말고 적극적으로 맞서 싸워야겠다고 다짐하였다.
도망하여 몸을 피함.

04 표면적으로 드러난 사실에만 집착하기보다는 문제의 ____________을/를 파악하려고 노력해야 한다.
사물이나 현상을 성립시키는 근본적인 성질

[05-08] 밑줄 친 어휘의 뜻풀이에 알맞은 어휘를 찾아 ○표 하시오.

05 제품의 생산 원가를 <u>산출하여</u> 가격에 반영하였다.
→ (줄여 / 계산하여) 내어

06 아침 식사를 하는 것이 학습 능력 향상에 긴밀하게 <u>연관된다는</u> 연구 결과가 있다.
→ 일정한 (관계 / 순서)가 맺어진다는

07 언어학적인 면에서 대상을 <u>명명하는</u> 데에는 개연성이 없다고 보는 입장이 일반적이다.
→ (명분 / 이름)을 지어 붙이는

08 청소년들의 문해력이 떨어진다는 것은 글을 읽고도 글의 내용을 <u>파악하는</u> 능력이 떨어진다는 것을 의미한다.
→ 확실하게 이해하여 (아는 / 적용하는)

[09-12] 다음 빈칸에 들어갈 어휘를 〈보기〉에서 찾아 쓰시오.

> **보기**
> 기준　번민　존재　타자

09 UFO의 ____________ 여부에 관한 논란은 수 세기 동안 계속되어 왔다.
현실에 실제로 있음.

10 공감 능력이란 ____________의 입장과 감정을 잘 헤아리고 배려할 줄 아는 능력이다.
자기 외의 사람

11 정부는 국민지원금을 지급함에 있어 수령 자격의 ____________을/를 세우는 일에 고심 중이다.
기본이 되는 표준

12 불교에서는 세속의 ____________에서 자유로워지는 것을 해탈이라 하여 궁극적인 실천 목표로 삼는다.
마음이 번거롭고 답답하여 괴로워함.

✓ **맞힌 개수는?** 12개 중 ________ 개　　✓ **다시 확인할 어휘는?**

[01 - 04] 밑줄 친 어휘의 뜻으로 알맞은 것을 ㉠, ㉡ 중에서 골라 ○표 하시오.

01 생사 여부도 알 수 없이 산에 고립되었던 대원들이 산악 구조대에게 발견되었다.

→ (㉠틀리거나 의심할 여지 / ㉡그러함과 그러하지 아니함.)

02 내성적인 성향의 사람들은 주변 사람들에게 관심의 대상이 되는 것을 꺼려한다.

→ (㉠어떤 일의 상대 또는 목표나 목적이 되는 것 / ㉡어떤 일의 상대 또는 결과나 영향이 되는 것)

03 이 운동 기구는 좁은 범위 안에서도 신체의 기능과 근육을 최대한 활용할 수 있게 고안되었다.

→ (㉠일정하게 확장된 영역 / ㉡일정하게 한정된 영역)

04 경영진과 노동자 대표가 갈등을 해결하기 위해 협상을 벌였지만 결론을 내지 못했다.

→ (㉠최초로 판단을 내림. 또는 그 판단 / ㉡최종적으로 판단을 내림. 또는 그 판단)

[05 - 08] 다음 밑줄 친 말과 바꿔 쓰기에 알맞은 어휘를 〈보기〉에서 골라 문맥에 맞게 쓰시오.

보기
그르치다　　　어긋나다　　　폄하하다　　　이루어지다

05 형평성은 원칙에 <u>벗어나는</u> 행동에 대해 예외를 두지 않는 데에서 나온다. → ____________

06 상대 정당을 <u>비난하고 깎아내리는</u> 공격적인 정치 유세에 현혹되지 않도록 조심하자. → ____________

07 여태껏 공을 들여 온 지역 개발을 마지막 단계에서 <u>망치지</u> 않도록 끝까지 신중하게 행동하자. → ____________

08 남북 정상 회담을 통해 남북의 문화 교류가 활성화됨으로써 우리 민족의 오랜 염원이 <u>달성되었다</u>.

→ ____________

[09 - 12] 다음 문장의 빈칸에 들어갈 알맞은 어휘를 고르시오.

09 계속해서 인구가 급증하면 세계는 심각한 식량 문제에 ____________ 될 것이다.

① 부각하게　　② 부합하게　　③ 자립하게　　④ 주력하게　　⑤ 직면하게

10 학생들이 통학로의 안전을 ____________ 받을 수 있도록 관련 예산 확충을 요구하였다.

① 보관　　② 보전　　③ 보존　　④ 보장　　⑤ 보증

11 우리는 대상 간의 공통된 속성을 근거로 한 ____________ 을/를 통해 지식을 확장해 나간다.

① 대조　　② 대립　　③ 유추　　④ 귀추　　⑤ 기억

12 우리는 지금까지의 경험적 관찰을 통해 이 명제가 참임을 어렵지 않게 ____________ 수 있다.

① 거부할　　② 고민할　　③ 명징할　　④ 인증할　　⑤ 증명할

✔ 맞힌 개수는?　12개 중 ________ 개　　　✔ 다시 확인할 어휘는?

DAY 04 어휘

[01-04] 다음 뜻에 알맞은 어휘를 찾아 바르게 연결하시오.

01 이미 존재함. · · ㉠ 기존

02 대표로 삼을 만큼 상징적인 것 · · ㉡ 장애

03 참과 거짓 또는 진짜와 가짜를 통틀어 이르는 말 · · ㉢ 진위

04 신체 기관이 본래의 제 기능을 하지 못하거나 정신 능력이 원활하지 못한 상태 · · ㉣ 표상

[05-08] 다음 문장의 괄호 안에 들어갈 알맞은 어휘를 고르시오.

05 계산기는 빠르고 정확하게 셈을 하는 데 (유용 / 유연)하다.

06 출퇴근 시간에 도로가 막히는 것은 (이상적 / 일상적) 모습이다.

07 실험적 결과들을 적용하여 결론을 (도출 / 적출)하는 방식을 귀납적 방식이라고 한다.

08 소위 '문화'라고 하면 언어, 풍습, 종교, 예술, 학문, 제도 등을 모두 (포괄 / 포용)한다.

[09-13] 빈칸에 공통으로 들어갈 어휘로 가장 어울리는 것을 〈보기〉에서 찾아 쓰시오.

> 보기
>
> 믿다   맺다   일치하다   지각하다   판별하다

09 교내의 소문을 (   ). / 신실하게 종교를 (   ).   → ____________

10 모두의 의견이 (   ). / 원하던 것과 모양이 (   ).   → ____________

11 하던 일의 끝을 (   ). / 기업과 기술 제휴를 (   ).   → ____________

12 이제 이 일을 현실로 (   ). / 오랜 시간 동안 한 사물을 (   ).   → ____________

13 예술 작품이 진품인지를 (   ). / 의뢰인의 말이 옳은지를 (   ).   → ____________

✔ 맞힌 개수는? 13개 중 ________개   ✔ 다시 확인할 어휘는?

DAY 05 어휘

[01-05] 다음 뜻에 해당하는 어휘를 주어진 초성을 참고하여 쓰시오.

01 이르는 곳 → ㄷ ㅊ : __________

02 불쌍하고 가련하게 여김. → ㅇ ㅁ : __________

03 남이 모르는 가운데 → ㅇ ㅇ ㅈ : __________

04 어떤 일이나 대상 따위가 가까이 다다르다. → ㄷ ㅊ ㄷ : __________

05 물건 또는 생각이나 말 따위가 마구 섞이다. → ㄷ ㅅ ㅇ ㄷ : __________

[06-09] 다음 빈칸에 들어갈 어휘를 〈보기〉에서 찾아 문맥에 맞게 쓰시오.

> **보기**
>
> 도사리다 무뎌지다 엄습하다 채록하다

06 시간이 지남에 따라 그를 향한 그리움도 점차 __________.
　　　　느끼고 깨닫는 힘이나 표현하는 힘이 부족하고 둔하게 되었다.

07 학생들은 설화를 __________ 위해 시골 마을을 답사하기로 했다.
　　　필요한 자료를 찾아 모아서 적거나 녹음하기

08 화산대에 속하는 지역에서는 언제나 화산 폭발의 위험이 __________ 있다.
　　　　　　　장차 일어날 일의 기미가 다른 사물 속에 숨어

09 화려한 무대를 뒤로 하고 집에 돌아오자 갑작스러운 외로움이 __________ 왔다.
　　　　　　감정, 생각, 감각 따위가 갑작스럽게 들이닥치거나 덮치어

[10-13] 다음 문장의 빈칸에 들어갈 알맞은 어휘를 고르시오.

10 그는 자신의 논문이 심사에서 탈락하자 이의를 __________.
① 제출하였다　② 제기하였다　③ 제시하였다　④ 지시하였다　⑤ 지도하였다

11 학생들에게 유해 사이트의 접속을 __________ 보안 패치를 무료로 공급하였다.
① 처단하는　② 차단하는　③ 처리하는　④ 처분하는　⑤ 차출하는

12 서로를 미워하고 원망하던 그들은 막상 __________ 보니 마음이 누그러짐을 느꼈다.
① 대기하고　② 대비하고　③ 대조하고　④ 대치하고　⑤ 대면하고

13 구성원 한 사람의 사소한 실수가 회사에 막대한 피해를 __________ 줄은 아무도 몰랐다.
① 초래할　② 초과할　③ 초극할　④ 추징할　⑤ 추궁할

✔ **맞힌 개수는?** 13개 중 __________ 개　　✔ **다시 확인할 어휘는?** __________

DAY 06 어휘

[01-05] 다음 말 상자에서 주어진 뜻에 해당하는 어휘를 찾아 어휘를 완성하시오.

01 상대가 되는 이쪽과 저쪽 모두 → ☐☐

02 사람이나 동식물 따위가 자라서 점점 커짐. → ☐☐

03 '도무지', '완전히'의 뜻을 나타내는 말 → ☐☐

04 사물이나 사건이 성립되는 까닭. 또는 조건이 되는 요소 → ☐☐

05 어떤 사람이나 집단, 조직, 사물 등을 자기의 의사대로 복종하게 하여 다스리다.
→ ☐☐하다.

성	장	숙	관	우
복	종	지	매	전
감	대	상	배	혀
위	호	요	소	특
험	이	기	인	히

[06-09] 밑줄 친 어휘의 뜻풀이에 알맞은 어휘를 찾아 ○표 하시오.

06 광화문 광장에 결집한 시위대는 최저 시급의 보장과 노동 환경 개선을 요구했다.
→ 한곳에 모여 (결정하다 / 뭉치다).

07 친밀하지 않은 사이에서 지나친 장난이나 무례한 농담은 상대방의 기분을 상하게 할 수 있다.
→ 일정한 한도를 넘어 정도가 (모자라다 / 심하다).

08 모둠의 구성원이 각자의 역할을 충실히 수행하기 위해서는 역할 분담을 공평하게 해야 한다.
→ 생각하거나 계획한 대로 일을 (시작하다 / 해내다).

09 체중과 체력의 관계는 비례하는 것으로 오해하기 쉽다.
→ 한쪽의 양이나 수가 (증가 / 감소)하는 만큼 그와 관련 있는 다른 쪽의 양이나 수도 증가하다.

[10-13] 다음 밑줄 친 말과 바꿔 쓰기에 알맞은 어휘를 〈보기〉에서 골라 문맥에 맞게 쓰시오.

> **보기**
>
> 보완하다　　　분투하다　　　쇠퇴하다　　　대두되다

10 중국발 미세 먼지가 심해지면서 환경 문제가 새롭게 나타나게 되었다. → __________

11 고려 말, 국력이 약해지는 가운데에도 충신들은 조선의 개국을 반대하였다. → __________

12 오늘 회의에서 나온 의견들은 자료를 좀 더 갖추어 정식으로 건의할 것이다. → __________

13 보잘것없는 무기를 가지고 끝까지 싸우는 의병의 애국정신은 주변국에 큰 감동을 주었다. → __________

✓ **맞힌 개수는?** 13개 중 __________ 개　　　✓ **다시 확인할 어휘는?** __________

[01-04] 다음 뜻에 해당하는 어휘를 주어진 초성을 참고하여 쓰시오.

01 돈이나 물품 따위를 정하여진 몫만큼 내줌.　→　ㅈ ㄱ : ____________

02 어떤 일을 맡아 처리해 준 데 대한 대가로서 주는 요금　→　ㅅ ㅅ ㄹ : ____________

03 무엇을 만들어서 이루다.　→　ㅈ ㅅ ㅎ ㄷ : ____________

04 생각하거나 계획한 대로 일을 해내다.　→　ㅅ ㅎ ㅎ ㄷ : ____________

[05-08] 다음 문장의 괄호 안에 들어갈 알맞은 어휘를 고르시오.

05 위조 지폐가 시중에서 (유통 / 지급)되는 것을 막기 위해 단속을 강화했다.

06 국책 은행은 새롭게 고용을 (창출 / 설정)하는 기업을 위해 대출 제도를 지원한다.

07 은행은 대출을 시행하기 전 의뢰자가 자금을 상환할 수 있는지 (신용 / 명성)을 점검한다.

08 환율 시장은 수요자와 공급자뿐만 아니라 둘 사이의 거래를 (주선 / 중개)하는 은행에 의해 형성된다.

[09-12] 다음 문장의 빈칸에 들어갈 알맞은 어휘를 고르시오.

09 경기 상황이 과열되면 중앙은행은 기준 금리를 ____________ 안을 논의한다.
　① 추진하는　　② 조정하는　　③ 진행하는　　④ 처리되는　　⑤ 배포되는

10 달러화는 다양한 상품을 거래하는 국제 거래 시장에서 ____________ 통화이다.
　① 형성되는　　② 진행하는　　③ 통용되는　　④ 선행하는　　⑤ 설정하는

11 소상공인들의 ____________ 상황이 악화되자 정부가 대출 상환을 유예하는 방안을 검토했다.
　① 금액　　② 송금　　③ 급료　　④ 자금　　⑤ 이윤

12 특정 경제 주체의 부채가 지나치게 높아질 경우 경제 위기의 ____________이/가 될 수 있다.
　① 유인　　② 수취　　③ 사정　　④ 연고　　⑤ 여지

✔ 맞힌 개수는?　　12개 중 ____________ 개　　　✔ 다시 확인할 어휘는?　____________

[01-04] 다음 뜻에 해당하는 어휘를 주어진 초성을 참고하여 쓰시오.

01 서로 의견이 일치함. 또는 그 의견 → ㅎ ㅇ : ___________

02 어느 쪽으로도 치우치지 않고 고름. → ㄱ ㅍ : ___________

03 토의하거나 조사하여야 할 사실 → ㅇ ㄱ : ___________

04 남을 복종시키거나 지배할 수 있는 공인된 권리와 힘 → ㄱ ㄹ : ___________

[05-08] 다음 문장의 괄호 안에 들어갈 알맞은 어휘를 고르시오.

05 공원에 (적합 / 적응)한 부지를 찾아 공사를 시작했다.

06 법, 도덕, 관습은 오랜 시간에 걸쳐 (형성 / 편성)된 것이다.

07 특정 제도가 취지와 다르게 (악용 / 활용)될 경우 개선되어야 한다.

08 문서의 효력이 (발발 / 발휘)되기 위해서는 하루의 시간이 필요하다.

[09-12] 다음 말 상자에서 주어진 뜻에 해당하는 어휘를 찾아 쓰시오.

09 개인이 사사로이 소유함. 또는 그런 소유물 → ☐ ☐

10 수량이나 범위 따위를 제한하여 정함. 또는 그런 한도 → ☐ ☐

11 가볍게 여길 수 없을 만큼 매우 크고 중요하게 여기다. → ☐ ☐ 하다

12 범죄에 대한 법률의 효과로서 국가 따위가 범죄자에게 제재를 가함. 또는 그 제재 → ☐ ☐

동	지	주	형	재
선	발	동	벌	초
사	진	의	점	하
유	중	번	한	가
역	시	약	정	악

✔ **맞힌 개수는?** 12개 중 ___________ 개   ✔ **다시 확인할 어휘는?** ___________

DAY 09 어휘

[01-04] 다음 뜻에 알맞은 어휘를 찾아 바르게 연결하시오.

01 주동적인 처지가 되어 이끎. ·

02 어떤 사물의 효과나 작용이 다른 것에 미치는 일 ·

03 오래 전부터 해오는 대로 함. 또는 관례에 따라서 함. ·

04 잘못된 것이나 부족한 것, 나쁜 것 따위를 고쳐 더 좋게 만듦. ·

· ㉠ 개선

· ㉡ 관행

· ㉢ 영향

· ㉣ 주도

[05-08] 다음 문장의 괄호 안에 들어갈 알맞은 어휘를 고르시오.

05 입시 제도가 간소해지는 (경향 / 성향)에 맞춰 기존의 전형을 통합했다.

06 상대 회사의 집중적인 (강요 / 견제)에도 불구하고 높은 성장률로 압도했다.

07 각 지역의 특색을 존중하는 (자치 / 통치) 행정을 통해 지방의 발전을 도모하고 있다.

08 보육을 지원하는 정책의 (효과 / 낭패)로 인해 학부모들의 일자리 참여 비율이 높아졌다.

[09-12] 다음 말 상자에서 주어진 뜻에 해당하는 어휘를 찾아 쓰시오.

09 어떤 일에 관계하여 참여하다. → ☐☐하다

10 어떤 일이나 현상이 일어나는 횟수가 잦다. → ☐☐하다

11 악조건이나 고생 따위를 이겨 내다. → ☐☐하다

12 서로 반대로 되어 어그러지거나 어긋나게 되다. → ☐☐되다

관	여	행	주	자
상	발	동	빈	정
통	배	시	번	하
역	치	어	촌	장
도	적	폐	극	복

✔ 맞힌 개수는? 12개 중 __________ 개   ✔ 다시 확인할 어휘는?

DAY 10 어휘

[01-04] 다음 뜻에 해당하는 어휘를 주어진 초성을 참고하여 쓰시오.

01 같은 부류의 특징을 가장 잘 나타내고 있는 본보기 → ㅈ ㅎ : __________

02 관계하고 있던 조직이나 단체 따위에서 관계를 끊고 물러남. → ㅌ ㅌ : __________

03 자금으로 낸 돈 → ㅊ ㅈ ㄱ : __________

04 공동생활에서 개인들끼리 서로 돕는 일 → ㅅ ㅎ ㅂ ㅈ : __________

[05-08] 다음 문장의 괄호 안에 들어갈 알맞은 어휘를 고르시오.

05 기업들의 경영 환경이 악화되면 (방출 / 창출)하는 일자리도 줄어들 것이다.

06 기업의 주주들은 정해진 자금 집행 계획을 (이행 / 행동)할 것을 회사에 요구했다.

07 국제화 시대에는 국가 간의 대립과 갈등보다는 화합을 (지양 / 지향)하는 자세가 필요하다.

08 중앙은행은 시중 화폐의 유통량을 (증진 / 축소)해야 시장에서 돈이 더 활발하게 돌게 될 것이라고 주장했다.

[09-12] 다음 문장의 빈칸에 들어갈 알맞은 어휘를 고르시오.

09 원자재 가격 상승의 __________으로 가격 기대 심리로 인한 투기 수요를 지적하는 사람들이 많다.
① 검증　　② 구상　　③ 사안　　④ 요인　　⑤ 지정

10 국가 간의 무역 동맹을 __________ 경우 관세가 낮아지는 효과가 있어 경제가 활성화될 것이다.
① 강요할　　② 개통할　　③ 결성할　　④ 계량할　　⑤ 구별할

11 철근의 __________이 원활하지 않아 재료를 구하지 못해 공사가 멈춘 건설 현장이 늘어나고 있다.
① 비용　　② 수습　　③ 조직　　④ 유통　　⑤ 조성

12 점차 환경 규제가 심해져서 자동차 회사들은 회사의 __________와/과 관계없이 전기차를 생산해야 이익을 보전할 수 있을 것이다.
① 관리　　② 내면　　③ 의사　　④ 보급　　⑤ 조작

✔ 맞힌 개수는? 12개 중 __________개　　✔ 다시 확인할 어휘는? __________

DAY 11 어휘

[01-04] 다음 뜻에 알맞은 어휘를 찾아 바르게 연결하시오.

01 살림을 살아 나갈 방도

02 부지런히 일하며 힘씀.

03 활동, 기능, 효과, 관심 따위가 미치는 일정한 범위

04 어떤 일이 일어나거나 변화하도록 만드는 결정적인 원인이나 기회

• ㉠ 계기
• ㉡ 근면
• ㉢ 생계
• ㉣ 영역

[05-08] 다음 문장의 괄호 안에 들어갈 알맞은 어휘를 고르시오.

05 사회 문제의 (본질 / 습성)과 관련이 없는 공약들은 유권자들에게 신뢰를 받기 어려워졌다.

06 중고 물품을 거래하는 플랫폼이 정착되면서 (검약 / 검정)의 삶을 실현하기가 훨씬 수월해졌다.

07 자본주의의 (진리 / 원리) 아래에서는 수요와 공급의 상관관계를 파악하여 시장 상황을 예측한다.

08 교사들의 수업 방식이 학생들의 사고력 향상에 도움을 주는지 (탐구 / 요구)하는 연구가 활발하다.

[09-12] 다음 말 상자에서 주어진 뜻에 해당하는 어휘를 찾아 쓰시오.

09 체계나 견해, 조직 따위가 굳게 서다. → ☐☐되다

10 상대편이 자기편으로 감싸져 끌어들여지다. → ☐☐되다

11 주목받는 사람, 사물, 문제 따위로 나타나게 되다. → ☐☐되다

12 의심이나 부조리한 점 따위를 말끔히 떨어 없애다. → ☐☐하다

선	조	주	불	식
발	부	요	리	별
생	각	자	확	립
가	여	포	실	시
열	연	섭	행	정

✔ 맞힌 개수는? 12개 중 ________개   ✔ 다시 확인할 어휘는?

DAY 12 어휘

[01-04] 다음 뜻에 알맞은 어휘를 찾아 바르게 연결하시오.

01 일반적으로 널리 통하는 개념 ·   · ㉠ 입증

02 어떤 증거 따위를 내세워 증명함. ·   · ㉡ 범람

03 어떤 사람이나 물건을 알아보는 정도 ·   · ㉢ 통념

04 바람직하지 못한 것들이 마구 쏟아져 돌아다님. ·   · ㉣ 인지도

[05-08] 다음 문장의 괄호 안에 들어갈 알맞은 어휘를 고르시오.

05 정보를 전달하는 (수단 / 수용)이 다양해지면서 광고 방식도 계속 변화하고 있다.

06 다양한 컴퓨터 프로그램의 (성능 / 성향)이 향상되면서 누구나 광고를 제작할 수 있게 되었다.

07 이번 영화제는 개막작을 (선정 / 선행)하는 과정에서 주최 측의 개입이 있었다는 의혹이 제기되었다.

08 판매처에 따라 가격이 다르다는 점을 문제 삼아 공정 거래 위원회는 제품 가격을 (명시 / 명확)하도록 하였다.

[09-12] 다음 말 상자에서 주어진 뜻에 해당하는 어휘를 찾아 쓰시오.

09 꼭 필요하고 중요하다. → ☐☐하다

10 맞지 아니하고 서로 어긋나게 되다. → ☐☐되다

11 어떤 정황을 가정적으로 생각하여 단정하다. → ☐☐하다

12 어떤 현상이 관심의 대상이 되거나 어떤 사람이 훨씬 좋은 위치로 올라서다. → ☐☐하다

인	마	다	행	복
간	중	요	긴	자
당	부	구	밀	하
보	상	정	돈	육
도	충	주	리	계

✔ **맞힌 개수는?** 12개 중 __________개   ✔ **다시 확인할 어휘는?**

DAY 13 어휘

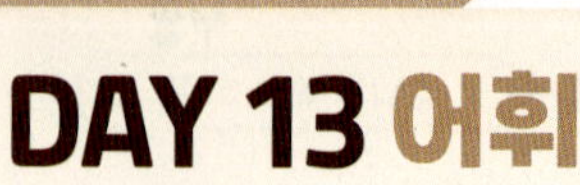

[01-04] 다음 뜻에 해당하는 어휘를 주어진 초성을 참고하여 쓰시오.

01 자로 재는 길이의 표준. 또는 평가하거나 측정할 때 의거할 기준 → ㅊ ㄷ : ___________

02 물건을 얹어 두기 위하여 까치발을 받쳐서 벽에 달아놓은 긴 널빤지 → ㅅ ㅂ : ___________

03 생각하고 헤아려 보다. → ㄱ ㄹ ㅎ ㄷ : ___________

04 다른 방향이나 상태로 바뀌거나 바꾸다. → ㅈ ㅎ ㅎ ㄷ : ___________

[05-08] 다음 문장의 괄호 안에 들어갈 알맞은 어휘를 고르시오.

05 물질은 에너지의 상태에 따라 두 가지로 (분류 / 분절)할 수 있다.

06 공기 저항으로 인한 손실이 없다고 (가정 / 연상)한다면 추는 계속 진동하게 될 것이다.

07 자율 주행 자동차는 운전자의 개입 없이 주변 환경을 (인식 / 제어)하고 차량을 조종한다.

08 외부의 힘이 개입되지 않으면 물체는 정지해 있거나 처음에 가진 속도를 (유지 / 측정)하여 등속도 운동을 한다.

[09-12] 다음 문장의 빈칸에 들어갈 알맞은 어휘를 고르시오.

09 사진기는 망막에 상이 맺히는 눈의 구조에 ___________ 만들어졌다.
　① 결합하여　　② 고안하여　　③ 비교하여　　④ 착안하여　　⑤ 지층하여

10 두 물체 사이에서 열에너지가 ___________ 하면 두 물체는 열평형을 이루게 된다.
　① 전승되도록　　② 전진하도록　　③ 전수되도록　　④ 전복되도록　　⑤ 전달되도록

11 산소의 양이 ___________ 연소 반응이 강해지고, 그 반대이면 연소 반응이 약해진다.
　① 증명되면　　② 증설되면　　③ 증빙하면　　④ 증가하면　　⑤ 증축하면

12 어떤 물체가 물이나 공기와 같은 유체 속에서 자유 낙하할 때 물체에는 중력, 부력, 항력이 ___________.
　① 발산한다　　② 손실된다　　③ 작용한다　　④ 첨부된다　　⑤ 확산된다

✔ 맞힌 개수는?　12개 중 ___________개　　✔ 다시 확인할 어휘는?　___________

정답과 해설 · 55쪽

[01-04] 다음 뜻에 해당하는 어휘를 주어진 초성을 참고하여 쓰시오.

01 서로 다른 종류의 생물이 함께 생활하며, 한쪽이 이익을 얻고 다른 쪽이 해를 입고 있는 일

→ ㄱ ㅅ : ___________

02 병원체인 미생물이 동물이나 식물의 몸 안에 들어가 증식하는 일

→ ㄱ ㅇ : ___________

03 세균이나 병균 따위가 몸속에 들어오다.

→ ㅊ ㅌ ㅎ ㄷ : ___________

04 몇 가지 부분이나 요소들을 모아서 일정한 전체를 짜 이루다.

→ ㄱ ㅅ ㅎ ㄷ : ___________

[05-08] 다음 문장의 빈칸에 들어갈 알맞은 어휘를 〈보기〉에서 찾아 쓰시오.

> **보기**
>
> 동반　　복제　　존속　　포위

05 고구려 군대는 즉시 적진을 ___________하기 시작했다.
주위를 에워쌈.

06 우리는 환경을 보호하는 제도들을 ___________해야 한다.
어떤 대상이 그대로 있거나 어떤 현상이 계속됨.

07 폭우를 ___________한 날씨가 이어지자 우리 학교의 소풍은 연기되었다.
어떤 사물이나 현상이 함께 생김.

08 문화 강국이 되기 위해서는 다양한 패션 상품들의 ___________를 막아야 한다.
본디의 것과 똑같은 것을 만듦. 또는 그렇게 만든 것

[09-12] 다음 문장의 빈칸에 들어갈 알맞은 어휘를 고르시오.

09 이번 작전의 성공 ___________는 알 수 없다.

① 가부　　　② 승부　　　③ 여부　　　④ 좌우　　　⑤ 진부

10 환경에 적응하지 못한 생물 종은 ___________ 만다.

① 도태되고　　② 삭제되고　　③ 소거되고　　④ 쇠퇴되고　　⑤ 정체되고

11 동생의 망가진 시계를 ___________하였더니 다시 조립할 수가 없다.

① 분석　　　② 분류　　　③ 분해　　　④ 이용　　　⑤ 형성

12 길을 헤매던 우리는 자정에 ___________ 집에 간신히 도착할 수 있었다.

① 일러서야　　② 다가서야　　③ 당겨서야　　④ 두드려서야　　⑤ 이르러서야

✔ 맞힌 개수는?　12개 중 ________ 개　　　✔ 다시 확인할 어휘는?

[01-04] 다음 문장의 괄호 안에 들어갈 알맞은 어휘를 고르시오.

01 세정제를 사용하면 세균의 (번식 / 수축)을 억제할 수 있다.

02 태아가 성장함에 따라 다양한 세포가 점차 (검열 / 분열)한다.

03 사자와 호랑이를 (교배 / 교차)하여 '라이거'라는 새로운 종을 얻을 수 있다.

04 그는 연구실에서 우리 몸에 유용한 유산균을 (배양 / 감정)하는 실험을 하였다.

[05-08] 다음 문장의 빈칸에 들어갈 알맞은 어휘를 고르시오.

05 그는 회장으로서 회사의 입장을 ___________하였다.

① 대변　　　② 웅변　　　③ 달변　　　④ 눌변　　　⑤ 불변

06 선생님은 학생들이 부족한 점을 ___________ 지도하였다.

① 사용하도록　　　② 명확하도록　　　③ 보완하도록　　　④ 강조하도록　　　⑤ 낙담하도록

07 우리에게 김 박사가 연구 자료를 ___________ 좀 더 빨리 치료제를 개발할 수 있다.

① 전가하면　　　② 제공하면　　　③ 판별하면　　　④ 유용하면　　　⑤ 구분하면

08 '배스'는 자생 물고기와 포유류까지 잡아먹는 포식성으로 인해 생태계를 ___________ 어류이다.

① 제거하는　　　② 증학하는　　　③ 진화하는　　　④ 교섭하는　　　⑤ 교란하는

[09-12] 다음 말 상자에서 주어진 뜻에 해당하는 어휘를 찾아 쓰시오.

09 하나의 독립된 생물체　→ ☐☐

10 사물이 어떠한 기준에 의하여 분간되는 한계　→ ☐☐

11 생물 따위가 일정한 곳에 자리를 잡고 산다.　→ ☐☐하다

12 일정한 양을 기준으로 하여 같은 종류의 다른 양의 크기를 재다.　→ ☐☐하다

공	서	지	개	억
식	경	립	체	측
채	우	계	정	제
추	량	작	우	응
차	용	다	반	교

✔ 맞힌 개수는?　12개 중 ________개　　✔ 다시 확인할 어휘는?

[01-04] 다음 뜻에 알맞은 어휘를 찾아 바르게 연결하시오.

01 미루어 헤아리다. · · ㉠ 내재하다

02 일의 이치로 보아 옳다. · · ㉡ 타당하다

03 어떤 것 사물이나 범위의 안에 들어 있다. · · ㉢ 직면하다

04 어떤 일이나 사물을 직접 당하거나 접하다. · · ㉣ 추측하다

[05-08] 다음 문장의 빈칸에 들어갈 알맞은 어휘를 〈보기〉에서 찾아 쓰시오.

> **보기**
>
> 인력   궤도   자전   원심력

05 지구가 스스로 회전하는 ___________ 주기는 1일이다.
　　　　　천체가 스스로 고정된 축을 중심으로 회전함. 또는 그런 운동

06 지구 상공을 도는 인공 위성의 ___________는 완벽히 원형은 아니다.
　　　　　행성, 혜성, 인공위성 따위가 중력의 영향을 받아 다른 천체의 둘레를 돌면서 그리는 곡선의 길

07 두 물체에 작용하는 ___________은 두 물체를 서로 끌어당기게 하는 힘으로 작용한다.
　　　　　공간적으로 떨어져 있는 물체끼리 서로 끌어당기는 힘

08 줄에 돌멩이를 매달아 빙글빙글 돌리면 ___________에 의해 돌멩이는 바깥 방향으로 나아가려 한다.
　　　　　원운동을 하는 물체나 입자에 작용하는 원의 바깥으로 나아가려는 힘

[09-12] 다음 문장의 빈칸에 들어갈 알맞은 어휘를 고르시오.

09 처음부터 잘못된 연구는 드디어 문제를 ___________ 말았다.
① 생기고　　　② 붙들고　　　③ 전달하고　　　④ 일으키고　　　⑤ 끌어 내리고

10 기상 상황을 높은 확률로 ___________ 기계가 도입되었다는 보도가 있었다.
① 포함하는　　　② 예측하는　　　③ 발생하는　　　④ 작용하는　　　⑤ 대립하는

11 과학적인 사고는 우리가 어떤 현상을 논리적으로 인식하는 ___________이/가 된다.
① 토대　　　② 성공　　　③ 부분　　　④ 전체　　　⑤ 방향성

12 지구에 큰 영향을 ___________ 태양풍은 태양에서 방출되는 초고속 플라스마이다.
① 잡는　　　② 들이는　　　③ 보내는　　　④ 미치는　　　⑤ 이르는

✔ **맞힌 개수는?**　12개 중 _________개　　　✔ **다시 확인할 어휘는?**

[01-04] 다음 뜻에 해당하는 어휘를 주어진 초성을 참고하여 쓰시오.

01 사물이나 현상이 본디부터 가지고 있는 고유의 특성 → ㅅ ㅈ : __________

02 두 사람 이상이 한 물건을 공동으로 소유함. → ㄱ ㅇ : __________

03 서로 연결되어 관련이 있는. 또는 그런 것 → ㅇ ㅅ ㅈ : __________

04 어떤 사물이 처음 생기거나 시작되다. → ㅂ ㄹ ㄷ ㄷ : __________

[05-08] 다음 문장의 괄호 안에 들어갈 알맞은 어휘를 고르시오.

05 공기는 소리가 전달되는 과정에서 (각도 / 매질) 역할을 한다.

06 기름에 소금을 녹여 용액을 만들었을 때, 기름을 (용매 / 용질)(이)라고 한다.

07 여러분, 0℃의 물을 100℃까지 올리는 데 필요한 (함량 / 열량)을 계산해 봅시다.

08 우리 몸속의 혈관 또는 조직의 사이를 채우고 있는 액체를 (체액 / 용액)이라고 한다.

[09-13] 다음 문장의 빈칸에 들어갈 알맞은 어휘를 〈보기〉에서 찾아 쓰시오.

> **보기**
>
> 지정   담당   규명   언급   도모

09 반역을 __________한 무리들이 도성을 공격하기 위해 모여 들었다.
어떤 일을 이루기 위하여 대책과 방법을 세움.

10 유네스코는 팔만대장경을 세계 문화 유산으로 __________하였다.
관공서, 학교, 회사, 개인 등이 어떤 것에 특정한 자격을 줌.

11 그가 연설에서 __________한 내용은 곧바로 언론 기관에 의해 보도되었다.
어떤 문제에 대하여 말함.

12 수많은 사람들은 이번 사건의 진상 __________을/를 강력하게 촉구했다.
어떤 사실을 자세히 따져서 바로 밝힘.

13 새로운 연구를 __________하는 박사님과 만나서 앞으로의 계획을 들어야겠다.
어떤 일을 맡음.

✓ 맞힌 개수는? 13개 중 __________ 개   ✓ 다시 확인할 어휘는? __________

DAY 18 어휘

[01-04] 다음 뜻에 해당하는 어휘를 주어진 초성을 참고하여 쓰시오.

01 사실과 다르게 해석하거나 그릇되게 함.　　　　→ ㅇ ㄱ : __________

02 어떤 움직임의 근원이 되는 힘　　　　→ ㅇ ㄷ ㄹ : __________

03 어떤 장소나 시간에 닿다. 또는 어떤 정도나 범위에 미치다.　　　　→ ㅇ ㄹ ㄷ : __________

04 사물이 어떤 근원으로 부터 갈려 나와 생기다.　　　　→ ㅍ ㅅ ㅎ ㄷ : __________

[05-08] 다음 문장의 빈칸에 들어갈 알맞은 어휘를 〈보기〉에서 찾아 쓰시오.

> **보기**
>
> 창출　　　예측　　　촉진　　　부응

05 실험 결과가 __________된 상황과는 전혀 다르게 나왔다.
　　　미리 헤아려 짐작함.

06 생장을 __________하는 호르몬을 주입하면 식물체는 금방 자란다.
　　　다그쳐 빨리 나아가게 함.

07 국민들의 기대에 __________하여 과학을 장려하는 정책을 펼쳤다.
　　　어떤 요구나 기대 따위 좇아서 응함.

08 우리 연구소는 새로운 기술을 __________하여 소외된 사람들을 돕고 있다.
　　　전혀 없던 것을 처음으로 생각하여 지어내거나 만들어 냄.

[09-12] 다음 말 상자에서 주어진 뜻에 해당하는 어휘를 찾아 쓰시오.

09 액체 · 빛깔 · 명암 따위의 짙음과 묽음의 정도　　→ ☐☐

10 둘 사이에서 어떤 일을 맺어 주는 구실을 하는 것　　→ ☐☐☐

11 한쪽의 양이나 수가 증가하는 만큼 다른 쪽의 양이나 수도 증가하다.
　　→ ☐☐하다

12 사회나 조직 등의 기능이 활발하다. 또는 생체나 생체 물질이 그 기능을 발휘하다.
　　→ ☐☐☐하다

가	농	다	사	자
도	나	차	비	라
매	개	활	하	례
체	화	성	구	타
아	바	화	파	조

✔ **맞힌 개수는?** 　12개 중 __________개　　　✔ **다시 확인할 어휘는?** __________

정답과 해설 • 56쪽

[01-04] 다음 뜻에 해당하는 어휘를 주어진 초성을 참고하여 쓰시오.

01 일이 되어 가는 경로 → ㄱ ㅈ : ___________

02 모든 것이 두루 미치거나 통하는 것 → ㅂ ㅍ ㅈ : ___________

03 의복, 기구, 장비 따위에 장치를 부착하다. → ㅈ ㅊ ㅎ ㄷ : ___________

04 일정한 양을 기준으로 하여 같은 종류의 다른 양의 크기를 재다. → ㅊ ㅈ ㅎ ㄷ : ___________

[05-08] 다음 문장의 괄호 안에 들어갈 알맞은 어휘를 고르시오.

05 최근 비행기 (충돌 / 돌진) 사고가 빈번하게 발생하고 있다.

06 사람은 도구를 (제작 / 제직)하고 사용할 줄 아는 동물이다.

07 노사가 한 발씩 물러서면서 의견 (절제 / 절충)이/가 이루어졌다.

08 그의 발표는 우리들의 (고정 / 임시) 관념을 깨는 훌륭한 것이었다.

[09-12] 다음 빈칸에 들어갈 알맞은 어휘를 〈보기〉에서 찾아 쓰시오.

보기

| 구현 | 오차 | 요소 | 접촉 |

09 물은 생명을 유지하는 데 가장 중요한 ___________이다.
사물의 성립이나 효력 발생 따위에 꼭 필요한 성분. 또는 근본 조건

10 ___________ 부분에 문제가 생겼는지 기계가 자꾸 꺼진다.
서로 맞닿음.

11 복지 국가를 ___________하기 위해서는 막대한 자원이 필요하다.
어떤 내용이 구체적인 사실로 나타나게 함.

12 이론적으로 계산한 값과 실제로 측정한 값 사이에 거의 ___________이/가 없었다.
실지로 셈하거나 측정한 값과 이론적으로 정확한 값과의 차이

✔ 맞힌 개수는? 12개 중 ___________ 개   ✔ 다시 확인할 어휘는? ___________

DAY 20 어휘

[01-04] 다음 뜻에 알맞은 어휘를 찾아 바르게 연결하시오.

01 몫을 갈라 나누다. •

02 전하여져 보내어지다. •

03 떨어지지 아니하게 붙다. •

04 뒤에서 따라잡아서 앞의 것보다 먼저 나아가다. •

• ㉠ 추월하다

• ㉡ 부착되다

• ㉢ 전송되다

• ㉣ 할당하다

[05-08] 다음 빈칸에 들어갈 알맞은 어휘를 〈보기〉에서 찾아 쓰시오.

> **보기**
> 경로 　　 기반 　　 설계 　　 인식

05 여러 ___________을/를 통하여 자료를 조사하였다.
일이나 진행되는 방법이나 순서

06 청소년에게 올바른 ___________을/를 심어 주어야 한다.
사물을 분별하고 판단하여 앎.

07 판소리는 전승되는 설화에 ___________을/를 두고 형성되었다.
기초가 되는 바탕. 또는 사물의 토대

08 이 박물관의 ___________은/는 세계적으로 유명한 건축가가 맡았다.
목적에 따라 실제적인 계획을 세워 도면 따위로 명시하는 일

[09-12] 다음 말 상자에서 주어진 뜻에 해당하는 어휘를 쓰시오.

09 여럿 중에서 하나씩 따로 나뉘어 있는 것 → ☐☐☐

10 양이나 수치가 줆. 또는 양이나 수치를 줄임. → ☐☐

11 실력, 수준, 기술 따위가 나아짐. 또는 나아지게 함. → ☐☐

12 사물을 인식하여 논리나 기준 등에 따라 판정을 내림. → ☐☐

개	지	주	든	두
역	별	추	감	정
적	선	적	소	고
향	판	단	문	체
상	문	소	영	학

✓ **맞힌 개수는?** 12개 중 _________개 　　 ✓ **다시 확인할 어휘는?**

DAY 21 어휘

[01-04] 다음 뜻에 해당하는 어휘를 주어진 초성을 참고하여 쓰시오.

01 다른 것을 본뜨거나 본받음.　　　　　　　　　　→ ㅁ ㅂ : ___________

02 기교와 방법을 아울러 이르는 말　　　　　　　→ ㄱ ㅂ : ___________

03 관심을 가지고 주의 깊게 살피다.　　　　　　→ ㅈ ㅁ ㅎ ㄷ : ___________

04 어떤 것을 아주 잃거나 사라지게 하다.　　　　→ ㅅ ㅅ ㅎ ㄷ : ___________

[05-08] 다음 문장의 괄호 안에 들어갈 알맞은 어휘를 고르시오.

05 많은 나라들이 평화를 (지양 / 지향)한다.

06 시어는 (직설적 / 함축적)인 의미를 담고 있다.

07 농구는 신체 발달에 긍정적인 (영양 / 영향)을 준다.

08 세상의 어떤 신화와 전설도 과장과 (왜곡 / 외면)이 있기 마련이다.

[09-12] 다음 빈칸에 들어갈 알맞은 어휘를 〈보기〉에서 찾아 쓰시오.

> **보기**
>
> 극복　　　　　논의　　　　　묘미　　　　　쇠퇴

09 우리의 힘을 뭉쳐야 시련을 ___________ 할 수 있다.
악조건이나 고생 따위를 이겨 냄.

10 그 법안은 이미 충분한 ___________와/과 검토를 거쳤다.
어떤 문제에 대하여 서로 의견을 내어 토의함. 또는 그런 토의

11 정도의 차이는 있으나 고급문화의 ___________은/는 전 세계적인 현상이다.
기세나 상태가 쇠하여 전보다 못하여 감.

12 독서를 하면서 지식이 쌓여 가는 것을 느낄 때 비로서 독서의 ___________을/를 깨닫게 된다.
미묘한 재미나 흥취

✓ **맞힌 개수는?**　12개 중 ___________개　　　✓ **다시 확인할 어휘는?**　___________

[01-04] 다음 뜻에 알맞은 어휘를 찾아 연결하시오.

01 매우 성하게 유행하다. · · ㉠ 성행하다

02 어떤 형상이 이루어지다. · · ㉡ 유행하다

03 다시 나타나다. 또는 다시 나타내다. · · ㉢ 형성되다

04 특정한 행동 양식이나 사상 따위가 일시적으로 많은 사람의 추종을 받아서 널리 퍼지다. · · ㉣ 재현하다

[05-08] 다음 밑줄 친 어휘의 뜻을 〈보기〉에서 찾아 그 기호를 쓰시오.

> **보기**
> ㉠ 사진을 찍는 대상이 되는 물체
> ㉡ 수많은 사람의 무리를 중심으로 한 것
> ㉢ 사물의 작용이나 어떤 행동의 주가 되는 것
> ㉣ 추상적인 개념이나 사물을 구체적인 사물로 나타냄.

05 비둘기는 평화의 <u>상징</u>이다. → __________

06 멀리 있는 <u>피사체</u>를 찍을 때는 망원 렌즈를 활용해야 한다. → __________

07 학생들은 자신들이 학교 경영의 <u>주체</u>라는 생각을 가져야 한다. → __________

08 그 영화배우는 꾸준한 방송 출현과 작품 활동을 통해 <u>대중적</u> 인기를 얻었다. → __________

[09-12] 다음 말 상자에서 주어진 뜻에 해당하는 어휘를 찾아 쓰시오.

09 그림 따위에 색을 칠함. → ☐☐

10 전에 없던 것을 처음으로 만들다. → ☐☐하다

11 무엇을 마음대로 할 수 있게 휘어잡다. → ☐☐하다

12 두 가지의 차이를 밝히기 위하여 서로 맞대어 비교함. 또는 그런 비교 → ☐☐

가	산	장	채	색
촉	악	적	사	전
빛	깔	대	어	단
안	색	비	문	담
창	조	객	체	다

✔ 맞힌 개수는? 12개 중 __________개   ✔ 다시 확인할 어휘는? __________

DAY 23 어휘

[01-04] 다음 뜻에 해당하는 어휘를 주어진 초성을 참고하여 쓰시오.

01 음악 작품을 창작하는 일 → ㅈ ㄱ : __________

02 어떤 일이나 사상에서 다른 사람보다 앞선 사람 → ㅅ ㄱ ㅈ : __________

03 겉으로 나타내다. → ㅍ ㅊ ㅎ ㄷ : __________

04 하나의 관념이 다른 관념을 불러일으키다. → ㅇ ㅅ ㅎ ㄷ : __________

[05-08] 다음 뜻에 해당하는 어휘에 V표 하시오.

05 일정한 차례나 간격에 따라 벌여 놓음. ☐ 배송 ☐ 배열

06 사람의 마음에 일어나는 여러 가지 감정 ☐ 정서 ☐ 서정

07 다른 비슷한 현상이나 사물에 빗대어서 설명하는 일 ☐ 비유 ☐ 비보

08 기술이나 솜씨가 아주 교묘함. 또는 그런 기술이나 솜씨 ☐ 기교 ☐ 사교

[09-12] 다음 빈칸에 들어갈 알맞은 어휘를 〈보기〉에서 찾아 쓰시오.

> **보기**
> 근간　　　면박　　　선율　　　의식

09 그는 __________을 받고는 머쓱하여 머리를 긁적였다.
　　　면전에서 꾸짖거나 나무람.

10 식장에는 감미로운 __________이 잔잔히 흐르고 있었다.
　　　소리의 높낮이가 길이나 리듬과 어울려 나타나는 음의 흐름

11 대통령은 권위 __________을 버리고 서민들에게 다정하게 대했다.
　　　사물이나 일에 대한 개인적·집단적 감정이나 견해나 사상

12 그런 행위는 민주 사회의 __________을 흔드는 공적으로 마땅히 없어져야 한다.
　　　사물의 바탕이나 중심이 되는 중요한 것

✓ **맞힌 개수는?** 12개 중 __________개　　✓ **다시 확인할 어휘는?** __________

DAY 24 어휘

정답과 해설 · 56쪽

[01-04] 다음 뜻에 알맞은 어휘를 찾아 연결하시오.

01 정돈하여 가지런히 하다.   •

02 서로 엇갈리거나 마주치다.   •

03 이미 있는 것에 덧붙이거나 보태다.   •

04 함부로 가까이할 수 없는 만큼 고결하고 거룩하다.   •

• ㉠ 교차하다

• ㉡ 신성하다

• ㉢ 정제하다

• ㉣ 첨가하다

[05-08] 다음 빈칸에 들어갈 알맞은 어휘를 〈보기〉에서 찾아 쓰시오.

> **보기**
> 동선   문양   인체   표면

05 이상하게 피부의 ___________이/가 부어올랐다.
사물의 가장 바깥쪽. 또는 가장 윗부분

06 이 상자에는 형형색색의 ___________이/가 새겨져 있다.
옷감이나 조각품 따위를 장식하기 위한 여러 가지 모양

07 이 물에는 ___________에 유해한 성분이 포함되어 있다.
사람의 몸

08 도로에 횡단보도를 설치할 때에는 보행자의 ___________을/를 고려해야 한다.
어떤 목적이나 작업을 위하여 움직이는 자취나 방향을 나타내는 선

[09-12] 다음 뜻에 해당하는 어휘를 주어진 초성을 참고하여 쓰시오.

09 신령을 모신 전각   → ㅅ ㅈ : ___________

10 지위나 계층 따위의 등급   → ㅇ ㄱ : ___________

11 인류가 이룩한 물질적, 기술적, 사회 구조적인 발전   → ㅁ ㅁ : ___________

12 제물을 바치기 위하여 다른 곳과 구별하여 마련한 신성한 단   → ㅈ ㄷ : ___________

✓ **맞힌 개수는?**   12개 중 _________개   ✓ **다시 확인할 어휘는?**

memo

24일 중학 국어 완성 프로젝트

똑독한 독해 중학 국어

똑독 라인업

중학 국어
똑독이
"답"입니다.

개념 학습과 문제 풀이의
1DAY 구성으로
계획적인 학습 가능

중학교 국어
교과서와 100%
연계된 개념 학습

족보닷컴을 활용하여
출제한 문제로
내신 시험과 수행 평가 대비

• 이투스북 도서는 전국 서점 및 온라인 서점에서 구매하실 수 있습니다. • 이투스북 온라인 서점 | www.etoosbook.com

이투스북

수준별 맞춤 어휘 학습이 가능한

중등 어휘집 베스트셀러!

본인의 단어 학습 수준에 맞는 교재를 골라 학습할 수 있습니다.

∞ Word master

중등

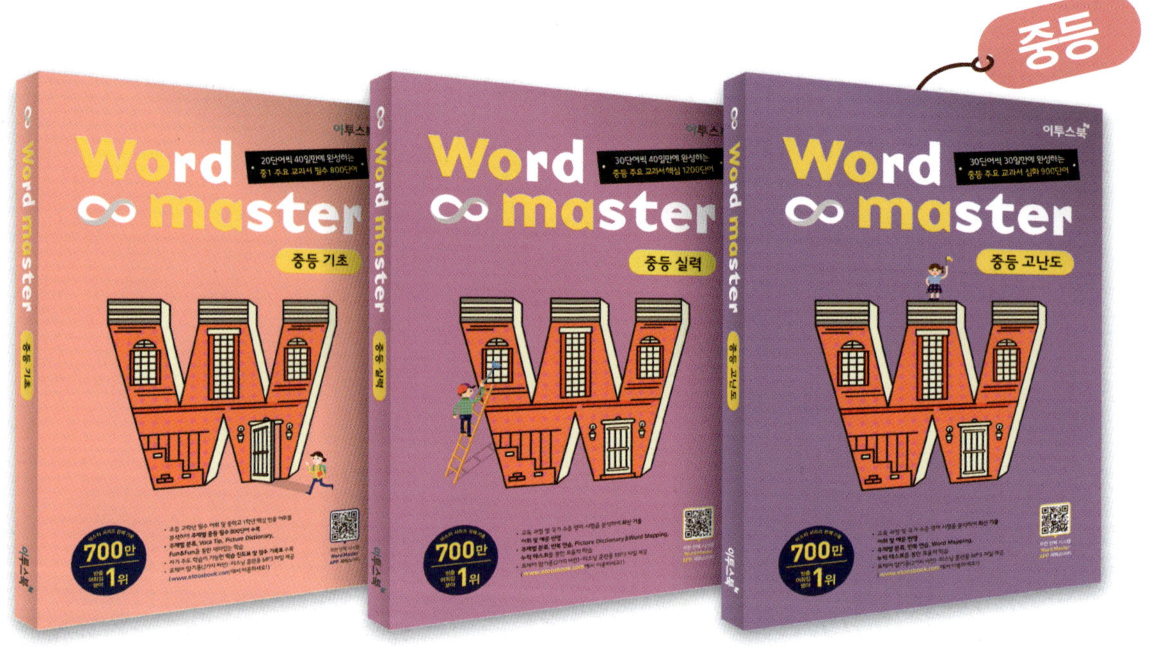

주요 어휘 선별

교과서, 기출 시험
분석에 기반한
빈출 어휘 수록

주제별 구성

주제별 어휘 구성으로
연상 작용을 통한
실력 쌓기

반복 학습

누적 테스트를 통한
학습 완성도
높이기

- 이투스북 도서는 전국 서점 및 온라인 서점에서 구매하실 수 있습니다.
- 이투스북 온라인 서점 | www.etoosbook.com

이투스북

똑똑한 독해

똑독

중학 국어 어휘

실전편 3

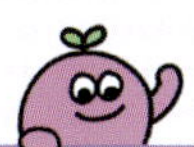

정답과 해설

이투스북

똑똑한 독해

똑똑 중학 국어 어휘

3 실전편

정답과 해설

정답과 해설

DAY 01 인문 1 동양 사상

어휘 학습

본문 · 010~012쪽

01 민심	02 애민	03 정점	04 순응	05 감독하는
06 자명한	07 안정시키는		08 교화할	09 ②
10 ④	11 ⑤	12 ④	13 ②	14 ③
15 ⑤	16 ④	17 ③	18 ⑤	19 ⑤
20 ③	21 ①			

01 조선 후기에 조정에서 세금을 지나치게 많이 거두어들였다는 내용으로 볼 때 '흉흉하다'와 어울리는 어휘는 '백성의 마음'이라는 의미를 가진 '민심'이다.

02 세종 대왕이 한글을 창제한 배경에는 백성들이 글을 쉽게 익히고 활용할 수 있도록 하려는 목적이 있었음을 알 수 있다. 이는 백성을 생각하고 아끼는 마음이라고 볼 수 있으므로 문장에 어울리는 어휘는 '백성을 사랑함.'이라는 뜻을 가진 '애민'이다.

03 왕이 국가 전반에 대한 권력을 행사하였다는 내용으로 미루어 볼 때, 중앙 집권 사회에서 왕은 막강한 권력을 지녔음을 알 수 있다. '정점'은 '맨 꼭대기가 되는 곳'이라는 뜻을 가진 말로 왕의 권위가 국가 내에서 피라미드의 꼭대기처럼 가장 높았음을 표현하기에 적절한 말이다.

04 운명이 이미 정해져 있다고 믿는 관점과 어울리는 말은 받아들이고 적응한다는 의미를 담고 있는 '순응하다'이다.

05 '감독하다'는 '일이나 사람 따위가 잘못되지 아니하도록 살피어 단속하다. 또는 일의 전체를 지휘하다.'라는 뜻을 가진 어휘로 주어진 문장의 '살피고 단속하다.'라는 의미를 포함하고 있으므로 적절하다.

06 '불 보듯 뻔하다.'는 어떠한 상황이나 결과가 당연하게 나타날 것이 예상되는 상황에서 쓰는 관용 어구로 '자명하다'와 바꿔 쓸 수 있다.

07 밑줄 친 '편안하게 다스리다.'라는 말과 바꿔 쓰기에 적절한 말은 '흔들림이 없이 안전하게 하다.'라는 뜻을 가진 '안정시키다'이다.

08 '가르치고 이끌어 좋은 방향으로 나아가다.'라는 뜻을 가진 어휘는 '교화하다'이다.

09 ② '충당하다'는 '모자라는 것을 채워 메우다.'라는 의미를 가진 어휘이다. 따라서 '돈이나 물품 따위를 정하여진 몫만큼 내주다.'라는 뜻을 가진 '지급하다'보다는 '모자라는 것을 더하여 채우다.'라는 뜻을 가진 '보태다' 정도의 어휘로 바꿔 쓰는 것이

더 적절하다.

오답 풀이

① '구분하다'는 '일정한 기준에 따라 전체를 몇 개로 갈라 나누다.'라는 뜻을 가진 말로, '구분하여'는 '나누어'로 바꾸어 쓸 수 있다.

③ '균등하다'는 '고르고 가지런하여 차별이 없다.'라는 뜻을 가진 말이다. 따라서 '균등하게'는 '공평하게'와 바꾸어 쓸 수 있다.

④ '가속화하다'는 '속도가 더해지다. 또는 속도를 더하다.'라는 뜻을 가진 말이다. 〈보기〉에서는 '농민으로서의 삶을 포기하는 현상의 속도가 점점 빨라지다.'라는 의미로 쓰였으므로, '가속화하는'을 '심화하는'으로 바꾸어 쓸 수 있다.

⑤ '막다'는 '어떤 현상이 일어나지 못하게 하다.'라는 의미를 가진 말이다. '방지하다' 역시 '어떤 일이나 현상이 일어나지 못하게 막다.'라는 뜻을 가지고 있으므로 '막기'를 '방지하기'로 바꾸어 쓸 수 있다.

10 ④ '지배'는 '어떤 사람이나 집단, 조직, 사물 등을 자기의 의사대로 복종하게 하여 다스림.'이라는 뜻을 가진 어휘이다. 또한 '통치'는 '나라나 지역을 도맡아 다스림.'이라는 뜻이다. 그리고 '통솔'은 '무리를 거느려 다스림.'이라는 뜻을 가진 어휘이다. 따라서 공통적으로 '다스림'이라는 의미가 포함되어 있음을 알 수 있다.

11 ⑤ '수용하다'는 '어떠한 것을 받아들이다.'라는 뜻을 가진 말이다. 따라서 '수용하지'와 바꾸어 쓰기에 적절한 말은 '받아들이지'이다.

오답 풀이

① '본받다'는 '본보기로 하여 그대로 따라 하다.'라는 의미를 가진 말이다.

② '모방하다'는 '다른 것을 본뜨거나 본받다.'라는 뜻을 가진 어휘로 '수용하다'보다는 좀 더 확장된 개념이다. 〈보기〉에서 '수용하다'는 '그들의 문물'을 본뜨거나 본받기 이전에 단순히 받아들이는 단계를 의미하므로 바꾸어 쓰기에 적절하지 않다.

③ '반영하다'는 '다른 것에 영향을 받아 어떤 현상을 나타내다.'라는 뜻을 가진 말이다.

④ '배척하다'는 '따돌리거나 거부하여 밀어 내치다.'라는 뜻을 가진 말이다.

12 ④ 〈보기〉의 빈칸에 공통으로 들어갈 어휘는 '점검하다', '손보다'의 의미를 포함하고 있어야 한다. 따라서 '기계나 설비가 제대로 작동하도록 보살피고 손질하다.' 또는 '흐트러진 체계를 정리하여 제대로 갖추다.'라는 뜻을 가진 '정비하다'를 문맥에 맞게 '정비하였다'로 쓰는 것이 적절하다.

오답 풀이

① '비축하다'는 '만약의 경우를 대비하여 미리 갖추어 모아 두거나 저축하다.'라는 뜻을 가진 말로 〈보기〉의 두 문장과 어울리지 않는다.

② '수리하다'는 '고장 나거나 허름한 데를 손보아 고치다.'라는 뜻을 가진 말로, 기계나 설비를 대상으로 쓴다. 〈보기〉의 두 문장 가운데 도로 시설은 '수리하다'와 어울리지만 문물과 제도는 잘 어울리지 않는다.

③ '정리하다'는 '흐트러지거나 혼란스러운 상태에 있는 것을 한데 모으거나 치워서 질서 있는 상태가 되게 하다.'라는 뜻을 가진 말이다. 따라서 〈보기〉의 문장들과는 어울리지 않는다.

⑤ '평가하다'는 '사물의 가치나 수준 따위를 평하다.'라는 뜻을 가진 말로 〈보기〉의 문장들과는 어울리지 않는다.

13 ② 〈보기〉의 ㉠'지니다'는 '바탕으로 갖추고 있다.'라는 의미로 쓰였으므로, 이와 유사한 의미로 쓰인 것은 ②의 '지니다'이다.

오답 풀이
① '몸에 간직하여 가지다.'라는 의미로 쓰였다.
③ '기억하여 잊지 않고 새겨 두다.'라는 의미로 쓰였다.
④ '본래의 모양을 그대로 간직하다.'라는 의미로 쓰였다.
⑤ '어떠한 일 따위를 맡아 가지다.'라는 의미로 쓰였다.

14 ③ '순조롭다'는 '일 따위가 아무 탈이나 말썽 없이 예정대로 잘되어 가는 상태에 있다.'라는 뜻을 가진 형용사이다. 〈보기〉에서 회의, 회담, 행사가 모두 원만하게 잘 진행되었다는 맥락을 가지고 있으므로 '순조롭게'가 빈칸에 가장 어울린다.

오답 풀이
① '심각하다'는 '상태나 정도가 매우 깊고 중대하다. 또는 절박함이 있다.'라는 뜻을 가진 말이다.
② '순식간'은 '눈을 한 번 깜짝하거나 숨을 한 번 쉴 만한 아주 짧은 동안'이라는 뜻을 가진 말이다.
④ '순수하다'는 '전혀 다른 것의 섞임이 없다.'라는 뜻을 가진 어휘이다.
⑤ '부질없다'는 '대수롭지 아니하거나 쓸모가 없다.'라는 뜻을 가진 말이다.

15 ⑤ '확보'는 '확실히 보증하거나 가지고 있음.'이라는 뜻을 가진 말이다. 주어진 문장에서는 '체계나 견해, 조직 따위가 굳게 섬. 또는 그렇게 함.'이라는 뜻의 '확립'으로 바꾸어 쓰는 것이 적절하다.

오답 풀이
① '인식'은 '사물을 분별하고 판단하여 앎.'이라는 뜻을 가진 말로 문맥에 따라 '의식, 가치관' 등으로 확장되어 쓰이기도 한다. 따라서 '가족의 개념에 대한 국민들의 인식'이라는 표현은 그 쓰임이 적절하다.
② '관점'은 '사물이나 현상을 관찰할 때, 그 사람이 보고 생각하는 태도나 방향 또는 처지'라는 뜻을 가진 말이다. 따라서 이를 활용하여 만든 '예술을 평가하는 기준은 보는 이의 관점에 따라 달라질 수 있다.'는 자연스럽다.
③ '주관적'은 '자기의 견해나 관점을 기초로 하는'이라는 뜻을 가진 말이다. 통증이란 지극히 개인적인 느낌이므로 '주관적'이라는 말과 잘 어울린다.

④ '정당성'은 '사리에 맞아 옳고 정의로운 성질'이라는 뜻을 가진 말로 보통 '행위의 정당성', '정책의 정당성', '논리의 정당성'처럼 공적이거나 객관적인 평가를 담보로 긍정적인 성격을 갖추어야 하는 대상과 호응하여 사용된다. ④는 예산 편성을 할 때 지출 내역이 사리에 맞고 옳고 정의로운 성질을 갖추었는지를 검토해야 한다는 맥락으로 쓰였으므로, '정당성'이라는 어휘의 쓰임이 적절하다고 볼 수 있다.

16 ④ '부정하다'는 '올바르지 아니하거나 옳지 못하다.'라는 뜻도 가지고 있지만, 〈보기〉에서는 '그렇지 아니하다고 단정하거나 옳지 아니하다고 반대하다.'라는 의미로 쓰였다.

17 ③ '민본'은 '국민을 위주로 함.'이라는 뜻을 가진 말로 '민본 사상'은 '국민의 이익과 행복의 증진을 위주로 하는 정치 사상'을 가리킨다.

18 ⑤ 〈보기〉의 ㉢'거치다'는 '어떤 과정이나 단계를 겪거나 밟다.'라는 의미로 쓰였다. 따라서 바꾸어 쓰기에 적절한 말은 '겪어야, 또는 '밟아야' 등이다. '들러야'는 '들르다'의 활용형으로 '지나는 길에 잠깐 들어가 머무르다.'라는 뜻을 가지고 있다. 이는 '대구를 거쳐 부산으로 갔다.'에서처럼 '오가는 도중에 어디를 지나거나 들르다.'라는 의미로 쓰였을 때 바꾸어 쓰기에 적절한 말이다.

오답 풀이
① '궁극적'은 '더할 나위 없는 지경에 도달하는'이라는 뜻을 가진 말로, '맨 나중의'라는 뜻의 '최종적'으로 바꾸어 쓸 수 있다.
② '함축하다'는 '말이나 글이 많은 뜻을 담고 있다.'라는 뜻을 가진 말로, '어떤 성질이나 뜻 따위를 속에 품다.'라는 뜻의 '내포하다'로 바꾸어 쓸 수 있다.
③ '보완하다'는 '모자라거나 부족한 것을 보충하여 완전하게 하다.'라는 뜻을 가진 말로 '어지러운 일이나 상태를 수습하여 바로잡다.'라는 뜻의 '다스리다'로 바꾸어 쓸 수 있다.
④ '역설하다'는 '자기의 뜻을 힘주어 말하다.'라는 뜻을 가진 말로, '어떤 부분을 특별히 강하게 주장하거나 두드러지게 하다.'라는 뜻의 '강조하다'로 바꾸어 쓸 수 있다.

19 ⑤ 〈보기〉에서 ㉠'음'과 ㉡'양'은 서로 대립되면서 보완적인 관계라는 두 가지 조건을 모두 충족한다. 즉, 상반된 성격을 가지고 있지만, 반드시 짝을 지어 함께 존재해야만 하는 관계인 것이다. 주어진 선택지에서 서로 대립적임과 동시에 보완적인 성격을 모두 충족하는 것은 오르막길과 내리막길이다. '오르다'와 '내리다'의 반대의 개념이 충족되고, 오르막길은 아래서 위 방향으로 보면 오르막길이지만, 위에서 아래로 보면 내리막길이므로 반드시 짝을 지어 같이 존재할 수밖에 없는 보완적 관계이기 때문이다.

20 ③ '기반'은 '기초가 되는 바탕. 또는 사물의 토대'라는 뜻을 가진 말로, '기초를 닦다, 기반을 다지다.' 등과 같이 쓰인다. 반면 '기세'는 '기운차게 뻗치는 모양이나 상태' 또는 '남에게 영향을 끼칠 기운이나 태도'를 뜻하는 말로, '기세를 다지다.'라는

표현은 적절하지 않다.

오답 풀이

① '기조'는 '사상, 작품, 학설 따위에 일관해서 흐르는 기본적인 경향이나 방향'이라는 뜻을 가진 말로, 주어진 문장에서는 유교 사상을 학문과 정치의 경향으로 삼는다는 의미로 사용되었다. '가풍'은 '한집안에 대대로 이어 오는 풍습이나 범절'을 가리키는 말로 주어진 문맥에는 어울리지 않는 어휘이다.

② '책무'는 '직무에 따른 책임이나 임무'라는 뜻을 가진 말이다. 반면에 '책망'은 '잘못을 꾸짖거나 나무라며 못마땅하게 여김.'이라는 부정적인 뜻을 가지고 있다. 주어진 문장에서는 슬기로운 자의 근본으로 '자신에게 주어진 일'을 성실히 이행하는 것을 꼽고 있으므로 문맥에 어울리는 어휘는 '책무'이다.

④ '천심'은 '하늘의 뜻'이라는 의미로, 유교적 정치 체제를 갖춘 국가에서 임금이 민본 사상을 토대로 백성의 뜻을 헤아려 어진 정치를 해야 함을 강조하며, '백성의 뜻이 곧 하늘의 뜻'이라는 것을 표현할 때 주로 사용되었다. 이에 반해 '천성'은 '본래 타고난 성격이나 성품'을 뜻하는 말이다. 주어진 문장에 어울리는 어휘는 '천심'이다.

⑤ '성군'은 '어질고 덕이 뛰어난 임금'이라는 뜻을 지닌 반면, '폭군'은 '사납고 악한 임금'을 뜻하는 말이다. 주어진 문장에서는 백성들의 삶을 풍요롭게 하고 평화로운 외교 관계를 유지하는 긍정적인 왕의 면모를 이야기하고 있으므로 문맥에 어울리는 어휘는 '성군'이다.

21 ① '실현되다'는 '꿈, 기대 따위가 실제로 이루어지다.'라는 뜻을 가진 어휘로, 주로 긍정적인 대상과 호응한다. 주어진 문장에서 '우려했던 상황'이라는 것은 '꿈, 기대' 따위와는 거리가 있는 부정적인 대상이므로 '실현되다'라는 어휘와 호응하기에 적절하지 않다. '우려했던 상황'은 '벌어지다'라고 표현하는 것이 더 적절하다.

오답 풀이

② '위계'는 '지위나 계층 따위의 등급'이라는 뜻을 가진 어휘이다.

③ '바람직하다'는 '바랄 만한 가치가 있다.'라는 뜻을 가진 말로, 문맥에 따라 '옳다, 좋다, 적절하다' 등과 유사한 의미로 쓰인다.

④ '받들다'는 '공경하여 모시다. 또는 소중히 대하다.'라는 뜻을 가진 말이다.

⑤ '주도하다'는 '주동적인 처지가 되어 이끌다.'라는 뜻을 가진 말이다.

01 ①   **02** ⑤   **03** ④

01 ① 2문단에 따르면, 정도전은 왕권이 정상적으로 작동하려면 왕을 정점으로 하여 관료 조직을 위계적으로 정비해야 하며 이와 동시에 군주가 덕성을 갖추어야 한다고 주장하였다. 따라서 정도전이 왕권의 올바른 작동을 위한 조건으로 군주의 덕성만을 언급했다는 진술은 적절하지 않다.

오답 풀이

② 2문단에 따르면, 정도전은 군주나 관료가 백성에 대한 통치권을 지닌 것은 백성을 보살피고 안정시키기 위한 것이라고 보았다.

③ 2문단에 따르면, 정도전은 군주나 관료가 백성을 위해 일하는 봉사자일 때 그 지위나 녹봉의 정당성이 확보된다고 보았다.

④ 3문단에서 이이는 군주와 백성의 관계를 부모와 자식의 관계에 빗대어 표현했음을 확인할 수 있다.

⑤ 3문단에서 이이는 백성을 도덕적으로 순조롭게 교화하기 위해서는 우선 백성들을 경제적으로 안정시켜야 한다는 점을 강조했음을 확인할 수 있다.

02 ⑤ 3문단의 마지막 부분에 '백성은 군주에 대한 신망을 지닐 수도 버릴 수도 있는 존재이므로, 군주는 백성을 두려워하는 외민(畏民)의 태도를 지녀야 함을 역설했다.'라는 부분을 통해 알 수 있다.

오답 풀이

① 백성이 군주에게 지녀야 하는 마음이 아니라, 군주가 백성에게 지녀야 하는 마음이다.

② 2문단에 왕권이 정상적으로 작동하기 위해서는 관료의 비행을 감시하는 감사 기능을 강화해야 한다는 내용이 나오기는 하지만, '외민(畏民)'이 이를 위해 마련된 제도라는 근거는 나와 있지 않으며 '외민'은 태도이지 제도가 아니다.

③ 군주와 백성의 관계를 부모와 자식의 관계에 빗대어 백성을 보살펴야 하는 대상이라고 논하였다는 부분이 나오긴 하지만, '외민(畏民)'이 군주와 백성을 부모와 자식의 관계에 비유하는 근거라고 보는 것은 적절하지 않다.

④ '외민(畏民)'은 군주가 갖추어야 할 덕목과 태도이지, 민생이 안정되었을 때 드러나는 백성의 이상적인 모습과는 거리가 멀다.

03 ④ '순조롭다'는 '일 따위가 아무 탈이나 말썽 없이 예정대로 잘되어 가는 상태에 있다.'라는 뜻의 형용사로 '계속하거나 이어져 있던 것이 끊이지 아니하게'라는 뜻의 '끊임없이'와 바꾸어 쓰기에 적절하지 않다.

오답 풀이

① '순응하다'는 '환경이나 변화에 적응하여 익숙하여지거나 체계, 명령 따위에 적응하여 따르다.'라는 뜻으로 '관례, 유행

이나 명령, 의견 따위를 그대로 실행하다.'라는 뜻의 '따르다'와 바꿔 쓰기에 적절하다.

② '정비하다'는 '흐트러진 체계를 정리하여 제대로 갖추다.'라는 뜻으로 '정신, 생각, 마음 따위를 바로 차리거나 다잡다.'라는 뜻의 '가다듬다'와 바꿔 쓰기에 적절하다.

③ '교화하다'는 '가르치고 이끌어서 좋은 방향으로 나아가게 하다.'라는 뜻으로 '그릇된 버릇 따위를 고치어 바로잡다.'라는 뜻의 '가르치다'와 바꿔 쓰기에 적절하다.

⑤ '역설하다'는 '자기의 뜻을 힘주어 말하다.'라는 뜻으로 '자기의 의견이나 주의를 굳게 내세우다.'라는 뜻의 '주장하다'와 바꿔 쓰기에 적절하다.

어휘 학습

본문 · 014~016쪽

01 존재	**02** 번민	**03** 목적	**04** 판단	**05** 연관
06 명명	**07** 선행	**08** 대상화	**09** ③	**10** ⑤
11 ④	**12** ②	**13** ③	**14** ②	**15** ③
16 ⑤	**17** ③	**18** ④	**19** ⑤	**20** ①

01 '현실에 실제로 있음. 또는 그런 대상'이라는 뜻을 가진 말은 '존재'이다.

02 '마음이 번거롭고 답답하여 괴로워함.'이라는 뜻을 가진 말은 '번민'이다.

03 '실현하려고 하는 일이나 나아가는 방향'이라는 뜻을 가진 말은 '목적'이다.

04 '사물을 인식하여 논리나 기준 등에 따라 판정을 내림.'이라는 뜻을 가진 말은 '판단'이다.

05 주어진 문장은 유전적인 요소와 환경적인 요소가 개인의 성격 형성에 많은 영향을 끼친다는 내용이므로 '사물이나 현상이 일정한 관계가 맺어지다.'라는 뜻의 '연관되다'를 쓰는 것이 적절하다.

06 주어진 문장은 스피노자가 만물에 이름을 붙였다는 내용이므로 '사람, 사물, 사건 따위의 대상에 이름을 지어 붙이다.'라는 뜻인 '명명하다'를 쓰는 것이 자연스럽다.

07 주어진 문장은 김 위원이 남의 시선을 의식해 봉사 활동을 한다는 내용이므로, '우선이다, 앞서다'라는 의미를 나타내기 위해 '선행하다'를 쓰는 것이 적절하다.

08 주어진 문장은 자신의 주관적인 감정과 욕망을 객관적으로 바라보는 것이 부정적 감정을 극복할 수 있는 방안이라는 것이므로, '자기 주관 안에 있는 것을 객관적인 대상으로 구체화하여 밖에 있는 것으로 다루다.'라는 의미의 '대상화하다'를 쓰는 것이 문맥에 어울린다.

09 ③ '파악하다'는 '어떤 대상의 내용이나 본질을 확실하게 이해하여 알다.'라는 의미를 가진 말이다. 〈보기〉의 첫 번째 문장에서 '파악하다'는 '알다, 이해하다'의 의미로 사용되었고, 두 번째 문장에서 '파악하다'는 '조사하다, 알아내다'의 의미로 사용되었다. 따라서 유사한 의미를 가진 어휘의 짝으로 올바른 것은 '이해하다'와 '알아내다'이다.

10 ⑤ '주체적'은 '어떤 일을 실천하는 데 자유롭고 자주적인 성질이 있는'이라는 뜻을 가진 말로, 이는 독립적이고 능동적인 대상을 수식할 때 사용하는 관형사이다. ⑤의 문맥상 공식적인 문서에서 다각적인 해석으로 인한 혼동을 줄여야 한다는 의미를 올바르게 전달하려면 '주체적'보다 '주관적'이라는 표현이 더 어울린다. '주관적'이라는 말은 '자기의 견해나 관점을 기초로 하는 것'이라는 뜻을 가진 말이다.

오답 풀이

① '본질'은 '본디부터 가지고 있는 사물 자체의 성질이나 모습'이라는 뜻을 가진 어휘로, 적절하게 사용되었다.

② '근원적'은 '사물이 비롯되는 근본이나 원인이 되는'이라는 뜻을 가진 어휘로, 적절하게 사용되었다.

③ '사상'은 '어떠한 사물에 대하여 가지고 있는 구체적인 사고나 생각'이라는 뜻을 가진 어휘로, 적절하게 사용되었다.

④ '자각'은 '현실을 판단하여 자기의 입장이나 능력 따위를 스스로 깨달음.'이라는 뜻을 가진 어휘로, 적절하게 사용되었다.

11 ④ '지성'은 '알고 깨달은 것을 정리하고 통일하여, 이것을 바탕으로 새로운 인식을 낳게 하는 정신 작용'을 뜻하는 말이다. 넓은 뜻으로는 지적 능력을 통틀어 이르기도 한다. '학문, 지식, 사회생활을 바탕으로 이루어지는 품위'는 '교양'이다.

12 ② '쓰다'는 여러 가지 의미를 가진 다의어로 〈보기〉의 ㉠은 '붓, 펜, 연필과 같이 선을 그을 수 있는 도구로 종이 따위에 획을 그어서 일정한 글자의 모양이 이루어지게 하다.'의 의미로 사용되었다. 이와 같은 의미로 사용된 것은 ②이다.

오답 풀이

① '모자 따위를 머리에 얹어 덮다.'의 의미로 사용되었다.

③ '혀로 느끼는 맛이 한약이나 소태, 씀바귀의 맛과 같다.'의 의미로 사용되었다.

④ '사람이 죄나 누명 따위를 가지거나 입게 되다.'의 의미로 사용되었다.

⑤ '어떤 일을 하는 데에 재료나 도구, 수단을 이용하다.'의 의미로 사용되었다.

13 ③ '추구해야'의 기본형 '추구하다'는 '목적을 이룰 때까지 뒤쫓아 구하다.'라는 뜻을 가진 말로 '이상을 추구하다.', '행복을 추구하다.' 등 '바라다, 구하다'의 의미로 사용된다. 하지만 '지양하다'는 '더 높은 단계로 오르기 위하여 어떠한 것을 하지 아니

하다.'라는 뜻으로 상반된 의미를 지니고 있다. '추구하다'와 의미가 유사한 말은 '어떤 목표로 뜻이 쏠리어 향하다.'라는 뜻의 '지향하다'이다.

오답 풀이
① '보편적'은 '모든 것에 두루 미치거나 통하는 것'이라는 의미를 지닌 말로, 주어진 글의 문맥상 일반적이고 널리 통용된다는 의미로 쓰였으므로, '일부에 한정되지 아니하고 전체에 걸치는 것'이라는 뜻을 지닌 '일반적'과 바꾸어 쓰기에 적절하다.
② '보다'는 문맥상 '~라고 여기다, 인식하다'의 의미로 사용되었으므로, '어떤 일에 대한 의견이나 느낌을 가지다.'라는 뜻을 지닌 '생각하다'와 바꾸어 쓰기에 적절하다.
④ '앞서다'는 문맥상 '다른 무엇보다 중요하다.'의 의미로 쓰였으므로 '앞서 다루어지거나 특별히 여겨지다.'라는 뜻을 지닌 '우선하다'와 바꾸어 쓰기에 적절하다.
⑤ '수행하다'는 문맥상 '생각하거나 계획한 대로 일을 해내다.'의 의미로 사용되었으므로, '생각한 바를 실제로 행하다.'라는 뜻을 지닌 '실천하다'와 바꾸어 쓰기에 적절하다.

14 ② 문맥상 〈보기〉 첫 번째 문장은 지구의 종말을 예언한 그가 기독교 단체에 의해 이단으로 '그 성격이 정해졌다'는 내용이 어울린다. 두 번째 문장은 헌법이라는 '사회 법규(규칙)에 정해진 대로' 사람은 행복을 추구할 권리를 지닌다는 내용이므로, 두 문장의 빈칸에는 '규정'이라는 어휘가 들어가는 것이 적절하다.

오답 풀이
① '구속'은 '행동이나 의사의 자유를 제한하거나 속박함.'이라는 뜻을 가진 말이다.
④ '인용'은 '남의 말이나 글을 자신의 말이나 글 속에 끌어 씀.'의 뜻을 가진 말이다.

15 ③ '존재하다'는 '현실에 실재하다.'라는 의미를 가진 말이다. '공존하다'는 '서로 도와서 함께 존재하다.'라는 뜻을 가진 말이므로, '존재하다가'를 '공존하다가'로 바꿔 쓰는 것은 적절하지 않다.

오답 풀이
⑤ '실존하다'는 '실제로 존재하다.'라는 뜻을 지닌 말이므로, 어휘의 의미 자체가 '존재하다'라는 뜻을 내포하고 있어 바꾸어 쓰기에 적절하다.

16 ⑤ '시선'은 주어진 문장에서 '눈이 가는 길. 또는 눈의 방향'이라는 의미로 쓰였으므로, 의미의 연결이 올바르지 않다.

17 ③ 〈보기〉의 내용에 따르면, ㉠'마음의 시간'은 ㉡'과거'를 포함하는 개념이다. ③에서 '세상에 태어나서 죽을 때까지의 동안'이라는 뜻의 '일생'은 '어린 나이나 때'라는 뜻을 지닌 '유년'을 포함하므로, '일생'과 '유년'은 ㉠, ㉡과 가장 유사한 관계를 이루고 있다고 볼 수 있다.

오답 풀이
① 운명과 팔자는 유의 관계이다.
② 주동과 수동은 반의 관계이다.

④ 남자와 여자는 반의 관계이다.
⑤ 명예와 권력은 '욕망'의 범위에서 대등적인 관계이다.

18 ④ '자유'는 '외부적인 구속이나 무엇에 얽매이지 아니하고 자기 마음대로 할 수 있는 상태'를 의미하는 말이고, '자제'는 '자기의 감정이나 욕망을 스스로 억제함.'을 뜻하는 말이다. ④는 자신의 의사대로 할 수 있는 권리적인 측면을 앞세워 타인에게 피해를 주거나 사회적 규범을 어겨서는 안 된다는 것이므로 문맥에 어울리는 어휘는 '자유'이다.

오답 풀이
① '책임감'은 '맡아서 해야 할 임무나 의무를 중히 여기는 마음'을 뜻하는 말이고, '압박감'은 '내리누르는 느낌'을 뜻하는 말이므로 주어진 문맥에 어울리는 말은 '책임감'이다.
② '총체적'은 '있는 것들을 모두 하나로 합치거나 묶은'이라는 뜻을 가진 어휘이고, '전체적'은 '전체에 관계된'을 뜻하는 어휘이므로, 주어진 문맥에 어울리는 말은 '총체적'이다.
③ '도피하다'는 '도망하여 몸을 피하다.'라는 뜻의 어휘이고, '도포하다'는 '약 따위를 겉에 바르다.'라는 뜻의 어휘이므로, 주어진 문맥에 어울리는 말은 '도피하다'이다.
⑤ '타자'는 '자기 외의 사람. 또는 다른 것'을 뜻하고, '자신'은 '그 사람의 몸 또는 바로 그 사람을 이르는 말'이므로, 주어진 문맥에 어울리는 말은 '타자'이다.

19 ⑤ 〈보기〉의 '객관적'은 '자기와의 관계에서 벗어나 제삼자의 입장에서 사물을 보거나 생각하는 것'이라는 뜻을 지닌 말로, 이와 반의 관계에 있는 어휘는 '자기의 견해나 관점을 기초로 하는 것'이라는 뜻을 지닌 '주관적'이다.

오답 풀이
① '구체적'은 '실제적이고 세밀한 부분까지 담고 있는 것'이라는 뜻을 가진 말로 '추상적'과 대립되는 말이다.
② '개별적'은 '여럿 중에서 하나씩 따로 나뉘어 있는 것'이라는 뜻으로 '종합적'과 대립되는 말이다.
③ '이상적'은 '생각할 수 있는 범위 안에서 가장 완전하다고 여겨지는 것'이라는 뜻을 가진 말로, '현실적'과 대립되는 말이다.
④ '통합적'은 '둘 이상의 조직이나 기구 따위를 하나로 합치는 것'이라는 뜻을 가진 말로, '분리적', '분할적'과 대립되는 말이다.

20 ① '일컫다'는 '이름 지어 부르다.'라는 뜻을 가진 말이다. 따라서 이와 바꿔 쓰기에 가장 적절한 것은 '무엇이라고 가리켜 말하거나 이름을 붙이다.'라는 뜻의 '부르다'의 활용형인 '불렀다'이다.

오답 풀이
② '분류하다'는 '종류에 따라서 가르다.'라는 뜻을 가진 말이다.
③ '사고하다'는 '생각하고 궁리하다.'라는 뜻을 지닌 말이다.
④ '상징하다'는 '추상적인 개념이나 사물을 구체적인 사물로 나타내다.'라는 뜻을 지닌 말이다.
⑤ '이르다'는 '무엇이라고 말하다.'라는 뜻을 지닌 말이다.

수능 도전 문제

01 ③　　**02** ⑤　　**03** ④

01 ③ 2문단을 보면 '즉자 존재'는 의식이 없는 '사물 존재'를 명명한 것으로, 자기의식이 없기 때문에 계속 그 자리에 머물러 있다고 하였다. 자신의 선택에 대한 책임감에 구속되며, 이에 대한 부담을 느끼는 존재는 의식이 있는 인간 존재를 나타내는 '대자 존재'이다.

오답 풀이

① 1문단의 '무신론자였던 사르트르는 인간은 사물과 달리 그 본질이나 목적을 가지고 판단할 수 없다고 보았다.'라는 문장을 통해 알 수 있다.

② 2문단의 '대자 존재는 자기의식을 가진 존재이다. 따라서 자기 자신을 대상화하여 스스로를 바라볼 수도 있고, 매 순간 자유로운 선택을 통해 자신을 만들어 갈 수도 있다.'라는 문장을 통해 알 수 있다.

④ 3문단의 '타자도 주체적 의식을 지니고 있어서, 내가 아무리 주체성을 지닌 존재라 하더라도 나를 바라보는 다른 사람은 나를 즉자 존재처럼 객체화하여 파악할 수 있기 때문이다.'라는 문장을 통해 확인할 수 있다.

⑤ 3문단의 '사르트르는 타인의 시선으로 규정되는 인간의 모습을 일컬어 '대타 존재(Being for others)'라고 명명하였다.'라는 문장을 통해 확인할 수 있다.

02 ⑤ 사르트르의 철학 사상을 소개하며 그가 구분한 '즉자 존재'와 '대자 존재'의 개념을 차이점을 중심으로 설명하고 있다.

03 ④ '연관되다'는 '사물이나 현상이 일정한 관계가 맺어지다.'라는 뜻이고, '이어지다'는 '끊어졌거나 본래 따로 있던 것이 서로 잇대어지다.' 또는 '끊어지지 않고 계속되다.'라는 뜻을 가지고 있다. '연관되다'는 관계나 영향의 의미를 가지고 있는 반면, '이어지다'는 연결 또는 연속의 의미를 가지고 있으므로 바꿔 쓰기에 적절하지 않다.

오답 풀이

① '선행하다'는 '어떠한 것보다 앞서가거나 앞에 있다.'라는 뜻을 가진 말이므로, '앞서다'와 유사한 의미를 가지고 있다.

② '구분하다'는 '일정한 기준에 따라 전체를 몇 개로 갈라 나누다.'라는 뜻을 가진 말이므로, '나누다'와 바꿔 쓰기에 적절하다.

③ '명명하다'는 '사람, 사물, 사건 따위의 대상에 이름을 지어 붙이다.'라는 뜻을 가진 말이므로, '이름 지어 부르다.'라는 뜻의 '일컫다'와 바꿔 쓰기에 적절하다.

⑤ '파악하다'는 '어떤 대상의 내용이나 본질을 확실하게 이해하여 알다.'라는 뜻을 가진 말이므로 '사물을 분별하고 판단하여 알다.'라는 뜻의 '인식하다'와 바꿔 쓰기에 적절하다.

DAY 03　인문 3　논리 추론

어휘 학습

01 ⓒ　　**02** ⓐ　　**03** ⓔ　　**04** ⓑ

05 확정하였다　　**06** 어긋나는　**07** 선정하였다

08 정당화할　**09** ①　　**10** ②　　**11** ③　　**12** ①

13 ②　　**14** ④　　**15** ③　　**16** ④　　**17** ①

18 ③

01 주어진 문장의 내용은 '그의 주장'이 논란의 상대, 또는 목표가 되고 있다는 것으로, '대상'의 뜻은 '어떤 일의 상대 또는 목표나 목적이 되는 것'이다.

02 주어진 문장의 내용은 사실이 '그러한지 아니한지'를 판단할 때에는 감정적인 면을 최대한 배제해야 한다는 것으로, '여부'의 뜻은 '그러함과 그러하지 아니함.'이다.

03 주어진 문장의 내용은 사회적 약자의 인권을 '보증하거나 보호하는 일'이 시급하다는 것으로, '보장'의 뜻은 '어떤 일이 어려움 없이 이루어지도록 조건을 마련하여 보증하거나 보호함.'이다.

04 주어진 문장의 내용은 어떤 민족의 '고유하고 특수한 성질'을 이해하려면 역사, 문화, 환경, 기후 등의 다방면의 요소를 고려해야 한다는 것으로 '특성'의 뜻은 '일정한 사물에만 있는 특수한 성질'이다.

05 '확정하다'는 '일을 확실하게 정하다.'라는 뜻을 가진 말이다. 따라서 '일정을 확정하다.'와 같이 쓰일 수 있다.

06 '어긋나다'는 '기대에 맞지 아니하거나 일정한 기준에서 벗어나다.'라는 뜻을 가진 말이다. 따라서 '교칙에 어긋나다.'와 같이 쓰일 수 있다.

07 '선정하다'는 '여럿 가운데서 어떤 것을 뽑아 정하다.'라는 뜻을 가진 말이다. 따라서 '수상작을 선정하다.'와 같이 쓰일 수 있다.

08 '정당화하다'는 '정당성이 없거나 정당성에 의문이 있는 것을 무엇으로 둘러대어 정당한 것으로 만들다.'라는 뜻을 가진 말이다. 따라서 '폭력을 정당화하다.'와 같이 쓰일 수 있다.

09 ① '범위'는 '일정하게 한정된 영역' 또는 '어떤 것이 미치는 한계'라는 뜻을 가진 어휘로, '갈라놓은 지역'을 뜻하는 '구역'과는 그 의미가 다르다.

10 ② '유추'는 어떤 사물이나 현상의 성질을 그와 비슷한 다른 사물이나 현상에 기초하여 미루어 짐작하는 것을 말한다. 따라서 ㉠에는 '유추', ㉡에는 '성질', ㉢에는 '짐작'이 들어가는 것이 적절하다.

11 ③ 〈보기〉의 '내리다'는 '판단, 결정을 하거나 결말을 짓다.'라

는 의미로 사용되었다. 이와 가장 유사한 의미를 가진 것은 ③
이다.

오답 풀이

① '내리다'가 '눈, 비, 서리, 이슬 따위가 오다.'의 의미로 사용
되었다.

② '내리다'가 '먹은 음식물 따위가 소화되다. 또는 그렇게 하
다.'의 의미로 사용되었다.

④ '내리다'가 '값이나 수치, 온도, 성적 따위가 이전보다 떨어
지거나 낮아지다. 또는 그렇게 하다.'의 의미로 사용되었다.

⑤ '내리다'가 '컴퓨터 통신망이나 인터넷 신문에 올린 파일이
나 글, 기사 따위를 삭제하다.'의 의미로 사용되었다.

12 ① '처지'는 '처하여 있는 사정이나 형편'이라는 의미를 가진 어
휘로, ①에서는 '처지'가 아니라 '조처하여 대우함. 또는 그런
대우'라는 뜻의 '처우'를 사용하는 것이 적절하다.

오답 풀이

③ '동기'는 '어떤 일이나 행동을 일으키게 하는 계기'라는 뜻을
가진 어휘로, 주어진 문장에서는 '범죄의 가장 큰 원인이나
발생 계기'의 의미로 올바르게 사용되었다.

④ '부여'는 '사람에게 권리·명예·임무 따위를 지니도록 해 주
거나, 사물이나 일에 가치·의의 따위를 붙여 줌.'이라는 뜻
을 가진 어휘로, 주어진 문장에서는 '임무를 지니다.'의 의
미로 바르게 사용되었다.

13 ② '폄하하다'는 '가치를 깎아내리다.'라는 뜻을 지닌 어휘로 '실
제보다 낮게 평가하다.'의 의미로 사용된다. '트집을 잡아 거북
할 만큼 따지고 들다.'라는 뜻을 지닌 어휘는 '힐난하다'이다.

14 ④ 〈보기〉의 ㉣'줄이기'의 기본형 '줄이다'는, 목표 상황과 문제
상황의 차이를 되도록 감소시키고자 하는 것이므로 '바로잡아
고치다.'라는 뜻의 '수정하다'와 바꾸어 쓰는 것은 적절하지 않
다. 유사한 의미가 되게 표현하려면, '좁히기'로 바꾸어 쓰는 것
이 더 적절하다.

오답 풀이

① '직면하다'는 '어떠한 일이나 사물을 직접 당하거나 접하다.'
라는 뜻을 가진 어휘로, '좋지 않은 일 따위에 직면하다.'라
는 뜻의 '맞닥뜨리다'와 바꾸어 쓰기에 적절하다.

⑤ '탐색하다'는 '드러나지 않은 사물이나 현상 따위를 찾아내
거나 밝히기 위하여 살피어 찾다.'라는 뜻을 가진 어휘로,
'어떤 것을 깊이 생각하고 연구하다.'라는 뜻의 '고찰하다'와
바꾸어 쓰기에 적절하다.

15 ③ '확고하다'는 '태도나 상황 따위가 튼튼하고 굳다.'라는 뜻을
가진 말로, '틀리지 않고 꼭 들어맞다.'라는 뜻의 '틀림없다, 영
락없다, 확실하다, 자명하다'와는 쓰임이 다르다.

16 ④ ㉣'이루어지다'는 '어떤 대상에 의하여 일정한 상태나 결과
가 생기거나 만들어지다.'라는 뜻과 '몇 가지 부분이나 요소가
모여 일정한 성질이나 모양을 가진 존재가 되다.'라는 뜻을 모
두 가지고 있다. 〈보기〉의 ㉣은 후자의 의미로 사용되었다.

17 ① '선택'은 '여럿 가운데서 필요한 것을 골라 뽑음.'이라는 뜻
을 가진 어휘이고, '선정'은 '여럿 가운데서 어떤 것을 뽑아 정
함.'이라는 뜻을 가진 어휘이다. 또한 '선발'은 '많은 가운데서
골라 뽑음.'이라는 뜻을 가진 어휘이다. 이들 어휘의 한자어를
살펴보면, 공통적으로 '가릴 선(選)'자가 포함되어 있는데, 이
는 '뽑다, 고르다'의 의미를 갖는다.

18 ③ '직관'은 '감각, 경험, 연상, 판단, 추리 따위의 사유 작용을
거치지 아니하고 대상을 직접적으로 파악하는 작용'을 의미하
는 말이다. 따라서 사유 작용을 바탕으로 하는 개념인 '논증'과
는 바꿔 쓸 수 없다.

오답 풀이

① '전형'은 '같은 부류의 특징을 가장 잘 나타내고 있는 본보
기'라는 의미를 가지고 있다.

② '증명되다'는 '추론에 의하여 다른 명제의 옳고 그름이 밝혀
지다.'라는 의미로 '입증되다'와 바꾸어 쓸 수 있다.

④ '의존하다'는 '다른 것에 의지하여 존재하다.'라는 의미를 지
닌 말로, '의지하다'와 바꾸어 쓸 수 있다.

⑤ '신념'은 '굳게 믿는 믿음'을 의미하는 말로, '확신'과 유사한
의미를 가지고 있다.

01 ⑤   **02** ④   **03** ③

01 ⑤ 4문단에서는 유추를 통해 옳은 결론을 내릴 가능성을 높이
려면 '범위 좁히기'를 통해 공통점이 가장 많은 대상을 비교 대
상으로 선정하는 것이 중요하다고 서술하고 있다.

오답 풀이

① 유추의 첫 번째 과정은 '알고자 하는 특성의 확정'이다.

② 3문단에서 '많은 논리학자들은 유추가 판단을 그르치게 한
다고 폄하한다.'라고 하였다.

③ 2문단을 보면, 백조가 날 수 있는지에 대해 확인하기 위해
비둘기를 비교 대상으로 선정하는 것은 적절하다. 하지만 3
문단에서 타조의 특성을 파악하기 위해 비교 대상을 비둘기
로 선정한다면 판단의 오류가 발생한다고 하였다.

④ 유추를 통해 올바른 판단을 할 수도 있지만, 비교 대상을 적
절하게 선정하지 못할 경우 잘못된 판단을 할 수도 있다고
하였으므로, 반드시 유추가 선행되어야 판단의 신뢰도가 상
승한다고 보기는 어렵다.

02 ④ 4문단의 내용을 살펴보면, '범위 좁히기'란 유추를 통해 옳
은 결론을 내릴 가능성을 높이기 위해 선행되는 과정으로, 비
교 대상을 선정할 때 대상 간의 공통점이 가장 많은 것을 선택
하는 과정임을 알 수 있다.

03 ③ 문맥상으로 미루어 볼 때, ㉢은 '알고자 하는 대상'과 '알고
자 하는 특성'을 정한다는 의미로 이해할 수 있다. 따라서 이
글에 쓰인 '확정하다'의 사전적 의미로 알맞은 것은 '일을 확실
하게 정하다.'이다.

DAY 04 · 인문 4 · 지식과 명제

어휘 학습

본문 · 022~024쪽

01 감각 **02** 진리 **03** 표상 **04** 체계 **05** 무관하다
06 포괄하는 **07** 지각하지 **08** 일치하는지 **09** ⑤
10 ③ **11** ④ **12** ① **13** ③ **14** ②
15 ④ **16** ② **17** ③ **18** ⑤ **19** ④

01 '눈, 코, 귀, 혀, 살갗을 통하여 바깥의 어떤 자극을 알아차림.'이라는 뜻을 가진 말은 '감각'이다.

02 '참된 이치. 또는 참된 도리'라는 뜻을 가진 말은 '진리'이다.

03 '대표로 삼을 만큼 상징적인 것'을 뜻하는 말은 '표상'이다.

04 '일정한 원리에 따라서 낱낱의 부분이 짜임새 있게 조직되어 통일된 전체'를 뜻하는 말은 '체계'이다.

05 '관계나 상관이 없다.'라는 뜻을 가진 말은 '무관하다'이다.

06 '일정한 대상이나 현상 따위를 어떤 범위나 한계 안에 모두 끌어 넣다.'라는 뜻을 가진 말은 '포괄하다'로, 문맥상 '포괄하는'으로 써야 한다.

07 '지각하다'는 '알아서 깨닫다.'라는 뜻을 가진 말로, 문맥상 '지각하지'로 써야 한다.

08 '일치하다'는 '비교되는 대상들이 서로 어긋나지 아니하고 같거나 들어맞다.'라는 뜻을 가진 말로 문맥상 '일치하는지'로 써야 한다.

09 ⑤ 문맥상 '법률이 알맞게 맞추어져 쓰이다.'라는 의미가 사용되어야 한다. 따라서 '적응되어'가 아닌, '알맞게 이용되거나 맞추어져 쓰이다.'라는 의미의 '적용되어'가 쓰이는 것이 적절하다.

　오답 풀이
　① 주장이 신뢰를 얻기 위해 필요한 과정에 해당하는 말은 '검사하여 증명함.'을 뜻하는 '검증'이다.
　② 낯선 곳에서 같은 나라 사람을 만난다면 평소와는 다른 감정을 느끼게 될 것이므로 문맥에 어울리는 말은 '특별한'이다.
　④ '가설'은 '어떤 사실을 설명하거나 어떤 이론 체계를 연역하기 위하여 설정한 가정'을 뜻하는 말로, 가설로부터 나온 결과가 관찰과 실험 등의 경험을 통해 맞는 것으로 증명되면 지식으로 인정된다고 할 수 있다.

10 ③ ㉠에 들어갈 수 있는 어휘로는 '어떤 분야나 집단에서 무엇을 대표할 만큼 전형적이거나 특징적인'이라는 뜻의 '대표적'과 '추상적인 개념이나 사물을 구체적인 사물로 나타내는'이라는 뜻의 '상징적'이 모두 적절하다고 볼 수 있다. ㉡에 들어갈 말은 글의 흐름상 앞의 내용을 부연하는 연결의 기능을 하는 어휘여

야 하므로, '실제로'가 적절하다. ㉢에 들어갈 알맞은 말은 '극복하다'의 목적어로 호응할 수 있는 '어떤 사물의 진행을 가로막아 거치적거리게 하거나 충분한 기능을 하지 못하게 함. 또는 그런 일'이라는 뜻의 '장애'이다.

11 ④ '일상적'은 '누구에게나 쓰일 만큼 평범한'이 아니라 '날마다 볼 수 있는'이라는 뜻을 가진 관형사이다.

12 ① '낳은'의 기본형 '낳다'는 '어떤 환경이나 상황의 영향으로 어떤 인물이 나타나도록 하다.', 즉 '배출하다'와 유사한 의미로 사용되었다. 나머지는 '어떤 결과를 이루거나 가져오다.'의 뜻으로 사용되었다.

13 ③ '진위'는 '참과 거짓 또는 진짜와 가짜를 통틀어 이르는 말'이라는 뜻을 가진 어휘이다. ③의 밑줄 친 부분에서는 '진위'가 아니라 '참된 값어치'라는 뜻을 가진 '진가'라는 말이 들어가는 것이 적절하다.

　오답 풀이
　② '개념'은 '여러 관념 속에서 공통된 요소를 뽑아내어 종합하여서 얻은 하나의 보편적인 관념'이라는 뜻을 가진 어휘로, ②에서 역시 같은 의미로 사용되었다.
　④ '필연적'은 '사물의 관련이나 일의 결과가 반드시 그렇게 될 수밖에 없는'이라는 뜻을 가진 말로, ④에서는 '주인공과 조력자가 반드시 그렇게 될 수밖에 없는 운명적인 만남을 갖다.'라는 의미로 적절하게 사용되었다.
　⑤ '우연적'은 '아무런 인과 관계 없이 뜻하지 아니하게 일어나는'이라는 뜻을 가진 말로, ⑤에서는 '뜻하지 않게 일어난 사건'이라는 의미로 적절하게 사용되었다.

14 ② '어떤 경우, 사실이나 기준 따위에 의거하다.'라는 뜻을 가진 '따르다'의 활용형 '따르면'과 바꾸어 쓸 수 있는 말은 '남의 말이나 뜻을 따르다.'의 의미를 가진 '좇다'의 활용형 '좇으면'이다.

　오답 풀이
　① '인식하다'는 '사물을 분별하고 판단하여 알다.'라는 뜻을 가진 말로, '여기다'와 바꾸어 쓰기에 적절하다.
　⑤ '고유하다'는 '본래부터 가지고 있어 특유하다.'라는 뜻을 가진 말로, '일정한 사물만이 특별히 갖추고 있다.'라는 뜻을 가진 '특유하다'로 바꾸어 쓰기에 적절하다.

15 ④ '굳게 믿음. 또는 그런 믿음'이라는 뜻을 가진 말은 '확신'으로 ㉣에는 '확신'이라는 어휘가 들어가는 것이 문맥상 자연스럽다. '확약'은 '확실하게 약속함. 또는 그런 약속'을 의미하는 말이다.

16 ② '부합'은 '부신(符信)이 꼭 들어맞듯 사물이나 현상이 서로 꼭 들어맞음.'이라는 뜻을 지닌 말이다. 또한, '일치'는 '비교되는 대상들이 서로 어긋나지 아니하고 같거나 들어맞음.'이라는 뜻이다. 따라서 이 두 어휘에 공통된 의미는 '맞다, 같다'이다.

　오답 풀이
　③ '귀속'은 '재산이나 영토, 권리 따위가 특정 주체에 붙거나 딸림.' 또는 '어떤 개인이 특정 단체의 소속이 됨.'이라는 의미를 가진 말이다.

17 ③ 〈보기〉의 첫 번째 문장에는 '쓸모가 있다.'라는 뜻을 가진 말이, 두 번째 문장에는 '남의 것이나 다른 곳에 쓰기로 되어 있는 것을 다른 데로 돌려쓰다.'라는 뜻을 가진 말이 어울린다. 따라서 '유용하다'의 활용형인 '유용한'이 들어가는 것이 적절하다.

오답 풀이

① '유별나다'는 '보통의 것과 아주 다르다.'라는 뜻을 가진 어휘이다.

② '유리하다'는 '이익이 있다.'라는 뜻을 가진 어휘이다.

④ '유려하다'는 '글이나 말, 곡선 따위가 거침없이 미끈하고 아름답다.'라는 뜻을 가진 어휘이다.

⑤ '유명하다'는 '이름이 널리 알려져 있다.'라는 뜻을 가진 어휘이다.

18 ⑤ '사유하는'의 기본형 '사유하다'는 '개인이 사사로이 소유하다.'라는 뜻을 지닌 말로, 주어진 문맥에 어울리지 않는다. 밑줄 친 부분에는 '일정한 목적이나 기능에 맞게 쓰다.'라는 의미의 '사용하는'이 오는 것이 적절하다.

오답 풀이

① '도출되다'는 '판단이나 결론 따위가 이끌려 나오다.'라는 뜻을 가진 말이다.

② '인지하다'는 '어떤 사실을 인정하여 알다.'라는 뜻을 가진 말이다.

④ '판별하다'는 '옳고 그름이나 좋고 나쁨을 판단하여 구별하다.'라는 의미를 지닌 말이다.

19 ④ ㉠ '범할'의 기본형 '범하다'는 '잘못을 저지르다.'라는 뜻을 가진 말이다. 따라서 ㉠은 '저지를'과 바꾸어 쓸 수 있다.

오답 풀이

③ '연발하다'는 '연이어 일으키다.'라는 뜻을 가진 말이다.

⑤ '침범하다'는 '남의 영토나 권리, 재산, 신분 따위를 침노하여 범하거나 해를 끼치다.'라는 뜻을 가진 말이다.

[수능] **도전 문제**

본문 · 025쪽

01 ⑤　　**02** ①

01 ⑤ 대응설과 정합설, 실용설은 진리를 판단하는 관점에서 극명한 차이를 가지고 있다. 특히 이 글에서는 이 세 학설들의 차이점을 분명하게 보여 주고 있으므로 세 가지 학설이 공통된 기준을 가지고 있다고 말하기는 어렵다.

오답 풀이

① 1문단에서 진리를 판단하는 기준에 관한 대표적인 이론에는 대응설, 정합설, 실용설이 있다고 하였으므로, 진리를 판단하는 기준에는 여러 가지 학설이 존재함을 알 수 있다.

② 1문단에서 대응설은 어떤 판단이 지각한 내용과 일치할 때 그 판단을 진리라고 본다고 하였다.

③ 정합설은 어떤 판단이 기존의 지식 체계에 부합할 때 그 판단을 진리라고 보는 입장이므로 기존의 지식 체계는 진리 판단의 기준이 된다고 할 수 있다.

④ 3문단에서 실용설은 판단을 실천으로 옮겨 보아 유용한 결과가 도출되었을 경우에 그것을 진리라고 판단하는데, 유용한 결과에 대한 기준은 개인의 처지와 성향에 따라 달라질 수 있으므로, 사람에 따라 다른 판단이 나올 수 있다.

02 ① ㉠은 '어떠한 일을 다음 단계로 진행시키다.'라는 뜻으로 쓰인 경우로, 이와 유사한 의미로 사용된 것은 ①의 '(실천에) 옮기다.'이다.

오답 풀이

② '옮기다'가 '어떤 곳에서 다른 곳으로 자리를 바꾸게 하다.'의 의미로 사용되었다.

③ '옮기다'가 '불길이나 소문 따위를 한 곳에서 다른 곳으로 번져 가게 하다.'의 의미로 사용되었다.

④ '옮기다'가 '발걸음을 한 걸음 한 걸음 떼어 놓다.'의 의미로 사용되었다.

⑤ '옮기다'가 '어떠한 사실을 표현법을 바꾸어 나타내다.'의 의미로 사용되었다.

DAY 05　[인문 5]　**도덕성과 윤리**

어휘 학습

본문 · 026~028쪽

01 도처	**02** 연대	**03** 간접	**04** 다수	**05** ㉣
06 ㉠	**07** ㉢	**08** ㉡	**09** ③	**10** ③
11 ②	**12** ④	**13** ①	**14** ③	**15** ⑤
16 ④	**17** ⑤	**18** ①	**19** ④	

01 '도처'는 '이르는 곳'이라는 뜻으로 '여러 곳'을 가리키는 말이고, '거처'는 '일정하게 자리를 잡고 사는 일. 또는 그 장소'를 이르는 말이다. 주어진 문장은 휴대 전화 주문이 곳곳에서 밀려든다는 내용이므로 그 장소를 가리키는 말인 '도처'가 쓰이는 것이 적절하다.

02 '연대하다'는 '여럿이 함께 무슨 일을 하거나 함께 책임을 지다.'라는 뜻을 가진 말이다. 주변에 있는 여러 학교가 함께 힘을 모아 준비한 축제라서 볼거리와 즐길 거리가 풍성하다는 내용이므로 '연대'가 들어가는 것이 자연스럽다.

03 주위 사람들의 건강까지 해칠 수 있다는 내용으로 보아 문장에 어울리는 표현은 '중간에 매개(媒介)가 되는 사람이나 사물 따위를 통하여 맺어지는 관계'라는 뜻을 가진 '간접'이다.

04 '다수'는 '수효가 많음.'이라는 뜻이고, '소수'는 '적은 수효'라는 뜻이다. '수적으로 우위에 있는 사람'과 어울리는 말은 '다수'이다.

05 '엄습하다'는 '감정, 생각, 감각 따위가 갑작스럽게 들이닥치거나 덮치다.'라는 뜻을 가진 말이다.

06 '자족하다'는 '스스로 넉넉함을 느끼다.'라는 뜻을 가진 말이다.

07 '촘촘하다'는 '틈이나 간격이 매우 좁거나 작다.'라는 뜻을 가진 말이다.

08 '도사리다'는 '장차 일어날 일의 기미가 다른 사물 속에 숨어 있다.'라는 뜻을 가진 말이다.

09 ③ 〈보기〉의 ⓒ'표준'은 '사물의 정도나 성격 따위를 알기 위한 근거나 기준'을 뜻하는 말로 쓰였다.

10 ③ '연민'은 '불쌍하고 가련하게 여김.'을 뜻하는 말이다. 그가 이웃의 딱한 사정을 들었다는 내용으로 볼 때, ㉠에 어울리는 말은 '연민'임을 알 수 있다. 도덕성은 '도덕적 품성'으로 선악의 관점에서 본 인격, 판단, 행위 따위에 관한 가치를 이른다. 지도자의 권위와 지도력의 근원을 이야기하고 있으므로 ㉡에는 '도덕성'이 적절하다. 전쟁으로 인해 젊은이들이 전쟁터에서 죽음을 맞는 상황을 고려해 볼 때, ㉢에는 '인생의 슬프고 애달픈 일을 당하여 불행한 경우'를 이르는 말인 '비극'이 들어가는 것이 자연스럽다.

11 ② '은연중'은 '남이 모르는 가운데'라는 뜻을 가진 말로, '미처 생각할 겨를이 없이 급하게'라는 뜻을 가진 '갑작스레'와는 바꿔 쓰기에 적절하지 않다. '남몰래', '몰래'가 적당하다.

12 ④ ㉣'불행'은 '행복하지 아니함.'이라는 뜻을 가진 말인데, ④의 '불행(不行)'은 '행하지 아니함.'의 의미로 쓰였기 때문에 ㉣을 활용한 예로 적절하지 않다.

　오답 풀이
① '적성'은 '어떤 일에 알맞은 성질이나 적응 능력. 또는 그와 같은 소질이나 성격'이라는 뜻을 가진 말로, 주어진 문장에서 의미에 맞게 쓰였다.
② '몰입'은 '깊이 파고들거나 빠짐.'이라는 뜻을 가진 말로, 주어진 문장에서 의미에 맞게 쓰였다.
③ '각인'은 '머릿속에 새겨 넣듯 깊이 기억됨. 또는 그 기억'이라는 뜻을 가진 말로, 주어진 문장에서 의미에 맞게 쓰였다.
⑤ '경제적'은 '인간의 생활에 필요한 재화나 용역을 생산·분배·소비하는 모든 활동에 관한 것'이라는 뜻을 가진 말로, 주어진 문장에서 의미에 맞게 쓰였다.

13 ① '출발하다'는 '목적지를 향하여 나아가다.'라는 뜻을 가진 말이다. 〈보기〉에 주어진 '처음 시작하다.'라는 뜻을 가진 말은 '비롯하다'이다.

　오답 풀이
② '서로 얼굴을 마주 보고 대하다.'라는 뜻의 말은 '대면하다'이다.
③ '다른 것과의 관계나 접촉을 막거나 끊다.'라는 뜻의 말은 '차단하다'이다.
④ '물건 또는 생각이나 말 따위가 마구 섞이다.'라는 뜻의 말은 '뒤섞이다'이다.
⑤ '느끼고 깨닫는 힘이나 표현하는 힘이 부족하고 둔하게 되다.'라는 뜻의 말은 '무디어지다'이다.

14 ③ '인용되다'는 '남의 말이나 글이 자신의 말이나 글 속에 끌어져 쓰이다.'라는 뜻을 가진 말로, ⓒ과 바꿔 쓰기에 적절하지 않다. ⓒ'담기지'는 '반영되지' 또는 '포함되지'로 바꾸어 쓰는 것이 더 적절하다.

15 ⑤ ㉣, ㉤은 모두 '관례, 유행이나 명령, 의견 따위를 그대로 실행하다.'라는 의미로 쓰였다. ㉠은 '어떤 일이 다른 일과 더불어 일어나다.'라는 의미이고, ㉡은 '남이 하는 대로 같이 하다.'라는 의미이다. ㉢은 '일정한 선 따위를 그대로 밟아 움직이다.'라는 의미로 사용되었다.

16 ④ '낮추다'는 '아래에서 위까지의 높이를 기준이 되는 대상이나 보통 정도에 미치지 못하는 상태가 되게 하다.'라는 의미를 가진 말로, '쌓여 있거나 서 있는 것을 허물어 내려앉게 하다.'라는 의미의 '무너뜨리다'와는 의미가 이질적이다.

17 ⑤ '지니다'는 '몸에 간직하여 가지다.', '바탕으로 갖추고 있다.' 등의 의미를 가지고 있는데, ㉤에서는 후자의 의미로 쓰였다. 반면, '소지하다'는 '물건을 지니고 있다.'라는 뜻을 가진 말이므로 ㉤과 바꿔 쓰기에 적절하지 않다.

　오답 풀이
① '던지다'가 '어떤 문제 따위를 제기하다.'라는 의미로 쓰였으므로, '의견이나 문제를 내어놓다.'라는 뜻의 '제기하다'와 바꿔 쓰기에 적절하다.
② '변경하다'는 '다르게 바꾸어 새롭게 고치다.'라는 뜻을 가지고 있으므로, '바꾸다'와 바꿔 쓰기에 적절하다.
③ '가져오다'는 이 문장에서 '어떤 결과나 상태를 생기게 하다.'라는 의미로 쓰였으므로, '일의 결과로서 어떤 현상을 생겨나게 하다.'라는 뜻의 '초래하다'와 바꿔 쓰기에 적절하다.
④ '들어맞다'는 '정확히 맞다.'라는 의미이고, '해당하다'는 '어떤 범위나 조건 따위에 바로 들어맞다.'라는 의미이므로 문맥상 바꿔 쓰기에 적절하다.

18 ① '치다'는 '손이나 물건 따위를 부딪쳐 소리 나게 하다.', '시계나 종 따위가 일정한 시각을 소리를 내어 알리다.', '날개나 꼬리 따위를 세차게 흔들다.'라는 의미를 모두 가지고 있으므로 빈칸에 공통으로 들어가기에 적절하다.

19 ④ 〈보기〉의 문장에서는 '쌓다'가 '물건을 차곡차곡 포개어 얹어서 구조물을 이루다.'의 의미로 사용된 반면, ④에서는 '경험, 기술, 업적, 지식 따위를 거듭 익혀 많이 이루다.'라는 의미로 사용되었으므로 적절한 활용이 아니다.

　오답 풀이
① '생기다'는 '어떤 일이 일어나다.'라는 의미를 가진 어휘로 〈보기〉의 문장과 동일한 의미로 쓰였다.
② '닥치다'는 '어떤 일이나 대상 따위가 가까이 다다르다.'라는 뜻을 가진 말로 〈보기〉의 문장과 동일한 의미로 쓰였다.

③ '예방하다'는 '질병이나 재해 따위가 일어나기 전에 미리 대처하여 막다.'라는 뜻을 가진 말로 〈보기〉의 문장과 동일한 의미로 쓰였다.
⑤ '가지다'는 '생각, 태도, 사상 따위를 마음에 품다.'라는 뜻을 가진 말로 〈보기〉의 문장과 동일한 의미로 쓰였다.

수능 도전 문제

본문 · 029쪽

01 ②   **02** ④

01 ② 1문단의 '현대인은 타인의 고통을 대부분 그 사람의 잘못된 행위에서 비롯된 필연적 결과로 보며, 자신은 그러한 불행을 예방할 수 있다고 생각하기 때문이다.'라는 부분을 통해 확인할 수 있다.

오답 풀이
① 1문단에서 '타인의 고통이 그 자신의 잘못에서 비롯된 것이 아니라 우연히 닥친 비극이어야 한다.'라는 부분을 통해 연민의 조건에 대해 설명하고 있다.
③ 2문단에서 사람들의 사회·경제적 관계가 촘촘해짐에 따라 연민의 가치가 커질 수 있다고 하였다.
④ 3문단의 '감성적 연민만 외치는 사람들은 은연중에 자신과 고통받는 사람들이 뒤섞이지 않도록 두 집단을 분리하는 벽을 쌓는다.'라는 부분을 통해 확인할 수 있다.
⑤ 3문단 마지막 부분의 '안전지대인 성 안에서 가진 것의 일부를 성벽 너머로 던져 주며 자족하는 동정도 가치 있는 연민이다. 그러나 진정한 연민은 벽을 무너뜨리며 연대하는 것이다.'라는 부분을 통해 확인할 수 있다.

02 ④ 이 글에서 '연대'는 '여럿이 함께 무슨 일을 하거나 함께 책임을 짐.'이라는 의미로 사용되었다.

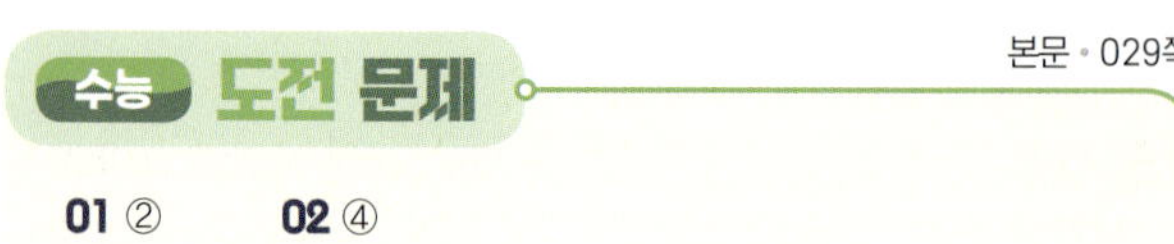

DAY 06   인문 6   **역사와 문명**

어휘 학습

본문 · 030~032쪽

01 모방	02 인습	03 역량	04 응전	05 결집
06 비례	07 보완	08 발휘	09 ⑤	10 ③
11 ④	12 ③	13 ⑤	14 ⑤	15 ④
16 ③	17 ⑤	18 ⑤	19 ④	

01 '다른 것을 본뜨거나 본받음.'이라는 뜻을 가진 말은 '모방'이다.

02 '이전부터 전하여 내려오는 습관'이라는 뜻을 가진 말은 '인습'이다.

03 '어떤 일을 해낼 수 있는 힘'이라는 뜻을 가진 말은 '역량'이다.

04 '상대편의 공격에 맞서서 싸움. 또는 상대편의 도전에 응하여 싸움.'이라는 뜻을 가진 말은 '응전'이다.

05 '결집하다'는 '한곳에 모여 뭉치다. 또는 한곳에 모아 뭉치다.'라는 뜻을 가진 말이다.

06 '비례하다'는 '한쪽의 양이나 수가 증가하는 만큼 그와 관련 있는 다른 쪽의 양이나 수도 증가하다.'라는 뜻을 가진 말이다.

07 '보완하다'는 '모자라거나 부족한 것을 보충하여 완전하게 하다.'라는 뜻을 가진 말이다.

08 '발휘되다'는 '재능, 능력 따위가 떨쳐져 나타나다.'라는 뜻을 가진 말이다.

09 ⑤ '성질, 양식, 사상 따위가 다르던 것이 서로 같게 되다.'를 뜻하는 말은 '동화되다'이다. '동요되다'는 '생각이나 처지가 확고하지 못하고 흔들리다.'라는 뜻을 가진 말이다.

10 ③ '학대하다'는 '몹시 괴롭히거나 가혹하게 대우하다.'라는 뜻을 가진 말이고, '무시하다'는 '사람을 깔보거나 업신여기다.'라는 뜻의 말이므로 바꿔 쓰기에 적절하지 않다.

오답 풀이
① '어떤 사물이나 사업의 밑바탕이 되는 기초와 밑천을 비유적으로 이르는 말'인 '토대'는 '어떤 일이나 의논, 의견에 그 근본이 됨. 또는 그런 까닭'이라는 뜻의 '근거'와 의미가 유사하다.
② '어떤 사람이나 집단, 조직, 사물 등을 자기의 의사대로 복종하게 하여 다스리다.'라는 뜻의 '지배하다'에는 이미 '다스리다'의 개념이 포함되어 있다고 볼 수 있다. 따라서 이 두 어휘는 바꿔 쓰기에 적절하다.
④ '붕괴되다'는 '무너지고 깨어지게 되다.'라는 의미의 어휘이므로, '무너지다'와 바꿔 쓰기에 적절하다.

11 ④ '대두되다'는 '어떤 세력이나 현상이 새롭게 나타나게 되다.'라는 뜻을 가진 말이다.

12 ③ ③의 '이끌다'는 '목적하는 곳으로 바로 가도록 같이 가면서 따라오게 하다.'의 의미로 사용되었고, 나머지는 모두 '사람, 단체, 사물, 현상 따위를 인도하여 어떤 방향으로 나가게 하다.'의 의미로 사용되었다.

13 ⑤ '넘치다'는 '일정한 정도를 훨씬 넘다.'라는 의미를 지닌 말로 '일정한 한도를 넘어 정도가 심하다.'라는 뜻의 '지나치다'와 의미상 가장 유사하다고 볼 수 있다.

오답 풀이
① '과소하다'는 '정도가 지나치게 작다.'의 의미이다.

② '심각하다'는 '상태나 정도가 매우 깊고 중대하다.'의 의미이다.
③ '소소하다'는 '작고 대수롭지 아니하다.'의 의미이다.
④ '무심하다'는 '아무런 생각이나 감정 따위가 없다.'의 의미이다.

14 ⑤ 'ⓜ상호'는 '상대가 되는 이쪽과 저쪽 모두'라는 뜻을 가진 말이다. ⑤에서 개인 정보를 수집하는 것에 동의하는 행위는 개인 정보를 제공하는 쪽에만 해당하므로, '상호의 동의를 구해야 한다'는 표현은 적절하지 않다. '상호'를 '상대방'으로 바꾸어 쓰는 것이 적절하다.

15 ④ '향하다'는 ㉠에서는 '무엇이 어느 한 방향을 취하게 하다.'의 뜻으로, ㉡에서는 '어느 한쪽을 목표로 하여 나아가다.'의 의미로, ㉢에서는 '어느 한쪽을 정면이 되게 대하다.'의 뜻으로 활용되었다. 따라서 〈보기〉의 빈칸에 공통으로 들어갈 수 있는 어휘는 '향하다'이다.

16 ③ '지탱한'의 기본형 '지탱하다'는 '오래 버티거나 배겨 내다.'라는 뜻을 가진 어휘로 주어진 문장에는 '어떤 사람이나 집단, 조직, 사물 등을 자기의 의사대로 복종하게 하여 다스리다.'라는 뜻의 '지배하다'의 활용형인 '지배한'이 들어가는 것이 문맥상 자연스럽다.

오답 풀이
① '냉혹하다'는 '차갑고 혹독하다.'라는 뜻을 가진 말이다.
② '열망'은 '열렬하게 바람.'이라는 뜻을 가진 말이다.
④ '차원'은 '사물을 보거나 생각하는 처지'라는 뜻을 가진 말이다.
⑤ '이념'은 '이상적인 것으로 여겨지는 생각이나 견해'라는 뜻을 가진 말이다.

17 ⑤ 임무를 수행하는 것은 〈보기〉에서 ㉡의 의미인 '생각하거나 계획한 대로 일을 해내다.'에 해당하는 것이다.

18 ⑤ ㉤의 '세우다'가 '질서나 체계, 규율 따위를 올바르게 하거나 짜다.'라는 의미라면, ⑤의 '세우다'는 '나라나 기관 따위를 처음으로 생기게 하다.'의 의미로 사용되었다.

19 ④ '특히'는 '보통과 다르게'라는 의미를 지닌 말로, 부정적인 표현에 주로 쓰여 문장의 의미를 강화해 주는 나머지 말과는 성격이 다르다.

오답 풀이
① '아주'는 '보통 정도보다 훨씬 더 넘어선 상태로'라는 뜻의 말로 긍정문과 부정문에 모두 사용될 수 있다.
② '일절'은 '아주, 전혀, 절대로'의 뜻으로, 흔히 행위를 그치게 하거나 어떤 일을 하지 않을 때에 쓰는 말이다.
③ '전혀'는 '도무지', '완전히'의 뜻으로 주로 부정문과 함께 쓰인다.
⑤ '완전히'는 '필요한 것이 모두 갖추어져 모자람이나 흠이 없이'라는 뜻의 말이다.

01 ②   **02** ③   **03** ⑤

01 ② 2문단에서 토인비는 도전이 주는 자극의 강도와 응전의 효력이 비례한다는 해석을 막고자 했다는 것을 알 수 있다.

오답 풀이
① 1문단에서 확인할 수 있는 내용이다.
③ 2문단의 내용을 통해 확인할 수 있다.
④ 3문단의 내용을 포괄하는 진술이다.
⑤ 3문단의 마지막 부분을 통해 확인할 수 있다.

02 ③ 토인비의 가설을 인용하여 인류가 지속적인 발전을 이루기 위해서는 어떠한 전제 조건들이 필요한지에 대해 기술하고 있으므로, 이러한 중심 내용을 포함하는 것이 이 글의 제목으로 가장 적절하다.

오답 풀이
① 지속적인 문명의 발전을 위해 인습과 권위를 지양하는 것이 좋다는 견해가 드러나긴 하지만, 직접적으로 폐해에 대해 서술하는 부분은 없다.
② 글의 전체적인 내용상 문명의 발전을 지속하는 것이 인류의 나아갈 방향이라는 것이 글쓴이의 견해임을 유추할 수는 있지만, 과제에 대해 별도로 논하는 부분은 없다.
④ 창조적 소수가 문명의 지속적인 발달을 위한 중요한 인물들임은 글 전체에 드러나고 있지만, 인류의 발전을 통한 그들의 활약상이 구체적으로 드러난 부분은 없다.
⑤ 역경에 응전하여 문명의 발달을 주도하는 것은 창조적 소수의 역할이고, 모방을 통해 결집되어 이를 뒷받침하는 것이 대중의 역할이므로 주어진 글의 내용과 일치하지 않는다.

03 ⑤ 마지막 문장의 '모방이 창조적 소수에게로 향하는'에서 '향하다'는 '어느 한쪽을 정면이 되게 대하다.'와 '어느 한쪽을 목표로 하여 나아가다.'의 두 가지 의미로 모두 해석 가능하다. 이와 바꿔 쓸 수 있는 적절한 어휘로는 '의견이나 사상 따위가 여럿으로 나뉘어 있는 것을 하나로 모아 정리하다.'라는 의미를 가지고 있는 '수렴하다' 정도를 들 수 있다. 맞춤법이 유사한 '수렵하다'는 '총이나 활 또는 길들인 매나 올가미 따위로 산이나 들의 짐승을 잡다.'라는 전혀 다른 의미를 가진 말이므로 ㉤과 바꿔 쓰는 것은 적절하지 않다.

오답 풀이
① '비례하다'는 '한쪽의 양이나 수가 증가하는 만큼 그와 관련 있는 다른 쪽의 양이나 수도 증가하다.'라는 뜻을 가진 어휘로, '어떤 두 대상이 주어진 어떤 관계에 의하여 서로 짝이 되다.'라는 의미의 '대응하다'와 바꿔 쓰기에 적절하다.
② '지나치다'는 '일정한 한도를 넘어 정도가 심하다.'라는 뜻을 가진 형용사로 부사형인 '지나치게'는 '너무, 심하게' 등으로 바꿔 쓰기에 적절하다.
③ '발휘하다'는 '재능, 능력 따위를 떨치어 나타내다.'라는 뜻

을 가진 말로 '보여 주다'라는 의미를 내포하고 있어 두 말
을 바꾸어 쓰는 것은 적절하다.
④ '결집하다'는 '한곳에 모여 뭉치다. 또는 한곳에 모아 뭉치
다.'라는 의미를 가진 말로 '모으다'라는 의미를 내포하고 있
으므로 두 말을 바꾸어 쓰는 것은 적절하다.

단원 종합 문제

본문 • 034~037쪽

01 ④	**02** ③	**03** ③	**04** ⑤	**05** ⑤
06 ①	**07** ⑤	**08** ⑤	**09** ④	**10** ⑤
11 ②	**12** ②	**13** ④	**14** ③	**15** ⑤
16 ③	**17** ⑤			

01 ④ '대표로 삼을 만큼 상징적인 것'이라는 뜻을 가진 어휘는 '표
상'이다. ④의 문장을 올바르게 고치려면 '대변한다'를 '표상한
다'로 바꾸어야 한다.

02 ③ 〈보기〉의 ㉠에는 문맥상 부정어를 강조하는 부사어가 들어
가야 하므로 '도무지', '완전히'의 뜻을 나타내는 '전혀'가 오는
것이 적절하다. 〈보기〉의 ㉡에는 침착함을 잃지 않고 대피하
는 사람들의 모습을 나타내는 말이 들어가야 하므로 '일 따위
가 아무 탈이나 말썽 없이 예정대로 잘되어 가는 상태에 있다.'
라는 뜻의 '순조롭다'의 활용형인 '순조롭게'가 어울린다. 〈보기〉
의 ㉢에는 '어떤 일이 뜻하지 아니하게 저절로 이루어져 공교
롭게'라는 뜻의 '우연히'가 오는 것이 자연스럽다.

03 ③ '앞서다'는 말 그대로 '앞에 서다.'라는 의미를 가진 어휘로,
이와 가장 유사한 의미를 가지고 있어 바꾸어 쓰기에 적절한
어휘는 '어떠한 것보다 앞서가거나 앞에 있다.'라는 뜻의 '선행
하다'의 과거형 '선행했다'이다.
오답 풀이
① '선동하다'는 '남을 부추겨 어떤 일이나 행동에 나서도록 하
다.'라는 뜻을 지닌 말이다.
② '선망하다'는 '부러워하여 바라다.'라는 뜻을 지닌 말이다.
⑤ '수행하다'는 '생각하거나 계획한 대로 일을 해내다.'라는 뜻
을 지닌 말이다.

04 ⑤ '스스로 넉넉함을 느끼다.'라는 뜻을 가진 말은 '자족하다'이
다. 문맥에 맞게 '자족하며'로 쓸 수 있다.
오답 풀이
① '자만하다'는 '자신이나 자신과 관련 있는 것을 스스로 자랑
하며 뽐내다.'라는 뜻을 가진 말이다.
② '자위하다'는 '자기 마음을 스스로 위로하다.'라는 뜻을 가진
말이다.
③ '자숙하다'는 '자신의 행동을 스스로 조심하다.'라는 뜻을 가
진 말이다.
④ '자조하다'는 '자기를 비웃다.'라는 뜻을 가진 말이다.

05 ⑤ '스스로 깨닫다.'라는 뜻을 가진 어휘는 '자각하다'로, 문맥
에 맞게 '자각하고는'으로 바꾸어 쓸 수 있다.
오답 풀이
① '각성하다'는 '깨달아 알다.'라는 뜻을 가진 말이다.
② '감지하다'는 '느끼어 알다.'라는 뜻을 가진 말이다.

06 ① '상실하다'는 '어떤 것을 아주 잃거나 사라지게 하다.'라는
뜻을 가진 말이다.

07 ⑤ 〈보기〉의 첫 번째 문장에서는 '좁히다'가 '내용이나 범위 따
위를 작게 하다.'의 의미로 쓰였고, 두 번째 문장에서는 '너비
를 작게 하다.'로 쓰였다. 세 번째 문장에서는 '면이나 바닥 따
위의 면적을 작게 하다.'의미로 쓰였다.

08 ⑤ 문맥상 빈칸에는 부정적 관계를 드러내는 말이 들어가야 한
다. '화기애애하다'는 '온화하고 화목한 분위기가 넘쳐흐르다.'
라는 뜻을 가진 어휘로, 빈칸에 들어갈 어휘로 적절하지 않다.

09 ④ '의문을 던지다'에서 '던지다'의 의미는 '어떤 문제 따위를 제
기하다.'이다. ④의 '던지다' 역시 유사한 의미로 사용되었다.
오답 풀이
① '던지다'가 '손에 든 물건을 다른 곳에 떨어지게 팔과 손목을
움직여 공중으로 내보내다.'의 의미로 사용되었다.
② '던지다'가 '일 따위를 중도에 그만두다.'의 의미로 사용되었
다.
③ '던지다'가 '어떤 것을 향하여 보다.'의 의미로 사용되었다.
⑤ '던지다'가 '자기 몸을 떨어지게 하거나 뛰어들다.'의 의미로
사용되었다.

10 ⑤ '부합하다'는 '부신(符信)이 꼭 들어맞듯 사물이나 현상이 서
로 꼭 들어맞다.'라는 의미를 가진 어휘로, '조건에 부합하다.',
'요구에 부합하다.' 등으로 다양하게 활용될 수 있다.
오답 풀이
① '보존하다'는 '잘 보호하고 간수하여 남기다.'라는 의미를 지
닌 말이다.
② '보충하다'는 '부족한 것을 보태어 채우다.'라는 의미를 지닌
말이다.
③ '부연하다'는 '이해하기 쉽도록 설명을 덧붙여 자세히 말하
다.'라는 뜻을 지닌 말이다.
④ '부정하다'는 '그렇지 아니하다고 단정하거나 옳지 아니하다
고 반대하다.'라는 의미를 지닌 말이다.

11 ② '충당하다'는 '모자라는 것을 채워 메우다.'라는 뜻을 가진
말이다. '모자람이 없이 넉넉하다.'는 '충분하다'에 해당하는 뜻
이다.

12 ② ㉡'인습'은 '이전부터 전하여 내려오는 습관' 또는 '예전의
풍습, 습관, 예절 따위를 그대로 따름.'이라는 뜻을 가진 어휘
이다.

13 ④ '촘촘하다'는 '틈이나 간격이 매우 좁거나 작다.'라는 뜻을
가진 어휘이다. 이와 가장 비슷한 말은 '사이가 촘촘하다.'라는

뜻을 가진 '빽빽하다'이다.

오답 풀이
① '세밀하다'는 '자세하고 꼼꼼하다.'라는 뜻을 가진 어휘이다.
③ '간결하다'는 '간단하고 깔끔하다.'라는 뜻을 가진 어휘이다.

14 ③ '표현'은 '생각이나 느낌 따위를 언어나 몸짓 따위의 형상으로 드러내어 나타냄.'이라는 뜻이다. 주어진 문장은 한 축구 선수가 성실함을 대표하는 존재로 인정받는다는 내용이므로 '표현'을 '대표로 삼을 만큼 상징적인 것' 또는 '본을 받을 만한 대상'이라는 뜻을 지닌 '표상'으로 바꾸어 쓰는 것이 문맥상 자연스럽다.

오답 풀이
① '기조'는 '사상, 작품, 학설 따위에 일관해서 흐르는 기본적인 경향이나 방향'이라는 뜻을 나타낸다.
② '성장'은 '사람이나 동식물 따위가 자라서 점점 커짐.'이라는 뜻이다.
④ '비극'은 '인생의 슬프고 애달픈 일을 당하여 불행한 경우를 이르는 말이다.
⑤ '진위'는 '참과 거짓 또는 진짜와 가짜를 통틀어 이르는 말'이다.

15 ⑤ '간주하다'는 '상태, 모양, 성질 따위가 그와 같다고 보거나 그렇다고 여기다.'라는 뜻을 가진 어휘로, '전체에서 일부를 줄이거나 빼다.'라는 뜻의 '생략하다'와 바꾸어 쓰기에 적절하지 않다. 문장의 '간주하다'는 문맥상 '여기다', '같음하다' 등으로 바꾸어 쓸 수 있다.

16 ③ 〈보기〉의 ㉠에는 '참된 이치. 또는 참된 도리'라는 뜻의 '진리'가 들어가는 것이 자연스럽다. ㉡에는 '좋고 훌륭한 임금'을 가리키는 말이 들어가야 한다. 이에 해당하는 말은 '어질고 덕이 뛰어난 임금'이라는 뜻의 '성군'이다. ㉢에는 먹는 행위의 '근본적인 의미나 특성'을 뜻하는 말이 들어가는 것이 적절하다. 이에 해당하는 말은 '사물이나 현상을 성립시키는 근본적인 성질'이라는 뜻의 '본질'이다.

17 ⑤ '대중'은 '수많은 사람의 무리' 또는 '대량 생산·대량 소비를 특징으로 하는 현대 사회를 구성하는 대다수의 사람'을 의미하므로, '구성원 전체'라고 볼 수는 없다.

어휘 학습

본문 · 040~042쪽

01 자금 **02** 지급 **03** 예금 **04** 대출 **05** 수행해서
06 조정하는 **07** 보유하려는 **08** 유도하여 **09** ④
10 ④ **11** ② **12** ⑤ **13** ③ **14** ①
15 ⑤ **16** ② **17** ② **18** ① **19** ③
20 ④ **21** ⑤

01 '자금'은 '사업을 경영하는 데에 쓰는 돈'을 이르는 말이고, '수금'은 '받을 돈을 거두어들임. 또는 그런 돈'을 뜻하는 말이다. 따라서 투자 목적으로 기업에 제공할 수 있는 것은 '자금'이다.

02 예금 상품은 돈을 맡긴 사람에게 약속된 이자를 제공하는 상품이다. 따라서 문장에는 '돈이나 물품 따위를 정하여진 몫만큼 내주다.'라는 뜻의 '지급하다'가 어울린다. '수취하다'는 '거두어들여서 가지다.'를 뜻하는 말이다.

03 '예금'은 '일정한 계약에 의하여 은행이나 우체국 따위에 돈을 맡기는 일'을 뜻하는 말이다. 반면 '출금'은 '돈을 내어 쓰거나 내어 줌.'의 의미이다. 따라서 주어진 문장에 들어갈 적절한 어휘는 '예금'이다.

04 '대출'은 '돈이나 물건 따위를 빌려주거나 빌림.'을 뜻하는 말로, 어려운 상인들이 대출로 빌린 자금을 갚는 것이 어려울 경우 정부가 그 상환을 지원해 줄 수 있다. '송금'은 '돈을 부쳐 보냄.'을 뜻하는 말로, 자금을 갚는 내용과 어울리지 않는다.

05 '생각하거나 계획한 대로 일을 해내다.'라는 의미를 가진 '수행하다'로 바꾸어 쓸 수 있다.

06 '어떤 기준이나 실정에 맞게 정돈하다.'의 의미를 가진 '조정하다'로 바꾸어 쓸 수 있다.

07 '가지고 있거나 간직하고 있다.'라는 의미를 가진 '보유하다'로 바꾸어 쓸 수 있다.

08 '사람이나 물건을 목적한 장소나 방향으로 이끌다.'라는 의미를 가진 '유도하다'로 바꾸어 쓸 수 있다.

09 ④ '안목'은 '사물을 보고 분별하는 견식'으로 담보물이 우량한 것인지 아닌지를 분별해야 하는 문맥에 어울린다. 하지만 '시선'은 '눈의 방향'을 의미하기에 겉으로 드러나는 현상을 식별하는 데에 사용되는 말이다.

오답 풀이
① 환전 수요가 같은 때에, 즉 일시에 몰려 혼란이 발생하게 되었다는 의미로 문장을 이해할 수 있다. '차시'는 '다음 시간'으로 어떤 일을 예고할 때 쓰이는 말이다.
② 은행에서 환전의 대가로 지불해야 하는 돈은 '수수료'이다.

'급료'는 '일에 대한 대가로 고용주가 지급하는 돈'을 뜻하는 말로 '월급'이나 '일급'과 같은 의미의 말이다.
③ '가진 자금이 넉넉하지 않았다.'라는 의미이므로 '여유가 없었다'라고 표현하는 것이 적절하다. 의존 명사로 쓰이는 '여지'는 '어떤 일을 하거나 어떤 일이 일어날 가능성이나 희망'을 뜻하는 말로, 문맥에 어울리지 않는다.
⑤ '연고'는 '일의 까닭'이지만 '사정'은 '일의 형편이나 까닭'으로 주어진 문장의 의미가 자연스럽기 위해서는 '형편'과 관련한 단어가 쓰여야 한다.

10 ④ '기능'은 '하는 구실이나 작용을 함.'이라는 뜻을 가진 말이다. 문장에서 '운송'의 작용을 수행하는 것을 나타내기 위해 쓰였다. 반면 '성능'은 '기계 따위가 지닌 성질이나 기능'을 의미하는 말인데, '운송'은 '기계'의 범주에 들어가지 않으므로 바꿔 쓰기에 적절하지 않다.

오답 풀이
① '운용하다'는 '무엇을 움직이거나 부리어 쓰다.'라는 뜻을 지닌 말로, 문맥상 '어떤 대상을 관리하고 운용하여 나가다.'라는 뜻의 '운영하다'와 바꿔 쓸 수 있다.
② '진행하다'는 '일 따위를 처리하여 나가다.'라는 뜻으로, 문맥상 '목표를 향하여 밀고 나아가다.'를 뜻하는 '추진하다'로 바꿔 쓸 수 있다.
③ '자금'은 '특정한 목적에 쓰는 돈'을 뜻하는 말로, 문맥상 '장사나 사업 따위의 기본이 되는 돈'을 뜻하는 '자본'으로 바꿔 쓸 수 있다.
⑤ '이윤'은 '기업의 총수입에서 임대, 지대, 이자, 감가상각비 따위를 빼고 남은 순이익'을 뜻하는 말로, 문맥상 '일정 기간의 총수입에서 그것을 위하여 들인 비용을 뺀 차액'을 뜻하는 '이익'과 바꿔 쓸 수 있다.

11 ② '수익'은 '이익을 거두어들임. 또는 그 이익'을 뜻하는 말이다. '소득'은 '일한 결과로 얻은 정신적 또는 물질적 이익'을 뜻하는 말이며, '이득'은 '이익을 얻음. 또는 그 이익'을 뜻하는 말이다. 따라서 세 어휘에 공통적으로 포함되어 있는 의미로 적절한 것은 '이익'이다.

12 ⑤ 문맥상 비용을 줄이고 생산성을 높이는 것은 초기 투입보다 산출되어 나오는 결과물을 더 낫게 만들려는 노력과 관련됨을 알 수 있다. 자원 역시 한정되어 있다면 아껴서 오랫동안 사용하는 것이 더 나은 결과를 만드는 방법일 것이다. 따라서 빈칸에 공통적으로 들어갈 어휘는 '들인 노력에 비해 얻는 결과가 큰'을 의미하는 '효율적'이 적절하다.

13 ③ 문맥을 고려할 때, 〈보기〉의 ㉠'조성하다'는 '분위기나 정세 따위를 만들다.'의 의미로 쓰였음을 알 수 있다. ③의 '조성하다'는 분위기나 정서에 해당하는 '여론'을 대상으로 하고 있으므로 ㉠과 그 의미가 유사하다고 볼 수 있다.

오답 풀이
①, ②, ④, ⑤ 물리적인 대상을 목적어로 하여 '무엇을 만들어서 이루다.'라는 의미로 쓰였다.

14 ① ㉠'유통되다'는 '화폐나 물품 따위가 세상에서 널리 쓰이다.'라는 뜻을 지닌 말이다. 〈보기〉에서 화폐는 중앙은행에서 발행되어 시장에서 널리 쓰이는 것이기에 '유통되다'라는 서술어와 어울려 쓰이고 있다. '통용되다' 역시 '일반적으로 두루 쓰이다.'라는 의미를 가진 말이므로 화폐의 이러한 특성을 설명할 수 있는 어휘로 볼 수 있다.

15 ⑤ 환율에 의해 정확한 수출 대금이 결정된다는 문맥이기에 ㉤'산출'은 '계산하여 냄.'이라는 의미로 쓰였음을 알 수 있다. 하지만 ⑤의 '산출'은 작물의 생산과 관련된 것이기에 '물건을 생산하여 내거나 인물 또는 사상 따위를 냄.'이라는 의미와 어울린다. 따라서 동음이의어임을 알 수 있다.

16 ② ㉡에서 사용된 '일정'은 이어지는 '금액'과 어울려 '어느 정도의 돈의 액수'를 나타내고 있다. 따라서 '어떤 것의 크기, 모양, 범위, 시간 따위가 하나로 정하여져 있음.'이라는 의미로 쓰였음을 알 수 있다. ②에서 나타난 '일정'의 의미는 계획과 관련된 것으로 돈의 액수와 어울리지 않는다.

17 ② 〈보기〉의 첫째 문장은 정부가 새로운 산업에 걸맞은 일자리를 만들려고 노력한다는 것이다. 둘째 문장은 우수한 회사는 꾸준히 생산품을 판매하기에 현금이 계속 만들어진다는 것이다. 이를 통해 빈칸에 들어갈 말로 '전에 없던 것을 처음으로 생각하여 지어내거나 만들어 냄.'의 의미를 지닌 '창출'이 적절함을 알 수 있다.

18 ① 문맥을 고려할 때 〈보기〉의 ㉠에 들어갈 어휘는 '자금을 구하기 위해 필요한 무엇'에 해당한다. 따라서 '거래한 재화의 대가를 앞으로 치를 수 있음을 보이는 능력'을 의미하는 '신용'이 ㉠에 들어갈 어휘로 가장 적절하다.

19 ③ ㉠'수요자'와 ㉡'공급자'는 반의 관계이다. 두 단어의 의미가 대립되는 경우로 '자음'과 '모음' 역시 반의 관계로 볼 수 있다.

오답 풀이
① '키'는 '사람이나 동물이 똑바로 섰을 때에 발바닥에서 머리 끝에 이르는 몸의 길이'를 의미하며 '신장'과 의미가 동일하다. 따라서 두 단어는 동의 관계이다.
② '사망'은 '사람이 죽음.'을 뜻하고, '서거'는 '죽어서 세상을 떠남.'을 의미하기에 의미가 유사하다. 따라서 두 단어는 유의 관계이다.
④ '가축'은 '집에서 기르는 짐승'으로 소, 말, 돼지, 닭, 개 따위를 통틀어 이르는 말로, '돼지'를 포함한다. 따라서 두 단어는 상하 관계이다.
⑤ '강냉이'는 '옥수수의 열매'를 의미하는 말로 두 단어는 유의 관계로 볼 수 있다.

20 ④ 〈보기〉에서 정부는 조합을 통해 농민과 소비자들을 이어주는 역할을 하고 있음을 알 수 있다. 따라서 '중개'는 '제삼자로서 두 당사자 사이에 서서 일을 주선함.'의 의미가 적절하다.

21 ⑤ 〈보기〉의 ㉤에는 문맥을 통해 경제 상황의 악화가 환율 급등을 초래할 수 있음을 설명하는 단어가 쓰여야 함을 알 수 있

다. ⑤의 '유인'은 '어떤 일 또는 현상을 일으키는 원인'이라는 뜻으로 〈보기〉의 ㉣에 들어갈 적절한 어휘이다. 비슷한 말로 '요인'도 들어갈 수 있다. 하지만 ⑤에 제시된 의미를 가진 어휘는 '유도'로, 어휘와 그 의미의 연결이 올바르지 않다.

본문 · 043쪽

01 ③   **02** ①   **03** ⑤

01 ③ 2문단에 따르면, 은행은 자금 수요자의 수익성과 안전성을 정확하게 평가하여 자금이 한층 건전하고 수익성 높은 곳에 투자되도록 유도한다고 하였으므로 자금의 공급자가 지정한 수요자에게만 은행이 자금을 전달한다는 설명은 적절하지 않다.

02 ① 최초로 발행된 통화를 은행에 맡기고 이것을 은행이 다시 대출해 준다면 그것이 다시 예금으로 이어지고 이러한 순환 과정을 거쳐 원래 예금액의 몇 배가 예금으로 만들어지게 된다.
오답 풀이
② 최초 예금액에서 지급 준비금을 제외하고 대출을 해 주기 때문에 그 돈이 새로운 예금을 창출할 수 있게 된다. 지급 준비용으로 은행에 고정적으로 통화가 보관된다면 예금 창조는 이루어질 수 없다.
③ 예금으로 맡겨진 통화의 일부는 지급 준비용으로 보관하게 된다고 하였다.
④ 대출을 이용한 사람도 다시 이 통화를 다른 은행에 예금함으로써 통화량 증가에 기여할 수 있다. 따라서 예금을 맡긴 사람과 대출을 이용한 사람 모두 예금 창조에 기여할 수 있는 것으로 볼 수 있다.
⑤ 처음 은행에 맡겨진 물리적인 금의 양이 변화가 없다면 이를 다시 대출에 활용한 금세공업자에 의해 유통되는 통화의 양은 증가된 것처럼 보이지만 물리적인 통화의 양은 변화가 없다.

03 ⑤ '창출하다'는 '전에 없던 것을 처음으로 생각하여 지어내거나 만들어 내다.'라는 의미인 데 반해 '활용하다'는 '충분히 잘 이용하다.'라는 의미로 쓰인다. 따라서 '창출하다'는 '활용하다'와 바꿔 쓸 수 없다.
오답 풀이
① '이윤'의 의미는 '장사 따위를 하여 남은 돈'인데 수수료를 받아 물질적인 보탬이 된 것이므로 '물질적으로나 정신적으로 보탬이 되는 것'이라는 의미를 가진 '이익'과 바꾸어 쓸 수 있을 것이다.
② '조성하다'의 의미는 '무엇을 만들어서 이루다.'인데 '만들다' 역시 '노력이나 기술 따위를 들여 목적하는 사물을 이루다.'이므로 둘 다 어떤 것을 이루는 의미를 포함하기에 유사한 단어로 볼 수 있다.
③ '융통하다'의 의미는 '금전, 물품 따위를 돌려쓰다.'인데 '빌리다' 역시 '남의 물건이나 돈 따위를 나중에 도로 돌려주기

나 대가를 갚기로 하고 얼마 동안 쓰다.'라는 의미이므로 두 단어 모두 물리적 대상을 빌리거나 구하여 쓴다는 의미를 포함하고 있다.
④ '안목'의 의미는 '사물을 보고 분별하는 지식'인데 '식견' 역시 '사물을 분별할 수 있는 능력을 이르는 말'이므로 두 단어 모두 사물을 분별하는 능력을 의미한다는 점에서 유사한 단어로 볼 수 있다.

DAY 08 사회 2 법률과 책임

어휘 학습

본문 · 044~046쪽

01 고의   **02** 결핍   **03** 절대적   **04** 동의한
05 발휘되는   **06** 실현하려면   **07** 중시하는   **08** ④
09 ④   **10** ③   **11** ①   **12** ④   **13** ⑤
14 ⑤   **15** ④   **16** ①   **17** ⑤   **18** ①
19 ③   **20** ③

01 '일부러 하는 생각이나 태도'를 뜻하는 말은 '고의'이다.

02 '있어야 할 것이 없어지거나 모자람.'을 의미하는 말은 '결핍'이다.

03 '아무런 조건이나 제약이 붙지 아니하는 것'을 뜻하는 말은 '절대적'이다.

04 '의사나 의견을 같이하다.'라는 의미를 지닌 말은 '동의하다'이다.

05 '재능, 능력 따위가 떨쳐져 나타나다.'라는 의미를 지닌 말은 '발휘되다'이다.

06 '꿈, 기대 따위를 실제로 이루다.'라는 의미를 지닌 말은 '실현하다'이다.

07 '가볍게 여길 수 없을 만큼 매우 크고 중요하게 여기다.'라는 의미를 지닌 말은 '중시하다'이다.

08 ④ 아버지의 유산을 고르게 나누어 가진다는 내용으로 볼 때, '어느 쪽으로도 치우치지 않고 고름.'을 의미하는 말인 '공평'이 쓰이는 것이 적절하다. '공공'은 '국가나 사회의 구성원에게 두루 관계되는 것'을 이르는 말이다.
오답 풀이
① '권력'은 '남을 복종시키거나 지배할 수 있는 공인된 권리와 힘'을 의미하는 말이며, '알력'은 '서로 의견이 맞지 아니하여 사이가 안 좋거나 충돌하는 것을 이르는 말'이다. '남용'의 의미를 고려할 때 문장에 어울리는 표현은 '권력'이다.

③ 반드시 지켜야 하는 법의 특성을 고려할 때, '권력이나 위력으로 남의 자유의사를 억눌러 원하지 않는 일을 억지로 시키는 성질'이라는 의미를 가진 '강제성'이 문장에 어울린다. '공정성'은 '공평하고 올바른 성질'을 의미하는 말이다.

⑤ '합병'은 '둘 이상의 기구나 단체, 나라 따위가 하나로 합쳐짐.'을 의미하는 말로 갈등 당사자가 이루고자 하는 목적과는 거리가 멀다. 반면 '합의'는 '서로 의견이 일치함.'을 의미하는 말로 갈등 당사자가 서로의 입장을 이해하여 이룰 수 있는 것으로 적절하다.

09 ④ '기금'은 '어떤 목적이나 사업, 행사 따위에 쓸 기본적인 자금. 또는 기초가 되는 자금'을 의미한다. 따라서 〈보기〉에서 근거가 부족한 기사를 감독할 주체를 나타내는 '기관'을 대신할 수 있는 어휘로는 적절하지 않다.

오답 풀이
③ '감독하다'는 '일이나 사람 따위가 잘못되지 아니하도록 살피어 단속하다.'라는 의미를 지닌 말로, '단속하기 위하여 주의 깊게 살피다.'라는 뜻의 '감시하다'로 바꿔 쓸 수 있다.
⑤ '법률'은 '국가의 강제력을 수반하는 사회 규범'을 뜻하는 말로, '일반 국민의 권리와 의무에 관계있는 법 규범'을 뜻하는 말인 '법규'로 바꿔 쓸 수 있다.

10 ③ '규정'은 '규칙으로 정함. 또는 그 정하여 놓은 것'을 뜻하는 말이다. '한정'은 '수량이나 범위 따위를 제한하여 정함. 또는 그런 한도'를 뜻하는 말이며, '규제'는 '규칙이나 규정에 의하여 일정한 한도를 정하거나 정한 한도를 넘지 못하게 막음.'을 뜻하는 말이다. 따라서 세 어휘에 공통적으로 포함되어 있는 의미로 적절한 것은 '제한'이다.

11 ① 〈보기〉의 첫 번째 문장의 빈칸에는 공공 기관이 사유 재산을 침해하였을 때 피해자와 협상을 하는 과정에서 필요한 자세를 나타내는 말이 들어가야 한다. 두 번째 문장의 빈칸에는 범법 행위를 저지른 청소년에 대해 이해하고 공감해 주는 태도를 설명하는 어휘가 들어가야 한다. 마지막 문장의 빈칸에는 다문화 사회에서 필요한 인식은 다른 문화를 차별하지 않는 마음임을 설명하는 어휘가 들어가야 한다. 〈보기〉의 세 문장은 모두 상대 입장에 대한 수용적 자세의 중요성을 나타내고 있으므로, 빈칸에 들어갈 말로 가장 적절한 것은 '어떠한 것을 받아들이는' 것이라는 뜻의 '수용적'이다.

12 ④ 〈보기〉의 ㉠'미치다'는 '영향이나 작용 따위가 대상에 가하여지다.'라는 의미로 쓰였다. ④의 '미치다'는 파장이 '우리 집단'에게 가하여진다는 의미로 쓰였으므로, ㉠과 그 의미가 가장 유사하다고 할 수 있다.

오답 풀이
①, ②, ③, ⑤ '미치다'가 '공간적 거리나 수준 따위가 일정한 선에 닿다.'라는 뜻으로 쓰였다.

13 ⑤ ㉠'적합한'의 기본형 '적합하다'는 '일이나 조건 따위에 꼭 알맞다.'라는 뜻의 말이다. 이와 유사한 말은 '꼭 알맞다.'라는 의미를 가진 '적절하다'이다.

14 ⑤ ㉢'허용'은 '허락하여 너그럽게 받아들임.'이라는 뜻으로 사용되었다. ⑤에 어울리는 말은 '권리나 권한 따위를 본래의 목적이나 범위를 벗어나 함부로 행사함.'을 뜻하는 '남용'이다.

15 ④ 〈보기〉에서 첫 번째 문장은 노동자를 보호하는 법률이 오히려 사회적 약자를 위협하는 수단으로 사용될 때가 있음을 지적하는 내용이다. 두 번째 문장은 민생 법안을 통과시켜 민생을 안정시켜야 할 국회가 그 역할을 제대로 수행하지 못함을 비판하는 내용이다. 따라서 빈칸에 공통으로 들어갈 어휘는 '알맞지 않게 쓰이거나 나쁜 일에 씀.'이라는 의미를 가진 '악용'이다.

16 ① ㉠에서 사용된 '사유 재산'은 개인이나 법인의 소유권, 토지, 자본 등을 아우르는 재산을 이르기에 '사유'는 개인이 소유한다는 의미임을 유추할 수 있다. 실제로 '개인이 사사로이 소유함. 또는 그런 소유물'이 '사유'의 사전적 의미이다.

17 ⑤ 〈보기〉에 따르면, 법원은 국가에서 부여한 권력인 사법권을 통해 어떤 문제에 대한 적법성이나 위법성을 따지는 기관으로 볼 수 있다. 따라서 ㉠에 들어갈 어휘는 이러한 권력을 이용한다는 취지의 말이 적절할 것이다. '행사하다'는 '부려서 쓰다.'라는 의미를 가지고 있으므로, 빈칸에 들어갈 어휘로 적절하다.

18 ① ㉠'적법'은 '법규에 맞음. 또는 알맞은 법'이라는 의미이고, ㉡'위법'은 '법률이나 명령 따위를 어김.'이라는 의미로, 두 어휘는 반의 관계를 이룬다고 볼 수 있다. '긴장'은 '마음을 조이고 정신을 바짝 차림.'이라는 뜻이고, '이완'은 '바짝 조였던 정신이 풀려 늦추어짐.'을 뜻하는 말로서, 두 어휘 역시 반의 관계를 이룬다.

오답 풀이
② '제도나 기구 따위를 새롭게 뜯어고침.'을 의미하는 말인 '개혁'과 '급격하게 바꾸어 아주 달라지게 함.'을 뜻하는 말인 '변혁'은 유의 관계이다.
③ '도피'는 '도망하여 몸을 피함.'을 뜻하는 말로서, '도망'과 유의 관계를 이룬다.
④ '아직 다하지 못함.'을 뜻하는 말인 '미진'과, '아직 흡족하지 못하거나 만족스럽지 않음.'을 의미하는 '미흡'은 유의 관계이다.
⑤ '후각'은 '눈, 코, 귀, 혀, 살갗을 통하여 바깥의 어떤 자극을 알아차림.'을 뜻하는 말인 '감각'의 한 종류이므로, 두 어휘는 상하 관계를 이룬다고 볼 수 있다.

19 ③ 〈보기〉의 '지다'는 '책임이나 의무를 맡다.'라는 의미로 사용되었다.

20 ③ ㉢'당시'의 올바른 의미는 '일이 있었던 바로 그때'이고, '일이 있는 바로 그 시대'의 의미를 가진 어휘는 '당대'이다.

수능 도전 문제

01 ②　　**02** ⑤　　**03** ②

01 ② 3문단에서 '죄형 법정주의'에 의해 범죄의 행위와 그 범죄에 대한 처벌을 미리 법률로 정해 두어야 한다는 내용이 제시되어 있다. 따라서 범죄에 대해 법의 소급 적용은 물론 유사한 사항을 규정한 법규를 유추하여 적용할 수 없다.

02 ⑤ 범죄 발생 당시 범죄를 처벌할 수 있는 법이 없었다면 그 행위는 범죄로 성립되지 않고 이후에 관련 법이 생겨도 처벌할 수 없다.

오답 풀이

① 법의 원칙이 공공복리에 적합하도록 수정한 것은 민법의 경우로 형법에 적용되지 않는다. 따라서 이것은 소급의 개념을 적용하여 형법에 의한 처벌을 이해한 내용으로 볼 수 없다.

② 죄형 법정주의는 범죄에 대한 처벌을 국민들의 합의가 아닌 법률로 정해 둔다고 하였고, 이 법률이 생기기 이전의 범죄는 처벌할 수 없다는 것이 소급과 관련한 법 적용의 관점이기에 적절하지 않다.

③ 죄형 법정주의는 범죄의 행위와 그 범죄에 대한 처벌을 미리 법률로 정해 두어야 한다는 것이므로 추후에 처벌할 수 있다는 내용은 적절하지 않다.

④ 죄형 법정주의는 범죄 발생 당시 없었던 법이 나중에 생겨도 그것을 소급해서 적용할 수 없도록 하고 있다. 따라서 범죄 발생 당시 없었던 법이 새로 생겨서 범죄가 이후에 성립되더라도 법 제정 이후 이것을 처벌할 수는 없다.

03 ② '동의하다'는 '의사나 의견을 같이하다.'나 '다른 사람의 행위를 승인하거나 시인하다.'라는 의미로 쓰이는데, 이 글의 ㉡이 속한 문장의 내용은 사회 구성원들이 공공의 의익을 위해 뜻을 함께 한다는 것이기에 '의사나 의견을 같이하다.'의 의미로 쓰인 것으로 보아야 한다.

DAY 09 　사회 3　**국가 행정**

어휘 학습

01 ㉠　　**02** ㉡　　**03** ㉢　　**04** ㉣　　**05** 빈번한
06 담당한다　**07** 극복하기　**08** 관여했다　**09** ⑤　　**10** ③
11 ④　　**12** ①　　**13** ③　　**14** ①　　**15** ②
16 ④　　**17** ②　　**18** ④　　**19** ①　　**20** ①

01 '자치'는 '자기 일을 스스로 다스림.'을 뜻하는 말이다.

02 '다원화'는 '사물을 형성하는 근원이 많아짐.'을 뜻하는 말이다.

03 '선정'은 '여럿 가운데서 어떤 것을 뽑아 정함.'을 뜻하는 말이다.

04 '경향'은 '현상이나 사상, 행동 따위가 어떤 방향으로 기울어짐.'을 뜻하는 말이다.

05 '빈번하다'는 '어떤 일이나 현상이 일어나는 횟수가 잦다.'를 뜻하는 말이므로 '잦다'와 바꾸어 쓸 수 있다.

06 '담당하다'는 '어떤 일을 맡다.'를 뜻하는 말이므로 '어떤 일에 대한 책임을 지고 담당하다.'를 뜻하는 '맡다'와 바꾸어 쓸 수 있다.

07 '극복하다'는 '악조건이나 고생 따위를 이겨 내다.'를 뜻하는 말이므로 '어려운 일 따위를 이겨 내다.'를 뜻하는 '뛰어넘다'와 바꾸어 쓸 수 있다.

08 '관여하다'는 '어떤 일에 관계하여 참여하다.'를 뜻하는 말이므로 '어떤 일에 끼어들어 관계하다.'를 뜻하는 '참여하다'와 바꾸어 쓸 수 있다.

09 ⑤ '개악'은 '고치어 도리어 나빠지게 함.'이라는 뜻을 나타내는 말로, 획일적인 입시 제도를 더 나아지게 만들어야 한다는 문장의 맥락과 맞지 않다. '잘못된 것이나 부족한 것, 나쁜 것 따위를 고쳐 더 좋게 만듦.'을 뜻하는 말인 '개선'을 선택하는 것이 문맥에 어울린다.

오답 풀이

① '도식'은 '사물의 구조, 관계, 변화 상태 따위를 일정한 양식으로 나타낸 그림. 또는 그 양식'을 의미하는 말이므로 문장의 문맥에 어울리지 않는다. 주어진 문장에는 '기술, 방법, 물자 따위를 끌어 들임.'이라는 뜻의 '도입'이 어울린다.

② '주체'는 '어떤 단체나 물건의 주가 되는 부분'이라는 의미로 산림은 단체나 물건이 아니므로 문장의 문맥에 어울리지 않는다. '자체'는 '다른 것을 제외한 사물 본체의 몸체. 또는 바로 그 본래의 바탕'이라는 뜻으로 산림이 스스로 복원하는 힘을 회복한다는 문장의 내용과 잘 어울린다.

③ '주최'는 '행사나 모임을 주장하고 기획하여 엶.'이라는 의미로 연구 과제를 수행하는 국책 연구 기관의 역할을 설명하는 문장의 문맥에 어울리지 않는다. 주어진 문장에는 '주동

적인 처지가 되어 이끎.'이라는 뜻의 '주도'가 오는 것이 적절하다.

④ '요건'은 '필요한 조건'을 뜻하는 말로, 정부가 기업들의 탈탄소 활동 현황을 주기적으로 확인하는 작업을 불러일으키는 요인이 될 수는 없다. 주어진 문장에서는 '받아야 할 것을 필요에 의하여 달라고 청함. 또는 그 청'이라는 뜻의 '요구'가 어울린다.

10 ③ ㉢'견제'는 '일정한 작용을 가함으로써 상대편이 지나치게 세력을 펴거나 자유롭게 행동하지 못하게 억누름.'이라는 의미이다. '강요'는 '억지로 또는 강제로 요구함.'을 의미하는 말이므로 ㉢과 바꿔 쓰기에 적절하지 않다.

오답 풀이

① '원리'는 '행위의 규범'을 뜻하는 말로, '사물 속에 있는 이치. 또는 사물끼리의 법칙적인 연관'을 뜻하는 '논리'와 바꿔 쓸 수 있다.

② '관행'은 '오래전부터 해 오는 대로 함.'을 뜻하는 말로, '어떤 사회에서 오랫동안 지켜 내려와 그 사회 성원들이 널리 인정하는 질서나 풍습'을 의미하는 '관습'과 바꿔 쓸 수 있다.

④ '경향'은 '현상이나 사상, 행동 따위가 어떤 방향으로 기울어짐.'을 의미하는 말로, '사람들의 사고, 사상, 활동이나 일의 형세 따위가 움직여 가는 방향'을 의미하는 '동향'과 바꿔 쓸 수 있다.

⑤ '영향'은 '어떤 사물의 효과나 작용이 다른 것에 미치는 일'을 의미하는 말로, '어떠한 현상을 일으키거나 영향을 미침.'을 의미하는 '작용'과 바꿔 쓸 수 있다.

11 ④ '효과'는 '어떤 목적을 지닌 행위에 의하여 드러나는 보람이나 좋은 결과'를 뜻하는 말이다. '효험'은 '일의 좋은 보람. 또는 어떤 작용의 결과'를 뜻하는 말이고, '효용'은 '보람 있게 쓰거나 쓰임. 또는 그런 보람이나 쓸모'라는 뜻이다. 따라서 세 어휘에 공통적으로 포함되어 있는 의미로 적절한 것은 '보람'이다.

12 ① 문맥상 〈보기〉의 빈칸에는 어떤 분야에서 신뢰성이 높은 지식과 경력을 토대로 일을 잘해 나갈 수 있는 대상을 나타내는 어휘가 들어가야 함을 알 수 있다. '전문적'은 '어떤 분야에 상당한 지식과 경험을 가지고 그 일을 잘하는'이라는 의미로, 세 문장의 문맥에 어울리는 어휘로 볼 수 있다.

13 ③ 〈보기〉의 ㉠'배치되다'는 '서로 반대가 되어 어그러지거나 어긋나게 되다.'라는 의미를 나타내는 말로 쓰였으므로, ③의 '배치되다'와 그 의미가 가장 유사하다.

오답 풀이

①, ②, ④, ⑤ '배치되다'가 '사람이나 물자 따위가 일정한 자리에 알맞게 나뉘어 놓이다.'라는 의미로 쓰였다.

14 ① ㉠'보완해야'의 기본형 '보완하다'는 '모자라거나 부족한 것을 보충하여 완전하게 하다.'를 뜻하는 말이다. 따라서 '제도나 기구 따위를 새롭게 뜯어고치다.'라는 의미의 '개혁하다'가 '보완하다'를 대신하여 쓰일 수 있다.

15 ② ㉡에서 사용된 '경과'는 '시간이 지나감.'을 의미한다. 하지만 ②에서 쓰인 '경과'는 공사 과정의 진행을 의미하기에 '일이 되어 가는 과정'이라는 의미로 쓰인 것이다.

16 ④ ㉣'개정하다'는 발전을 위해 정책이나 제도를 더 나은 방향으로 고치는 것이 필요하다는 문장의 맥락에서 쓰인 어휘이므로 '이미 정하였던 것을 고쳐 다시 정하다.'라는 의미로 쓰인 것이다.

17 ② 〈보기〉의 두 문장은 행정 기관에서 어려운 처지에 놓인 사람들을 도와줄 정책을 계획하고 있다는 내용이다. 이러한 의미와 관련 있는 어휘는 '자연적인 재해나 사회적인 피해를 당하여 어려운 처지에 있는 사람을 도와줌.'이라는 의미를 가진 '구제'이다.

오답 풀이

① '구명'은 '사람의 목숨을 구함.'이라는 뜻이다.

③ '면책'은 '책임이나 책망을 면함.'이라는 뜻이다.

④ '면제'는 '책임이나 의무 따위를 면하여 줌.'이라는 뜻이다.

⑤ '중재'는 '분쟁에 끼어들어 쌍방을 화해시킴.'이라는 뜻이다.

18 ④ 〈보기〉는 광역 단체가 복잡한 업무를 전문 업체에게 맡기는 사례가 늘고 있다는 내용이다. 이러한 내용에 어울리는 어휘는 '남에게 사물이나 사람의 책임을 맡김.'이라는 의미를 가진 '위탁'이다.

19 ① ㉠'충족'은 '넉넉하여 모자람이 없음.'이라는 의미이고, ㉡'만족'은 '모자람이 없이 충분하고 넉넉함.'이라는 의미로, 두 단어는 의미가 유사한 유의 관계를 이룬다. '개관'은 '전체를 대강 살펴봄.'을 뜻하는 말이고, '개괄'은 '중요한 내용이나 줄거리를 대강 추려 냄.'이라는 뜻을 가진 말이므로, 이 역시 유의 관계를 이룬다고 할 수 있다.

오답 풀이

② '간섭'은 '직접 관계가 없는 남의 일에 부당하게 참견함.'을 의미하며 '방임'은 '돌보거나 간섭하지 않고 제멋대로 내버려 둠.'을 의미하므로, 두 어휘는 반의 관계이다.

③ '당선'은 '선거에서 뽑힘.'을 뜻하고, '낙선'은 '선거에서 떨어짐.'을 의미하므로, 두 어휘는 반의 관계이다.

④ '분할'은 '나누어 쪼갬.'을 뜻하고, '합병'은 '둘 이상의 기구나 단체, 나라 따위가 하나로 합쳐짐. 또는 그렇게 만듦.'을 의미하므로, 두 어휘는 반의 관계이다.

⑤ '품사'는 '단어를 기능, 형태, 의미에 따라 나눈 갈래'를 뜻하고, '부사'는 이 '품사'의 한 종류를 뜻하므로, 두 어휘는 상하 관계이다.

20 ① 〈보기〉에서 ㉠에 들어갈 '사안'은 '법률이나 규정 따위에서 문제가 되는 일이나 안'을 뜻하는 말이다.

수능 도전 문제

01 ⑤　　**02** ④　　**03** ④

01 ⑤ 이 글의 1문단에서 현대 사회가 다원화되고 복잡해지면서 중앙 정부는 물론 지방 자치 단체 또한 정책 결정 과정에서 능률성과 효과성을 우선시하는 경향이 커지고 있다는 내용이 제시되었다. 이로 인해 전문적인 행정 담당자를 중심으로 한 정책 결정이 빈번해지고 있다고 하였기에 중앙 정부와 지방 자치 단체 모두 전문적인 행정 담당자의 결정이 빈번해지고 있음을 알 수 있다.

오답 풀이

① 2문단에서 민간화와 경영화는 시장 경제의 원리를 부분적으로 받아들였다는 점에서 공통되지만 운영 방식에는 차이가 있다고 하였다.

② 2문단에서 민간화는 기업 선정을 위한 공청회에 주민들이 참여하는 등의 방식으로 주민들의 요구를 반영한다고 하였다.

③ 2문단에서 경영화는 지방 자치 단체가 자체적으로 민간 기업의 운영 방식을 도입한 것이라고 하였는데, 이것은 주민들을 고객으로 대하며 주민들의 요구를 충족하고자 하는 것이라고 서술하고 있다.

④ 2문단에서 민간화와 경영화는 모두 행정 담당자 주도의 정책 결정을 보완하기 위해 시장 경제의 원리를 부분적으로 받아들였다는 점에서 공통된다고 하였다.

02 ④ 민간화는 지방 자치 단체의 특정 업무를 기업이 직접 운영하는 것이며 주민들은 이 기업의 선정에만 영향력을 행사할 수 있을 뿐이다. 따라서 주민들이 직접 운영에 관여하지 못하기에 주민들의 요구 수용이 제한적임을 알 수 있다.

오답 풀이

① 기업 선정을 위한 공청회에 주민들이 참여하는 방식으로 주민들의 요구가 반영될 수 있다.

② 민간화는 지방 자치 단체의 특정 업무를 민간 기업이 운영하기 때문에 공익보다는 사익을 추구하는 것을 한계로 제시하고 있다. 따라서 사익을 우선시하는 것은 주민들이 아닌 기업들이다.

③ 민간화는 기업 선정을 위한 공청회에 주민들이 참여하는 방식으로 주민들의 요구를 반영하는 것으로, 주민들이 기업에 요구 사항을 전달할 수 없는지는 이 글을 통해 알 수 없다.

⑤ 주민들은 특정 업무의 운영권을 민간 기업에 위탁하면서 공청회를 통해 기업 선정에 참여하기에 기업이 운영하는 특정 업무에 대해 알 수 없다는 것은 적절하지 않다.

03 ④ ㉣'반영되다'는 '다른 것에 영향을 받아 어떤 현상이 나타나다.'라는 뜻과 '빛이 반사하여 비치게 되다.'라는 뜻을 가지고 있는데, 이 글에서는 전자의 의미로 쓰였다. 따라서 ㉣을 '비치다'로 바꿔 쓰는 것은 적절하지 않다.

DAY 10　사회 4　기업과 경영

어휘 학습

01 대가　　**02** 공동　　**03** 조직　　**04** 탈퇴　　**05** ㉠
06 ㉢　　**07** ㉤　　**08** ㉡　　**09** ⑤　　**10** ①
11 ④　　**12** ④　　**13** ⑤　　**14** ③　　**15** ⑤
16 ⑤　　**17** ③　　**18** ⑤　　**19** ④　　**20** ⑤
21 ②

01 '대가'는 '물건의 값으로 치르는 돈'을 뜻하는 말로, '사용한 값으로 내는 요금'을 의미하는 '사용료'와 바꿔 쓸 수 있다.

02 '공동'은 '둘 이상의 사람이나 단체가 함께 일을 하거나, 같은 자격으로 관계를 가짐.'을 뜻하는 말로, '둘 이상의 조직이나 개인이 모여 행동이나 일을 함께함.'을 의미하는 '합동'과 바꿔 쓸 수 있다.

03 '조직'은 '특정한 목적을 달성하기 위하여 여러 개체나 요소를 모아서 체계 있는 집단을 이룸. 또는 그 집단'을 의미하는 말로, '집단'과 바꿔 쓸 수 있다.

04 '탈퇴'는 '관계하고 있던 조직이나 단체 따위에서 관계를 끊고 물러남.'을 뜻하는 말로, '어떤 범위나 대열 따위에서 떨어져 나오거나 떨어져 나감.'을 의미하는 '이탈'과 바꿔 쓸 수 있다.

05 '조합원'은 '조합에 가입한 사람'을 뜻한다.

06 '협력체'는 '힘을 합하여 서로 돕는 관계에 있는 조직체'를 뜻한다.

07 '대주주'는 '한 회사의 주식 가운데 많은 몫을 가지고 있는 주주'를 뜻한다.

08 '상호 부조'는 '공동생활에서 개인들끼리 서로 돕는 일'을 뜻한다.

09 ⑤ '공정하다'는 '공평하고 올바르다.'라는 의미이고, '정대하다'는 '의지나 언행 따위가 올바르고 당당하다.'라는 의미이다. 문장의 내용은 검찰이 비리 기업을 특혜 없이 수사하여 시민들의 지지를 받는다는 것이므로 '공정한'이 문맥에 어울린다.

오답 풀이

① '소유'는 '가지고 있음. 또는 그 물건'을 의미하는 말로, 회사가 토지를 가지고 있어 건물을 짓는 것이 용이하다는 맥락에 어울린다.

② 기업은 물건을 생산하고 판매함으로써 이익을 구한다는 내용으로 '목적을 이룰 때까지 뒤쫓아 구하다.'이라는 의미를 가진 '추구하다'가 문맥에 어울린다.

③ '가입하다'는 '조직이나 단체 따위에 들어가거나, 서비스를 제공하는 상품 따위를 신청하다.'를 의미하는 말로, 상품 서비스와 관련된 내용에 어울리는 어휘로 볼 수 있다.

④ 소비자의 권익 보호와 기업의 긍정적 이미지를 위해 스스로 생산 원가를 공개하였다는 내용이므로 '남이 시키거나 요청하지 않아도 자기 스스로 나아가 행하는. 또는 그런 것'이라는 뜻의 '자발적'이 문장에 적절하다.

10 ① ㉠'공급되다'는 '요구나 필요에 따라 물품 따위가 제공되다.'라는 의미로 '영리의 목적이 없이 상품이 나뉘어 주어지다.'를 의미하는 '배급되다'로 바꿔 쓸 수 없다.

오답 풀이
③ '증진하다'는 '기운이나 세력 따위를 점점 더 늘려 가고 나아가게 하다.'를 의미하는 말로, '늘리다'와 바꿔 쓸 수 있다.
④ '가치'는 '사물이 지니고 있는 쓸모'를 의미하는 말로 '값어치'와 바꿔 쓸 수 있다.
⑤ '전망'은 '앞날을 헤아려 내다봄. 또는 내다보이는 장래의 상황'을 의미하는 말로 '예상'과 바꿔 쓸 수 있다.

11 ④ '창출'은 '전에 없던 것을 처음으로 생각하여 지어내거나 만들어 냄.'을 의미한다. '창조'는 '전에 없던 것을 처음으로 만듦.'을 뜻하고, '제조'는 '공장에서 큰 규모로 물건을 만듦.'을 의미한다. 따라서 세 어휘가 공통적으로 포함하고 있는 의미는 '만들다'이다.

12 ④ 〈보기〉의 첫 번째 문장은 감염병으로 사회 활동이 제한되고 있다는 내용이다. 두 번째 문장은 비위생적으로 제조된 식료품이 사회적으로 비난을 받고 있다는 내용이다. 세 번째 문장은 기업의 경영 방식이 사회적으로 문제가 되고 있다는 내용이다. 따라서 〈보기〉의 빈칸에는 '사회에 관계되거나 사회성을 지닌. 또는 그런 것'을 의미하는 '사회적'이라는 말이 어울린다.

13 ⑤ 〈보기〉의 '이행하다'는 '실제로 행하다.'라는 의미로 쓰였다. ⑤의 '이행하다' 역시 같은 의미로 사용되었으므로, ㉠과 그 의미가 유사하다고 볼 수 있다.

오답 풀이
①, ②, ③, ④ '이행하다'가 '다른 상태로 옮아가다.'라는 의미로 쓰였다.

14 ③ 〈보기〉는 기업이 자금을 빌려온 대가로 빌려준 주체에게 이자를 내어 주어야 한다는 내용이다. 여기서 쓰인 '지불하다'는 '돈을 내어주다.'라는 의미로 '지급하다'와 바꿔 쓸 수 있다.

15 ⑤ 〈보기〉의 ㉤'출자금'은 회사를 설립하는 데 '자금으로 낸 돈'이라는 의미이다. 따라서 ⑤에 쓰인 '출자금'이라는 어휘는 적절하지 않다. 상품을 만드는 데 들어간 비용은 '출자금'이 아니라 '제작비'이다.

16 ⑤ ㉠과 ㉡은 유의 관계이다. '지향하다'는 '어떤 목표로 뜻이 쏠리어 향하다.'라는 의미이고, '향하다'는 '어느 한쪽을 목표로 하여 나아가다.'라는 의미이기에 두 단어는 의미가 유사한 관계이다. '갈등'은 '개인이나 집단 사이에 목표나 이해관계가 달라 서로 적대시하거나 충돌함.'을 의미하는 말이고 '다툼'은 '의견이나 이해의 대립으로 서로 따지며 싸우는 일'을 뜻하는 말이므로, 이 역시 유의 관계로 볼 수 있다.

오답 풀이
① '판매'와 '구입'은 반의 관계이다.
② '책방'과 '서점'은 동의 관계이다.
③ '문학'은 '사상이나 감정을 언어로 표현한 예술'을 뜻하고, '소설'은 '문학'의 하위어이기에 두 단어는 상하 관계이다.
④ '뿌리'는 '식물의 밑동으로서 보통 땅속에 묻히거나 다른 물체에 박혀 수분과 양분을 빨아올리고 줄기를 지탱하는 작용을 하는 기관'을 뜻하고, '나무'의 일부분이기에 두 단어는 부분 – 전체 관계이다.

17 ③ 〈보기〉의 두 문장은 목적을 이루기 위해 단합 단체를 조직했다는 내용으로, 빈칸에 공통으로 들어갈 말로 어울리는 것은 '조직이나 단체 따위를 짜서 만듦.'이라는 뜻을 가진 '결성'이다.

18 ⑤ 〈보기〉는 친환경과 관련한 흐름은 기업들의 생각이나 의지와 관계없이 사회의 변화에 따른 것이므로, 기업이 방향성을 결정할 때 선택을 강요받을 수 있다는 내용이다. 따라서 ㉠에는 '무엇을 하고자 하는 생각'을 의미하는 말인 '의사'가 들어가는 것이 적절하다.

19 ④ ㉣'조성하다'는 '무엇을 만들어서 이루다.'가 아닌 '분위기나 정세 따위를 만들다.'라는 의미로 쓰였다.

20 ⑤ 〈보기〉의 맥락을 살펴보면, '부여'는 '특정한 권한이 주어짐.'이라는 의미로 쓰였음을 추론해 볼 수 있다. 이를 통해 '부여'의 사전적 의미는 '사람에게 권리·명예·임무 따위를 지니도록 해 주거나, 사물이나 일에 가치·의의 따위를 붙여 줌.'이라는 것을 알 수 있다.

21 ② 〈보기〉에서 ㉡에 들어갈 말은 '전례나 규칙, 명령 따위를 그대로 좇아서 지킴.'을 뜻하는 '준수'이다. '죽음을 무릅쓰고 지킴.'을 뜻하는 말은 '사수'이다.

수능 도전 문제

본문 · 055쪽

01 ②   **02** ①   **03** ②

01 ② 3문단을 통해 협동조합은 주식회사와 달리 조합원 한 사람에게 한 표의 의사 결정권이 부여되는 평등한 조직임을 알 수 있다.

오답 풀이
① 1문단에서 K씨의 사례를 통해 협동조합이 직접 농산물을 사들여 조합원들이 나눔으로써 농민들은 중간의 유통 비용 없이 적절한 대가를 받고 농산물을 공급할 수 있었음을 알 수 있다.
③ 2문단에서 협동조합은 주식회사와 달리 이윤 추구를 목적으로 하는 것이 아니라고 하였다. 대신 조합원이 추구하는 공동의 가치를 실현하는 데에 더 유리함을 알 수 있다.
④ 1문단에서 K씨의 사례를 통해 뜻이 같은 사람들이 일정 금액의 출자금을 내어 단체를 만들 수 있음을 알 수 있다.

⑤ 1문단에서 K씨의 사례를 통해 협동조합이 출자금의 일부를 미리 농민에게 지불하여 농민들이 더욱 안정적으로 농산물을 생산하도록 도왔다는 것을 알 수 있다.

02 ① 2문단에서 협동조합은 5인 이상의 사람들이 모여서 출자금을 내면 누구나 만들 수 있는 것으로 나타나기에 출자금은 협동조합 조성에 필요한 자본임을 알 수 있다.

오답 풀이
② 2문단에서 협동조합은 가입과 탈퇴가 자유롭다고 하였다.
③ 2문단에서 협동조합을 만들려면 5인 이상이 필요하다고 하였지만 일정 규모 이상의 출자금이 필요하다고 하지는 않다.
④ 2문단에서 협동조합은 조합 내에서 발생한 수익을 협동조합의 발전과 조합원의 권익 증대를 위해 사용한다고 하였다.
⑤ 2문단에서 협동조합은 평등한 협력체이며 모든 조합원이 자본 조성에 공정하게 참여한다고 하였으나 동등한 금액을 부담하는지는 나타나 있지 않다.

03 ② '구매'는 '물건 따위를 사들임.'을 뜻하고 '구비'는 '있어야 할 것을 빠짐없이 다 갖춤.'을 뜻한다. 따라서 '구비'는 대상을 사들이는 행위를 의미하는 '구매'를 대신할 수 있는 단어로는 적절하지 않다.

DAY 11 사회 5 사회 변화와 흐름

어휘 학습

본문 · 056~058쪽

01 생계 **02** 영역 **03** 진리 **04** 혁명
05 접어들면서 **06** 확립되지 **07** 기초한 **08** 중시되고
09 ③ **10** ① **11** ② **12** ④ **13** ③
14 ① **15** ① **16** ② **17** ④ **18** ⑤
19 ⑤ **20** ① **21** ②

01 의식주와 관련이 있는 범죄는 '생계형 범죄'이므로, 괄호 안에는 '생계'가 들어가는 것이 적절하다.

02 의무 교육 기간의 증가는 복지의 확대를 의미한다는 내용이므로 괄호에는 '활동, 기능, 효과, 관심 따위가 미치는 일정한 범위'를 의미하는 '영역'이 들어가는 것이 적절하다.

03 사회가 발전하면서 사실들이 사실이 아닌 것으로 변화하기도 한다는 내용이므로 괄호에는 '참된 이치'를 의미하는 '진리'가 들어가는 것이 적절하다.

04 기술의 발전이 크나큰 변화를 불러왔다는 내용이므로 괄호 안에는 '이전의 관습이나 제도, 방식 따위를 단번에 깨뜨리고 질적으로 새로운 것을 급격하게 세우는 일'을 뜻하는 말인 '혁명'

이 들어가는 것이 적절하다. '개각'은 '내각을 개편함.'이라는 뜻을 나타내는 말로 문장의 내용과 어울리지 않는다.

05 '접어들다'는 '일정한 때나 기간에 이르다.'라는 의미를 가지고 있다.

06 '확립되다'는 '체계나 견해, 조직 따위가 굳게 서다.'라는 의미를 가지고 있다.

07 '기초하다'는 '근거를 두다.'라는 의미를 가지고 있다.

08 '중시되다'는 '가볍게 여길 수 없을 만큼 매우 크고 중요하게 여겨지다.'라는 의미를 가지고 있다.

09 ③ 운송 선박 부족이 원자재 급등을 불러온 것이므로, '어떤 일이 일어나거나 변화하도록 만드는 결정적인 원인이나 기회'를 의미하는 말인 '계기'가 쓰이는 것이 적절하다. '적기'는 '알맞은 시기'라는 뜻으로 주어진 문장의 내용과는 어울리지 않는다.

오답 풀이
① 전기차라는 제품이 친환경 산업 분야에서 처음으로 나오게 된 것을 설명하는 문장이므로, '등장'이 쓰이는 것이 적절하다. '등판'은 야구에서 사용하는 용어이다.
② 맡은 바 직분을 다하는 태도와 어울리는 말은 '부지런히 일하며 힘씀.'을 의미하는 '근면'이다. '태만'은 이와 반대되는 의미를 가진 말이다.
④ 빈부 격차가 문제시되는 이유로 상속을 지적하고 있는 문장이다. 따라서 '지식, 경험, 자금 따위를 모아서 쌓다.'의 의미를 지닌 '축적하다'가 쓰이는 것이 적절하다. '선적하다'는 '배에 짐을 싣다.'라는 의미를 가진 말로, 문맥에 어울리지 않는다.
⑤ 오래된 물건의 가치도 다시 찾아보는 태도는 '돈이나 물건, 자원 따위를 낭비하지 않고 아껴 씀.'을 의미하는 '검약'과 관련이 있다. '검정'은 '일정한 규정에 따라 자격이나 조건을 검사하여 결정함.'을 의미하는 말로, 문맥에 어울리지 않는다.

10 ① ㉠'방치하다'는 '내버려 두다'라는 뜻을 가진 말이다. 이와는 다르게 '배치하다'는 '사람이나 물자 따위를 일정한 자리에 알맞게 나누어 두다.'라는 뜻을 가진 말이므로, ㉠과 바꾸어 쓸 수 없다.

오답 풀이
② ㉡'질서'는 '혼란 없이 순조롭게 이루어지게 하는 사물의 순서나 차례'를 의미하는 말로 '여러 사람이 다 같이 지키기로 작정한 법칙. 또는 제정된 질서'를 의미하는 '규칙'과 바꾸어 쓸 수 있다.
③ ㉢'원리'는 '사물의 근본이 되는 이치'를 뜻하는 말이므로 '이치'로 바꾸어 쓸 수 있다.
④ ㉣'정비하다'는 '도로나 시설 따위가 제 기능을 하도록 정리하다.'라는 뜻을 가진 말이므로, '손질하다'로 바꾸어 쓸 수 있다.
⑤ ㉤'사소하다'는 '보잘것없이 작거나 적다.'라는 의미를 가진 말로, '보잘것없이 아주 작다.'라는 뜻의 '미미하다'와 바꾸어 쓸 수 있다.

11 ② '연수'는 '학문 따위를 연구하고 닦음.'을 뜻하는 말이다. '궁리'는 '사물의 이치를 깊이 연구함.'을 의미하는 말이고, '탐구'는 '진리, 학문 따위를 파고들어 깊이 연구함.'을 의미하는 말이다. 세 어휘에는 공통적으로 '연구'라는 의미가 포함되어 있다.

12 ④ '사색적'이라는 말은 깊이 생각하고 이치를 따지는 것을 좋아하는 태도를 나타낸다. 인문학적 소양을 탐구하거나, 인간 본연의 가치에 대해 생각하는 모습, 복잡한 감정을 깊이 있게 탐색하는 태도 등은 모두 '사색적'이라는 말과 관련이 있다.

오답 풀이

① '객관적'은 '자기와의 관계에서 벗어나 제삼자의 입장에서 사물을 보거나 생각하는 것'을 의미한다.

② '극단적'은 '중용을 잃고 한쪽으로 크게 치우치는 것'을 의미한다.

③ '모순적'은 '어떤 사실의 앞뒤, 또는 두 사실이 이치상 어긋나서 서로 맞지 않는 것'을 의미한다.

⑤ '상징적'은 '추상적인 개념이나 사물을 구체적인 사물로 나타내는 것'을 의미한다.

13 ③ 〈보기〉의 ㉠'부각되다'는 '주목받는 문제 따위로 나타나게 되다.'라는 의미로 사용되었다. ③'부각되다' 역시 유사한 의미로 사용되었다.

오답 풀이

①, ②, ④, ⑤ '부각되다'는 '어떤 사물이 특징지어져 두드러지게 되다.'라는 의미로 쓰였다.

14 ① 〈보기〉에서 ㉠'요구되다'는 '받아야 될 것이 필요에 의하여 달라고 청해지다.'라는 뜻으로 쓰였다. 이는 '필요하다'로 바꾸어 쓸 수 있다.

15 ① 〈보기〉의 ㉠'산물'은 '일정한 곳에서 생산되어 나오는 물건'을 이르는 말이다. ①'산물'은 '어떤 것에 의하여 생겨나는 사물이나 현상을 비유적으로 이르는 말'이다.

16 ② 〈보기〉의 ㉡'통로'는 '의사소통이나 거래 따위가 이루어지는 길'이라는 의미로 쓰였다. 물리적인 길의 의미로 쓰였다고 볼 수 없다.

17 ④ 〈보기〉의 두 문장은 문맥상 '없애거나 극복하다.'라는 의미를 가진 어휘가 들어가야 한다. 따라서 빈칸에 공통적으로 들어갈 말로는 '의심이나 부조리한 점 따위를 말끔히 떨어 없앰을 이르는 말'인 '불식'이 가장 적절하다.

18 ⑤ 〈보기〉의 내용을 참고할 때 ㉠에 들어갈 어휘는 '일자리'와 관련이 있는 말임을 알 수 있다. '자리'는 '일정한 조건의 사람을 필요로 하는 곳'을 의미하는 말로 쓰이므로 ㉠에 들어가기에 가장 적절하다.

19 ⑤ ㉠'구분하다'는 '일정한 기준에 따라 전체를 몇 개로 갈라 나누다.'라는 의미이고, ㉡'구별하다'는 '성질이나 종류에 따라 갈라놓다.'라는 의미이다. 두 단어는 의미가 유사하므로 유의 관계가 성립한다. '활용'은 '충분히 잘 이용함.'을 의미하는 말이고, '응용'은 '어떤 이론이나 이미 얻은 지식을 구체적인 개개의 사례나 다른 분야의 일에 적용하여 이용함.'을 의미하는 말이므로, 이 역시 유의 관계로 볼 수 있다.

오답 풀이

① '공용'은 '공공의 목적으로 씀. 또는 그런 물건'을 의미하고, '전용'은 '남과 공동으로 쓰지 아니하고 혼자서만 씀.'을 의미하므로, 두 어휘는 반의 관계를 이룬다.

② '대담'은 '담력이 크고 용감함.'을 의미하며, '소심'은 '대담하지 못하고 조심성이 지나치게 많음.'을 의미하므로, 두 어휘는 반의 관계로 볼 수 있다.

③ '재해'는 '재앙으로 말미암아 받는 피해'를 뜻하고, '수해'는 '재해'의 한 종류이므로, 두 어휘는 상하 관계이다.

④ '악기'는 '음악을 연주하는 데 쓰는 기구를 통틀어 이르는 말'로, '드럼'과는 상하 관계가 성립한다.

20 ① 〈보기〉의 '포섭되다'는 '상대편이 자기편으로 감싸져 끌어들여지다.'라는 의미를 가진 말이다.

21 ② 〈보기〉의 ㉡에는 문맥상 '제대로 된 산업화'를 나타내는 '본격적'이라는 어휘가 들어갈 수 있다. '본격적'은 '제 궤도에 올라 제격에 맞게 적극적인 것'을 뜻하는 말이다.

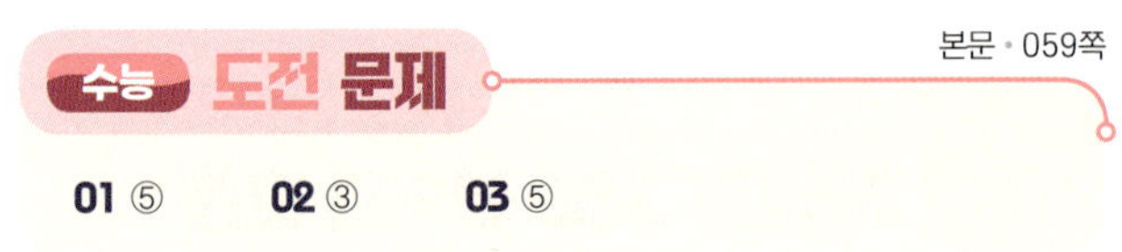

01 ⑤   **02** ③   **03** ⑤

01 ⑤ 3문단에서 실용 학문의 출현은 사색적 삶의 영역에 속했던 진리 탐구마저 활동적 삶의 영역에 속하는 생산 활동의 논리에 포섭되었음을 단적으로 보여 준다고 하였다.

오답 풀이

① 3문단에서 테일러의 과학적 관리론이 20세기 초부터 생산 활동을 합리적으로 조직하는 중요한 원리로 자리 잡으면서 육체노동이 기계화되는 결과를 초래했다고 하였다.

② 1문단에서 아리스토텔레스는 최초로 인간의 삶을 사색적 삶과 활동적 삶으로 구분했다고 하였다.

③ 1문단에서 아리스토텔레스는 사색적 삶의 영역이 활동적 삶의 영역보다 상위에 있다고 보았음을 알 수 있다.

④ 3문단에서 18, 19세기에 산업 혁명을 계기로 활동적 삶은 사색적 삶보다 중요성이 더 커지게 되었다고 하였다.

02 ③ 청교도 윤리는 개인의 성공을 구원의 징표로 보았기에 생산 활동과 부의 축적에 대한 부정적 인식을 불식하는 계기가 되었다고 하였다.

오답 풀이

① 2문단에서 직업을 신의 소명으로 이해한 것으로 나타나지만 직업의 변경에 대해서는 나타나지 않는다.

② 2문단에서 실험 정신과 경험적 지식이 중시되면서 사색적 삶과 활동적 삶의 거리가 좁혀졌다고 하였다. 하지만 이는

과학 혁명에 따른 결과일 뿐 청교도의 직업 윤리와는 직접적 관련이 없다.

④ 2문단에서 청교도 윤리의 등장으로 활동적 삶과 사색적 삶이 대등한 위상을 갖게 된 것으로 나타난다. 따라서 생계보다 진리와 고귀함을 추구할 때 직업의 가치가 더 높아진다는 것은 청교도 윤리로 볼 때 적절하지 않다.

⑤ 2문단에서 청교도 윤리는 직업을 신의 소명으로 이해하였으며, 근면과 검약에 의한 개인의 성공을 구원의 징표로 보았다고 하였다. 따라서 근면과 검약의 자세로 직업을 구한다는 내용은 적절하지 않다.

03 ⑤ '거리'는 '비교하는 두 대상 사이의 차이'를 뜻한다. '편차'는 '수치, 위치, 방향 따위가 일정한 기준에서 벗어난 정도나 크기'를 의미하기에, '거리'를 대체할 수 있는 말로 '편차'는 적절하지 않다.

DAY 12 · 사회 6 · 광고 전략

어휘 학습

본문 · 060~062쪽

01 구매	02 폐해	03 수단	04 인지도	05 성능
06 ⓒ	07 ⓐ	08 ⓑ	09 ④	10 ⑤
11 ①	12 ①	13 ④	14 ②	15 ④
16 ③	17 ②	18 ④	19 ⑤	20 ③

01 소비자들의 욕구와 관련된 내용이므로, '물건 따위를 사들임.'이라는 뜻의 '구매'가 들어가는 것이 적절하다.

02 과장 광고의 문제점을 설명하고 있으므로, 괄호 안에는 '폐단으로 생기는 해'라는 뜻의 '폐해'가 들어가는 것이 적절하다. '재해'는 '재앙으로 말미암아 받는 피해'를 뜻하는 말로 문장에 어울리지 않는다.

03 광고가 방영되는 매체의 확장성에 대한 내용이므로, 괄호 안에는 광고라는 목적을 이루기 위한 방법을 나타내는 '수단'이 들어가는 것이 적절하다. '수순'은 '정하여진 기준에서 말하는 전후, 좌우, 상하 따위의 차례 관계'를 의미하는 말로 문장에 어울리지 않는다.

04 '인지도'는 '어떤 사람이나 물건을 알아보는 정도'를 나타내는 말이다. 이에 반해 '지명도'는 '세상에 이름이 널리 알려진 정도'를 뜻하는 말로, 사람에 대해 쓸 수 있는 표현이다. 상품과 관련해 쓸 수 있는 말은 '인지도'이므로, 괄호 안에는 '인지도'가 들어가는 것이 적절하다.

05 빠르게 고화질의 영상 전송이 가능할 만큼 통신 장비의 기능이 향상되었다는 내용으로, 괄호 안에는 '기계 따위가 지닌 성질이나 기능'을 의미하는 '성능'이 들어가는 것이 적절하다. '자질'은 '타고난 성품이나 소질'을 의미하는 말로 사람에게 쓰이며 주어진 문장에 어울리지 않는다.

06 ⓒ 주어진 문장의 내용은 민주주의가 신분이나 계급적 차별에 대한 사회적인 인습과 관념을 극복하며 발전해 왔다는 것이므로 빈칸에 들어갈 말로 적절한 것은 '일반적으로 널리 통하는 개념'이라는 뜻을 가진 '통념'이다.

07 ⓐ 주어진 문장의 내용은 벤처 중소 기업부에서 아직 가시화되지는 않았지만 발전 가능성이 높고 역량이 뛰어난 소규모 기업들을 지원하고 있다는 것이므로 빈칸에 들어갈 말로 적절한 것은 '어떤 사물이나 범위의 안에 들어 있음. 또는 그런 존재'라는 뜻을 가진 '내재'이다.

08 ⓑ 주어진 문장의 내용은 의료 사고가 발생했을 경우 의료진의 과실을 밝혀낼 의무가 누구에게 있는지에 대한 논란이 계속되고 있다는 것이므로 빈칸에 들어갈 말로 적절한 것은 '어떤 증거 따위를 내세워 증명함.'이라는 뜻을 가진 '입증'이다.

09 ④ ⓓ'선정하다'는 '여럿 가운데서 어떤 것을 뽑아 정하다.'라는 의미를 가진 말이다. 반면에 '선점하다'는 '남보다 앞서서 차지하다.'라는 의미를 지닌 말이므로 ⓓ과 바꾸어 쓰기에 적절하지 않다.

오답 풀이

① '양식'은 '일정한 모양이나 형식'을 가리키는 말로, '생기거나 이루어진 틀'을 의미하는 '체제'와 바꾸어 쓸 수 있다.

② '구상'은 '앞으로 이루려는 일에 대하여 그 일의 내용이나 규모, 실현 방법 따위를 어떻게 정할 것인지 이리저리 생각함. 또는 그 생각'을 의미하는 말로 '계획'과 바꾸어 쓸 수 있다.

③ '계기'는 '어떤 일이 일어나거나 변화하도록 만드는 결정적인 원인이나 기회'를 의미하는 말로, '어떤 일이나 행동을 일으키게 하는 계기'를 뜻하는 '동기'와 바꾸어 쓸 수 있다.

⑤ '문헌'은 '옛날의 제도나 문물을 아는 데 증거가 되는 자료나 기록'을 의미하는 말로, '서적'과 바꾸어 쓸 수 있다.

10 ⑤ 〈보기〉에서 '실체'는 '실제의 물체. 또는 외형에 대한 실상(實相)'을 뜻하는 말이다. '실천'은 '생각한 바를 실제로 행함.'을 뜻하고, '실현'은 '꿈, 기대 따위를 실제로 이룸.'을 의미하므로, 세 어휘가 지닌 공통적인 의미는 '실제'라고 할 수 있다.

11 ① 〈보기〉에서 세 문장의 빈칸에는 문맥상 '서로 공감하는 부분'을 의미하는 말인 '공감대'가 들어가는 것이 가장 적절하다.

오답 풀이

② '동질성'은 '사람이나 사물의 바탕이 같은 성질이나 특성'을 의미하는 말이다.

③ '변별성'은 '다른 것과 구별이 되는 성질'을 의미하는 말이다.

④ '실체화'는 '단순한 속성이나 추상적 개념을 객체화하여 독립적 실체로 만드는 일'을 의미하는 말이다.

⑤ '영향력'은 '어떤 사물의 효과나 작용이 다른 것에 미치는 힘. 또는 그 크기나 정도'를 의미하는 말이다.

12 ① 〈보기〉의 ㉠'지다'는 '책임이나 의무를 맡다.'라는 뜻으로 쓰였다. ①'지다' 역시 동일한 의미로 쓰였다.

오답 풀이
② '지다'는 '빌린 돈을 갚아야 할 의무가 있다.'라는 뜻으로 쓰였다.
③ '지다'는 '물건을 짊어서 등에 얹다.'라는 뜻으로 쓰였다.
④ '지다'는 '내기나 시합, 싸움 따위에서 재주나 힘을 겨루어 상대에게 꺾이다.'라는 뜻으로 쓰였다.
⑤ '지다'는 '줄이나 포승 따위에 묶이다.'라는 뜻으로 쓰였다.

13 ④ '고려하다'가 '힘을 내도록 격려하여 용기를 북돋우다.'라는 의미를 가지고 있기는 하지만, ㉣은 '생각하고 헤아려 보다.'라는 의미로 사용되었다.

14 ② 〈보기〉의 ㉡'조성'은 '무엇을 만들어서 이룸.'을 뜻하는 말로 쓰였다. 반면 ②'조성'은 '물질계를 구성하고 있는 여러 성분의 양의 비'라는 의미로 쓰였다.

15 ④ 〈보기〉의 ㉠'요긴하다'는 '꼭 필요하고 중요하다.'라는 뜻을 가진 말이다. 따라서 문맥에 따라 '필요하다' 또는 '중요하다'와 바꾸어 쓸 수 있다.

16 ③ 〈보기〉의 첫 번째 문장은 인수 합병으로 ○○ 회사가 광고 업계의 거물로 떠오르게 되었다는 내용이다. 두 번째 문장은 가상 현실과 관련한 산업이 주목을 받게 되면서 광고 시장이 경험 중심의 방향으로 발전하게 될 것이라는 내용이다. 두 문장의 빈칸에는 '어떤 현상이 관심의 대상이 되거나 어떤 사람이 훨씬 좋은 위치로 올라섬.'이라는 의미를 가진 '부상'이 쓰이는 것이 가장 자연스럽다.

17 ② 〈보기〉의 내용으로 볼 때, ㉠에는 공익 광고가 '마땅히 가져야 할 성질, 또는 특성'의 의미를 가진 어휘가 들어가는 것이 자연스럽다. '당위'는 '마땅히 그렇게 하거나 되어야 하는 것'을 의미하는 말로, ㉠에 들어가기에 가장 적절하다.

18 ④ ㉠과 ㉡은 반의 관계이다. '규제'는 '규칙이나 규정에 의하여 일정한 한도를 정하거나 정한 한도를 넘지 못하게 막음.'이라는 의미로, '자유화'와는 그 의미가 대립된다. '임대'는 '돈을 받고 자기의 물건을 남에게 빌려줌.'이라는 뜻이고, '임차'는 '돈을 내고 남의 물건을 빌려 씀.'이라는 뜻이다. '임대'와 '임차' 역시 반의 관계로 볼 수 있다.

오답 풀이
① '간섭'은 '직접 관계가 없는 남의 일에 부당하게 참견함.'을 의미하는 말이고, '관여'는 '어떤 일에 관계하여 참여함.'을 뜻하는 말이므로, 두 어휘는 유의 관계를 이룬다.
② '누적'은 '포개어 여러 번 쌓음. 또는 포개져 여러 번 쌓임.'을 의미하는 말이고, '누진'은 '가격, 수량 따위가 더하여 감에 따라 상대적으로 그에 대한 비율이 점점 높아짐.'을 뜻하는 말이므로, 두 어휘는 유의 관계를 이룬다.

③ '단계적'은 '일의 차례를 따라 나아가는 과정'을 의미하는 말이며, '순차적'은 '순서를 따라 차례대로 하는 것'을 뜻하는 말이므로, 두 어휘는 유의 관계를 이룬다.

19 ⑤ 문맥을 고려할 때, 〈보기〉의 '상정하다'는 '가정하다'와 유사한 의미로 사용되었다. 따라서 '가정적으로 생각하고 단정하여'가 가장 적절한 의미임을 알 수 있다.

20 ③ 〈보기〉의 ㉢'구축하다'는 '체제, 체계 따위의 기초를 닦아 세우다.'라는 뜻이다. '마음을 결합하여 서로 의탁하다.'라는 뜻의 어휘는 '결탁하다'이다.

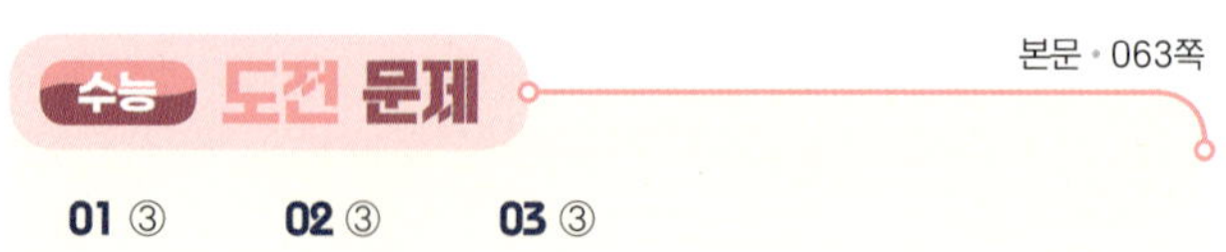

01 ③   **02** ③   **03** ③

01 ③ 3문단의 내용으로 볼 때, 시장의 독과점 상황이 광범위해져 상품에 대한 소비자의 자유로운 선택이 어려워졌다고 볼 수 있지만 광고 접근이 제약되었다고는 할 수 없다.

오답 풀이
① 1문단에서 기업은 마케팅 활동의 주요한 수단으로 광고를 적극적으로 이용하여 기업과 상품의 인지도를 높이려 하는 것으로 나타난다.
② 1문단에서 소비자는 소비 생활에 필요한 상품의 성능, 가격, 판매 조건 등의 정보를 광고에서 얻으려 하는 것으로 나타난다.
④ 1문단에서 광고에서 기업과 소비자의 이익이 상충되는 경우도 있고 사회 전체에 폐해를 낳는 경우도 있어, 다양한 규제 방식이 모색된 것으로 나타난다.
⑤ 3문단에서 기업 책임 부담 원칙이 부상하게 된 이유는 상품에 응용된 과학 기술이 복잡해지고 첨단화되면서 상품 정보에 대한 소비자의 정확한 이해를 기대하기 어려워졌기 때문인 것으로 나타난다.

02 ③ 2문단에서 소비자 책임 부담 원칙은 광고 정보가 정직한 것인지와는 상관없이 소비자는 이성적으로 이를 판단하여 구매할 수 있어야 한다는 것을 전제로 한다고 하였다.

오답 풀이
① 2문단에 광고의 기만성에 대한 입증 책임이 소비자에게 있었다는 내용이 제시되었다.
② 2문단에서 소비자 책임 부담 원칙에 따라 기업은 광고에 의존하여 물건을 구매한 소비자가 입은 피해에 대하여 책임을 지지 않았던 것으로 나타난다.
④ 2문단에서 소비자 책임 부담 원칙에 따라 광고 정보를 활용한 소비자의 구매 행위에 대해 소비자가 책임을 져야 하는 것으로 나타난다.
⑤ 2문단의 소비자 책임 부담 원칙에 의하면 광고 정보의 진위 여부는 기업이 판별하여 소비자에게 공지하는 것이 아니라 소비자가 스스로 판단해야 하는 것이라고 하였다.

03 ③ ⓒ은 문맥으로 볼 때 다양한 규제의 구체적인 방법과 관련
된 내용이나 의미가 담긴 어휘가 나올 것임을 짐작할 수 있다.
이는 2문단과 3문단에서 구체적인 원칙을 통한 규제 방법이
등장하는 것을 통해 확인할 수 있다. 하지만 ③에서는 방향과
계획에 대한 의미가 나타나는데 이것은 '방침'이라는 단어의 뜻
으로, '방식'의 본래 의미인 '일정한 방법이나 형식'과는 차이가
있다.

단원 종합 문제

01 ⑤	**02** ⑤	**03** ⑤	**04** ①	**05** ②
06 ③	**07** ③	**08** ③	**09** ②	**10** ④
11 ①	**12** ⑤	**13** ③	**14** ①	**15** ①
16 ①	**17** ②	**18** ④		

01 ⑤ '효과성'은 '어떤 목적을 지닌 행위에 의하여 드러나는 보람
이나 좋은 결과가 있는 성질'을 의미한다. '일정한 시간 내에
할 수 있는 일의 비율을 높이는 능력이나 성질'을 의미하는 말
은 '능률성'이다.

02 ⑤ 기업들의 무분별한 개발을 막기 위해서는 사업의 타당성을
면밀히 검토하는 자세가 필요하다. 따라서 '어떠한 것을 받아
들이는'이라는 뜻의 '수용적'이라는 말은 문장에 어울리지 않는
다. 주어진 문장에서는 '수용적'을 '비판적'으로 고치는 것이 더
자연스럽다.

03 ⑤ '어떤 현상이 일정한 방향으로 나아가는 경향'을 뜻하는 말
은 '추세'이다. '경과'는 '일이 되어 가는 과정'을 뜻하는 말이다.

04 ① 첫 번째 문장에는 '현상이나 사상, 행동 따위가 어떤 방향으
로 기울어짐.'을 의미하는 '경향'이 들어가는 것이 적절하다. 두
번째 문장에는 '부려서 씀.'을 의미하는 '행사'가 들어가는 것이
적절하다. 세 번째 문장에는 '다른 것에 비하여 특별히 눈에 뜨
이는 점'을 의미하는 '특징'이 들어가는 것이 자연스럽다.

05 ② '꼭 알맞다.'를 의미하는 어휘는 '적합하다'이다.
오답 풀이
① '구분되다'는 '일정한 기준에 따라 전체가 몇 개로 갈리어 나
뉘다.'를 의미하는 말이다.
③ '증진되다'는 '기운이나 세력 따위가 점점 더 늘어 가고 나아
가다.'를 의미하는 말이다.
④ '탐색하다'는 '드러나지 않은 사물이나 현상 따위를 찾아내
거나 밝히기 위하여 살피어 찾다.'를 의미하는 말이다.
⑤ '확보하다'는 '확실히 보증하거나 가지고 있다.'를 의미하는
말이다.

06 ③ '알맞지 않게 쓰이거나 나쁜 일에 쓰이다.'를 의미하는 '악용
되다'가 적절하다.

오답 풀이
① '결정되다'는 '행동이나 태도가 분명하게 정해지다.'를 의미
하는 말이므로 적절하지 않다.
② '구현되다'는 '어떤 내용이 구체적인 사실로 나타나다.'를 의
미하는 말이므로 적절하지 않다.
④ '상통하다'는 '서로 마음과 뜻이 통하다.'를 의미하는 말이므
로에 적절하지 않다.
⑤ '도달하다'는 '목적한 곳이나 수준에 다다르다.'를 의미하는
말이므로 적절하지 않다.

07 ③ '몇 가지 부분이나 요소들이 모여 일정한 전체가 짜여 이루
어지다.'를 의미하는 어휘는 '구성되다'이다.
오답 풀이
① '관리되다'는 '시설이나 물건의 유지, 개량 따위의 일이 맡겨
져 이루어지다.'를 의미하는 말이다.
② '구별되다'는 '성질이나 종류에 따라 차이가 나다.'를 의미하
는 말이다.
④ '발휘되다'는 '재능, 능력 따위가 떨쳐져 나타나다.'를 의미
하는 말이다.
⑤ '생성되다'는 '사물이 생겨나다.'를 의미하는 말이다.

08 ③ '당시'는 '일이 있었던 바로 그때'를 의미하는 말로 사건이
일어난 바로 그 시간을 가리키므로 좀 더 넓은 시간의 개념인
'일이 있는 바로 그 시대'를 의미하는 어휘인 '당대'와는 다른
맥락으로 쓰인다.

09 ② 자격증은 '전문적' 지식을 평가한 후 기준이 충족된 사람에
게 지급된다. 또한 복잡 다단한 업무를 해결하기 위해 '전문적'
인력을 충원하는 것은 하나의 방안이 될 수 있다. 따라서 두 문
장의 빈칸에는 '어떤 분야에 상당한 지식과 경험을 가지고 그
일을 잘하는'을 의미하는 말인 '전문적'이 들어가는 것이 적절
하다.
오답 풀이
① '공개적'은 '어떤 사실이나 사물, 내용 따위를 여러 사람에게
터놓는'이라는 뜻이다.
③ '고정적'은 '한번 정한 대로 변경하지 아니한'을 의미하는 말
이다.
④ '유기적'은 '생물체처럼 전체를 구성하고 있는 각 부분이 서
로 밀접하게 관련을 가지고 있어서 떼어 낼 수 없는'을 의미
하는 말이다.
⑤ '이론적'은 '이론에 근거한'을 의미하는 말이다.

10 ④ '배치되다'는 '서로 반대가 되어 어그러지거나 어긋나게 되
다.'를 의미한다.
오답 풀이
① '관여하다'는 '어떤 일에 관계하여 참여하다.'를 의미한다.
② '극복하다'는 '악조건이나 고생 따위를 이겨 내다.'를 의미한다.
③ '담당하다'는 '어떤 일을 맡다.'를 의미한다.
⑤ '빈번하다'는 '어떤 일이나 현상이 일어나는 횟수가 잦다.'를
의미한다.

11 ① 〈보기〉의 설명에 해당하는 어휘는 '관습'으로, '어떤 사회에서 오랫동안 지켜 내려와 그 사회 성원들이 널리 인정하는 질서나 풍습'을 의미하는 말이다. '관습'은 법, 도덕과 함께 사회의 규범을 구성하기도 한다.

오답 풀이
② '논리'는 '사물 속에 있는 이치. 또는 사물끼리의 법칙적인 연관'을 의미하는 말이다.
③ '성향'은 '성질에 따른 경향'을 의미하는 말이다.
④ '동향'은 '사람들의 사고, 사상, 활동이나 일의 형세 따위가 움직여 가는 방향'을 의미하는 말이다.
⑤ '사안'은 '법률이나 규정 따위에서 문제가 되는 일이나 안'을 의미하는 말이다.

12 ⑤ 국제기구의 회의를 국내에서 기획하고 열어서 국가의 위상을 높이고자 한다는 내용이므로 ⒣에는 '행사나 모임을 주장하고 기획하여 엶.'을 의미하는 '주최'가 어울릴 것이다. '주동적인 처지가 되어 이끎.'을 뜻하는 말은 '주도'이다.

13 ③ 중학생이 꼭 읽어야 할 책으로 뽑힌 도서에 대한 내용이므로 '여럿 가운데서 어떤 것이 뽑혀 정해지다.'라는 의미를 가진 '선정되다'가 쓰였다. 반면 '선고되다'는 '선언되어 널리 알려지다.'라는 뜻을 가진 말이므로 어떤 것을 뽑아 낸다는 뜻과는 관련이 없다.

14 ① 〈보기〉에서 ㉠'요구되다'는 '받아야 될 것이 필요에 의하여 달라고 청해지다.'라는 의미로 쓰였다. '필요하다' 역시 '반드시 요구되는 바가 있다.'라는 의미를 가지고 있으므로 ㉠과 바꿔 쓸 수 있다.

오답 풀이
② '교환하다'는 '서로 바꾸다.'라는 뜻을 가진 말이다.
③ '구현되다'는 '어떤 내용이 구체적인 사실로 나타나다.'라는 뜻을 가진 말이다.
④ '선행하다'는 '어떠한 것보다 앞서가거나 앞에 있다.'라는 뜻을 가진 말이다.
⑤ '추측되다'는 '미루어져 생각되어 헤아려지다.'라는 뜻을 가진 말이다.

15 ① ㉠의 '통로'는 정부와 국민의 의사소통이 이루어지는 눈에 보이지 않는 길로 볼 수 있다. 따라서 '의사소통이나 거래 따위가 이루어지는 길'이라는 의미로 볼 수 있고, 물리적인 길을 의미하는 '통하여 다니는 길'을 뜻하는 말로 쓰였다는 것은 적절하지 않다.

16 ① 〈보기〉의 빈칸에는 문맥상 '꼭 필요하고 중요하다.'라는 의미가 들어가는 것이 자연스럽다. 따라서 '요긴한'이 쓰이는 것이 적절하다.

오답 풀이
② '소유하다'는 '가지고 있다.'를 뜻하는 말이다.
③ '의존하다'는 '다른 것에 의지하여 존재하다.'를 뜻하는 말이다.
④ '이행하다'는 '실제로 행하다.'를 뜻하는 말이다.

⑤ '조성하다'는 '무엇을 만들어서 이루다.'를 뜻하는 말이다.

17 ② 주어진 문장은 논란에 대해 책임을 지는 의미로 대표직을 사퇴한다는 내용이므로 이때의 '지다'는 '책임이나 의미를 맡다.'의 의미로 쓰인 것이다.

오답 풀이
① '지다'가 '무엇을 뒤쪽에 두다.'의 의미로 쓰였다.
③ '지다'가 '빌린 돈을 갚아야 할 의무가 있다.'의 의미로 쓰였다.
④ '지다'가 '신세나 은혜를 입다.'의 의미로 쓰였다.
⑤ '지다'가 '물건을 짊어서 등에 얹다.'의 의미로 쓰였다.

18 ④ 〈보기〉의 '계기'는 '어떤 일이 일어나거나 변화하도록 만드는 결정적인 원인이나 기회'를 의미하는 말로 쓰였다. '동기' 역시 '어떤 일이나 행동을 일으키게 하는 계기'라는 의미를 가지고 있으므로 '계기'를 대신하여 쓰일 수 있다.

오답 풀이
① '계통'은 '일정한 체계에 따라 서로 관련되어 있는 부분들의 통일적 조직'을 의미하는 말이다.
② '실기'는 '시기를 놓침.'을 의미하는 말이다.
③ '반기'는 '반대의 뜻을 나타내는 행동이나 표시'를 의미하는 말이다.
⑤ '후기'는 '뒷날의 기록'을 의미하는 말이다.

과학 1 물체의 운동과 에너지

어휘 학습

본문 · 070~072쪽

01 작용　**02** 고려　**03** 흡수　**04** 공전　**05** 간명하게

06 미미해서　**07** 낙하하는　**08** 확증하였다　**09** ④

10 ③　**11** ③　**12** ③　**13** ①　**14** ④

15 ⑤　**16** ②　**17** ④　**18** ④　**19** ④

20 ④

01 '탄성력'은 '물체의 변형으로 생기는 힘'으로, 외부의 힘에 의해 변형된 물체가 그 외부의 힘이 사라지면 그에 대항하여 본래의 형태로 되돌아가려는 힘이다. 따라서 '어떠한 현상을 일으키거나 영향을 미치다.'의 의미를 갖는 '작용하다'가 적절하다.

02 음식을 조리할 때 열이 전달되는 비율을 생각해 보는 것이 중요하다는 의미로 이해할 수 있다. 따라서 '생각하고 헤아려 보다.'의 의미를 가진 '고려하다'가 적절하다. '분류하다'는 '종류에 따라서 가르다.'의 의미를 갖는 말이다.

03 기체에서 고체로 될 때에는 열을 방출한다고 했는데, '방출'은 '입자나 전자기파의 형태로 에너지를 내보냄.'이라는 뜻을 가진 말이다. 따라서 이와 반대되게 '에너지나 입자가 물질에 빨려 들어 그 세기나 입자 수가 감소하다.'라는 의미를 지닌 '흡수하다'가 적절하다.

04 행성이 태양의 주위를 돈다는 의미이므로 '한 천체가 다른 천체의 둘레를 주기적으로 돌다.'라는 뜻을 가진 '공전하다'가 적절하다. '자전하다'는 '천체가 스스로 고정된 축을 중심으로 회전하다.'라는 뜻을 가진 말이다.

05 '간단하고 분명하다.'라는 뜻을 가진 말은 '간명하다'이다.

06 '보잘것없이 아주 작다.'라는 뜻을 가진 말은 '미미하다'이다.

07 '높은 데서 낮은 데로 떨어지다.'라는 뜻을 가진 말은 '낙하하다'이다.

08 '확실히 증명하다.'라는 뜻을 가진 말은 '확증하다'이다.

09 ④ 관성의 크고 작음의 기준이 질량의 차이라고 이해할 수 있으므로 '평가하거나 측정할 때 의거할 기준'이라는 의미를 가진 '척도'가 적절하다. '축척'은 '지도에서의 거리와 지표에서의 실제 거리와의 비율'을 의미하는 말이다.

　오답 풀이

　① 문맥상 기체의 온도가 변함이 없는 상태를 나타내기 위해서는 '어떤 상태나 상황을 그대로 보존하거나 변함없이 계속하여 지탱하다.'라는 의미를 가진 '유지하다'가 적절하다. '유도하다'는 '사람이나 물건을 목적한 장소나 방향으로 이끌다.'라는 뜻의 말이다.

02 물체의 운동 상태를 다르게 구별해서 알게 된다고 이해할 수 있으므로 '사물이 분간되고 판단되어 이해되다.'라는 뜻의 '인식되다'가 적절하다. '인정되다'는 '확실히 그렇다고 여겨지다.'라는 의미를 가진 말이다.

③ 분자들이 움직여 열이 옮겨 간다는 것으로 이해할 수 있으므로 '움직여 옮김. 또는 움직여 자리를 바꿈.'의 의미를 가진 '이동'이 적절하다. '이전'은 '장소나 주소 따위를 다른 데로 옮김.', '권리 따위를 넘겨주거나 넘겨받음.' 등의 의미를 갖는 말이다.

⑤ '일정한 수준이나 보통 정도보다 꽤'를 의미하는 부사인 '비교적'이 적절하다. '비판적'은 '현상이나 사물의 옳고 그름을 판단하여 밝히거나 잘못된 점을 지적하는. 또는 그런 것'의 의미를 갖는 말이다.

10 ③ '열역학적 변수들이 같은 계들은 같은 '상태'에 있다고 할 수 있다.'는 문장의 문맥을 고려할 때 ㉠'같다'는 '서로 다르지 않고 하나이다.'를 의미하므로, '어떤 것과 비교하여 똑같다.'라는 의미의 '동일하다'로 바꾸어 쓰기에 적절하다.

　오답 풀이

　① '균일하다'의 의미는 '한결같이 고르다.'이다.

　② '동반하다'의 의미는 '어떤 사물이나 현상이 함께 생기다.'이다.

　④ '동화하다'의 의미는 '성질, 양식, 사상 따위가 다르던 것이 서로 같아지다.'이다.

　⑤ '유일하다'의 의미는 '오직 하나밖에 없다.'이다.

11 ③ '정립하다'는 '정하여 세우다.'의 의미를 지닌 말이다. 일반적으로 '이론을 정립하다.', '확고히 정립된 가치관', '흔들리는 가족 제도를 정립하다.'처럼 쓰인다.

　오답 풀이

　① '선포하다'는 '세상에 널리 알리다.'의 의미를 가진 말로 '경제 수역을 선포하다.', '전쟁을 선포하다.'처럼 쓰인다.

　② '작용하다'는 '어떤 현상을 일으키거나 영향을 미치다.'의 의미를 가진 말이다.

　④ '정찰하다'는 '똑바로 살피다.'의 의미를 가진 말이다.

　⑤ '직립하다'는 '꼿꼿하게 바로 서다.'의 의미를 가진 말이다.

12 ③ '분류하다'는 일반적으로 '분류 기준', '도서 분류', '식물을 형태에 따라 분류하다.'처럼 쓰이며 '종류에 따라 가르다.'라는 의미를 갖는다. '가르다'는 '쪼개거나 나누어 따로따로 되게 하다.'의 의미를 지니므로, ㉠과 바꾸어 쓸 수 있는 말로 가장 적절한 것은 '가르다', '나누다'이다.

13 ① '모래시계'는 '모래를 넣어 만든＋시계'로 '모래'가 '시계'를 꾸며 주는 구조로 이루어진 말이다. '눈물'도 '눈에서 나오는＋물'로 '눈'이 '물'을 꾸며 주는 구조로 이루어진 말이다.

14 ③ '인식하다'는 '사물을 분별하고 판단하여 알다.'의 의미를 가진 말이다. 따라서 '여럿 가운데 선택하거나 판단하여 결정하다.', '규칙이나 법 따위의 적용 범위를 결정하다.', '뜻을 세워 굳히다.' 등의 의미를 가진 '정하다'로 대체하여 쓰기에는 어색하다.

오답 풀이
①, ②, ④, ⑤ '~로 인식하고 있다.'는 것은 '~ 알고 있다.', '~로 여기고 있다.', '~로 생각하고 있다.', '~로 판단하고 있다.'로 대체하여 쓸 수 있다.

15 ⑤ ⓐ의 '따르다'는 '어떤 경우, 사실이나 기준 따위에 의거하다.'의 의미로 사용되었으므로 ⑤에 쓰인 '따라'의 의미와 가장 유사하다.
오답 풀이
① '따르다'가 '일정한 선 따위를 그대로 밟아 움직이다.'의 의미로 쓰였다.
② '따르다'가 '다른 사람이나 동물의 뒤에서, 그가 가는 대로 같이 가다.'의 의미로 쓰였다.
③ '따르다'가 '남이 하는 대로 같이 하다.'의 의미로 쓰였다.
④ '따르다'가 '어떤 일이 다른 일과 더불어 일어나다.'의 의미로 쓰였다.

16 ② 〈보기〉에서 '무게'는 '물건의 무거운 정도'의 의미로 쓰였다.

17 ④ 〈보기〉의 ⓐ'생기다'는 '사람이나 사물의 생김새가 어떠한 모양으로 되다.'라는 의미로 쓰였다. ④의 '생기다'와 역시 같은 의미로 쓰였다.
오답 풀이
① '생기다'가 '없던 것이 새로 있게 되다.'의 의미로 쓰였다.
② '생기다'가 '일의 상태가 부정적인 어떤 지경에 이르게 됨을 나타내는 말'로 쓰였다.
③ '생기다'가 '어떤 일이 일어나다.'의 의미로 쓰였다.
⑤ '생기다'가 '자기의 소유가 아니던 것이 자기의 소유가 되다.'의 의미로 쓰였다.

18 ④ 〈보기〉에서는 온도가 다른 두 물체가 접촉하는 경우 열이 이동하여 두 물체의 온도가 같아지는 현상을 설명하고 있다. '접촉', '맞닿는' 등의 단어를 통해 빈칸에 들어갈 말이 '자극, 신호, 동력 따위가 다른 기관에 전하여짐.'의 의미를 가진 '전달'임을 추론할 수 있다.
오답 풀이
① '보강'은 '보태고 채워서 본디보다 더 튼튼하게 함.'을 의미한다.
② '보전'의 의미는 '온전하게 보호하여 유지함.'이다.
③ '상쇄'는 '상반되는 것이 서로 영향을 주어 효과가 없어지는 일'을 의미하는 말이다.
⑤ '존재'는 '현실에 실제로 있음. 또는 그런 대상'을 의미하는 말이다.

19 ④ 빈칸에 들어갈 말은 '어떤 문제를 해결하기 위한 실마리를 잡음.'이라는 의미의 '착안'이 적절하다.
오답 풀이
① '제안'은 '안이나 의견을 내놓음. 또는 그 안이나 의견'을 의미하는 말이다.
② '고안'은 '연구하여 새로운 안을 생각해 냄. 또는 그 안'을 의미하는 말이다.

③ '복안'은 '겉으로 드러내지 아니하고 마음속으로만 생각함. 또는 그런 생각'을 나타내는 말이다.
⑤ '혜안'은 '사물을 꿰뚫어 보는 안목과 식견'을 이르는 말이다.

20 ④ '조종하다'는 '비행기나 선박, 자동차 따위의 기계를 다루어 부리다.'의 의미를 가진 말이다. 〈보기〉의 '회전수를 조절하면 위성의 자세를 원하는 방향으로 맞출 수 있다.'에서 '맞추다'는 '어떤 기준에 틀리거나 어긋남이 없이 조정하다.'라는 의미로 쓰였으므로, '조종하다'와 바꾸어 쓰기에 적절한 말이다.
오답 풀이
① '수리하다'는 '고장나거나 허름한 데를 손보아 고치다.'의 의미를 갖는 말이다.
② '장만하다'는 '필요한 것을 사거나 만들거나 하여 갖추다.'의 의미를 갖는 말이다.
③ '제작하다'는 '재료를 가지고 기능과 내용을 가진 새로운 물건이나 예술 작품을 만들다.'라는 의미를 갖는 말이다.
⑤ '지휘하다'는 '목적을 효과적으로 이루기 위하여 단체의 행동을 통솔하다.'의 의미를 갖는 말이다.

01 ④ **02** ⑤ **03** ⑤

01 ④ 1문단에서 '당겼던 추를 놓으면 탄성력에 의해 추는 상하로 진동하다가 추를 당기기 전과 동일한 지점에서 멈추게 된다.'라고 하였으므로 적절하다.
오답 풀이
① 1문단에서 '탄성력이란 탄성을 가진 물체가 원래의 모양으로 되돌아가려는 힘'이라고 하였다. 따라서 스프링 대신 탄성을 지닌 고무줄을 사용해도 유사한 현상이 발생할 것이다.
② 1문단에서 탄성력이 탄성이 있는 물체의 '길이를 늘이거나 압축하는 방향의 반대 방향으로 작용한다.'고 했으므로 적절하지 않다.
③ 1문단에서 '추를 아래로 잡아당길수록 더 큰 힘이 필요하다.'라고 하였으므로 적절하지 않다.
⑤ 1문단에서 '당겼던 추를 놓으면 탄성력에 의해 추는 상하로 진동하다가 추를 당기기 전과 동일한 지점에서 멈추게 된다.'고 하였으므로 적절하지 않다.

02 ⑤ 2문단과 3문단에 의하면, 스프링에 저장된 퍼텐셜 에너지는 상향과 하향으로 운동할 때 운동 에너지로 전환된다. 또한 추의 운동을 방해하는 힘이나 공기 저항 등이 없다면 이러한 에너지 전환 과정이 반복되면서 스프링과 추는 계속 진동하게 될 것이라고 했으므로, 퍼텐셜 에너지와 운동 에너지의 합은 항상 일정한 상태로 유지된다고 추론할 수 있다.
오답 풀이
① 2문단과 3문단에 의하면, 당겼던 추가 진동하는 과정에서 평형점을 기준으로 퍼텐셜 에너지가 운동에너지로, 운동에

너지가 퍼텐셜 에너지로 전환하므로 퍼텐셜 에너지와 운동 에너지의 크기는 항상 고정되는 것이 아님을 알 수 있다.

②, ③ 2문단과 3문단에 의하면, 퍼텐셜 에너지는 평형점을 기준으로 운동 에너지보다 커질 수도 있고 작아질 수도 있다.

④ 2문단과 3문단에 의하면, 추의 운동을 방해하는 힘이나 공기 저항 등이 없다면 이러한 에너지 전환 과정이 반복되면서 스프링과 추는 계속 진동하게 될 것이라고 했으므로, 퍼텐셜 에너지와 운동 에너지의 합은 항상 일정한 상태로 유지될 것이다.

03 ⑤ ⓔ의 '가정하다'의 의미는 '사실이 아니거나 또는 사실인지 아닌지 아직 분명하지 않은 것을 임시로 인정하다.'이다. 따라서 '군더더기로 딸리게 하다.'의 뜻으로 쓰인 '덧붙인다면'과 의미가 통하지 않는다.

　오답 풀이

① ⓐ'대항하다'는 '굽히거나 지지 않으려고 맞서서 버티거나 항거하다.'의 의미가 있으므로 적절하다.

② ⓑ'진동하다'는 '흔들려 움직이다.'의 의미가 있으므로 적절하다.

③ ⓒ'전환되다'는 '다른 방향이나 상태로 바뀌다.'의 의미가 있으므로 적절하다.

④ ⓓ'도달하다'는 '목적한 곳이나 수준에 다다르다.'의 의미가 있으므로 적절하다.

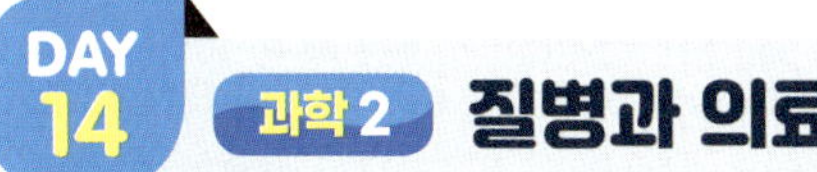

어휘 학습

본문 · 074~076쪽

01 세웠다　**02** 장애　**03** 사멸　**04** 방어　**05** 증명하려
06 동반되기　**07** 결합하므로　　**08** 전달하는　**09** ③
10 ⑤　**11** ③　**12** ②　**13** ③　**14** ①
15 ②　**16** ④　**17** ⑤　**18** ③　**19** ③
20 ⑤　**21** ⑤

01 갈레노스가 의학적 지식을 얻는 방법론을 만들었다고 이해할 수 있으므로 '계획, 방안 따위를 정하거나 짜다.'의 의미를 가진 '세우다'가 적절하다. '키우다'는 '크게 하다.', '자라게 하다.'의 의미를 가진 말이다.

02 실어증이 뇌가 손상되어 발생한 문제라고 이해할 수 있으므로 '신체 기관이 본래의 제 기능을 하지 못하거나 정신 능력에 결함이 있는 상태'를 의미하는 '장애'가 적절하다. '손해'는 '물질적으로나 정신적으로 밑짐.'의 의미를 가진 말이다.

03 '아포토시스'는 비정상 세포가 없어지는 과정이라고 했으므로 '죽어 없어지다.'라는 의미를 가진 '사멸하다'가 적절하다. '불멸하다'는 '없어지거나 사라지지 아니하다.'라는 의미를 가진 말이다.

04 미생물로부터 스스로를 지킨다고 했으므로 '상대편의 공격을 막음.'의 의미를 가진 '방어'가 적절하다. '방출'은 '비축하여 놓은 것을 내놓음.', '입자나 전자기파의 형태로 에너지를 내보냄.'의 의미를 가진 말이다.

05 '증명하다'는 '증거를 들어서 밝히다.'의 의미를 가진 말이다.

06 '동반되다'는 '어떤 사물이나 현상이 함께 생기다.'의 의미를 가진 말이다.

07 '결합하다'는 '둘 이상의 사물이나 사람이 서로 관계를 맺어 하나가 되다.'의 의미를 가진 말이다.

08 '전달하다'는 '지시, 명령, 물품 따위를 다른 사람이나 기관에 전하여 이르게 하다.'의 의미를 가진 말이다.

09 ③ 생명체가 진화해 왔는지 아닌지 장담할 수 없었다고 이해할 수 있으므로 '그러함과 그러하지 아니함.'을 의미하는 '여부'가 적절하다. '가부'는 '옳고 그름.', '찬성과 반대를 아울러 이르는 말'이다.

　오답 풀이

① 유전자 복제에 오류(그릇되어서 이치에 어긋남.)가 있다고 했으므로 '틀어지거나 잘못된 것을 바로잡다.'라는 의미를 가진 '교정하다'가 어울린다. '수선하다'는 '낡거나 헌 물건을 고치다.'라는 의미를 가진 말이다.

② 염증 반응이 너무 심하게 일어나면 쇼크가 올 수 있다고 이해할 수 있으므로 '정도에 지나치다.'를 의미하는 '과도하다'가 적절하다. '과밀하다'는 '인구나 건물, 산업 시설 따위가 한곳에 지나치게 집중되어 있다.'라는 의미를 가진 말이다.

④ 인체의 면역 체계가 새롭게 만들어진 바이러스를 위험하다고 알아채지 못한다고 이해할 수 있으므로 '사물을 분별하고 판단하여 알다.'라는 뜻의 '인식하다'가 적절하다. '포식하다'는 '다른 동물을 잡아먹다.'라는 뜻을 가진 말이다.

⑤ 단핵구가 병원체가 있는 부위로 들어온다고 했으므로, '병원체인 미생물이 동물이나 식물의 몸 안에 들어가 증식하는 일'을 의미하는 '감염'이 적절하다. '청정'은 '맑고 깨끗함.'을 의미하는 말이다.

10 ⑤ ⓜ'도태되다'는 '여럿 중에서 불필요하거나 부적당한 것이 줄어 없어지다.'의 의미를 가진 말이다.

　오답 풀이

① '합성하다'는 '생물이 빛이나 유기물, 무기물의 산화에 의하여 얻은 에너지를 이용하여 유기 화합물을 만들다.'라는 의미를 가진 말이다.

② '필요하다'는 '반드시 요구되는 바가 있다.'의 의미를 가진 말이다.

③ '획득하다'는 '얻어 내거나 얻어 가지다.'의 의미를 가진 말

이다.
④ '지속적'은 '어떤 상태가 오래 계속되는 것'의 의미를 가진 말이다.

11 ③ '지탱'은 '오래 버티거나 배겨 냄.'의 의미를, '존속'은 '어떤 대상이 그대로 있거나 어떤 현상이 계속됨.'의 의미를, '보존'은 '잘 보호하고 간수해서 남김.'의 의미를 갖는다. 세 어휘는 공통적으로 '어떤 상태나 상황을 그대로 보존하거나 변함없이 계속하여 지탱함.'의 의미를 가진 '유지'라는 말의 뜻을 가지고 있다고 할 수 있다.

오답 풀이
① '복제'는 '본디의 것과 똑같은 것을 만듦.'의 의미를 가진 말이다.
② '수용'은 '어떠한 것을 받아들임.'의 의미를 가진 말이다.
⑤ '조성'은 '무엇을 만들어서 이룸.', '분위기나 정세 따위를 만듦.'의 의미를 가진 말이다.

12 ② '구성'은 '몇 가지 부분이나 요소들을 모아서 일정한 전체를 짜 이룸. 또는 그 이룬 결과'를 의미하는 말로 빈칸에 공통으로 들어가기에 적절하다.

오답 풀이
① '각성'은 '깨어 정신을 차림.', '깨달아 앎.' 등의 의미를 가진 말이다.
③ '산화'는 '어떤 물질이 산소와 결합하거나 수소를 잃는 일'의 의미를 가진 말이다.
④ '양성'은 '가르쳐서 유능한 사람을 길러 냄.'의 의미를 가진 말이다.
⑤ '융화'는 '서로 어울려 갈등이 없이 화목하게 됨.'의 의미를 가진 말이다.

13 ③ 〈보기〉의 '부르다'는 '무엇이라고 가리켜 말하거나 이름을 붙이다.'의 의미를 갖는다. 일반적으로 '사람들은 그를 천재라고 불렀다.'처럼 쓰인다. '그는 책상 위의 시계를 '째깍째깍'이라고 불렀다.'에서 '부르다'도 〈보기〉의 '부르다'와 같은 의미로 쓰였다.

오답 풀이
① '구호나 만세 따위를 소리내어 외치다.'라는 의미의 '부르다'가 쓰였다.
② '말이나 행동 따위로 다른 사람의 주의를 끌거나 오라고 하다.'라는 의미의 '부르다'가 쓰였다.
④ '이름이나 명단을 소리 내어 읽으며 대상을 확인하다.'라는 의미의 '부르다'가 쓰였다.
⑤ '값이나 액수 따위를 얼마라고 말하다.'라는 의미의 '부르다'가 쓰였다.

14 ① '침입'은 '침범하여 들어가거나 들어옴.'을 의미하는 말이다. 이와 바꿔 쓸 수 있는 말은 '남의 영토나 권리, 재산, 신분 따위를 침노하여 범하거나 해를 끼침.'의 의미를 가진 '침범'이다.

오답 풀이
② '침수'는 '물에 잠김.'의 의미를 가진 말이다.

③ '침잠'은 '마음을 가라앉혀서 깊이 생각하거나 몰입함.' 등의 의미를 가진 말이다.
④ '침착'은 '행동이 들뜨지 아니하고 차분함.'의 의미를 가진 말이다.
⑤ '침통'은 '슬픔이나 걱정 따위로 몹시 마음이 괴롭거나 슬픔.'의 의미를 가진 말이다.

15 ② 〈보기〉의 ⓑ'진화'는 '생물이 생명의 기원 이후부터 점진적으로 변해 감.'의 의미로 쓰였다. 그러나 ②의 '진화'는 '말썽, 소동, 소문 따위를 해결함.'의 의미로 쓰였다.

16 ④ '기생하다'는 '서로 다른 종류의 생물이 함께 생활하며, 한쪽이 이익을 얻고 다른 쪽이 해를 입다.'를 의미하는 말이다. '점차 조금씩 침략하여 먹어 들어가다.'의 의미를 갖는 말은 '잠식하다'이다.

17 ⑤ '생존'은 '살아 있음. 또는 살아남음.'의 의미를 가진 말로 빈칸에 공통으로 들어갈 말로 적절하다.

오답 풀이
① '생기'는 '싱싱하고 힘찬 기운'을 뜻하는 말이다.
④ '생성'은 '사물이 생겨남. 또는 사물이 생겨 이루어지게 함.'의 의미를 갖는 말이다.

18 ③ ㉠ 뒤에 체내에 바이러스가 남아 있지 않게 된다는 내용이 이어지므로 '없애 버림.'의 의미를 갖는 '제거'가 적절하다.

오답 풀이
② '발전'은 '더 낫고 좋은 상태나 더 높은 단계로 나아감.'의 의미를 갖는 말이다.
④ '제보'는 '정보를 제공함.'의 의미를 갖는 말이다.

19 ③ 〈보기〉에서 '바이러스'의 종류 중에 '동물 바이러스'가 있다고 하였으므로 '바이러스'에 '동물 바이러스'가 포함되는 관계이다. 마찬가지로 ③의 '단풍나무'도 '나무'에 포함된다.

오답 풀이
① '비'가 오면 '우산'이 필요하다. 따라서 '우산'은 '비'라는 현상에 대한 필요 관계라 볼 수 있다.
② '초침'은 '시계'의 구성 요소 중 하나이다. 따라서 '시계'와 '초침'은 전체와 부분의 관계에 있다.
④ '판사'가 '판결'을 내리므로, '판사'라는 행위자와 '판결'이라는 행위의 관계로 볼 수 있다.
⑤ '작은 자동차'와 '큰 자동차'는 크기를 기준으로 반대 관계에 있다.

20 ⑤ '분해하다'는 '한 종류의 화합물이 두 가지 이상의 간단한 화합물로 변화하다.'의 의미를 가진 말이다.

오답 풀이
① '종류에 따라 가르다.'의 의미를 갖는 말은 '분류하다'이다.
② '마음과 힘을 다하여 떨쳐 일어나다.'의 의미를 갖는 말은 '분발하다'이다.
③ '있는 힘을 다하여 싸우거나 노력하다.'의 의미를 갖는 말은 '분투하다'이다.

④ '액체나 기체 상태의 물질이 솟구쳐서 뿜어져 나오다.'의 의미를 갖는 말은 '분출하다'이다.

21 ⑤ '복제'는 '본디의 것과 똑같은 것을 만듦. 또는 그렇게 만든 것'의 의미를 가진 말이다. '깎아서 없애거나 지워 버림.'의 의미를 갖는 말은 '삭제'이다.

01 ④　　**02** ②　　**03** ③

01 ④ 4문단에 의하면 박테리오파지는 세균 내부로 유전 물질을 침투시켜 세균의 내부 물질과 여러 효소 등을 이용해 새로운 박테리오파지를 만들 유전 물질과 단백질을 만듦으로써 자신을 복제한다. 그러므로 세포막 표면에 존재하는 단백질을 복제한다는 내용은 적절하지 않다.

오답 풀이
① 1문단에 의하면 바이러스는 숙주 세포에 기생해야만 증식할 수 있다고 하였고, 4문단에 의하면 박테리오파지는 증식을 위해 세균을 이용하는 바이러스의 일종이므로 적절하다.
② 1문단에서 바이러스의 유전 물질을 단백질 껍질이 둘러싸고 있다고 하였고, 4문단에서 박테리오파지가 바이러스의 일종임을 알 수 있으므로 단백질 껍질이 유전 물질을 보호한다는 설명은 적절하다.
③ 2문단에 의하면 데렐이 이질 환자의 분변을 연구하는 과정에서, 이질균을 녹이는 물질이 있다는 것을 발견하고 이 물질을 '박테리오파지'라고 불렀다고 하였으므로 적절하다.
⑤ 3~4문단에 의하면 박테리오파지는 갈고리 모양의 꼬리 섬유로 세균의 표면에 단단히 달라붙으므로 적절하다.

02 ② [A]에서 박테리오파지를 머리와 꼬리, 꼬리 섬유로 나누어 설명하고 있는데, 이것은 대상을 구성하는 요소나 성분으로 나누어 설명하는 '분석'의 방식이 사용된 것이다. 또한 [B]에서 박테리오파지의 복제 과정을 밝히고 있는데, 이것은 일이나 사건 또는 현상들이 진행되는 단계나 순서를 밝히는 '과정'의 설명 방식이 사용된 것이다.

오답 풀이
① 대상의 서로 다른 점을 들어 설명하는 '대조'는 이 글에서 사용되지 않았다.
③ '정의'는 어떤 말의 뜻을 명백히 밝혀 규정하여 설명하는 방식이다. 1문단의 '바이러스란 스스로는 증식할 수 없고 숙주 세포에 기생해야만 증식할 수 있는 감염성 병원체를 일컫는다.'에서 '정의'가 사용되었다.
④ 대상을 공통되는 성질에 따라 종류별로 나누는 '분류'의 설명 방식은 이 글에서 사용되지 않았다.

03 ③ ⓒ '관찰'은 '사물을 주의 깊게 살펴봄.'의 의미를 갖는 말로, '관찰 기록', '자연 현상을 관찰하다.' 등으로 쓰인다.

오답 풀이
① ⓐ '증식'은 '늘어서 많아짐. 또는 늘려서 많게 함.'의 중심 의미를 갖고, '생물이나 조직 세포 따위가 세포 분열을 하여 그 수를 늘려감.'과 같이 생명 현상과 관련된 의미를 갖는다.
② ⓑ '존속'은 '어떤 대상이 그대로 있거나 어떤 현상이 계속됨.'의 의미를 갖는 말이다.
④ ⓓ '확인'은 '틀림없이 그러한가를 알아보거나 인정함.'의 의미를 갖는 말이다.
⑤ ⓔ '분해'는 '여러 부분이 결합되어 이루어진 것을 그 낱낱으로 나눔.'의 의미를 갖는 말이다.

DAY 15　**과학 3**　**생명체의 특성**

01 인식　**02** 관여　**03** 분비　**04** 확인　**05** 서식하고
06 응고하면　**07** 성립하면　**08** 억제한다면
09 ②　**10** ⑤　**11** ⑤　**12** ②　**13** ⑤
14 ①　**15** ①　**16** ②　**17** ③　**18** ④
19 ⑤　**20** ⑤　**21** ②

01 생물체는 생체 시계로 하루의 시간을 알 수 있다고 이해할 수 있으므로 '사물을 분별하고 판단하여 알다.'라는 의미를 가진 '인식하다'가 적절하다. '인정하다'는 '확실히 그렇다고 여기다.'라는 의미를 가진 말이다.

02 이온 채널 단백질이 통증을 느끼는 데 관계한다고 이해할 수 있으므로 '어떤 일에 관계하여 참여하다.'라는 의미를 가진 '관여하다'가 적절하다. '증여하다'는 '물품 따위를 선물로 주다.'라는 의미를 가진 말이다.

03 쓸개에서 쓸개즙을 내보낸다는 내용이므로, '샘세포의 작용에 의하여 만든 액즙을 배출관으로 보내다.'라는 의미의 '분비하다'가 적절하다.

04 유전자가 몇 개 더 있음을 알았다고 이해할 수 있으므로 '틀림없이 그러한가를 알아보거나 인정하다.'의 의미를 가진 '확인하다'가 적절하다. '대체하다'는 '다른 것으로 대신하다.'라는 의미를 가진 말이다.

05 '서식하다'는 '생물 따위가 일정한 곳에서 자리를 잡고 살다.'의 의미를 가진 말이다.

06 '응고하다'는 '액체 따위가 엉겨서 뭉쳐 딱딱하게 굳다.'의 의미를 가진 말이다.

07 '성립하다'는 '일이나 관계 따위가 제대로 이루어지다.'의 의미를 가진 말이다.

08 '억제하다'는 '정도나 한도를 넘어서 나아가려는 것을 억눌러 그치게 하다.'의 의미를 가진 말이다.

09 ② 어떤 환경에서 개개의 종이 가지는 위치를 생태적 지위라고 한다는 내용이므로 '사물이나 공간, 지위 따위를 자기 몫으로 가지다.'의 의미를 가진 '차지하다'가 적절하다. '주둔하다'는 '군대가 임무 수행을 위하여 일정한 곳에 집단적으로 얼마 동안 머무르다.'의 의미를 가진 말이다.

오답 풀이
① 최종 산물의 양이 많아지면 초기에 영향을 미치는 효소가 억제된다고 이해할 수 있으므로 '어떠한 현상을 일으키거나 영향을 미치다.'라는 의미를 지닌 '작용하다'가 적절하다. '상용하다'는 '일상적으로 쓰다.'라는 의미를 가진 말이다.
③ 먹이가 부족한 환경을 이겨 내지 못하면 야생에서 살아가기 어렵다고 이해할 수 있으므로 '악조건이나 고생 따위를 이겨 내다.'의 의미를 가진 '극복하다'가 적절하다. '처치하다'는 '처리하여 없애거나 죽여 버리다.'라는 뜻을 가진 말이다.
⑤ 광합성의 원리를 이용해서 이산화 탄소의 이동 경로를 파악한다고 이해할 수 있으므로 '알맞게 이용하거나 맞추어 쓰다.'라는 의미를 가진 '적용하다'가 적절하다. '남용하다'는 '일정한 기준이나 한도를 넘어서 함부로 쓰다.'의 의미를 가진 말이다.

10 ⑤ ⓜ 생물들이 교신하는 전자파가 인간들이 만들어 낸 전자파 잡음에 의해 교란된다면 그 영향이 치명적일 것으로 추측된다고 이해할 수 있으므로 '미루어져 생각되어 판정되다.'의 의미를 가진 '추정되다'로 쓰는 것이 적절하다. '추산되다'는 '짐작으로 미루어져 셈하여지다.'라는 뜻의 말로 '피해액이 수천억 원으로 추산된다.'와 같이 쓰일 수 있다.

오답 풀이
① ㉠ '반응'은 '자극에 대응하여 어떤 현상이 일어남. 또는 그 현상'을 의미하는 말이다.
② ㉡ '교신하다'는 '우편, 전신, 전화 따위로 정보나 의견을 주고받다.'라는 의미를 가진 말이다.
③ ㉢ '가정하다'는 '사실이 아니거나 또는 사실인지 아닌지 분명하지 않은 것을 임시로 인정하다.'라는 의미를 가진 말이다.
④ ㉣ '교란되다'는 '마음이나 상황 따위가 뒤흔들려서 어지럽고 혼란스럽게 되다.'라는 의미를 가진 말이다.

11 ⑤ '보완하다'는 '모자라거나 부족한 것을 보충하여 완전하게 하다.'의 의미를, '충족하다'는 '일정한 분량을 채워 모자람이 없게 하다.'의 의미를, '보충하다'는 '부족한 것을 보태어 채우다.'의 의미를 갖는 말이므로, '가득하게 하다'의 의미를 가지는 '채우다'로 대체할 수 있다.

12 ② 둘 사이의 구분되는 범위와 관련된 의미를 갖는 말이 들어가야 하므로 '사물이 어떠한 기준에 의하여 분간되는 한계', '지역이 구분되는 한계'의 의미를 갖는 '경계'가 적절하다.

13 ⑤ 〈보기〉의 '말하다'는 '어떤 사정이나 사실, 현상 따위를 나타내 보이다.'의 의미로 쓰였다. 이와 같은 의미로 쓰인 것은 ⑤ 이다.

오답 풀이
① '말하다'가 '생각이나 느낌 따위를 말로 나타내다.'의 의미로 쓰였다.
② '말하다'가 '어떤 사실을 말로 알려 주다.'의 의미로 쓰였다.
③ '말하다'가 '무엇을 부탁하다.'의 의미로 쓰였다.
④ '말하다'가 '말리는 뜻으로 타이르거나 꾸짖다.'의 의미로 쓰였다.

14 ① 〈보기〉의 '속하다'는 '관계되어 딸리다.'의 의미를 갖는 말이다.

15 ① ⓐ '유용'은 '쓸모가 있음.'의 의미로 사용되었다. 그러나 ①의 '유용'은 '남의 것이나 다른 곳에 쓰기로 되어 있는 것을 다른 데로 돌려씀.'의 의미로 쓰였다.

오답 풀이
② '대변'은 '어떤 사실이나 의미를 대표적으로 나타냄.'의 의미를 가진 말이다.
③ '기준'은 '기본이 되는 표준'의 의미를 가진 말이다.
④ '제공'은 '무엇을 내주거나 갖다 바침.'의 의미를 가진 말이다.
⑤ '확정'은 '일을 확실하게 정함.'의 의미를 가진 말이다.

16 ② '물질이 산소와 화합할 때에, 많은 빛과 열을 내는 현상'의 의미를 가진 말은 '연소'이다. '소비'는 '돈이나 물자, 시간, 노력 따위를 들이거나 써서 없앰.'의 의미를 갖는 말이다.

17 ③ 빛, 소리, 냄새 등을 알아내는 시각, 청각, 후각에 대해 설명하고 있으므로 '지각, 기억, 상상, 개념, 판단, 추리를 포함하여 무엇을 안다는 것을 나타내는 포괄적인 용어'인 '인지'가 적절하다.

오답 풀이
① '고려'는 '생각하고 헤아려 봄.'의 의미를 갖는 말이다.
② '배양'은 '식물을 북돋아 기름.'의 의미를 갖는 말이다.
④ '정지'는 '움직이고 있던 것이 멎거나 그침. 또는 중도에서 멎거나 그치게 함.'의 의미를 갖는 말이다.
⑤ '판정'은 '판별하여 결정함.'의 의미를 갖는 말이다.

18 ④ 어떤 동물 종인지 나누어 가리는 유전자 검사를 의뢰했다고 이해할 수 있다. 따라서 '시비나 선악을 판단해 결정하다.'라는 의미를 가진 '판결하다'는 적절하지 않다.

19 ⑤ 〈보기〉에서 '폐를 통해 산소를 받아들이는 어른과 달리 태아는 태반과 연결된 탯줄을 통해 산소를 받아들인다.'는 내용을 통해 문맥상 ㉠'태반 호흡'과 ㉡'폐호흡'은 서로 대칭을 이룬다고 이해할 수 있다. 이와 같이 서로 대비 관계로 연결된 것은 '제자'와 '스승'이다.

오답 풀이
① '금성'과 '샛별'은 동일한 대상을 가리키는 말이다.
② '바람'과 '구름'은 서로 독립적인 관계에 있다.
③ '서점'과 '책방'은 유사한 의미를 가진 관계에 있다.
④ '나무'에 '소나무'가 포함되는 관계이다.

20 ⑤ '측정하다'는 '일정한 양을 기준으로 하여 같은 종류의 다른

양의 크기를 재다.'의 의미를 갖는 말로 '거리를 측정하다.', '소
금물의 농도를 측정하다.'처럼 쓰인다.

오답 풀이

① '일을 확실하게 정하다.'의 의미를 갖는 말은 '확정하다'이다.

② '미리 헤아려 짐작하다.'의 의미를 갖는 말은 '예측하다'이다.

③ '계획이나 방책을 세워 결정하다.'의 의미를 갖는 말은 '책정
하다'이다.

④ '잘못된 것이나 부족한 것, 나쁜 것 따위를 고쳐 더 좋게 만
들다.'의 의미를 갖는 말은 '개선하다'이다.

21 ② ⓒ '동물과 식물의 세포가 모두 정상적으로 분열하였다.'에
서 '분열'은 '하나의 세포나 개체가 둘 이상으로 나뉘어 불어
남.'을 뜻하는 말이다. '서로 다른 일이나 사물을 구별하여 가
름.'의 의미를 갖는 말은 '분별'이다.

01 ③　　**02** ⑤　　**03** ①

01 ③ 외양에 따라 미생물의 종을 구분하는 방법이 사용되기도 하
는데, 이 방법은 미생물의 외양적 특성이 환경에 따라 변하고
모든 미생물 종에 적용되기가 힘든 문제점이 있다. 그래서 이
문제점을 해결하기 위해 유전자의 특성을 이용해 미생물의 종
을 구분한다. 이는 외양보다 유전적 특성이 미생물 종을 명확
하게 구분해 준다는 사실을 의미한다.

오답 풀이

① 2문단에 의하면 종의 구분에는 서로 간의 차이를 잘 나타내
주는 유전자를 이용한다.

② 2문단에 의하면 미생물의 생리적 특성은 어떻게 배양되느
냐에 따라 변할 수 있다.

④ 1문단에 의하면 동식물의 종은 '같은 개체끼리 교배하여 자
손을 남길 수 있는' 또는 '외양으로 구분이 가능한' 집단을
뜻한다.

⑤ 4문단에 의하면 유전체 유사도를 정확히 측정하기 위해서
는 모든 유전자를 대상으로 유전적 관계를 살펴야 한다. 이
는 유전체가 DNA로 이루어진 하나의 유전자로 구성되어
있지 않음을 의미한다.

02 ⑤ 1문단에서는 '미생물의 종은 어떤 기준으로 구분할까'라는
문제를 제기하고 있으며, 2문단에서는 외양과 생리적 특성을
기준으로 미생물의 종을 구분하는 방법의 한계를 지적한 후,
그에 대한 해결 방법을 제시하고 있다. 그리고 [A]에서는 2문
단에 제시된 해결 방법의 한계를 지적하고 있으며, [B]에서는
[A]에 제시된 한계를 보완하기 위한 방법이 서술되어 있다.

03 ① '살피다'는 '자세히 따지거나 헤아려 보다.'의 의미로 사용되
었다. '내다보다'는 '앞일을 미리 헤아리다.'의 의미를 갖는 말
로 '살피다'와 바꾸어 쓰기에 적절하지 않다.

---

01 토대　　**02** 부풀어　　**03** 포함　　**04** 관련
05 노출하였다　　　　**06** 타당하여　**07** 초래하는　**08** 추측하는
09 ①　　**10** ④　　**11** ⑤　　**12** ②　　**13** ④
14 ⑤　　**15** ②　　**16** ④　　**17** ②　　**18** ②
19 ⑤　　**20** ④　　**21** ③　　**22** ②

01 과학의 원리들은 기술 발전의 근본이 된다는 뜻으로 이해할 수
있으므로, '어떤 사물이나 사업의 밑바탕이 되는 기초와 밑천
을 비유적으로 이르는 말'인 '토대'가 적절하다. '축대'는 '높이
쌓아 올린 대나 터'의 의미를 가진 말이다.

02 달이 지구를 끌어당기는 힘이 지구의 표면을 늘어나게 하거나
커지게 한다는 맥락이므로 '물체가 늘어나면서 부피가 커지다.'
라는 의미를 가진 '부풀다'가 적절하다. 지구의 표면을 '부딪혀
오른다'는 의미는 적절하지 않다.

03 지구가 태양계에 함께 들어 있다는 뜻으로 이해할 수 있으므로
'어떤 사물이나 현상 가운데 함께 들어가게 하거나 함께 넣다.'
라는 의미를 가진 '포함하다'가 적절하다. '포착하다'는 '어떤 기
회나 정세를 알아차리다.'라는 의미를 가진 말이다.

04 토성의 대기와 관계가 있는 연구라는 맥락이므로 '둘 이상의
사람, 사물, 현상 따위가 서로 얽혀서 가까운 관계에 있다.'라
는 의미를 가진 '관련되다'가 적절하다. '관철되다'는 '어려움에
도 꺾이지 않고 목적이 기어이 이루어지다.'라는 의미를 가진
말이다.

05 '노출하다'는 '겉으로 드러내다.'의 의미를 가진 말로 '문제점을
노출하였다.'처럼 쓸 수 있다.

06 '타당하다'는 '일의 이치로 보아 옳다.'의 의미를 가진 말로 '논
리가 타당하다.'처럼 쓸 수 있다.

07 '초래하다'는 '일의 결과로서 어떤 현상을 생겨나게 하다. 또는
불러서 오게 하다.'의 의미를 가진 말로 '불필요한 오해를 초래
하다.'처럼 쓸 수 있다.

08 '추측하다'는 '미루어 생각하여 헤아리다.'라는 의미를 가진 말
이다.

09 ① 이론 안에 모순이 있다고 이해할 수 있으므로 '어떤 사물이
나 범위의 안에 들어 있다.'라는 의미를 가진 '내재하다'가 적절
하다. '편재하다'는 '한곳에 치우쳐 있다.'라는 의미를 가진 말
이다.

10 ④ 〈보기〉의 ⊙'일으키다'는 '물리적이거나 자연적인 현상을

만들어 내다.'의 의미로 쓰였다. ④의 '일으키다' 역시 같은 의미로 사용되었다.

오답 풀이
① '일으키다'가 '일어나게 하다.'의 의미로 쓰였다.
②, ⑤ '일으키다'가 '무엇을 시작하거나 흥성하게 만들다.'의 의미로 쓰였다.
③ '일으키다'가 '어떤 사태나 일을 벌이거나 터뜨리다.'의 의미로 쓰였다.

11 ⑤ 〈보기〉는 '작용'의 사전적 의미를 나타낸 것이다. '작용' 1의 예로는 '반사 작용', '상호 작용', '변수로 작용하다.' 등을 들 수 있으며, '작용' 2의 예로는 '전기 작용', '작용과 반작용' 등을 예로 들 수 있다.

12 ② '밀접하다'는 '아주 가깝게 맞닿아 있다. 또는 그런 관계에 있다.'라는 의미를 가진 말이다. 〈보기〉의 세 문장의 빈칸에는 '가까운 연관성'의 의미를 가진 어휘가 들어가야 하므로 '밀접한'이 적절하다.

오답 풀이
① '근접하다'는 '가까이 접근하다.'의 의미를 가진 말로 물리적인 거리와 관련해서 쓰인다. '밀접하다'와 의미상 유사한 부분이 있지만, '근접한 관계', '근접한 관련성' 등의 표현은 사용하지 않는다.
④ '분주하다'는 '몹시 바쁘게 뛰어다니다.'의 의미를 가진 말이다.

13 ④ '나의 친구'에서 '의'는 앞말인 '나'와 뒷말인 '친구'가 '사회적 관계에 있음.'을 나타낸다.

오답 풀이
① '과학자의 연구 노트'는 '과학자가 소유하고 있는 연구 노트'이므로 이때의 '의'는 뒷말이 나타내는 대상이 앞말에 소유되거나 소속됨을 나타낸다.
② '과학자의 충고'는 '과학자가 충고를 하다.'라는 의미를 나타낸다. 따라서 이때의 '의'는 앞말이 뒷말이 나타내는 행동이나 작용의 주체임을 의미한다.
③ '축하의 박수'는 '축하를 해 주기 위한 박수'이므로 이때의 '의'는 뒷말이 앞말이 나타내는 어떤 동작을 주된 목적이나 기능으로 하는 것을 나타낸다.
⑤ '연구원들의 절반'은 '연구원들 전체 중에서 절반'이므로 전체와 부분의 관계를 나타낸다.

14 ⑤ '생성되다'는 '사물이 생겨나다.'라는 의미를 가진 말로, '어떤 대상에 의하여 일정한 상태나 결과가 생기거나 만들어지다.'를 의미하는 '이루어지다'와 바꿔 쓸 수 있다.

15 ② '인력'은 '공간적으로 떨어져 있는 물체끼리 서로 끌어당기는 힘'이라는 의미를 가진 말이다. '같은 종류의 전기나 자기를 가진 두 물체가 서로 밀어내는 힘'이라는 의미를 가진 말은 '척력'이다.

16 ④ '추세'는 '어떤 현상이 일정한 방향으로 나아가는 경향'이라는 의미를 가진 말이다. '추세'는 현상을 나타내는 말과 어울려

쓰이므로, '자영업자'와 같은 대상의 특성을 표현하는 말로 쓰이는 것은 자연스럽지 않다.

오답 풀이
① '추정'은 '미루어져 생각되어 판정함.'이라는 의미를 가진 말이다.
③ '근거'는 '어떤 일이나 의논, 의견에 그 근본이 됨. 또는 그런 까닭'이라는 의미를 가진 말이다.
⑤ '예측'은 '미리 헤아려 짐작함.'이라는 의미를 가진 말이다.

17 ② '과학 공부에 미치다.'에서 '미치다'는 '어떤 일에 지나칠 정도로 열중하다.'라는 의미를 가지고 있다. '질량은 중력에 큰 영향을 미치다.'에서 '미치다'는 '영향이나 작용 따위가 대상에 가하여지다.'라는 의미를 가지고 있다.

18 ② 〈보기〉는 금성이 태양과의 상대적 위치에 따라 지구상의 관측자에게 보이는 모양에 대해 설명하고 있다. 금성은 지구에서 멀어질수록 보이는 크기가 줄어들지만, 태양 빛을 받는 면의 전체를 볼 수 있다고 하였다. 그러므로 지구의 관측자가 보는 금성의 모양은 보름달과 같이 둥근 형태이다.

오답 풀이
① '그믐달'은 '음력 26~27일경에 뜨는 달'로 왼쪽이 둥근 눈썹 모양의 달이다.
③ '상현달'은 '음력 매달 7~8일경에 뜨는 달'로 오른쪽이 둥근 모양의 반달이다.
④ '초승달'은 '음력 3일경에 뜨는 달'로 오른쪽이 둥근 눈썹 모양의 달이다.
⑤ '하현달'은 '음력 매달 22~23일경에 뜨는 달'로 왼쪽이 둥근 모양의 반달이다.

19 ⑤ '지구 자기장'은 보호막을 만들어 고에너지 입자가 '지구'로 유입되는 것을 차단한다. 즉, '지구 자기장'은 '지구'를 보호하는 역할을 한다.

오답 풀이
① '경찰'과 '범인'은 잡고 잡히는 관계에 있다.
② '사슴'은 '동물'에 포함되는 관계에 있다.
③ '슬픔'과 '기쁨'은 서로 대등하게 대비되는 관계에 있다.
④ '연필'과 '지우개'는 필기할 때 서로 도움을 주는 관계로 볼 수 있다.

20 ④ ㉠은 문맥상 '이름이 생기게 하다.'라는 의미로 쓰였다. ④ '붙이다' 역시 이와 유사한 의미로 쓰였다.

오답 풀이
① '붙이다'는 '어떤 것을 더하게 하거나 생기게 하다.'라는 의미로 쓰였다.
② '붙이다'는 '말을 걸거나 치근대며 가까이 다가서다.'의 의미로 쓰였다.
③ '붙이다'는 '어떤 감정이나 감각을 생기게 하다.'라는 의미로 쓰였다.
⑤ '붙이다'는 '기대나 희망을 걸다.'라는 의미로 쓰였다.

21 ③ '관측하다'는 '육안이나 기계로 자연 현상 특히 천체나 기상의 상태, 추이, 변화 따위를 관찰하여 측정하다.'라는 의미를 가진 말이다. '관찰하다'는 '사물이나 현상을 주의하여 자세히 살펴보다.'라는 의미이고, '측정하다'는 '일정한 양을 기준으로 하여 같은 종류의 다른 양의 크기를 재다.'라는 의미를 가지고 있다. 이러한 의미와 직접적 관련이 없는 말은 '두르다'이다.

22 ② '강압적인 힘으로 억눌러 진정시키다.'의 의미를 가진 말은 '진압하다'이다. '진입하다'는 '향하여 내처 들어가다.'의 의미를 가진 말이다.

01 ③   **02** ①   **03** ④

01 ③ 3문단에 의하면 지구와 달은 서로의 인력 때문에 자전 속도가 줄게 되는데, 이 자전 속도와 관련된 운동량은 '지구—달 계' 내에서 달의 공전 궤도가 늘어나는 것으로 보존된다.

오답 풀이

① 1문단에 의하면 인력은 서로를 끌어당기는 힘인데, 지구에 미치는 달의 인력은 달과 가까운 쪽이 크고 그 반대쪽이 작다고 했으므로 인력의 크기는 지구와 달의 거리에 반비례하여 커진다는 것을 알 수 있다.

② 지구의 자전 속도가 느려진다는 것은 1년 동안 그만큼 지구의 자전 횟수가 줄어든다는 의미이다. 지구의 자전 주기는 하루이므로 지구의 자전 속도가 느려지면 1년의 지구의 날 수가 줄어든다는 것을 알 수 있다.

④ 1문단에 의하면 달의 인력은 지구와 달 사이의 거리에 따라 다르게 작용하여 달과 가까운 쪽에는 크게, 그 반대쪽에는 작게 영향을 미치게 된다.

02 ① 1문단을 통해 지구 표면은 달의 인력과 지구—달의 원운동에 의한 원심력의 영향을 받아 양쪽이 부풀어 오름을 알 수 있다.

03 ④ ㉡ '마치다'는 '어떤 일이나 과정, 절차 따위가 끝나다. 또는 그렇게 하다.'의 의미로 쓰였다. 이와 바꿔 쓸 수 있는 말은 '어떤 행동이나 일 따위가 끝나다. 또는 행동이나 일 따위를 끝마치다.'의 의미를 가진 '종료하다'가 적절하다.

오답 풀이

① '만료하다'는 '기한이 다 차서 끝나다.'의 의미를 가진 말이다. '보증 기한이 만료하다.'처럼 쓰인다.

② '수료하다'는 '일정한 학과를 다 배워 끝내다.'의 의미를 가진 말이다. '박사 과정을 수료하다.'처럼 쓰인다.

③ '잔류하다'는 '뒤에 처져 남다.'의 의미를 가진 말이다. '철수하지 않고 잔류하다.'처럼 쓰인다.

⑤ '표류하다'는 '물에 떠서 정처 없이 흘러가다.', '정처 없이 돌아다니다.' 등의 의미를 가진 말이다. '난파선이 표류하다.'나 '그는 이국 땅에서 표류하였다.'처럼 쓰인다.

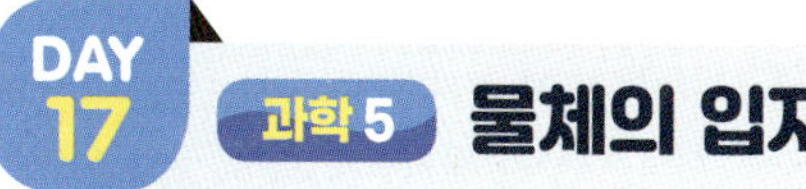

01 띠고	**02** 부합	**03** 유발	**04** 조절	**05** 적용하는
06 종합하였다		**07** 확립하였다		**08** 언급하지
09 ②	**10** ⑤	**11** ⑤	**12** ④	**13** ⑤
14 ③	**15** ③	**16** ⑤	**17** ②	**18** ④
19 ①	**20** ②	**21** ④		

01 초임계유체가 기체와 액체의 성질을 동시에 지닌다는 뜻으로 이해할 수 있으므로 '어떤 성질을 가지다.'의 의미를 가진 '띠다'가 적절하다. '띄다'는 '뜨이다'의 준말로 '눈에 보이다.', '남보다 훨씬 두드러지다.'의 의미를 갖는 말이다.

02 과학 이론이 실제와 들어맞는 사례가 있다는 뜻으로 이해할 수 있으므로 '사물이나 현상이 서로 꼭 들어맞다.'라는 의미를 지닌 '부합하다'가 적절하다. '부결하다'는 '의논한 안건을 받아들이지 아니하기로 결정하다.'라는 의미를 지닌 말이다.

03 계면 활성제가 하천이 오염되는 문제를 일어나게 한다는 뜻으로 이해할 수 있으므로 '어떤 것이 다른 일을 일어나게 하다.'라는 의미를 가진 '유발하다'가 적절하다. '도발하다'는 '남을 집적거려 일이 일어나게 하다.'라는 의미를 가진 말이다.

04 이산화 탄소의 온도와 압력을 적절히 한다는 뜻으로 이해할 수 있으므로 '균형이 맞게 바로잡다. 또는 적당하게 맞추어 나가다.'라는 의미를 가진 '조절하다'가 적절하다. '분절하다'는 '사물을 마디로 나누다.'라는 의미를 가진 말이다.

05 '적용하다'는 '알맞게 이용하거나 맞추어 쓰다.'라는 의미를 지닌 말이다.

06 '종합하다'는 '여러 가지를 한데 모아서 합하다.'라는 의미를 가진 말이다.

07 '확립하다'는 '체계나 견해, 조직 따위를 굳게 서게 하다.'라는 의미를 지닌 말이다.

08 '언급하다'는 '어떤 문제에 대하여 말하다.'라는 의미를 지닌 말이다.

09 ② 과학자들이 실험을 계획했다는 뜻으로 이해할 수 있으므로 '계획을 세우다.'라는 의미를 가진 '설계하다'가 적절하다. '개설하다'는 '설비나 제도 따위를 새로 마련하고 그에 관한 일을 시작하다.'라는 의미를 지닌 말이다.

오답 풀이

① 새로운 실험을 한다는 뜻으로 이해할 수 있으므로 '실제로 행하다.'의 의미를 가진 '실행하다'가 적절하다. '작동하다'는 '기계 따위가 작용을 받아 움직이다. 또는 기계 따위를

움직이게 하다.'의 의미를 지닌 말이다.

③ 기체 혼합물을 두 개의 기체 분자로 나눈다는 뜻으로 이해할 수 있으므로 '서로 나누어 떨어지게 하다.'라는 의미의 '분리하다'가 적절하다. '분별하다'는 '서로 다른 일이나 사물을 구별하여 가르다.'라는 의미를 지닌 말이다.

④ 실패를 바탕으로 다시 새로운 연구를 위한 대책을 세워야 한다는 뜻으로 이해할 수 있으므로 '어떤 일을 이루기 위하여 대책과 방법을 세우다.'라는 의미를 가진 '도모하다'가 적절하다. '추모하다'는 '죽은 사람을 그리며 생각하다.'라는 의미를 가진 말이다.

⑤ 연구소가 문제의 원인을 분명히 밝히지 않았다는 뜻으로 이해할 수 있으므로 '뚜렷하고 분명하다.'의 의미를 가진 '명료하다'가 적절하다. '모호하다'는 '말이나 태도가 흐리터분하여 분명하지 않다.'라는 의미를 가진 말이다.

10 ⑤ '규명하다'는 '어떤 사실을 자세히 따져서 바로 밝히다.'라는 의미를 가진 말이다. 따라서 '마음속으로 괴로워하고 애를 태우다.'라는 의미를 가진 '고민하다'와 바꿔 쓸 수 없다.

오답 풀이
② '관점'은 '사물이나 현상을 관찰할 때, 그 사람이 보고 생각하는 태도나 방향 또는 처지'를 가리키는 말이므로, '사물을 관찰하고 파악하는 기본적인 자세'를 의미하는 '시각'과 바꿔 쓸 수 있다.
③ '결합하다'는 '둘 이상의 사물이나 사람이 서로 관계를 맺어 하나가 되다.'라는 의미를 가진 말이므로 '합하다'를 강조하여 이르는 말인 '합치다'와 바꿔 쓸 수 있다.

11 ⑤ '결정'은 '행동이나 태도를 분명하게 정함.'의 의미를, '지정'은 '가리키어 확실하게 정함.'의 의미를, '판정'은 '판별하여 결정함.'의 의미를 가진 말이다. 따라서 '결정', '지정', '판정'에는 공통적으로 '정하다'는 의미가 포함되어 있다.

12 ④ '다른 것에 의지하여 존재함.'의 의미를 갖는 '의존'이 적절하다.

오답 풀이
① '공존'은 '두 가지 이상의 사물이나 현상이 함께 존재함.', '서로 도와서 함께 존재함.'의 의미를 가진 말이다.
② '비판'은 '현상이나 사물의 옳고 그름을 판단하여 밝히거나 잘못된 점을 지적함.'의 의미를 가진 말이다.
③ '연상'은 '하나의 관념이 다른 관념을 불러일으키는 현상'의 의미를 가진 말이다.
⑤ '자립'은 '남에게 예속되거나 의지하지 아니하고 스스로 섬.'의 의미를 가진 말이다.

13 ⑤ ㉠'담당하다'는 '어떤 일을 맡다.'라는 의미를 가진 말이다. ⑤의 '맡다'는 '어떤 일에 대한 책임을 지고 담당하다.'라는 뜻으로 쓰였으므로, 역할의 의미를 나타낸다는 점에서 ㉠과 그 의미가 가장 유사하다고 볼 수 있다.

오답 풀이
① '맡다'는 '면허나 증명, 허가, 승인 따위를 얻다.'라는 의미로

쓰였다.
② '맡다'는 '주문 따위를 받다.'라는 의미로 쓰였다.
③ '맡다'는 '어떤 물건을 받아 보관하다.'라는 의미로 쓰였다.
④ '맡다'는 '코로 냄새를 느끼다.'라는 의미로 쓰였다.

14 ③ '비롯되다'는 '처음으로 시작되다.'라는 뜻을 가진 말로, '시작되다'와 바꿔쓸 수 있다.

오답 풀이
① '개발되다'는 '토지나 천연자원 따위가 유용하게 되다.'라는 의미를 가진 말이다.
② '변질되다'는 '성질이 달라지거나 물질의 질이 변하게 되다.'의 의미를 가진 말이다.
④ '정지되다'는 '움직이고 있던 것이 멎거나 그치다.'의 의미를 가진 말이다.
⑤ '향상되다'는 '실력, 수준, 기술 따위가 나아지다.'라는 의미를 가진 말이다.

15 ③ 소금을 물에 녹일 때, 물은 소금이라는 용질을 녹인다고 하였으므로, '용매'에 대한 사전적 의미가 잘못되었음을 알 수 있다. ㉢'용매'는 '어떤 액체에 물질을 녹여서 용액을 만들 때 그 액체를 가리키는 말'이다.

16 ⑤ 수소와 산소가 결합해서 물 분자가 된다는 뜻으로 이해할 수 있으므로 '둘 또는 그 이상의 화학종이 결합하여 본래의 성질을 잃어버리고 새로운 성질을 가진 화학종이 됨.'을 의미하는 '화합'이 적절하다.

오답 풀이
① '분열'은 '찢어져 나뉨.'의 의미를 가진 말이다.
③ '포위'는 '주위를 에워쌈.'의 의미를 가진 말이다.
④ '합의'는 '서로 의견이 일치함. 또는 그 의견'의 의미를 가진 말이다.

17 ② '공유'는 '두 사람 이상이 한 물건을 공동으로 소유함.'의 의미를 가진 말이므로 빈칸에 공통으로 들어갈 말로 적절하다.

오답 풀이
① '공개'는 '어떤 사실이나 사물, 내용 따위를 여러 사람에게 널리 터놓음.'의 의미를 갖는 말이다.
④ '통제'는 '일정한 방침이나 목적에 따라 행위를 제한하거나 제약함.'의 의미를 가진 말이다.

18 ④ 〈보기〉는 라면 스프를 넣은 물이 순수한 물보다 끓는점이 높은 이유를 증기압의 변화를 통해 설명하고 있다. 〈보기〉를 통해 '끓는점'은 '액체 물질의 증기압이 외부 압력과 같아져 끓기 시작하는 온도'임을 알 수 있다.

오답 풀이
① '부피'는 '넓이와 높이를 가진 물건이 공간에서 차지하는 크기'의 의미를 가진 말이다.
③ '습도'는 '공기 가운데 수증기가 들어 있는 정도'의 의미를 가진 말이다.

19 ① 빛은 파장에 따라 자외선, 가시광선, 적외선으로 나눌 수 있

다. 따라서 '빛 : 적외선'의 관계를 정리하면 '전체 : 연속적으로 이어진 전체에 포함된 일부분'으로 나타낼 수 있다. '계절 : 겨울'의 관계 역시 '전체 : 연속적으로 이어진 전체에 포함된 일부분'으로 나타낼 수 있다.

오답 풀이

② '남자'와 '여자'는 서로 대등하게 대립하는 관계라고 할 수 있다.

③ '시계'는 '시간'을 나타내는 수단이나 도구로 볼 수 있다.

④ '악기'는 '음악'을 구체적으로 표현하기 위한 수단이나 도구로 볼 수 있다.

⑤ '개나리'와 '민들레'는 대등하게 꽃의 종류를 나타내는 관계로 볼 수 있다.

20 ② 핵분열 반응은 핵분열에 의해 방출된 중성자가 다시 핵분열을 일으키는 현상이라고 하였으므로, '연쇄적'은 '서로 연결되어 관련이 있는 것'이라고 보는 것이 가장 적절하다.

오답 풀이

① '파격적'이라는 말의 뜻이다.

③ '강압적'이라는 말의 뜻이다.

④ '적극적'이라는 말의 뜻이다.

⑤ '정기적'이라는 말의 뜻이다.

21 ④ ④의 '성질'은 '사물이나 현상이 가지고 있는 고유의 특성'을 의미한다. '그의 급한 성질 때문에 결국 계획이 무산되고 말았다.'에 쓰인 '성질'은 '사람이 지닌 마음의 본바탕'을 의미한다.

본문 · 089쪽

01 ⑤   **02** ③   **03** ②

01 ⑤ 2문단에 의하면 산소 원자와 수소 원자는 전자를 1개씩 내어서 전자쌍을 만들고 이를 공유하는데, 이때의 전자쌍은 전자 친화도가 더 큰 산소 원자 쪽에 가깝게 위치한다.

오답 풀이

① 1문단에서 '물은 상온에서 액체 상태이며, 100℃에서 끓어 기체인 수증기로 변하고, 0℃ 이하에서는 고체인 얼음으로 변한다.'고 하였다. 따라서 물은 0~100℃ 사이에서 액체로 존재한다.

② 2문단에 생물체는 생명을 유지하기 위해서 물에 의존한다는 내용이 제시되어 있다.

③ 3문단에서 '전기적 인력으로 결합된 구조는 물이 비열이 큰 성질을 갖게 한다.'고 하였다.

④ 3문단에서 '물 분자가 극성을 가지고 있어서 물은 여러 가지 물질을 잘 녹이는 특성이 있다.'고 하였다. 따라서 물이 여러 가지 물질을 잘 녹이기 때문에 극성을 갖는다는 내용은 적절하지 않다.

02 ③ 2문단에 의하면 물 1분자는 1개의 산소 원자와 2개의 수소 원자가 공유 결합을 이루고 있다. 그리고 이때 산소 원자와 수소 원자는 전자를 1개씩 내어서 전자쌍을 만들고 이를 공유한다. 따라서 물 분자를 이루는 산소와 수소가 전자를 공유한다는 것을 알 수 있다.

오답 풀이

① 2문단에서 '극성을 띤 물 분자들끼리는 서로 다른 물 분자의 수소와 산소 사이에 전기적 인력이 작용하는 결합이 형성된다.'고 하였으므로 극성을 띤 물 분자는 전기적 인력을 가진다는 것을 알 수 있다.

②, ④ 3문단에서 물은 '우리 몸에서 용매 역할을 하며, 각종 물질을 운반하는 기능을 담당한다. 물은 혈액을 구성하고 있어 영양소, 산소, 호르몬, 노폐물 등을 운반하며, 대사 반응, 에너지 전달 과정의 매질 역할을 하고 있다.'고 했으므로 물이 혈액의 역할에 영향을 미치고, 물질의 전달 과정에서 매질의 역할을 한다는 것을 알 수 있다.

⑤ 3문단에서 '체액은 대부분 물로 구성되어 있어서 상당한 추위에도 어느 정도까지는 체온이 내려가는 것을 막아 준다.'고 했으므로 우리 몸에 물이 부족하다면 체온을 유지하기 어려울 수 있다는 것을 알 수 있다.

03 ② 물 분자가 극성이라는 성질을 지닌다는 뜻으로 이해할 수 있으므로 ⓐ '가지다'는 '가지고 있거나 간직하고 있다.'의 의미를 가진 '보유하다'와 바꿔 쓰기에 적절하다.

오답 풀이

① '배척하다'는 '거부하여 물리치다.'의 의미를 갖는 말이다.

③ '보호하다'는 '위험이나 곤란 따위가 미치지 않도록 보살펴 돌보다.'의 의미를 갖는 말이다.

④ '수렴하다'는 '의견·주장·여론 등을 한데 모으다.', '오그라들게 하다.' 등의 의미를 갖는 말이다.

⑤ '옹호하다'는 '두둔하고 편들어 지키다.'의 의미를 갖는 말이다.

본문 · 090~092쪽

01 통과   **02** 진행   **03** 소통   **04** 전파   **05** 흡수하는

06 파생한   **07** 창출한   **08** 활성화되었다   **09** ④

10 ①   **11** ④   **12** ③   **13** ②   **14** ②

15 ④   **16** ④   **17** ④   **18** ④   **19** ⑤

20 ③   **21** ④   **22** ①

01 식물의 뿌리를 지난 물 분자들이 줄기에 도달한다는 뜻으로 이해할 수 있으므로 '어떤 곳이나 때를 거쳐서 지나가다.'의 의미

를 가진 '통과하다'가 적절하다. '통찰하다'는 '예리한 관찰력으로 사물을 꿰뚫어 보다.'라는 의미를 가진 말이다.

02 태풍이 나아가는 방향을 예측하기 어렵다는 뜻으로 이해할 수 있으므로 '앞으로 향하여 나아가다.'의 의미를 가진 '진행하다'가 적절하다. '진격하다'는 '적을 치기 위하여 앞으로 나아가다.'라는 의미를 가진 말이다.

03 빛이 인간을 외부 세계와 시각적으로 연결해 주거나 통하게 한다는 뜻으로 이해할 수 있으므로 '막히지 아니하고 잘 통하다.'라는 의미를 가진 '소통하다'가 적절하다. '소지하다'는 '물건을 지니고 있다.'라는 의미를 가진 말이다.

04 빛이 대기 속에서 퍼져서 사람들에게 인식된다는 뜻으로 이해할 수 있으므로 '전하여져 널리 퍼뜨려지다.'의 의미를 갖는 '전파되다'가 적절하다. '전복되다'는 '차나 배 따위가 뒤집히다.'라는 의미를 가진 말이다.

05 '흡수하다'는 '물을 빨아들이다(특히 식물이 바깥으로부터 물을 섭취하는 일을 말함).'의 의미를 갖는 말이다.

06 '파생하다'는 '사물이 어떤 근원으로부터 갈려 나와 생기다.'의 의미를 갖는 말이다.

07 '창출하다'는 '전에 없던 것을 처음으로 생각하여 지어내거나 만들어 내다.'라는 의미를 가진 말이다.

08 '활성화되다'는 '생체나 생체 물질의 기능이 발휘되다.'의 의미를 갖는 말이다. 따라서 '기능이 발휘되다'와 그 의미가 서로 통한다.

09 ④ 성장에 필요한 에너지 생산을 늘리다 또는 크게 한다는 뜻으로 이해할 수 있으므로 '기운이나 세력 따위를 점점 더 늘려 가고 나아가게 하다.'라는 의미를 가진 '증진하다'가 적절하다. '증식하다'는 '늘어서 많아지다. 또는 늘려서 많게 하다.'라는 의미를 가진 말이다.

오답 풀이
① 과학 기술이 나아짐 없이 우리의 미래가 없다는 뜻으로 이해할 수 있으므로 '정도나 수준이 나아지거나 높아짐.'의 의미를 가진 '진보'가 적절하다. '퇴보'는 '뒤로 물러감.', '정도나 수준이 이제까지의 상태보다 뒤떨어지거나 못하게 됨.' 등의 의미를 가진 말이다.
② 생명체가 외부 환경과 서로 물질을 주고받으며 살아간다는 뜻으로 이해할 수 있으므로 '서로 주고받고 함.'이라는 의미를 가진 '교환'이 적절하다. '교류'는 '근원이 다른 물줄기가 서로 섞이어 흐름.' 또는 '문화나 사상 따위가 서로 통함.'이라는 의미를 가진 말이다.
③ K-기계를 사용하면 화산 활동을 예측하기가 쉽다는 뜻으로 이해할 수 있으므로 '어렵지 아니하고 매우 쉽다.'라는 뜻의 '용이하다'가 적절하다. '해이하다'는 '긴장이나 규율 따위가 풀려 마음이 느슨하다.'라는 의미를 가진 말이다.
⑤ 국민의 기대에 응한다는 뜻으로 이해할 수 있으므로 '어떤

요구나 기대 따위에 좇아서 응하다.'라는 의미를 가진 '부응하다'가 적절하다. '부과하다'는 '세금이나 부담금 따위를 매기어 부담하게 하다.'라는 의미를 가진 말이다.

10 ① '제한되다'는 '일정한 한도가 정하여지거나 그 한도가 초과되지 못하게 막히다.'라는 의미를 가진 말이다. '한도를 넘다.'라는 의미를 가진 말은 '초과되다'이다.

11 ④ '공급'은 '요구나 필요에 따라 물품 따위를 제공함.'이라는 의미를, '제공'은 '무엇을 내주거나 갖다 바침.'의 의미를, '부여'는 '사람에게 권리·명예·임무 따위를 지니도록 해 주거나, 사물이나 일에 가치·의의 따위를 붙여 줌.'이라는 의미를 가진 말이다. 이렇게 세 어휘에는 공통적으로 '주다'의 의미가 포함되어 있다.

12 ③ 〈보기〉의 문장들은 각각 출입, 화석 연료 사용, 외래종 수입을 제한하는 뜻으로 이해할 수 있으므로 '규칙이나 규정에 의하여 일정한 한도를 정하거나 정한 한도를 넘지 못하게 막음.'의 의미를 가진 '규제'가 적절하다.

오답 풀이
① '구제'는 '자연적인 재해나 사회적인 피해를 당하여 어려운 처지에 있는 사람을 도와줌.'을 뜻하는 말이다.
② '규범'은 '인간이 행동하거나 판단할 때에 마땅히 따르고 지켜야 할 가치 판단의 기준'이라는 의미를 가진 말이다.
④ '면제'는 '책임이나 의무 따위를 면하여 줌.'이라는 의미를 가진 말이다.
⑤ '삭제'는 '깎아서 없애거나 지워 버림.'의 의미를 가진 말이다.

13 ② 〈보기〉는 태풍이 온도가 높고 수증기가 많은 적도 부근에서 생기고, 주변의 뜨거운 수증기를 빨아들여 커지는데, 지구 온난화의 영향 때문에 (따뜻한 바다의 수증기가 늘어날 것이므로) 태풍이 강력하게 된다는 내용으로 이해할 수 있다. 따라서 가장 적절한 말을 나열하면 '발생 - 성장 - 위력'이다.

오답 풀이
①, ④ '돌파'는 '쳐서 깨뜨려 뚫고 나아감.'의 의미를 가진 말이다.
⑤ '소멸'은 '사라져 없어짐.'의 의미를 가진 말이다.

14 ② '배출하다'는 '안에서 밖으로 밀어 내보내다.'의 의미를 가진 말로 '내보내다'와 그 의미가 통한다.

오답 풀이
① '돌출하다'는 '예기치 못하게 갑자기 쑥 나오거나 불거지다.'라는 의미를 가진 말이다.
③ '유입되다'는 '액체나 기체, 열 따위가 어떤 곳으로 흘러들게 되다.'라는 의미를 가진 말이다.
⑤ '침탈하다'는 '침범하여 빼앗다.'라는 의미를 가진 말이다.

15 ④ ④'촉진'은 '다그쳐 빨리 나아가게 함.'이라는 의미로 사용되었다. ④는 친구를 위로하기 위해 한 행동을 서술한 것으로 '촉진'의 의미와는 어울리지 않는다.

오답 풀이

① '의도'는 '무엇을 하고자 하는 생각이나 계획'의 의미로 쓰였다.
② '요청'은 '필요한 어떤 일이나 행동을 청함.'의 의미로 쓰였다.
③ '왜곡'은 '사실과 다르게 해석하거나 그릇되게 함.'의 의미로 쓰였다.
⑤ '이해'는 '깨달아 앎.'의 의미로 쓰였다.

16 ④ '한쪽의 양이 커질 때 다른 쪽 양이 그와 같은 비율로 작아지다.'의 의미를 가진 말은 '반비례하다'이다. '비례하다'는 '한쪽의 양이나 수가 증가하는 만큼 그와 관련 있는 다른 쪽의 양이나 수도 증가하다.'의 의미를 갖는 말이다.

17 ④ '어떤 물질이 액체 상태에서 기체 상태로 변함. 또는 그런 현상', '사람이나 물건이 갑자기 사라져 행방을 알지 못하게 됨을 속되게 이르는 말'을 뜻하는 말은 '증발'이다.

오답 풀이

① '기화'는 '액체가 기체로 변함. 또는 그런 현상'을 뜻한다. 하지만 '사람이나 물건이 갑자기 사라져 행방을 알지 못하게 됨을 속되게 이르는 말'로는 쓰이지 않는다.
② '승화'는 '고체에 열을 가하면 액체가 되는 일이 없이 곧바로 기체로 변하는 현상'을 나타내는 말이다.
③ '액화'는 '기체가 냉각·압축되어 액체로 변하는 현상. 또는 그렇게 만드는 일'을 가리키는 말이다.
⑤ '포화'는 '더 이상의 양을 수용할 수 없이 가득 참.'을 뜻하는 말이다.

18 ④ 종자를 보관함으로써 생태계가 훼손되었을 때 생물 다양성이 회복되도록 하는 힘이 된다는 뜻으로 이해되므로 '어떤 움직임의 근본이 되는 힘'의 의미를 지닌 '원동력'이 적절하다.

오답 풀이

① '관성력'은 '정지하고 있는 물체는 계속 정지하고자 하며, 움직이고 있는 물체는 계속 움직이고자 하는 힘'의 의미를 지닌 말이다.
② '구심력'은 '원운동을 하는 물체나 입자에 작용하는, 원의 중심으로 나아가려는 힘'의 의미를 지닌 말이다.
③ '마찰력'은 '접촉하고 있는 두 물체가 상대 운동을 하려고 하거나 상대 운동을 하고 있을 때, 그 운동을 저지하는 방향으로 작용하는 저항력'의 의미를 지닌 말이다.
⑤ '원심력'은 '원운동을 하는 물체나 입자에 작용하는, 원의 바깥으로 나아가려는 힘'의 의미를 지닌 말이다.

19 ⑤ '크다'와 '작다' 사이에는 작은 것보다는 크고 큰 것보다는 작은 중간항이 존재하므로 두 단어의 관계는 반대 관계이다.

오답 풀이

① '기혼'과 '미혼'은 결혼 유무를 기준으로 중간항이 존재하지 않는 모순 관계를 이룬다.
② '살다'와 '죽다'는 살아 있으면서 죽은 상태인 중간항이 존재하지 않는 모순 관계를 이룬다.
③ '있다'와 '없다'는 있으면서 없는 상태인 중간항이 존재하지 않는 모순 관계를 이룬다.
④ '켜다'와 '끄다'는 켠 것과 끈 것의 중간항이 존재하지 않는 모순 관계를 이룬다.

20 ③ '매개체'는 '둘 사이에서 어떤 일을 맺어 주는 것'을 의미하는 말로 '우리는 언어를 매개체로 하여 의사소통을 한다.'처럼 쓰인다.

오답 풀이

① '일이 되어 가는 과정이나 형편'을 뜻하는 말은 '상황'이다.
② '구체적인 형태를 가지고 있는 것'의 의미를 지닌 말은 '물체'이다.
④ '지구 위의 물체가 지구 중심으로부터 받는 힘'의 의미를 지닌 말은 '중력'이다.
⑤ '공간적으로 떨어져 있는 물체끼리 서로 끌어당기는 힘'을 나타내는 말은 '인력'이다.

21 ④ ㉣ '일정하다'는 '어떤 것의 크기, 모양, 범위, 시간 따위가 하나로 정하여져 있다.'를 뜻하는 말이다. '의심할 바 없이 아주 뚜렷하다.'는 '명백하다'의 의미이다.

22 ① ⓐ는 평형 상태라는 상황에 도달한다는 뜻으로 이해할 수 있으므로 '이르다'는 '어떤 정도나 범위에 미치다.'라는 의미로 쓰였다. ①의 '이르다'도 결론이라는 상황에 도달한 것이므로 이와 유사한 의미로 쓰였다.

오답 풀이

② '이르다'가 '대중이나 기준을 잡은 때보다 앞서거나 빠르다.'의 의미로 쓰였다.
③ '이르다'가 '어떤 사람의 잘못을 윗사람에게 말하여 알게 하다.'의 의미로 쓰였다.
④ '이르다'가 '어떤 장소나 시간에 닿다.'의 의미로 쓰였다.
⑤ '이르다'가 '책이나 속담 따위에 예부터 말하여지다.'의 의미로 쓰였다.

본문 · 093쪽

01 ② **02** ④ **03** ⑤

01 ② 4문단에서 '증산 작용에 의한 힘은 잡아당기는 힘으로 식물이 물을 끌어 올리는 요인 중 가장 큰 힘이다.'라고 했으므로, 모세관 현상에 의한 힘보다 증산 작용에 의한 힘이 더 큼을 알 수 있다.

오답 풀이

① 4문단에서 '사슬처럼 연결된 물 기둥의 한쪽 끝을 이루는 물 분자가 잎의 기공을 통해 빠져 나가면 아래쪽 물 분자가 끌어 올려지는 것이다.'라고 했으므로 뿌리에서 잎까지 물 분자들은 사슬처럼 서로 연결되어 있음을 알 수 있다.
③ 3문단에서 '모세관 현상은 물 분자와 모세관 벽이 결합하려는 힘이 물 분자끼리 결합하려는 힘보다 더 크기 때문에 일어난다.'고 했으므로 물관 내에서 물 분자와 모세관 벽이 결합하려는 힘으로 물이 이동한다는 것을 알 수 있다.

④ 2문단에서 '농도가 낮은 흙 속의 물을 농도가 높은 뿌리 쪽으로 이동시키는 힘이 생기는데 이를 뿌리압이라고 한다.'고 했으므로 적절한 내용이다.

⑤ 2문단에서 '뿌리털을 둘러싼 세포막을 경계로 안쪽은 땅에 비해 여러 가지 유기물과 무기물들이 더 많이 섞여 있어서 뿌리 바깥보다 용액의 농도가 높다.'고 했으므로 적절한 내용이다.

02 ④ 4문단에서 '사슬처럼 연결된 물 기둥의 한쪽 끝을 이루는 물 분자가 잎의 기공을 통해 빠져 나가면 아래쪽 물 분자가 끌어 올려지는 것이다.'라고 했다. 따라서 증산 작용이 일어나는 동안 식물체 내에서 물 분자들은 계속 사슬처럼 연결된 물 기둥의 모양을 유지한다고 볼 수 있다.

오답 풀이

① 3문단의 '식물체 안의 물관은 지름이 매우 작기 때문에 모세관 현상으로 물을 밀어 올리는 힘이 생긴다.'를 통해서 알 수 있다.

② 3문단에서 '관이 가늘어질수록 물이 올라가는 높이가 올라간다.'고 했으므로 관의 지름에 따라 모세관 현상에서 물의 높이가 달라짐을 알 수 있다.

③ 4문단의 '증산 작용은 물을 식물체 밖으로 내보내는 작용으로, 뿌리에서 흡수된 물이 줄기를 거쳐 잎까지 올라가는 원동력이다.'를 통해 알 수 있다.

⑤ 4문단에서 모세관 현상과 달리, 증산 작용은 기공을 통해 물이 공기 중으로 증발하는 현상임을 알 수 있다.

03 ⑤ '혼합되다'는 '뒤섞이어 한데 합해지다.'의 의미를 가진 말로 ⓐ '섞이다'와 의미가 서로 통한다.

오답 풀이

① '고갈되다'는 '물이 말라 없어지다.', '돈이나 물자, 소재, 인력 따위가 다하여 없어지다.' '느낌이나 생각 따위가 다 없어지다' 등의 의미를 갖는 말이다.

② '단절되다'는 '흐름이 연속되지 아니하다.'의 의미를 갖는 말이다.

③ '분쇄되다'는 '단단한 물체가 가루처럼 잘게 부스러지다.'의 의미를 갖는 말이다.

④ '포획되다'는 '적병이 사로잡히다.', '짐승이나 물고기가 잡히다.' 등의 의미를 갖는 말이다.

단원 종합 문제

본문 · 094~097쪽

01 ②	**02** ⑤	**03** ③	**04** ①	**05** ②
06 ④	**07** ①	**08** ③	**09** ⑤	**10** ④
11 ⑤	**12** ①	**13** ⑤	**14** ②	**15** ①
16 ①	**17** ②	**18** ④		

01 ② '자전'은 '천체가 스스로 고정된 축을 중심으로 회전함. 또는 그런 운동'의 의미를 갖는 말이다. '한 천체가 다른 천체의 둘레를 주기적으로 도는 일'을 의미하는 말은 '공전'이다.

02 ⑤ '정립하다'는 '정하여 세우다.'의 의미를 가진 말이다. 잘못된 기록을 고치는 것은 '고치어 정돈하다.'의 의미를 갖는 '수정하다'가 적절하다.

오답 풀이

① '공급하다'는 '요구나 필요에 따라 물품 따위를 제공하다.'의 의미를 가진 말로 적절하게 쓰였다.

② '도모하다'는 '어떤 일을 이루기 위하여 대책과 방법을 세우다.'의 의미를 가진 말로 적절하게 쓰였다.

③ '초래하다'는 '일의 결과로서 어떤 현상을 생겨나게 하다.'의 의미를 가진 말로 적절하게 쓰였다.

④ '분해하다'는 '여러 부분이 결합되어 이루어진 것을 그 낱낱으로 나누다.'의 의미를 가진 말로 적절하게 쓰였다.

03 ③ '균형이 맞게 바로잡다. 또는 적당하게 맞추어 나가다.'의 의미를 갖는 말은 '조절하다'이다. '조종하다'는 '비행기나 선박, 자동차 따위의 기계를 다루어 부리다.', '다른 사람을 자기 마음대로 다루어 부리다.' 등의 의미를 지닌 말이다.

오답 풀이

① '종류에 따라서 가르다.'의 의미를 갖는 말은 '분류하다'로 적절하게 쓰였다.

② '그러함과 그러하지 아니함.'의 의미를 가진 말은 '여부'로 적절하게 쓰였다.

④ '어떤 사물이나 현상 가운데 함께 들어 있거나 함께 넣다.'의 의미를 갖는 말은 '포함하다'로 적절하게 쓰였다.

⑤ '동식물 세포와 조직의 일부나 미생물 따위를 가꾸어 기르다.'의 의미를 갖는 말은 '배양하다'로 적절하게 쓰였다.

04 ① '현상'은 '인간이 지각할 수 있는, 사물의 모양과 상태', '개체'는 '하나의 독립된 생물체', '지점'은 '땅 위의 일정한 점'의 의미를 갖는 말이다.

오답 풀이

②, ③, ⑤ '이론'은 '사물의 이치나 지식 따위를 해명하기 위하여 논리적으로 정연하게 일반화한 체계'의 의미를 가진 말이다.

④ '단체'는 '여러 사람이 모여서 이루어진 집단'의 의미를 갖는 말이다.

05 ② '전달하다'는 '지시, 명령, 물품 따위를 다른 사람이나 기관에 전하여 이르게 하다.'의 의미를 갖는 말이다.

오답 풀이

① '전개하다'는 '내용을 진전시켜 펴 나가다.'라는 의미를 가진 말이다.

③ '전복하다'는 '차나 배 따위가 뒤집히다.', '사회 체제를 무너뜨리거나 정권 따위를 뒤집어엎다.'라는 의미를 가진 말이다.

④ '전수하다'는 '기술이나 지식 따위를 전하여 주다.'라는 의미를 가진 말이다.

⑤ '전진하다'는 '앞으로 나아가다.'라는 의미를 가진 말이다.

06 ④ '응고하다'는 '액체 따위가 엉겨서 뭉쳐 딱딱하게 굳다.'의 의미를 가진 말이다.

오답 풀이

① '강하하다'는 '높은 곳에서 아래로 향하여 내려오다.'의 의미를 가진 말이다.

② '부각하다'는 '어떤 사물을 특징지어 두드러지게 하다.'의 의미를 가진 말이다.

⑤ '직립하다'는 '꼿꼿하게 바로 서다.'의 의미를 가진 말이다.

07 ① '담당하다'는 '어떤 일을 맡다.'의 의미를 갖는 말이다.

오답 풀이

② '복종하다'는 '남의 명령이나 의사를 그대로 따라서 좇다.'라는 의미를 지닌 말이다.

③ '선언하다'는 '널리 펴서 말하다.'의 의미를 지닌 말이다.

⑤ '주장하다'는 '자기의 의견이나 주의를 굳게 내세우다.'라는 의미를 지닌 말이다.

08 ③ '호흡'과 '무호흡'은 두 단어 사이에 중간항이 존재하지 않는 모순 관계를 이룬다.

오답 풀이

①, ②, ④, ⑤ '길다'와 '짧다', '승리'와 '패배', '멀다'와 '가깝다', '뜨겁다'와 '차갑다' 등은 두 단어 사이에 중간항이 존재하는 반대 관계를 이룬다. 특히 '승리'와 '패배'는 '비김'이라는 중간항이 존재한다.

09 ⑤ '활성화'는 '사회나 조직 등의 기능이 활발함. 또는 그러한 기능을 활발하게 함.' 또는 '분자, 원자, 이온 따위의 에너지를 높여 화학 반응을 일으키기 쉬운 상태로 됨.'이라는 의미를 지닌 말로 빈칸에 공통으로 들어가기에 적절하다.

10 ④ '직면하다'는 '어떠한 일이나 사물을 직접 당하거나 접하다.'의 의미를 가진 말로 '위험에 직면하다.'처럼 쓰인다.

오답 풀이

① '대변하다'는 '어떤 사람이나 단체를 대신하여 그의 의견이나 태도를 표하다.'라는 의미를 가진 말이다.

② '부응하다'는 '어떤 요구나 기대 따위에 좇아서 응하다.'의 의미를 가진 말이다.

③ '요청하다'는 '필요한 어떤 일이나 행동을 청하다.'라는 의미를 가진 말이다.

⑤ '추측하다'는 '미루어 생각하여 헤아리다.'의 의미를 가진 말이다.

11 ⑤ '바이러스'는 보통의 현미경으로는 볼 수 없을 정도의 극히 작은 미생물로 유행성 감기나 천연두 따위의 병원체를 말한다. 또한 컴퓨터에 침입해서 보존된 기억 데이터나 프로그램을 파괴하는 프로그램을 일컫기도 하며, 코로나-19도 바이러스의 일종이다.

오답 풀이

① '항원'은 '생체 속에 침입하여 항체를 형성하게 하는 단백성 물질'을 가리킨다.

② '항체'는 '항원의 자극에 의하여 생체 내에 만들어져 특이하게 항원과 결합하는 단백질'을 가리킨다.

③ '백혈구'는 '혈액의 유형 성분 가운데 하나'로, 핵이 있으나 그 모양이 일정하지 않은 아메바 모양의 세포로 자유롭게 모세 혈관 밖에까지 나와서 해로운 균을 잡아먹는다.

④ '적혈구'는 '혈액 속에 들어 있는 붉은 색의 고형 성분'으로, 골수에서 만들어지며, 산소를 운반하는 혈색소인 헤모글로빈을 가지고 있어 붉게 보인다.

12 ① '노출'은 '겉으로 드러나거나 드러냄.'의 의미를 지닌 말이다. '액체나 기체 따위가 밖으로 새어 나옴.'의 의미를 지닌 말은 '누출'이다.

13 ⑤ '내보내다'는 '안에서 밖으로 밀어 내보내다.'의 의미를 갖는 '배출하다'와 뜻이 통한다. '유입하다'는 '액체나 기체, 열 따위가 어떤 곳으로 흘러들다.'라는 의미를 가진 말이다.

14 ② '비롯되다'는 '처음으로 시작되다.'라는 의미를 지닌 말이다.

오답 풀이

① '가동되다'는 '사람이나 기계 따위가 움직여 일하다.'의 의미를 지닌 말이다.

③ '전환되다'는 '다른 방향이나 상태로 바뀌다.'라는 의미를 가진 말이다.

④ '종료되다'는 '어떤 행동이나 일 따위가 끝나다.'라는 의미를 가진 말이다.

⑤ '중단되다'는 '중도에서 끊어지다.'라는 의미를 가진 말이다.

15 ① '비교적'은 '다른 것과 견주어서 판단하는 것'이라는 의미 외에도 ①의 '비교적'과 같이 '일정한 수준이나 보통 정도보다 꽤'를 뜻하는 부사로 쓰인다. '서로 달라서 대비가 되는. 또는 그런 것'의 의미를 나타내는 말은 '대조적'이다.

16 ① '여과하다'는 '거름종이나 여과기를 써서 액체 속에 들어 있는 침전물이나 입자를 걸러 내다.'의 의미 외에도 '주로 부정적인 요소를 걸러 내는 과정을 비유적으로 이르는 말'로 쓰인다.

오답 풀이

② '전환'은 '다른 방향이나 상태로 바뀌거나 바꿈.'의 의미를 갖는 말이다.

④ '한정'은 '수량이나 범위 따위를 제한하여 정함. 또는 그 한도'라는 의미를 가진 말이다.

17 ② '밝히다'가 '진리, 가치, 옳고 그름 따위를 판단하여 드러내 알리다.'의 의미로 쓰인 예이므로 적절하다.

오답 풀이

① '밝히다'가 '빛을 내는 물건에 불을 켜다.'의 의미로 쓰였다.

③ '밝히다'가 '알려지지 않은 사실, 내용, 생각 따위를 드러내 알리다.'의 의미로 쓰였다.

④ '밝히다'가 '자지 않고 지내다.'의 의미로 쓰였다.

⑤ '밝히다'가 '드러나게 좋아하다.'의 의미로 쓰였다.

18 ④ '유지하다'는 '어떤 상태나 현상을 그대로 보존하거나 변함 없이 지탱하다.'의 의미를 지닌 말이다. 이와 유사한 말은 '온전하게 보호해서 유지하다.'의 의미를 갖는 '보전하다'이다.

DAY 19 | 기술 1 | 장비 기술

어휘 학습

본문 · 100~102쪽

01 원리	**02** 작동	**03** 연결	**04** 고정	**05** 유사
06 충격	**07** 내장	**08** 전달	**09** ④	**10** ②
11 ①	**12** ③	**13** ⑤	**14** ④	**15** ⑤
16 ③	**17** ①	**18** ②	**19** ④	**20** ④
21 ②				

01 문맥상 '사물의 근본이 되는 이치'를 뜻하는 '원리'가 적절하다. '논리'는 '말이나 글에서 사고나 추리 따위를 이치에 맞게 이끌어 가는 과정이나 원리'를 이르는 말이다.

02 문맥상 문장에 어울리는 말은 '기계 따위가 작용을 받아 움직임. 또는 기계 따위를 움직이게 함.'을 뜻하는 '작동'이다. '수동'은 '다른 동력을 이용하지 않고 손의 힘만으로 움직임. 또는 손의 힘만으로 움직이도록 되어 있는 것'을 뜻하는 말이다.

03 객차와 객차의 이음 부분에 문제가 생겼다는 것이므로, 이와 어울리는 말은 '연결'이다. '부착'은 '떨어지지 아니하게 붙음. 또는 그렇게 붙이거나 닮.'을 뜻하는 말이다.

04 트럭에 실은 통나무가 움직이지 않게 하기 위해 묶었다는 내용이므로 문장에는 '한곳에 꼭 붙어 있거나 붙어 있게 하다.'라는 뜻의 '고정하다'가 어울린다. '가동하다'는 '사람이나 기계 따위가 움직여 일하다.'라는 뜻을 가진 말이다.

05 '서로 비슷함.'을 뜻하는 말은 '유사'이다.

06 '물체에 급격히 가하여지는 힘'을 뜻하는 말은 '충격'이다.

07 '밖으로 드러나지 않게 안에 간직함.'을 뜻하는 말은 '내장'이다.

08 '자극, 신호, 동력 따위가 다른 기관에 전하여짐.'을 뜻하는 말은 '전달'이다.

09 ④ '발산'은 '냄새, 빛, 열 따위가 사방으로 퍼져 나감.'이라는 뜻을 나타내는 말로, 생활 속 에너지 감축으로 이산화 탄소가 생겨나는 것을 줄여야 한다는 의미를 뜻하는 말로 적절하지 않다. 문장에는 '어떤 일이나 사물이 생겨남.'이라는 뜻을 나타내는 말인 '발생'이 어울린다.

오답 풀이

① '당돌하다'는 '서로 맞부딪치거나 맞서다.'를 뜻하는 말이고 '충돌하다'는 '움직이는 두 물체가 접촉하여 짧은 시간 내에 서로 힘을 미치다.'를 뜻하는 말이므로 여기서는 '충돌하다'가 적절하다.

② 고가 사다리가 고압 전류에 닿아 단전 사고가 일어난 것이므로 '서로 맞닿다.'라는 의미의 '접촉하다'를 사용해야 한다.

③ '유인'은 '주의나 흥미를 일으켜 꾀어냄.'을 뜻하는 말이고

'유출'은 '밖으로 흘러 나가거나 흘려 내보냄.'을 뜻하는 말이다.

⑤ '구조'는 '부분이나 요소가 어떤 전체를 짜 이룸. 또는 그렇게 이루어진 얼개'를 의미하는 말이고, '구도'는 '그림에서 모양, 색깔, 위치 따위의 짜임새'를 뜻하는 말이다.

10 ② '구현하다'는 '어떤 내용을 구체적인 사실로 나타나게 하다.'라는 의미를 가진 말로, 문맥상 '3차원 영상을 구체적으로 나타낸다.'라는 의미로 쓰였다. 따라서 '확인하다'로 바꿔 쓰는 것은 적절하지 않다.

오답 풀이

① '각광'은 '사회적 관심이나 흥미'라는 의미의 말이므로, 문맥상 '주목'으로 바꿔 쓸 수 있다.

③ '측정하다'는 '일정한 양을 기준으로 하여 같은 종류의 다른 양의 크기를 재다.'라는 의미의 말이므로, 문맥상 '재다'로 바꿔 쓸 수 있다.

④ '제작하다'는 '재료를 가지고 기능과 내용을 가진 새로운 물건이나 예술 작품을 만들다.'라는 의미의 말이므로, 문맥상 '인간이 생활하는 데 필요한 각종 물건을 만들어 내다.'를 의미하는 '생산하다'와 바꿔 쓸 수 있다.

⑤ '장착하다'는 '의복, 기구, 장비 따위에 장치를 부착하다.'라는 의미의 말이므로, 문맥상 '부착하다'로 바꿔 쓸 수 있다.

11 ① '제어'는 '기계나 설비 또는 화학 반응 따위가 목적에 알맞은 작용을 하도록 조절함.'을 뜻하는 말이다. '절충'은 '서로 다른 사물이나 의견, 관점 따위를 알맞게 조절하여 서로 잘 어울리게 함.'을 뜻하는 말이고, '조정'은 '어떤 기준이나 실정에 맞게 정돈함.'을 뜻하는 말이다. 따라서 세 어휘에 공통적으로 포함되어 있는 의미로 적절한 것은 '조절'이다.

12 ③ 문맥상 〈보기〉의 빈칸에는 각각 다른 것이 아닌 같음을 뜻하는 말이 어울리므로, '각각 다른 것이 아니라 하나이다.'를 뜻하는 말인 '동일하다'가 들어가는 것이 적절하다.

13 ⑤ 〈보기〉의 ㉠'일어나다'는 '어떤 일이 생기다.'라는 의미이므로, ⑤의 '일어나다'와 그 의미가 가장 유사하다.

오답 풀이

① '약하거나 희미하던 것이 성하여지다.'의 의미로 쓰였다.

② '소리가 나다.'의 의미로 쓰였다.

③ '병을 앓다가 낫다.'의 의미로 쓰였다.

④ '위로 솟거나 부풀어 오르다.'의 의미로 쓰였다.

14 ④ ㉠'일반적'은 '일부에 한정되지 아니하고 전체에 걸치는 것'을 뜻하는 말이다. 〈보기〉는 생체 인식 시스템의 과정을 지문 인식 시스템도 동일하게 거친다는 것이므로, '일반적'은 문맥상 '모든 것에 두루 미치거나 통하는 것'을 뜻하는 '보편적'과 바꿔 쓸 수 있다.

15 ⑤ 〈보기〉의 ㉤의 문장에 사용된 '접점'은 '계전기나 스위치 따위에서, 접촉에 의하여 전류가 전도되는 부분'을 뜻한다. 반면 ⑤에는 '접점'이 아닌 '미처 생각이 미치지 못한, 모순되는 점이

나 틈'을 의미하는 '맹점'이 쓰이는 것이 자연스럽다.

16 ③ 의학적으로 '지연'은 '병이나 증상이 늦게 나타나는 일'로 사용할 수 있으나 〈보기〉의 ⓒ'지연'은 '무슨 일을 더디게 끌어 시간을 늦춤. 또는 시간이 늦추어짐.'을 의미한다.

17 ① 〈보기〉의 첫 번째 문장은 컴퓨터가 음성을 느끼어 알 수 있다는 것이고, 두 번째 문장은 드론이 후방을 느끼어 알 수 있다는 내용이다. 따라서 빈칸에는 '느끼어 앎.'을 의미하는 '감지'가 들어갈 수 있다.

18 ② 〈보기〉를 통해 반도체 기판 위에 패턴을 형성하는 기술인 포토리소그래피와 판화를 만들어 내는 제작 과정이 비슷함을 알 수 있으므로 빈칸에는 '서로 비슷한 성질'을 뜻하는 '유사성'이 들어갈 수 있다.

19 ④ 〈보기〉의 '고주파'와 '저주파'는 의미가 서로 짝을 이루어 대립하는 단어들의 의미 관계인 반의 관계를 이루고 있다. 제시된 단어 조합 중 반의 관계는 '남성'과 '여성'이다.

20 ④ 카메라가 흔들리면 제어 장치에 의해 보이스 코일에 전류가 흘러서 자기장과 전류의 직각 방향으로 전류의 크기와 동일한 힘이 발생한다는 의미이므로 '비례하는'은 '한쪽의 양이나 수가 증가하는 만큼 그와 관련 있는 다른 쪽의 양이나 수도 증가하는'이라는 뜻임을 알 수 있다.

21 ② 〈보기〉의 ⓛ에 들어갈 '강도(强度)'는 '센 정도'를 의미한다. '금속의 단단하고 센 정도'를 의미하는 것은 '강도(剛度)'이다.

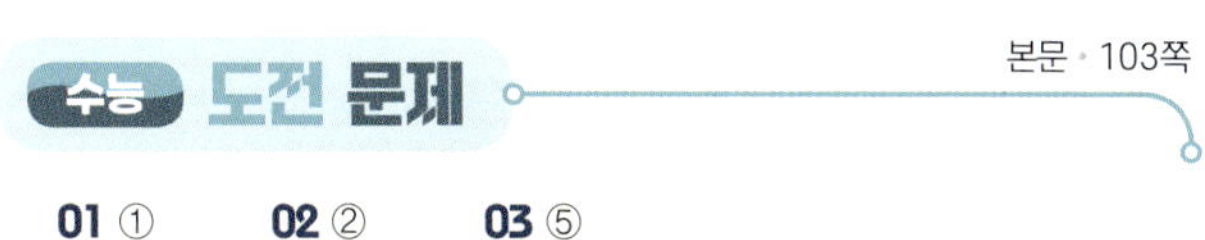

본문 · 103쪽

01 ①　　**02** ②　　**03** ⑤

01 ① 1문단에서 전기 기계식 충돌 센서의 롤러는 평상시에는 고정되어 있지만 충돌이 발생하면 구르게 되어 있다고 하였으므로 충돌 전후 동일하게 고정되어 있다는 설명은 적절하지 않다.

오답 풀이

② 3문단에서 가스 발생제의 구성 요소인 아지드화 나트륨이 높은 열에 의해 나트륨과 질소로 분해되어 질소 가스를 발생시키고, 이 질소 가스가 공기 주머니에 유입되어 에어백이 순식간에 팽창하게 되는 것이라고 하였다.

③ 1문단에서 자동차가 정면충돌하면서 발생한 에너지는 차량 앞쪽에 설치된 충돌 센서와 운전석과 조수석 사이의 하단에 설치된 전자 제어 장치에 내장되어 있는 안전 센서에 의해 동시에 감지된다고 하였다.

④ 3문단에서 점화 장치는 일종의 화약과 같은 점화제와 이를 폭발시키기 위한 필라멘트로 구성되어 있다고 하였다.

⑤ 2문단에서 안전 센서는 받는 충격의 강도가 충돌 센서가 받는 충격의 강도보다 커야만 전자 제어 장치에 전기 신호를 보낸다고 하였다.

02 ② 전자 제어 장치가 심각한 충돌 상황으로 판단할 때 이러한 상황을 전달하고자 하는 목적으로 점화 장치에 신호를 '보내'는 것이므로 이 문장에서 '보내다'는 '일정한 임무나 목적으로 가게 하다.'의 의미로 사용되었음을 알 수 있다. 제시된 문장 중 '보내다'가 이와 동일한 의미로 사용된 것은 오빠가 동생을 심부름을 시키기 위해 시장에 보냈다는 의미로 사용된 ②이다.

오답 풀이

① '놓아주어 떠나게 하다.'의 의미로 '보내다'가 사용되었다.

③ '상대편에게 자신의 마음가짐을 느끼어 알도록 표현하다.'의 의미로 '보내다'가 사용되었다.

④ '결혼을 시키다.'의 의미로 '보내다'가 사용되었다.

⑤ '죽어서 이별하다.'의 의미로 '보내다'가 사용되었다.

03 ⑤ 전자 제어 장치로부터 전달된 신호가 점화 장치의 필라멘트를 가열시켜 점화제가 아주 짧은 동안에 폭발하여 화염이 발생하는 것이므로 ⓔ에는 '영원히 계속되는 것'을 의미하는 '영속적'이 아닌 '아주 짧은 동안에 있는 것'을 의미하는 '순간적'이 들어가야 한다.

DAY 20 │ 기술 2 통신 보안 기술

어휘 학습

본문 · 104~106쪽

01 ⓔ　　**02** ⓛ　　**03** ⊙　　**04** ⓒ
05 추월했다고　　**06** 구분할　　**07** 전송할　　**08** 변환하고
09 ①　　**10** ④　　**11** ⑤　　**12** ②　　**13** ⑤
14 ④　　**15** ④　　**16** ②　　**17** ①　　**18** ⑤
19 ③　　**20** ①　　**21** ①

01 '수신'이란 '전신이나 전화, 라디오, 텔레비전 방송 따위의 신호를 받음. 또는 그런 일'을 뜻하는 말이다.

02 '식별'이란 '분별하여 알아봄.'을 뜻하는 말이다.

03 '경로'란 '지나는 길'을 뜻하는 말이다.

04 '영역'이란 '활동, 기능, 효과, 관심 따위가 미치는 일정한 범위'를 뜻한다.

05 '뒤에서 따라잡아서 앞의 것보다 먼저 나아가다.'를 뜻하는 말은 '추월하다'이다.

06 '일정한 기준에 따라 전체를 몇 개로 갈라 나누다.'를 의미하는 말은 '구분하다'이다.

07 '전하여 보내다.'를 뜻하는 말은 '전송하다'이다.

08 '다르게 하여 바꾸다.'를 뜻하는 말은 '변환하다'이다.

09 ① '원숙하다'는 '매우 익숙하다.'라는 뜻을 가진 말로, 교통 정리로 차량의 흐름이 순탄하다는 문장의 흐름에 어울리지 않는다. 이 문장에는 '거침이 없이 잘 나가다.'라는 뜻을 가진 '원활하다'가 쓰이는 것이 알맞다.

오답 풀이

② '발신하다'는 '소식이나 우편 또는 전신을 보내다.'라는 뜻을 가진 말이고, '발산하다'는 '냄새, 빛, 열 따위가 사방으로 퍼져 나가다.'라는 뜻을 가진 말이다. 문맥을 고려하면 '발신하다'가 적절하다.

③ '결정되다'는 '행동이나 태도가 분명하게 정해지다.'라는 뜻의 말이고, '결합되다'는 '둘 이상의 사물이나 사람이 서로 관계를 맺어 하나가 되다.'라는 뜻을 가진 말이다. 문맥을 고려하면 '결정되다'가 적절하다.

④ '부착되다'는 '떨어지지 아니하게 붙다.'라는 뜻을 가진 말이고, '집착되다'는 '어떤 것에 늘 마음이 쏠려 잊지 못하고 매달리게 되다.'를 뜻하는 말이다. 문맥을 고려하면 '부착되다'가 적절하다.

⑤ '인식하다'는 '사물을 분별하고 판단하여 알다.'라는 뜻을 가진 말이고, '인정하다'는 '확실히 그렇다고 여기다.'라는 뜻을 가진 말이다. 문맥을 고려하면 '인식하다'가 들어가는 것이 적절하다.

10 ④ '판단하다'는 '사물을 인식하여 논리나 기준 등에 따라 판정을 내리다.'라는 뜻인 반면, '유추하다'는 '같은 종류의 것 또는 비슷한 것에 기초하여 다른 사물을 미루어 추측하다.'를 의미하므로 바꿔 쓰기에 적절하지 않다.

오답 풀이

① '해결하다'는 '제기된 문제를 해명하거나 얽힌 일을 잘 처리하다.'를 뜻하는 말로, 문맥상 '복잡하거나 어려운 문제나 일 따위를 깊이 파고들어 밝혀내다.'를 의미하는 '풀어내다'로 바꿔 쓸 수 있다.

② '생성하다'는 '사물이 생겨 이루어지게 하다.'라는 의미의 말이므로, 문맥상 '노력이나 기술 따위를 들여 목적하는 사물을 이루다.'를 의미하는 '만들다'로 바꿔 쓸 수 있다.

11 ⑤ '결속'은 '전선 따위를 서로 통할 수 있도록 연결함.'을 뜻하는 말이다. '접목'은 '둘 이상의 다른 현상 따위를 알맞게 조화하게 함을 비유적으로 이르는 말'이고, '매개'는 '둘 사이에서 양편의 관계를 맺어 줌.'을 뜻하는 말이다. 따라서 세 어휘에 공통적으로 포함되어 있는 의미로 적절한 것은 '연결함'이다.

12 ② 문맥상 〈보기〉의 빈칸에는 여럿 중에 각각 따로 나뉘는 것을 뜻하는 말이 어울리므로, '여럿 중에서 하나씩 따로 나뉘어 있는 것'을 뜻하는 말인 '개별적'이 들어가는 것이 적절하다.

13 ⑤ 〈보기〉의 ㉠'막다'는 '어떤 현상이 일어나지 못하게 하다.'라는 의미를 나타내는 말로 쓰였으므로, ⑤의 '막다'와 그 의미가 가장 유사하다.

오답 풀이

① '길, 통로 따위가 통하지 못하게 하다.'의 의미로 쓰였다.

② '강물, 추위, 햇빛 따위가 어떤 대상에 미치지 못하게 하다.'의 의미로 쓰였다.

③ '베풀어 주려는 뜻을 물리치다.'의 의미로 쓰였다.

④ '외부의 공격이나 침입 따위에 버티어 지키다.'의 의미로 쓰였다.

14 ④ ㉠'설계되다'는 '건축·토목·기계 제작 따위에서, 그 목적에 따라 실제적인 계획이 세워져 도면 따위로 명시되다.'라는 뜻이다. 〈보기〉의 내용은 가상 공간에서 아바타가 만지는 가상 물체를 사용자가 느낄 수 있도록 가상 현실 장갑을 만들었다는 것이므로 '설계되다'는 문맥상 '제작되다'와 바꿔 쓸 수 있다.

15 ④ 〈보기〉의 문장에 사용된 ㉣'인공'은 '사람의 힘으로 자연에 대하여 가공하거나 작용을 하는 일'을 뜻한다. 반면 이를 활용하여 만든 문장은 고추는 햇볕에 그대로 말리는 건조 방식을 사용하는 것이 좋다는 의미이므로 '인공'이 아닌 '사람의 힘이 더해지지 아니하고 스스로 존재하거나 저절로 이루어진다는 뜻을 나타내는 말'인 '자연'이 들어가야 한다.

16 ② ㉡'분할되다'는 '나뉘어 쪼개지다.'라는 의미를 지닌 말이다. '얽혀 있거나 복잡한 것이 풀려서 개별적인 요소나 성질로 나뉘다.'는 '분석되다'의 의미이다.

17 ① 〈보기〉의 첫 번째 문장은 타임머신은 아직 진실인지 아닌지 증거를 들어서 밝혀지지 않았기 때문에 상상으로만 존재한다는 내용이고 두 번째 문장은 교각 붕괴 사고가 설계의 문제인 것인지 아닌지 증거를 들어서 밝혀야 한다는 내용이므로 빈칸에는 '어떤 사항이나 판단 따위에 대하여 그것이 진실인지 아닌지 증거를 들어서 밝힘.'을 의미하는 '증명'이 들어갈 수 있다.

18 ⑤ 소리는 음원에서 멀어지면서 주위로 멀리 퍼져 나갈수록 파동을 발생시키는 에너지가 분포되어야 하는 면적이 넓어져서 그 소리의 세기가 줄어들게 되므로 빈칸에는 '양이나 수치가 줆.'을 의미하는 '감소'가 들어가야 한다.

19 ③ 〈보기〉의 '효율적'과 '효과적'은 두 개 이상의 단어가 서로 소리는 다르나 의미가 비슷한 관계인 '유의 관계'에 있는 단어들이다. 제시된 단어 조합 중 유의 관계는 '참다'와 '견디다'이다.

20 ① 〈보기〉의 내용은 CPU가 캐시 기억 장치에 저장된 데이터를 반복적으로 사용하는 것이 중요한데 이를 위해 생각해야 하는 것이 참조의 지역성이라는 것이다. 따라서 '고려하다'의 의미는 '생각하고 헤아려 보다.'임을 알 수 있다.

21 ① 〈보기〉의 ㉠에 들어갈 '기능(機能)'은 '하는 구실이나 작용을 함. 또는 그런 것'을 의미한다. '기량과 재능을 아울러 이르는 말'을 의미하는 것은 '기능(器能)'이다.

수능 도전 문제

01 ③　　**02** ⑤　　**03** ③

01 ③ 1문단에 따르면, 네트워크상에서의 이메일은 그 내용이 조각조각으로 나뉘어 전송된 후 다시 재결합되어 여러 경로가 아닌 하나의 이메일로 받아볼 수 있다고 하였다.

02 ⑤ 본문에 사용된 '영역'의 사전적 의미는 '활동, 기능, 효과, 관심 따위가 미치는 일정한 범위'이다.

03 ③ '최종적'이란 '맨 나중의 것'을 의미하는 반면 '일시적'이란 '짧은 한때의 것'을 의미하므로 바꿔 쓰기에 적절하지 않다.

DAY 21　예술 1　미술사

어휘 학습

01 표현　**02** 잔상　**03** 기법　**04** 함축적　**05** 구현
06 왜곡　**07** 지향　**08** 모호　**09** ⑤　**10** ⑤
11 ①　**12** ①　**13** ⑤　**14** ③　**15** ③
16 ①　**17** ②　**18** ④　**19** ③　**20** ③
21 ④

01 자유로운 형식으로 드러내어 나타낸 예술 작품을 감상하였다는 내용이므로 문장에 어울리는 말은 '생각이나 느낌 따위가 언어나 몸짓 따위의 형상으로 드러나 나타내어지다.'를 의미하는 '표현되다'이다.

02 며칠 전 본 영화가 뇌리 속에 남아 지속적으로 떠오른다는 내용이므로 문장에 어울리는 말은 '외부 자극이 사라진 뒤에도 감각 경험이 지속되어 나타나는 상'을 의미하는 '잔상'이다. '진상'은 '진짜 모습 그대로의 형상'이라는 말이다.

03 새로운 회화 기교와 방법을 보여 주는 작품이 이번 전시회에 출품되었다는 내용이므로 문장에 어울리는 말은 '기교와 방법을 아울러 이르는 말'인 '기법'이다. '작법'은 '글 따위를 짓는 법'이라는 말이다.

04 '상징적'이라는 말과 어울리는 말은 '말이나 글이 어떤 뜻을 속에 담고 있는 것'을 의미하는 '함축적'이다.

05 건물이 대칭의 미를 잘 나타내었다는 것을 표현해 줄 어휘가 들어가야 하므로 '어떤 내용을 구체적인 사실로 나타나게 하다.'라는 뜻을 가진 '구현하다'가 알맞다.

06 여인의 모습을 사실과 다르게 그렸다는 것을 표현해 줄 어휘가 들어가야 하므로 '사실과 다르게 해석되거나 그릇되다.'를 뜻하는 말인 '왜곡되다'가 알맞다.

07 모두가 어울릴 수 있는 열린 음악회를 만들어야 한다는 것을 표현해 줄 어휘가 들어가야 하므로 '어떤 목표로 뜻이 쏠리어 향하게 하다.'라는 뜻을 가진 말인 '지향하다'가 알맞다.

08 개념이 분명하지 않다는 것을 표현해 줄 어휘가 들어가야 하므로 '말이나 태도가 흐리터분하여 분명하지 않다.'라는 뜻을 가진 '모호하다'가 알맞다.

09 ⑤ '투영되다'는 '어떤 일이 다른 일에 반영되어 나타나다.'라는 뜻으로, '의도가 투영되다.', '의식이 투영되다.'와 같이 쓰인다. '단절되다'는 '흐름이 연속되지 아니하다.'라는 뜻을 가진 말로, ⑤에는 어울리지 않는다.

오답 풀이
① '사물'은 '일과 물건을 아울러 이르는 말'을 뜻하고 '사상'은 '어떠한 사물에 대하여 가지고 있는 구체적인 사고나 생각'을 뜻하는 말이므로 여기서는 '사물'이 적절하다.
② '표적'은 '목표로 삼는 물건'을 뜻하는 말이고 '궤적'은 '어떠한 일을 이루어 온 과정이나 흔적'을 가리키는 말이므로 여기서는 '궤적'이 적절하다.
③ '화면'은 '그림을 그린 면'을 의미하는 말이고, '화질'은 '텔레비전 따위에서, 색조·밝기 따위의 화상의 질'을 뜻하는 말이므로 여기서는 '화면'이 적절하다.
④ '역동적'은 '힘차고 활발하게 움직이는 것'을 의미하는 말이다. '직관적'은 '판단이나 추리 따위의 사유 작용을 거치지 아니하고 대상을 직접적으로 파악하는 것'을 뜻하는 말이므로 여기서는 '역동적'이 적절하다.

10 ⑤ '비교하다'는 '둘 이상의 사물을 견주어 서로 간의 유사점, 차이점, 일반 법칙 따위를 고찰하다.'라는 뜻인 반면, '비유하다'는 '어떤 현상이나 사물을 직접 설명하지 아니하고 다른 비슷한 현상이나 사물에 빗대어서 설명하다.'를 의미하므로 바꿔 쓰기에 적절하지 않다.

오답 풀이
① '저자'는 '글로 써서 책을 지어 낸 사람'을 뜻하는 말로, 문맥상 '글을 쓴 사람'을 의미하는 '필자'로 바꿔 쓸 수 있다.
③ '밝히다'는 '드러나지 않거나 알려지지 않은 사실, 내용, 생각 따위를 드러내 알리다.'라는 의미의 말이므로, 문맥상 '생각하는 것을 털어놓고 말하다.'를 의미하는 '피력하다'와 바꿔 쓸 수 있다.
④ '주목하다'는 '관심을 가지고 주의 깊게 살피다.'라는 의미의 말이므로, 문맥상 '주의 깊게 잘 살펴보다.'를 의미하는 '눈여겨보다'와 바꿔 쓸 수 있다.

11 ① '첩첩'은 '여러 겹으로 겹쳐 있는 모양'을 뜻하는 말이다. '중복'은 '거듭하거나 겹침.'을 뜻하는 말이며, '중첩'은 '거듭 겹치거나 포개어짐.'을 뜻하는 말이다. 따라서 세 어휘에 공통적으로 포함되어 있는 의미로 적절한 것은 '겹침'이다.

12 ① 문맥상 〈보기〉의 빈칸에는 어떤 사물의 효과나 작용이 다른 것에 미치는 것을 뜻하는 말이 어울리므로, '어떤 사물의 효과나 작용이 다른 것에 미치는 일'을 뜻하는 말인 '영향'이 들어가는 것이 적절하다.

13 ⑤ 〈보기〉의 ㉠'수용하다'는 '어떠한 것을 받아들이다.'라는 의미를 나타내는 말로 쓰였으므로, ⑤의 '수용하다'와 그 의미가 가장 유사하다.

오답 풀이

①, ②, ③ '수용하다'가 '범법자, 포로, 난민, 관객, 물품 따위를 일정한 장소나 시설에 모아 넣다.'라는 의미로 쓰였다.
④ '수용하다'가 '관직에 있다가 파직되어 실무가 없는 관리를 다시 등용하여 임무를 맡기다.'라는 의미로 쓰였다.

14 ③ ㉠'극복하다'는 '악조건이나 고생 따위를 이겨 내다.'를 뜻하는 말이다. 〈보기〉의 내용은 미래주의 회화의 한계를 넘어서고자 다양한 방법을 시도하였다는 것이므로 '극복하다'는 문맥상 '넘어서다'로 바꿔 쓸 수 있다.

15 ③ 〈보기〉의 ㉢의 문장에 사용된 '바탕'은 '사물이나 현상의 근본을 이루는 것'을 뜻한다. 반면 ③에는 문맥상 '바탕'이 아닌 '자극에 대한 민감성이나 특정한 유형의 정서적 반응을 보여 주는 개인의 성격적 소질'을 뜻하는 '기질'이 들어가는 것이 자연스럽다.

16 ① ㉠'논의하다'는 '어떤 문제에 대하여 서로 의견을 내어 토의하다.'라는 의미를 가진다. ①은 '건의하다'의 뜻이다.

17 ② 〈보기〉의 첫 번째 문장은 이 그림은 파격적인 구성과 원색의 색채가 다른 것에 비하여 특별히 눈에 띄는 점이라는 내용이고 두 번째 문장은 아르카익 스마일이라는 것이 기원전 그리스 조각에서 특별히 눈에 띄는 점이라는 내용이므로 빈칸에는 '다른 것에 비하여 특별히 눈에 뜨이는 것'을 의미하는 '특징적'이 들어갈 수 있다.

18 ④ 기술 복제 시대에 아우라를 잃은 예술은 숭배 가치의 대상이 아닌 전시 가치의 대상으로 바뀌었다는 내용이므로 빈칸에는 '어떤 것을 아주 잃거나 사라지게 하다.'라는 의미의 '상실하다'가 들어가야 한다.

19 ③ 〈보기〉의 '예술'과 '미술'은 포함하는 낱말과 포함되는 낱말의 관계인 '상하 관계'에 있는 낱말들이다. 제시된 낱말 중 '상하 관계'에 있는 것은 '꽃'과 '무궁화'이다.

20 ③ 개의 다양한 종류를 무시한 채 단지 '개 세 마리'로 인식하면 모두 '개'라는 동일한 개념으로 대상을 감싸 끌어들인다는 의미이므로 '포섭하다'는 '상대편을 자기편으로 감싸 끌어들이다.'를 의미함을 알 수 있다.

21 ④ 〈보기〉의 ㉣에 어울리는 말인 '묘미'는 '미묘한 재미나 흥취'를 이르는 말이다.

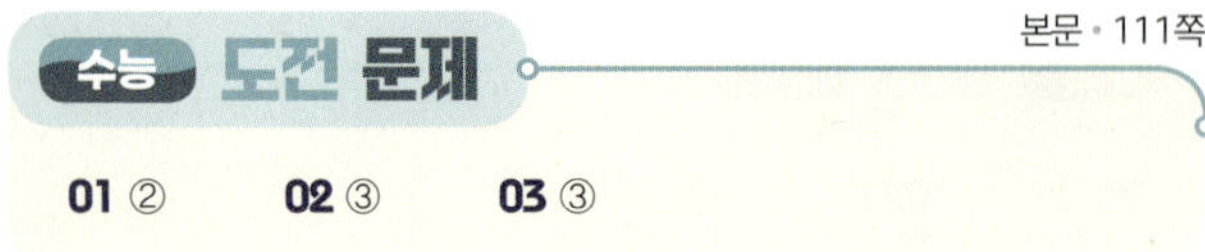

01 ②　　**02** ③　　**03** ③

01 ② 2문단에 따르면, 분할주의 기법은 19세기 사진작가 머레이의 연속 사진 촬영 기법에 영향을 받았다고 하였다.

오답 풀이

① 1문단에 따르면, 미래주의 화가들은 산업 사회의 역동적인 모습을 표현하였다.
③ 2문단에 따르면, 분할주의 기법은 이미지의 겹침, 역선, 상호 침투를 통해 대상의 연속적인 움직임을 효과적으로 표현하였다.
④ 2문단에 따르면, 미래주의 화가들은 사물이 각기 특징적인 움직임을 갖고 있다고 보았다.
⑤ 2문단에 따르면, 상호 침투는 대상과 대상이 겹쳐서 보이게 하는 방법으로 상호 침투가 발생하면 대상이 사실적인 형태보다는 왜곡된 형태로 표현된다고 하였다.

02 ③ 이 글에 나오는 '역선(力線)'이란 '힘의 선'을 의미하는 것으로 대상의 움직임의 궤적을 여러 개의 선으로 구현하는 방법이라고 하였다.

03 ③ '정상적인 절차를 따르지 않은 간편하고 손쉬운 방법'이란 '편법'의 의미이다. '기법'은 기교와 방법을 아울러 이르는 말이다.

DAY 22 · 예술 2 사진 기술

어휘 학습

본문 · 112~114쪽

01 ②	**02** ①	**03** ②	**04** ②	**05** 초점
06 시선	**07** 구획	**08** 배치	**09** ③	**10** ③
11 ③	**12** ④	**13** ③	**14** ①	**15** ④
16 ②	**17** ⑤	**18** ⑤	**19** ①	**20** ③
21 ②				

01 '굴절'은 '광파, 음파, 수파 따위가 매질로 들어갈 때 경계면에서 그 진행 방향이 바뀌는 현상'을 뜻하는 말이다.

02 '질감'은 '재질의 차이에서 받는 느낌'을 이르는 말이다.

03 '풍경'은 '산이나 들, 강, 바다 따위의 자연이나 지역의 모습'을 이르는 말이다.

04 '인화'는 '사진 원판을 특수 종이 위에 올려놓고 사진이 나타나도록 하는 일'을 이르는 말이다.

05 ‘사진의 초점이 맞다.’, ‘카메라의 초점을 맞추다.’와 같이 쓸 수 있다.

06 ‘좌중의 시선이 쏠리다.’, ‘따가운 시선을 느끼다.’와 같이 쓸 수 있다.

07 ‘도시를 4면으로 구획하다.’, ‘구획을 정확하게 나누다.’와 같이 쓸 수 있다.

08 ‘가구의 배치가 독특하다.’, ‘상품을 보기 좋게 배치하다.’와 같이 쓸 수 있다.

09 ③ ‘형체’는 ‘물건의 생김새나 그 바탕이 되는 몸체’를 가리키는 말로, ‘내면의 형체’라고 표현하는 것은 적절하지 않다.

10 ③ 〈보기〉의 ‘담다’는 ‘어떤 내용이나 사상을 그림, 글, 말, 표정 따위 속에 포함하거나 반영하다.’라는 뜻으로 사용되었다. 제시된 문장 중 이와 유사한 의미로 사용된 것은 ③의 ‘담다’로 눈앞의 경치를 화폭에 반영하였다는 뜻으로 쓰였다.

　오답 풀이
①, ②, ④, ⑤ ‘담다’는 모두 ‘어떤 물건을 그릇 따위에 넣다.’의 의미로 사용되었다.

11 ③ ‘응용하다’는 ‘어떤 이론이나 이미 얻은 지식을 구체적인 개개의 사례나 다른 분야의 일에 적용하여 이용하다.’를 뜻하는 말인 반면 ‘유용하다’는 ‘쓸모가 있다.’를 뜻하는 말이다. 따라서 ‘응용하다’와 ‘유용하다’는 바꿔 쓸 수 없다.

　오답 풀이
① ‘개발되다’는 ‘연구하여 새로운 안이 나오다.’라는 뜻의 ‘고안되다’로 바꿔 쓸 수 있다.
② ‘장악하다’는 ‘무엇을 마음대로 할 수 있게 휘어잡다.’라는 의미로, ‘휘어잡다’는 이와 바꿔 쓸 수 있다.
④ ‘부담’은 ‘어떠한 의무나 책임을 짐.’이라는 의미이다. 이와 바꿔 쓸 수 있는 말은 ‘짐’으로 ‘맡겨진 임무나 책임’의 의미를 가진다.
⑤ ‘부각되다’는 ‘어떤 사물이 특징지어져 두드러지게 되다.’라는 의미이다. 이와 바꿔 쓸 수 있는 말은 ‘강조되다’로 ‘어떤 부분이 특별히 강하게 주장되거나 두드러지다.’의 의미를 가진다.

12 ④ 문맥상 〈보기〉의 빈칸에는 여럿 가운데서 어떤 것을 뽑았다는 것을 뜻하는 말이 어울리므로 ‘여럿 가운데서 어떤 것을 뽑아 정함.’을 의미하는 말인 ‘선정’이 들어가는 것이 적절하다.

13 ③ 〈보기〉의 ㉠‘유행하다’는 ‘매우 성하게 유행하다.’의 의미를 갖는 ‘성행하다’로 바꿔 쓸 수 있다. ㉡‘평가하다’는 ‘좋고 나쁨, 잘하고 못함, 옳고 그름 따위를 평가하다.’의 의미를 갖는 ‘평하다’로 바꿔 쓸 수 있다.

14 ① 〈보기〉의 ㉠과 ㉡은 단어들의 의미가 서로 반대되거나 대립하는 ‘반의 관계’가 성립한다. ①의 ‘낮 : 밤’ 역시 반의 관계가 성립한다.

15 ④ 사진이 등장하면서 회화는 대상을 사실적으로 다시 나타내는 역할을 사진에게 넘겨주게 되었다는 내용이므로 ㉣에는 ‘다시 나타남. 또는 다시 나타냄.’을 의미하는 ‘재현’이 들어가야 한다.

　오답 풀이
① ‘조형’은 ‘여러 가지 재료를 이용하여 구체적인 형태나 형상을 만듦.’을 뜻하는 말이다.
② ‘개척’은 ‘새로운 영역, 운명, 진로 따위를 처음으로 열어 나감.’을 뜻하는 말이다.
③ ‘재구성’은 ‘한 번 구성하였던 것을 다시 새롭게 구성함.’을 뜻하는 말이다.
⑤ ‘진리’는 ‘참된 이치. 또는 참된 도리’를 뜻하는 말이다.

16 ② ㉠의 ‘채색’은 ‘그림 따위에 색을 칠함.’을 의미한다. 제시한 단어 중 이와 비슷한 뜻을 지닌 단어는 ‘도색’으로 ‘색깔이 나게 칠을 함.’을 뜻한다.

　오답 풀이
① ‘구색’은 ‘여러 가지 물건을 고루 갖춤. 또는 그런 모양새’를 뜻하는 말이다.
③ ‘채도’는 ‘색의 선명한 정도’를 뜻하는 말이다.
④ ‘채비’는 ‘어떤 일이 되기 위하여 필요한 물건, 자세 따위가 미리 갖추어져 차려지거나 그렇게 되게 함.’을 뜻하는 말이다.
⑤ ‘명색’은 ‘명도나 채도가 높은 색’을 뜻하는 말이다.

17 ⑤ ‘대중적’이란 ‘수많은 사람의 무리를 중심으로 한 것’을 의미하므로 필자 개인의 생각을 표현했다는 문장을 나타내기에 적절하지 않다. 제시된 문장의 문맥에 어울리는 단어는 ‘대표적’으로 ‘어떤 분야나 집단에서 무엇을 대표할 만큼 전형적이거나 특징적인 것’을 뜻한다.

18 ⑤ ‘주체’란 ‘사물의 작용이나 어떤 행동의 주가 되는 것’을 의미하는 것으로 ⑤의 문장에서 자신의 주가 되어 밀고 나가야 한다는 것을 나타내는 ‘주체’와 그 의미가 가장 유사하다.

　오답 풀이
① ‘술을 마셔서 생기는 체증’이라는 뜻을 가진 말인 ‘주체’가 쓰였다.
②, ④ ‘짐스럽거나 귀찮은 것을 능히 처리함.’이라는 뜻을 가진 말인 ‘주체’가 쓰였다.
③ ‘주체’가 ‘어떤 단체나 물건의 주가 되는 부분’이라는 의미로 쓰였다.

19 ① 〈보기〉는 사진의 효과에 대한 설명으로 사진의 ‘이 효과’는 사진이 우리 신체에 남긴 자국이라고 표현하였다. 이러한 표현은 감각을 자극하는 것과 관련되므로 빈칸에는 ‘감각적’이 들어가야 한다.

20 ③ ‘서류, 원고 따위가 만들어지다.’는 ‘작성되다’의 뜻이다. ‘형성되다’의 의미는 ‘어떤 형상이 이루어지다.’이다.

21 ② ㉡의 ‘강조’는 ‘어떤 부분을 특별히 강하게 주장하거나 두드러지게 함.’을 의미한다. 반면 제시된 문장은 그는 청렴하고 마

음이 꼿꼿하고 곧은 법조인으로 알려져 있다는 내용이므로 '강조'가 아닌 '마음이 꼿꼿하고 곧음.'을 의미하는 '강직'이 들어가야 한다.

오답 풀이
① ㉠과 제시된 문장에 사용된 '인과'는 모두 '원인과 결과를 아울러 이르는 말'을 뜻한다.
③ ㉢과 제시된 문장에 사용된 '창조'는 모두 '전에 없던 것을 처음으로 만듦.'을 뜻한다.
④ ㉣과 제시된 문장에 사용된 '회복'은 모두 '원래의 상태로 돌이키거나 원래의 상태를 되찾음.'을 뜻한다.
⑤ ㉤과 제시된 문장에 사용된 '단순'은 모두 '복잡하지 않고 간단함.'을 뜻한다.

수능 도전 문제

본문 · 115쪽

01 ③ **02** ④ **03** ①

01 ③ 3문단에 따르면, 숄더샷 프레임은 사진에 담고자 하는 중심 피사체 앞에 장애물을 배치하여 중심 피사체로 시선이 더 집중되는 효과가 나타나게 한다고 하였다.

오답 풀이
① 1문단에 따르면, 일반적으로 사진을 찍을 때는 사진에 담을 대상인 중심 피사체를 먼저 선정한다고 하였다.
② 3문단에 따르면, 숄더샷 프레임은 중심 피사체와 장애물의 밝기를 대비시켜 감상자가 중심 피사체를 주목하게 한다고 하였다.
④ 1문단에 따르면, 일반적인 프레임 구성 방법은 중심 피사체와 주변 풍경을 적절하게 구획하여 안정된 구도로 사진을 찍는 것이라고 하였다.
⑤ 2문단에 따르면, 숄더샷 프레임은 프레임 안에 장애물을 배치하여 감상자가 장애물 너머로 중심 피사체를 보도록 유도하는 프레임 구성 방법이라고 하였다.

02 ④ 이 글에 나오는 '선정'이란 '여럿 가운데서 어떤 것을 뽑아 정함.'을 의미하는 것으로, 제시된 문장 중 동일한 의미로 사용된 것은 '그는 이번 올림픽 경기에서 여럿 가운데서 뽑혀 선심이 되었다.'의 의미로 '선정'이 사용된 ④이다.

03 ① ⓐ'배치'는 '사람이나 물자 따위를 일정한 자리에 나누어 둠.'을 뜻하고 ⓑ'대비'는 '두 가지의 차이를 밝히기 위하여 서로 맞대어 비교함.'을 뜻한다. 먼저 '배치'와 비슷한 뜻을 가진 단어는 '안배'로 '알맞게 잘 배치하거나 처리함.'을 뜻하고, '대비'와 비슷한 뜻을 가진 단어는 '대조'로 '서로 달라서 대비가 됨.'을 뜻한다.

어휘 학습

본문 · 116~118쪽

01 문예	**02** 지평	**03** 기악	**04** 리듬	**05** 향유할
06 묘사하였다		**07** 웅장한	**08** 연상하게	
09 ①	**10** ③	**11** ⑤	**12** ④	**13** ⑤
14 ③	**15** ②	**16** ①	**17** ①	**18** ⑤
19 ②	**20** ④	**21** ①		

01 '문학과 예술을 아울러 이르는 말'은 '문예'이다.

02 '사물의 전망이나 가능성 따위를 비유적으로 이르는 말'은 '지평'이다.

03 '악기를 사용하여 연주하는 음악'을 '기악'이라고 한다.

04 '음의 장단이나 강약 따위가 반복될 때의 그 규칙적인 음의 흐름'은 '리듬'이다.

05 '누리어 가지다.'는 '향유하다'와 바꿔 쓸 수 있다.

06 '마치 그림을 그리듯이 표현하다.'는 '어떤 대상이나 사물, 현상 따위를 언어로 서술하거나 그림을 그려서 표현하다.'를 뜻하는 '묘사하다'와 바꿔 쓸 수 있다.

07 '규모 따위가 거대하고 성대하다.'는 '웅장하다'와 바꿔 쓸 수 있다.

08 '불러일으키다'는 '하나의 관념이 다른 관념을 불러일으키다.'를 뜻하는 '연상하다'로 바꿔 쓸 수 있다.

09 ① 빈칸에는 모두 '박자, 가락, 음성 따위를 갖가지 형식으로 조화하고 결합하여, 목소리나 악기를 통하여 사상 또는 감정을 나타내는 예술'인 '음악'이 들어가는 것이 적절하다.

오답 풀이
② '템포'는 '악곡을 연주하는 속도나 박자'를 의미한다.
③ '악보'는 '음악의 곡조를 일정한 기호를 써서 기록한 것'을 의미한다.
④ '성부'는 소프라노, 알토, 테너, 베이스 등 '다성 음악을 구성하는 각 부분'을 의미한다.
⑤ '음속'은 '소리가 매질을 통하여 전파되는 속도'를 의미한다.

10 ③ 〈보기〉의 '시도'는 '어떤 것을 이루어 보려고 계획하거나 행동함.'을 뜻하고, '방안'은 '일을 처리하거나 해결하여 나갈 방법이나 계획'을 뜻한다. 마지막으로 '구상'은 '예술 작품을 창작할 때, 작품의 골자가 될 내용이나 표현 형식 따위에 대하여 생각을 정리함. 또는 그 생각'을 의미한다. 즉 세 어휘 모두 '계획'이라는 뜻을 공통적으로 가지고 있다.

11 ⑤ 〈보기〉의 '양식'은 '시대나 부류에 따라 각기 독특하게 지니

는 문학, 예술 따위의 형식'을 의미한다.

12 ④ 〈보기〉의 '의식'은 문맥상 '사회적·역사적으로 형성되는 사물이나 일에 대한 개인적·집단적 감정이나 견해나 사상'의 의미로 쓰였다. ④의 '의식' 역시 유사한 의미로 쓰였다.

　오답 풀이

　①, ③ '의복과 음식을 아울러 이르는 말'인 '의식'이 쓰였다.

　② '행사를 치르는 일정한 법식'을 뜻하는 '의식'이 쓰였다.

　⑤ '의식'이 '깨어 있는 상태에서 자기 자신이나 사물에 대하여 인식하는 작용'의 의미로 쓰였다.

13 ⑤ 〈보기〉의 세 문장의 빈칸에 어울리는 어휘는 '형식'으로, 이는 '사물이 외부로 나타나 보이는 모양', '일을 할 때의 일정한 절차나 양식 또는 한 무리의 사물을 특징짓는 데에 공통적으로 갖춘 모양'을 뜻하는 말이다.

14 ③ '창작하다'는 '예술 작품을 독창적으로 지어내다.'라는 의미를 지닌 말로, '공장에서 큰 규모로 물건을 만들다.'라는 의미를 지닌 '제조하다'와는 그 의미가 다르다.

　오답 풀이

　① '면박'은 '면전에서 꾸짖거나 나무람.'이라는 뜻이다. 이와 바꿔 쓸 수 있는 말은 '타박'으로 '허물이나 결함을 나무라거나 핀잔함.'을 뜻한다.

　② '고되다'는 '하는 일이 힘에 겨워 고단하다.'라는 뜻이다. 이와 바꿔 쓸 수 있는 말은 '고생스럽다'이다.

　④ '본질적'의 '본질'은 '본디부터 가지고 있는 사물 자체의 성질이나 모습'을 뜻하는 말로 '근본'과 그 의미가 유사하다.

　⑤ '추구하다'는 '목적을 이룰 때까지 뒤쫓아 구하다.'라는 뜻을 가진 말이다. 이와 바꿔 쓸 수 있는 말은 '좇다'로 '목표, 이상, 행복 따위를 추구하다.'를 뜻한다.

15 ② '면밀히'는 '자세하고 빈틈이 없이'를 뜻하는 말이다. '치밀하지 못하고 엉성하여 빈틈이 있게'를 뜻하는 말은 '허술히'이다.

16 ① ㉠에 들어갈 수 있는 어휘는 '선율'로 '소리의 높낮이가 길이나 리듬과 어울려 나타나는 음의 가락'을 뜻한다.

　오답 풀이

　② '청중'은 '강연, 설교, 음악 따위를 듣기 위해 모인 사람들'을 뜻한다. '한곳에 모인 많은 사람'을 뜻하는 말은 '군중'이다.

　③ '비통'은 '몹시 슬퍼서 마음이 아픔.'을 뜻한다. '남의 잘못이나 결점을 책잡아 나쁘게 말함.'을 뜻하는 말은 '비난'이다.

　④ '정서'는 '사람의 마음에 일어나는 여러 가지 감정'을 뜻한다. '여자로서 행실이 곧고 마음씨가 맑고 고움.'을 뜻하는 말은 '정숙'이다.

　⑤ '관심'은 '어떤 것에 마음이 끌려 주의를 기울임. 또는 그런 마음이나 주의'를 뜻한다. '직접 관계가 없는 남의 일에 부당하게 참견함.'을 뜻하는 말은 '간섭'이다.

17 ① 문맥을 고려할 때, 〈보기〉의 ㉠에는 '약화'가, ㉡에는 '교류'가, ㉢에는 '작곡'이 들어가는 것이 가장 적절하다.

18 ⑤ '반출하다'는 '운반하여 내다.'라는 뜻을 가진 말이다. ⑤의

의미는 그 학생들은 자신의 감정을 아무런 여과 없이 밖으로 드러낸다는 것이므로 '반출하다'가 아닌 '겉으로 나타내다.'를 뜻하는 '표출하다'가 적절하다.

19 ② 〈보기〉의 문맥으로 볼 때 슈베르트는 현재에는 낭만주의라는 사상에서 다른 사람보다 앞선 사람으로 평가 받게 되었음을 알 수 있다. 따라서 빈칸에는 '어떤 일이나 사상에서 다른 사람보다 앞선 사람'을 의미하는 '선구자'가 들어가야 한다.

20 ④ 〈보기〉의 '배열하다'는 '일정한 차례나 간격에 따라 벌여 놓다.'의 뜻을 가진 말이다. 이와 유사한 의미를 가진 것은 '나열하다'로, '죽 벌여 놓다.'의 의미를 지닌다.

21 ① '주관적'은 '자기의 견해나 관점을 기초로 하는 것'을 이르는 말이다. 공정한 뉴스는 주관적이 아닌 객관적 보도를 지향하므로, ①에서는 ㉠의 쓰임이 적절하지 않게 이루어졌다고 볼 수 없다.

본문·119쪽

01 ①　　**02** ③　　**03** ③

01 ① 1문단에 따르면, 피렌체의 카메라타는 다성 음악 양식은 적합하지 않다고 여겨 가사를 잘 전달할 수 있는 단선율 노래인 모노디 양식을 추구하였다.

　오답 풀이

　② 1문단에 따르면, 16세기 르네상스 시대에 들어서면서 사람들은 음악이 지닌 감정적 효과에 관심을 가지기 시작하였다.

　③ 3문단에 따르면, 18세기 중반에 이르러, 감정 표현은 '서술 원리'에서 '표출 원리'로 변하였다.

　④ 3문단에 따르면, 철학자 헤겔은 음악의 본질적 특성을 '주관적 내면성'으로 보았으며, 이는 자신의 내면에서 나오는 추상적인 감정이기 때문에 규정할 수 없다고 하였다.

　⑤ 2문단에 따르면, 17세기 바로크 시대에 이르러 특정한 정서가 그것을 연상시키는 음정, 화성, 선율, 리듬과 템포 등을 통해 재현될 수 있다고 믿었다고 하였다.

02 ③ 이 글의 ㉠이 포함된 문장은 '그 대신 그들은 가사를 잘 전달할 수 있는 단선율 노래인 모노디 양식이라는 새로운 안을 생각해 냈다.'라는 의미이고 〈보기〉의 문장은 '그녀는 자신이 새롭게 생각해 낸 새로운 연주법을 이번 콘서트에서 실험하였다.'라는 의미이므로 ㉠과 〈보기〉의 빈칸에는 모두 '연구하여 새로운 안을 생각해 내다.'를 뜻하는 '고안'이 들어가야 한다.

03 ③ '연상'의 의미는 '현실적이지 못하거나 실현될 가망이 없는 것을 막연히 그리어 봄.'이 아닌 '하나의 관념이 다른 관념을 불러일으키는 현상'이다. '현실적이지 못하거나 실현될 가망이 없는 것을 막연히 그리어 봄.'을 뜻하는 말은 '공상'이다.

DAY 24 예술 4 건축의 미학

어휘 학습

본문 · 120~122쪽

01 표면	**02** 공간	**03** 집중	**04** 인체	**05** 타원
06 경계	**07** 장식	**08** 광장	**09** ②	**10** ③
11 ②	**12** ①	**13** ②	**14** ①	**15** ④
16 ⑤	**17** ⑤	**18** ①	**19** ①	**20** ②
21 ②				

01 '사물의 가장 바깥쪽. 또는 가장 윗부분'은 '표면'이다.

02 '아무것도 없는 빈 곳'은 '공간'이다.

03 '한곳을 중심으로 하여 모임. 또는 그렇게 모음.'을 뜻하는 말은 '집중'이다.

04 '사람의 몸'은 '인체'이다.

05 빈칸에는 달걀의 모양과 행성의 궤도를 나타내는 말이 어울리므로 사물의 형태를 나타내는 말인 '타원'이 들어가야 한다.

06 빈칸에는 '지역이 구분되는 한계'인 '경계'가 들어가야 한다.

07 빈칸에는 꾸밈의 의미를 담은 말이 어울리므로 '액세서리 따위로 치장함. 또는 그 꾸밈새'를 뜻하는 '장식'이 들어가야 한다.

08 빈칸에는 공간을 나타내는 말이 어울리므로, '많은 사람이 모일 수 있게 거리에 만들어 놓은 넓은 빈터'를 뜻하는 말인 '광장'이 들어가는 것이 적절하다.

09 ② 문맥상 〈보기〉의 빈칸에는 방향 혹은 자취와 관련된 어휘가 들어가야 한다. 따라서 '건축물의 내외부에서, 사람이나 물건이 어떤 목적이나 작업을 위하여 움직이는 자취나 방향을 나타내는 선'인 '동선'이 들어가는 것이 가장 자연스럽다.

오답 풀이
① '동류'는 '같은 유파'를 이르는 말이다.
④ '동질'은 '성질이 같음. 또는 같은 성질'을 이르는 말이다.
⑤ '동태'는 '움직이거나 변하는 모습'을 이르는 말이다.

10 ③ 건물을 실제로 측량하였더니 생각보다 훨씬 길었다는 내용이므로 문맥에 어울리는 어휘는 '행동하는 양상'을 뜻하는 '행태'가 아닌 '사물의 테두리나 바깥 언저리'를 뜻하는 '둘레'이다.

오답 풀이
① '교차하다'는 '서로 엇갈리거나 마주치다.'라는 뜻을 가진 말이다.
② '문양'은 '옷감이나 조각품 따위를 장식하기 위한 여러 가지 모양'을 가리키는 말이다.
④ '전환'은 '다른 방향이나 상태로 바뀌거나 바꿈.'이라는 뜻을 가진 말이다.

⑤ '확산되다'는 '흩어져 널리 퍼지게 되다.'라는 뜻을 가진 말이다.

11 ② 〈보기〉의 ㉠은 '자연이나 인간 따위에게 어떤 현상이 발생하다.'의 뜻으로 쓰였다. ②의 '일어나다' 역시 같은 의미로 쓰였다.

12 ① 〈보기〉의 ㉠ '지붕에 낸 창'을 가리키는 말은 '천창'이다. '천장'은 '지붕의 안쪽'을 이르는 말이다.

13 ② 〈보기〉의 빈칸이 있는 문장들을 살펴보면 '누르는 힘'을 뜻하는 어휘가 들어가야 함을 알 수 있다. 이에 해당하는 어휘는 '압축력'으로, 이는 '재료를 누르는 힘'을 말한다.

오답 풀이
① '공권력'은 '국가나 공공 단체가 우월한 의사의 주체로서 국민에게 명령하고 강제할 수 있는 권력'을 말한다.
③ '관성력'은 '정지하고 있는 물체는 계속 정지하고자 하며, 움직이고 있는 물체는 계속 움직이고자 하는 힘'을 말한다.
④ '팽창력'은 '부풀어서 부피가 커지는 힘'을 말한다.
⑤ '원심력'은 '원운동을 하는 물체나 입자에 작용하는, 원의 바깥으로 나아가려는 힘'을 말한다.

14 ① ㉠ '탄생하다'는 '조직, 제도, 사업체 따위가 새로 생기다.'라는 뜻이다. 이와 바꿔 쓸 수 있는 말은 '없던 것이 있게 되다.'를 뜻하는 '생겨나다'이다.

15 ④ '관광 명소'라는 표현을 고려하면, '신전'은 장소를 나타내는 말임을 알 수 있다. '두상'은 '머리 모양이나 생김새'를 뜻하므로, 신전의 일부가 두상인 양 표현한 문장은 적절하다고 볼 수 없다. '신전'을 '숭경의 대상이 되는 신의 화상, 초상 또는 조각상'을 뜻하는 '신상'으로 바꿔 써야 한다.

16 ⑤ 〈보기〉의 ㉠ '얻다'는 '긍정적인 태도, 반응, 상태 따위를 가지거나 누리게 되다.'를 뜻하는 말로 쓰였다. 이와 가장 유사한 의미로 쓰인 것은 ⑤의 '얻다'이다.

오답 풀이
① '얻다'가 '돈을 빌리다.'라는 의미로 쓰였다.
② '얻다'가 '거저 주는 것을 받아 가지다.'라는 의미로 쓰였다.
③ '얻다'가 '권리나 결과, 재산 따위를 차지하거나 획득하다.'라는 의미로 쓰였다.
④ '얻다'가 '일꾼이나 일손 따위를 구하여 쓸 수 있게 되다.'라는 뜻으로 쓰였다.

17 ⑤ 〈보기〉의 내용은 단청의 효과에 대한 것으로 처음에는 건물의 보존 효과를 높이기 위해서 시작된 단청이 이후 여러 가지 색감으로 문양까지 더하게 되어 장식성과 상징적인 의미를 갖게 되었다는 것이다. 따라서 빈칸에는 어떤 것이 더하여진다는 의미를 가지는 어휘가 와야 하는데 '증진하다'는 '기운이나 세력 따위를 점점 더 늘려 가고 나아가게 하다.'라는 뜻을 가진 말이므로 적절하지 않다.

18 ① ㉠에 들어갈 어휘는 '사방의 중심이 되는 한가운데'라는 뜻

을 가진 '중앙'이다. ㉡에 들어갈 어휘는 '서로 친하여 화목함.'
이라는 뜻을 가진 '친목'이다. ㉢에 들어갈 어휘는 '같은 시간에
함께 하는'의 뜻을 가진 '동시적'이다.

19 ① 〈보기〉의 '개선'은 '잘못된 것이나 부족한 것, 나쁜 것 따위
를 고쳐 더 좋게 만듦.'을 뜻하는 말이다. '개조'는 '고쳐 만들거
나 바꿈.'을 뜻하는 말이고, '변경'은 '다르게 바꾸어 새롭게 고
침.'을 의미하는 말이다. 세 어휘 모두 공통적으로 '바꾸다'의
의미를 포함하고 있다.

20 ② 〈보기〉의 ㉡'문명'은 '인류가 이룩한 물질적, 기술적, 사회
구조적인 발전'을 뜻하는 말이다.

21 ② 〈보기〉의 ㉡에 들어갈 말인 '공예'는 '기능과 장식의 양면을
조화시켜 직물, 염직, 칠기, 도자기 따위의 일상생활에 필요한
물건을 만드는 일'을 뜻하는 말이다.

본문 · 123쪽

01 ③   **02** ②   **03** ④

01 ③ 3문단에 따르면, 원은 중심을 향하는 집중성과 둘레를 향하
는 확산성이라는 두 가지 속성을 동시에 가지고 있다.

　오답 풀이

① 1문단에서는 미켈란젤로가 설계한 캄피돌리오 광장의 중앙
에 옛 로마 황제의 기마상이 놓여 있다고 하였다.

② 3문단에서는 사람들이 광장의 어느 곳에 서 있든 시선은 가
운데에 있는 기마상으로 집중하게 되므로 기마상을 광장의
중심으로 인식하게 된다고 하였다.

④ 1문단에서는 캄피돌리오 광장의 구성이 기하학적 도형들이
대칭적으로 조합되어 정제된 조형미를 표현하고 있다고 하
였다.

⑤ 2문단에서 옴팔로스는 형태가 달걀형이고 그 표면은 여러
선들이 교차하여 만들어진 독특한 다각형 면으로 이루어져
있다고 하였다.

02 ② ㉠의 '이루어지다'는 '몇 가지 부분이나 요소가 모여 일정한
성질이나 모양을 가진 존재가 되다.'라는 의미로 쓰였다. 이와
유사한 의미로 쓰인 것은 ②의 '이루어지다'이다.

　오답 풀이

①, ③, ④ '이루어지다'가 '어떤 대상에 의하여 일정한 상태나
결과가 생기거나 만들어지다.'라는 의미로 쓰였다.

⑤ '이루어지다'가 '뜻한 대로 되다.'라는 의미로 쓰였다.

03 ④ ⓓ에는 집중성과 확산성과 같은 사물의 특성을 아우르는 말
이 들어가야 한다. 따라서 '속성'이 들어가는 것이 자연스럽다.
'천성'은 '본래 타고난 성격이나 성품'을 나타내는 말로 원의 특
성을 나타내는 말로는 적절하지 않다.

본문 · 124~126쪽

01 ③	**02** ②	**03** ②	**04** ③	**05** ④
06 ③	**07** ⑤	**08** ④	**09** ②	**10** ③
11 ③	**12** ③	**13** ①	**14** ④	

01 ③ '밖으로 드러나지 않게 안에 간직되다.'라는 뜻을 가진 말은
'내장되다'이다.

02 ② '떨어지지 아니하게 붙다.'라는 뜻을 가진 말은 '부착되다'이다.

03 ② '몫을 갈라 나누다.'라는 뜻을 가진 말은 '할당하다'이다.

04 ③ '좋거나 잘하거나 긍정적인 점'이라는 뜻을 지닌 말은 '장점'
으로 〈보기〉의 ㉢에는 '장점'이 들어가는 것이 적절하다. '묘미'
는 '미묘한 재미나 흥취'라는 뜻이다.

05 ④ 〈보기〉의 문장들을 살펴보면, 첫 번째 문장은 '유치원에서
는 놀이를 따라하는 것을 통해 아이들에게 사회성을 키워 준
다.'라는 의미로 해석할 수 있고, 두 번째 문장은 '20세기에 들
어와서 미술은 재현, 즉 다른 것을 본뜨는 것을 버리고 표현을
주장하기 시작하였다.'라는 의미로 해석할 수 있다. 즉 두 문장
의 빈칸에 들어가야 할 단어는 '따라하다.', '다른 것을 본뜨다.'
의 의미를 가지고 있는 '모방'임을 알 수 있다.

　오답 풀이

① '분출'의 뜻은 '세차게 쏟아져 나옴.'이다.

② '창작'의 뜻은 '방안이나 물건 따위를 처음으로 만들어 냄.'
이다.

③ '모순'은 '어떤 사실의 앞뒤, 또는 두 사실이 이치상 어긋나
서 서로 맞지 않음을 이르는 말'이다.

⑤ '분석'의 뜻은 '얽혀 있거나 복잡한 것을 풀어서 개별적인 요
소나 성질로 나눔.'이다.

06 ③ '바탕'이란 '사물이나 현상의 근본을 이루는 것'을 뜻하는 말
로 '사물이나 현상, 이론, 시설 따위를 이루는 바탕'을 뜻하는
'기본', '사물의 바탕이나 중심이 되는 중요한 것'을 뜻하는 '근
간', '기초가 되는 바탕, 또는 사물의 토대'를 뜻하는 '기반', '어
떤 일을 이루는 데 기초가 되는 요인'을 뜻하는 '밑거름'으로 바
꿔 쓸 수 있다. 반면 '개관'은 '도서관, 영화관, 박물관, 회관 따
위의 기관이 설비를 차려 놓고 처음으로 문을 엶. 또는 그렇게
함.'을 뜻하는 말이므로 '바탕'과 바꿔 쓸 수 없다.

07 ⑤ '충격'은 '물체에 급격히 가하여지는 힘'을 뜻하는 말이고,
'움직이는 두 물체가 접촉하여 짧은 시간 내에 서로 힘을 미침.
또는 그런 현상'이라는 뜻의 어휘는 '충돌'이다.

08 ④ 밑줄 친 말 중 '부분이나 요소가 어떤 전체를 짜 이룸.'을 뜻
하는 '구조'로 사용된 것은 ④이다.

　오답 풀이

①, ② 여기서의 '구조'는 '재난 따위를 당하여 어려운 처지에
빠진 사람을 구하여 줌.'을 뜻한다.

정답과 해설 · 53

③, ⑤ 여기서의 '구조'는 '말의 가락'을 뜻한다.

09 ② 〈보기〉의 첫 번째 문장은 '해가 동쪽에서 뜬다는 것은 바꿀 수 없는 참된 이치이다.'라는 의미이므로 ㉠에는 '참된 이치'를 뜻하는 '진리'가 들어가야 한다. 두 번째 문장은 '우리는 서로의 생각을 서로 잘 어울리게 하여 적절한 안을 마련할 수 있었다.'라는 의미이므로 ㉡에는 '서로 다른 사물이나 의견, 관점 따위를 알맞게 조절하여 서로 잘 어울리게 함.'을 뜻하는 '절충'이 들어가야 한다. 세 번째 문장은 '작가의 작품이 강렬한 느낌을 남겼다.'라는 의미이므로 ㉢에는 '어떤 대상에 대하여 마음속에 새겨지는 느낌'을 뜻하는 '인상'이 들어가야 한다.

10 ③ '어떤 일에 종사하다가 물러남. 또는 그런 사람이나 물건'은 '쇠퇴'가 아닌 '퇴역'의 의미이다. '쇠퇴'는 '기세나 상태가 쇠하여 전보다 못하여 감.'이라는 뜻을 가진 말이다.

11 ③ 가열할 때 액체가 부풀어 오르는 정도는 고체보다는 크고 기체보다는 작다는 의미의 문장이므로 '물가에 다리처럼 만들어 배가 닿을 수 있게 한 곳'을 의미하는 '선창'이 아닌 '팽창'이 들어가야 한다.

오답 풀이

① '설계'는 '건축, 토목, 기계 제작 따위에서, 그 목적에 따라 실제적인 계획을 세워 도면 따위로 명시하는 일'을 뜻하므로 이 문장에 적절하다.

② '독립'은 '다른 것에 예속하거나 의존하지 아니하는 상태로 됨.'을 뜻하므로 이 문장에 적절하다.

④ '인공'이란 '사람의 힘으로 자연에 대하여 가공하거나 작용을 하는 일'을 뜻하므로 이 문장에 적절하다.

⑤ '보장'은 '어떤 일에 어려움 없이 이루어지도록 조건을 마련하여 보증하거나 보호함.'을 뜻하므로 이 문장에 적절하다.

12 ③ 〈보기〉 ㉢'어떤 내용이 구체적인 사실로 나타나게 함.'은 '재현'이 아닌 '구현'의 의미이다. '재현'은 '다시 나타남. 또는 다시 나타냄.'이라는 뜻이다.

13 ① ㉠'연상하다'의 의미는 '하나의 관념이 다른 관념을 불러일으키다.'이다.

오답 풀이

② ㉡'고안하다'의 의미는 '연구하여 새로운 안을 생각해 내다.'이다.

③ ㉢'유사하다'의 의미는 '서로 비슷하다.'이다.

④ ㉣'극복하다'의 의미는 '악조건이나 고생 따위를 이겨 내다.'이다.

⑤ ㉤'제기하다'의 의미는 '의견이나 문제를 내어놓다.'이다.

14 ④ 〈보기〉에서 설명하는 어휘는 '리듬'이다.

일차별 어휘 TEST

DAY 01 어휘　　본문 · 128쪽

01 기조	**02** 정점	**03** 역설하다
04 순응하다	**05** 통치	**06** 지배
07 신망	**08** 교화	**09** ③
10 ④	**11** ⑤	**12** ②
13 ③		

DAY 02 어휘　　본문 · 129쪽

01 욕망	**02** 판단	**03** 도피
04 본질	**05** 계산하여	**06** 관계
07 이름	**08** 아는	**09** 존재
10 타자	**11** 기준	**12** 번민

DAY 03 어휘　　본문 · 130쪽

01 ㉡	**02** ㉠	**03** ㉡
04 ㉡	**05** 어긋나는	**06** 폄하하는
07 그르치지	**08** 이루어졌다	**09** ⑤
10 ④	**11** ③	**12** ⑤

DAY 04 어휘　　본문 · 131쪽

01 ㉠	**02** ㉣	**03** ㉢
04 ㉡	**05** 유용	**06** 일상적
07 도출	**08** 포괄	**09** 믿다
10 일치하다	**11** 맺다	**12** 지각하다
13 판별하다		

DAY 05 어휘　　본문 · 132쪽

01 도처	**02** 연민	**03** 은연중
04 닥치다	**05** 뒤섞이다	**06** 무뎌졌다
07 채록하기	**08** 도사리고	**09** 엄습해
10 ②	**11** ②	**12** ⑤
13 ①		

DAY 06 어휘
본문 · 133쪽

01 상호	02 성장	03 전혀
04 요인	05 지배	06 뭉치다
07 심하다	08 해내다	09 증가
10 대두되었다	11 쇠퇴하는	12 보완하여
13 분투하는		

DAY 07 어휘
본문 · 134쪽

01 지급	02 수수료	03 조성하다
04 수행하다	05 유통	06 창출
07 신용	08 중개	09 ②
10 ③	11 ④	12 ①

DAY 08 어휘
본문 · 135쪽

01 합의	02 공평	03 안건
04 권력	05 적합	06 형성
07 악용	08 발휘	09 사유
10 한정	11 중시	12 형벌

DAY 09 어휘
본문 · 136쪽

01 ㄹ	02 ㄷ	03 ㄴ
04 ㄱ	05 경향	06 견제
07 자치	08 효과	09 관여
10 빈번	11 극복	12 배치

DAY 10 어휘
본문 · 137쪽

01 전형	02 탈퇴	03 출자금
04 상호 부조	05 창출	06 이행
07 지향	08 증진	09 ④
10 ③	11 ④	12 ③

DAY 11 어휘
본문 · 138쪽

01 ㄷ	02 ㄴ	03 ㄹ
04 ㄱ	05 본질	06 검약
07 원리	08 탐구	09 확립
10 포섭	11 부각	12 불식

DAY 12 어휘
본문 · 139쪽

01 ㄷ	02 ㄱ	03 ㄹ
04 ㄴ	05 수단	06 성능
07 선정	08 명시	09 요긴
10 상충	11 상정	12 부상

DAY 13 어휘
본문 · 140쪽

01 척도	02 선반	03 고려하다
04 전환하다	05 분류	06 가정
07 인식	08 유지	09 ④
10 ⑤	11 ④	12 ③

DAY 14 어휘
본문 · 141쪽

01 기생	02 감염	03 침투하다
04 구성하다	05 포위	06 존속
07 동반	08 복제	09 ③
10 ①	11 ③	12 ⑤

DAY 15 어휘
본문 · 142쪽

01 번식	02 분열	03 교배
04 배양	05 ①	06 ③
07 ②	08 ⑤	09 개체
10 경계	11 서식	12 측정

DAY 16 어휘
본문 · 143쪽

01 ㄹ	02 ㄴ	03 ㄱ
04 ㄷ	05 자전	06 궤도
07 인력	08 원심력	09 ④
10 ②	11 ①	12 ④

DAY 17 어휘
본문 · 144쪽

01 성질	02 공유	03 연쇄적
04 비롯되다	05 매질	06 용매
07 열량	08 체액	09 도모
10 지정	11 언급	12 규명
13 담당		

DAY 18 어휘
본문 · 145쪽

01 왜곡	02 원동력	03 이르다
04 파생하다	05 예측	06 촉진
07 부응	08 창출	09 농도
10 매개체	11 비례	12 활성화

DAY 19 어휘
본문 · 146쪽

01 과정	02 보편적	03 장착하다
04 측정하다	05 충돌	06 제작
07 절충	08 고정	09 요소
10 접촉	11 구현	12 오차

DAY 20 어휘
본문 · 147쪽

01 ㄹ	02 ㄷ	03 ㄴ
04 ㄱ	05 경로	06 인식
07 기반	08 설계	09 개별적
10 감소	11 향상	12 판단

DAY 21 어휘
본문 · 148쪽

01 모방	02 기법	03 주목하다
04 상실하다	05 지향	06 함축적
07 영향	08 왜곡	09 극복
10 논의	11 쇠퇴	12 묘미

DAY 22 어휘
본문 · 149쪽

01 ㄱ	02 ㄷ	03 ㄹ
04 ㄴ	05 ㄹ	06 ㄱ
07 ㄷ	08 ㄴ	09 채색
10 창조	11 장악	12 대비

DAY 23 어휘
본문 · 150쪽

01 작곡	02 선구자	03 표출하다
04 연상하다	05 배열	06 정서
07 비유	08 기교	09 면박
10 선율	11 의식	12 근간

DAY 24 어휘
본문 · 151쪽

01 ㄷ	02 ㄱ	03 ㄹ
04 ㄴ	05 표면	06 문양
07 인체	08 동선	09 신전
10 위계	11 문명	12 제단

똑똑한 독해
똑독

족보닷컴과 함께 과학 내신 만점!
BON 본 TACT 하라!
BON 중등과학 + CONTACT

족보닷컴 제공 시험지 적용
족보닷컴에서 제공하는 학교시험지를 빈도별, 유형별로 분류하여 적용
*BON 본 중등과학 1-1, 1-2는 족보닷컴 제공 시험지 비적용 도서입니다.

시험 빈출 유형
시험에 꼭 출제되는 필수 유형 문제 수록

BON 본 중등과학
1-1, 1-2 · 2-1, 2-2 · 3-1, 3-2

시험 대비 교재 수록
핵심 개념 정리와 예상 문제, 계산 연습 문제 수록

이투스북 도서는 전국 서점 및 온라인 서점에서 구매하실 수 있습니다.
이투스북 온라인 서점 | www.etoosbook.com

이투스북

중학교 내신대비
막막하다면?

실제시험 출제되는 최신 문항 보유
틀리기 쉬운 문제만 엄선한 최다 오답 문제부터
전, 현직선생님이 출제한 학교별 예상족보까지!